质性研究
入门指南(第5版)

[美] 科琳·格莱斯(Corrine Glesne) 著
崔淼 苏敬勤 译

Becoming Qualitative Researchers
An Introduction
(fifth edition)

北京大学出版社
PEKING UNIVERSITY PRESS

著作权合同登记号　图字：01-2016-0093
图书在版编目（CIP）数据

质性研究入门指南：第5版/（美）科琳·格莱斯著；崔淼，苏敬勤译.—北京：北京大学出版社，2021.10
（IACMR组织与管理书系）
ISBN 978-7-301-32335-9

Ⅰ.①质… Ⅱ.①科…②崔…③苏… Ⅲ.①社会科学-研究方法 Ⅳ.①C3

中国版本图书馆CIP数据核字（2021）第162131号

Authorized translation from the English language edition, entitled Becoming Qualitative Researchers: An Introduction, 5E, 9780133859393 by Corrine Glesne, published by Pearson Education, Inc.
Copyright © 2016, 2011, 2006 by Pearson Education, Inc.
All rights reserved. No Part of this book may be reproduced or transmitted in any form or by any means, electronic or mechanical, including photocopying, recording or by any information storage retrieval system, without permission from Pearson Education, Inc.

本书原版书名为《质性研究入门指南》（第5版），作者科琳·格莱斯，书号32335，由培生教育出版集团2016年出版。
版权所有，盗印必究。未经培生教育出版集团授权，不得以任何形式、任何途径，生产、传播和复制本书的任何部分。

CHINESE SIMPLIFIED language edition published by PEKING UNIVERSITY PRESS Copyright © 2021.
本书简体中文版由北京大学出版社2021年出版发行。
本书封面贴有Pearson Education（培生教育出版集团）激光防伪标签，无标签者不得销售。
版权所有，侵权必究。侵权举报电话：010-62782989 13701121933

书　　　名	质性研究入门指南（第5版） ZHIXING YANJIU RUMEN ZHINAN（DI-WU BAN）
著作责任者	〔美〕科琳·格莱斯（Corrine Glesne）著　崔淼　苏敬勤　译
责任编辑	贾米娜
标准书号	ISBN 978-7-301-32335-9
出版发行	北京大学出版社
地　　　址	北京市海淀区成府路205号　100871
网　　　址	http://www.pup.cn
微信公众号	北京大学经管书苑（pupembook）
电子邮箱	编辑部 em@pup.cn　总编室 zpup@pup.cn
电　　　话	邮购部 010-62752015　发行部 010-62750672　编辑部 010-62752926
印刷者	北京中科印刷有限公司
经销者	新华书店
	720毫米×1020毫米　16开本　27.5印张　385千字 2021年10月第1版　2024年8月第3次印刷
定　　　价	78.00元

未经许可，不得以任何方式复制或抄袭本书之部分或全部内容。
版权所有，侵权必究
举报电话：010-62752024　电子邮箱：fd@pup.cn
图书如有印装质量问题，请与出版部联系，电话：010-62756370

译者序

产生翻译并向国内学者推介本书的想法是作为译者的我们对国内质性研究不断推进和理解的过程。

2007年,在全国MBA培养学校管理学院院长联席会议上,由全国MBA教育指导委员会支持,工作机构设在大连理工大学的"中国管理案例共享中心"成立,采用共享模式面向全国MBA培养院校进行案例的共建共享。经过十多年的持续努力,中国管理案例共享中心在案例库建设、师资培训、学员大赛、案例研究、学术阵地建设等方面取得了突破性的进展。同时,国内基于案例的研究工作也取得了长足的进步,越来越多的商学院教师依托与企业的天然联系和学界的大量需求,积极投身于案例研究中去。但是,一个突出的问题是,国内对案例研究的专著和教材还很少,无法满足广大商学院教师的需求。在此背景下,我们于2011年在科学出版社出版了国内第一部案例研究方面的专著:《工商管理案例研究方法》,出版后时间不长就几次加印,得到了商学院教师的肯定与赞赏。

随着时间的推移,我们日益感到,商科教师的研究需求并不仅仅体现在案例研究上。事实上,案例研究仅仅是质性研究方法的一种,质性研究还包括扎根理论、内容分析、民族志等多种研究方法,而且这些研究方法在商科研究中也有相当程度的运用。为此,我们在所在工作单位——大连理工大学——为博士生开设了"质性研究方法"的课程,除将案例研究作为主要研究方法进行授课外,还花了相当多的时间介绍质性研究的其他方法,受到博士生的欢迎。但是,一个困扰我们多年的问题是,虽然有多种不错的质性研究方法英文版的图书可以作为博士生的教材,但中文教材的缺乏无论如何对于人才培养工作都是不利的。

为此，我们萌生了撰写"质性研究方法"方面教材的念头，但几经权衡，我们感觉，一本好的适合博士生使用并覆盖多种研究方法的教材，需要更长时间的沉淀。因此，翻译一本反映本学科领域研究水平的原版教材就提上了议事日程。之所以选择翻译本书，是因为它具有如下特点：

首先，作为一本质性研究方法方面的教材，本书采用的是总体布局的结构。本书并没有按照案例研究方法、扎根理论、内容分析、民族志等分别进行介绍，而是将质性研究作为一个整体进行了全面而系统的介绍。换句话说，本书的作者在潜意识里或者在撰写本书时认为，所有这些质性研究方法都应该遵循相同的逻辑和步骤开展研究。虽然可以有不同的观点，但本书为读者提供了一个新的选择。同时，将质性研究作为一个整体进行介绍可以使读者的思路更加清晰，也更容易从总体结构上把握质性研究的精髓。

其次，本书具有很强的实操性。做过质性研究工作的研究者都很清楚，质性研究看上去容易，但真正做起来比实证研究要难得多。这是因为，实证研究有一整套成熟的方法和工具，只要掌握了这些方法和工具，在既定选题下，总是可以做出需要的研究成果的。而质性研究则不同，它需要通过研究者深入实地进行细致的观察和访谈，带入特定的情境，进行重新归纳才可能得出新的有价值的研究结论。在这个过程中，对该方法的正确理解、调研对象的选择、提问的方式、数据的核实与应用等方面都需要重新梳理。由于新的研究结论是全新构建的，因此研究者往往会产生一种"在黑暗中探索"的感觉，有时觉得新的结论很快就要得出了，但瞬间就会被自己否定。在这种情况下，就特别需要一本细致的、具有很强实操性的教材来阐述质性研究到底应该如何开展。幸运的是，本书在指导学生和教师掌握该种方法方面下了很大的功夫，给出了许多具有操作性的示例，这对于研究者来说无疑是非常必要的。同时，本书还设置了大量的习题和练习，对学习者熟练掌握质性研究方法起到了重要作用。

再次，与国内的教材相比，本书对于质性研究工作者容易忽视的方面，比如伦理也有相应的介绍。一般来说，国内许多质性研究工作者，包括作为译者的我们，对伦理方面的研究既不够了解，也不够重视，甚至有所忽视。我们习惯了只要获得企业授权就可以进行访谈并发表的逻辑，往往忽略了这样一个问题：我们进行的研究和发表对于研究所涉及的各个相关利益主体是否存在影响和伤害？我们也常常以发表是教师和研究者的必需为宗旨，采取复制的方法框架对待我们的研究问题进而予以发表。固然，采用某种可结构化的框架对于提升产出效率和学界的认可度会有很大的帮助，但另一方面，经过这样的加工，研究的结论可能就会发生变化，其真实性和准确性可能就会受到很大的影响，等等。在这一方面，本书给了读者许多值得深思的建议，这对于真正成为好的质性研究工作者至关重要。

最后，要感谢为本书的出版付出辛劳的北京大学出版社的领导和编辑们。应该说，出版严谨甚至生涩的教学研究方法方面的教材，可能意味着社会效益高而经济效益差的问题，做出出版的决策本身就反映了北京大学出版社追求学术的初心。当然，我们期待同时也相信，随着国内对质性研究在挖掘中国企业最佳管理实践方面的认识和需求的不断提高，本书是有可能做到社会效益和经济效益双丰收的。

译　者

2021 年 7 月

引言：一种要发生什么的预感

在质性研究中，你把生活转化为文字。它不是一个精确的翻译，也不是一个镜像，而是通过你所观察到的生活，以及你作为研究者使研究情境与研究产生互动的产物。一个朋友告诉我她和她的侄女 Emily 的一次谈话。Emily 正在上人文学科的必修课，她不得不读一首关于一个女人和一场风暴的诗，然后写一篇文章。Emily 说："这首诗让我想起了在内布拉斯加州的大风暴，所以我描写了风暴席卷草原的景象。"她补充道："但我完全搞错了。"当她的姑姑让她解释原因时，她叹了口气说："你知道'风暴'在一首诗中意味着外遇吗？我完全理解错了。"

Emily 把她在内布拉斯加州遭遇风暴的经历以及她非常有限的诗歌经验带到了对诗的理解中。如果她读过（和写过）更多的诗歌且额外接受过诗歌诠释方面的指导，她很可能会写出一篇不同的文章。虽然不是一定要分出对和错，但是有些描述能够比其他描述更为清楚。本书旨在帮助你更好地把你的研究经历——观察和访谈，通过分析和诠释，转化成信息丰富且有用的文本。

本版更新

"更新一本关于研究的教科书可能涉及什么？"我的非学术圈的朋友们继续问道："做研究的过程怎么可能改变呢？"

我的回答是，方法论的视角在不断变化，尤其是在质性研究中，这些方法以多样性和复杂性而闻名，特别是在需要我们关注差异性、多元性、公正性和意义等问题的时代。当本书的第一版出版时（1992），质性研究方法方面的文献（尤其是人类学以外的学科）相对较少。如今，质性研究方面的文献浩如烟海，其中的主题在 20 世纪 90 年代初几乎无法想象。这一发展是令人兴奋的，标志着多个学科的学者已经把质性研究作为探索和理解社会生活方方面面的一种手段。然而，在这一过程中，质性研究方法层出不穷，对于它的批评也不断激增。对于一个写介绍性文本的作者来说，对本书的补充和完善是责无旁贷的。

一个文本无法解决质性研究传统中存在的所有问题。我可以做的是弄清楚本书在质性研究理论和方法论中的位置，这样，读者就可以更好地了解通过阅读本书可能会学到什么。我在本书中提到或简要描述的其他书籍和作者的方法，将有助于读者增加这方面的知识。我还试图反思本书中讨论的方法和程序，并提出在理论及实践中接受或挑战这些方法和程序的方式。我还介绍了质性研究的一些较新的方面（比如艺术型研究），这些方面在其他介绍性文本中很少讨论。

自上一版出版（2011）以来，对本书的一些具体修订包括：

1. 整本书中添加了新的文本叙述、数据、表格和图片，以举例说明或激发对相关讨论的思考。

2. 为了让读者更好地了解质性研究方法的可能性，本版的正文以及附录中包含了更多方法论的讨论。

3. 重新组织和扩展了第 2 章，通过制订研究计划的方式更好地帮助研究新手。

4. 第 3 章包含更多关于田野笔记的讨论以及一些新的例子。

5. 第 4 章扩展了有关开发访谈问题的部分。

6. 对关于研究伦理的第 6 章进行了重组和扩展，以更为详尽地阐述机构审查委员会的历史及其关注点。这部分还讨论了美国和其他地方不同学科的伦理规范。

7. 关于数据分析的第 7 章更注重编码过程，并附有新的示例。

8. 关于写作研究的第 8 章包括对研究陈述的讨论，并探讨了与"陈述危机"相关的一些问题。

9. 对第9章进行了修订，以专注于艺术型研究，包括接近和（或）代表质性研究工作的各种创造性方法的例子。

10. 最后一章（第10章）增加了会议演讲这一部分和对外发表或出版的拓展讨论，以鼓励研究新手广泛分享他们的研究。

使用本书的建议

章节用于划分思想，给人一种印象，例如，数据收集不同于数据分析。尽管质性研究的活动往往是持续和重叠的，但我还是将一个章节专注于一个研究方面。我写本书的指导原则就是，撰写一本帮助别人学习如何进行质性研究的初级教材。因此，本书按照研究过程对读者进行指导，包括哲学基础（第1章）、研究设计（第2章）、参与式观察和文献收集（第3章）、访谈（第4章）、数据分析（第7章）和写作（第8章）等独立的章节。其他章节聚焦于田野关系、融洽关系和自反性（第5章），研究伦理（第6章），以及相对较新的艺术型研究（第9章）。最后一章（第10章）总结并展望了在研究及流程方面对读者和其他人可能有帮助的方法。

一些评审人员建议我重新安排章节的顺序，以便将所有"基础性的"章节排在前面，即哲学基础（第1章），研究设计（第2章），田野关系、融洽关系和自反性（第5章），研究伦理（第6章）。这样更合乎逻辑，并且按照这种顺序本书可以很容易地被读懂或用于教学。但是以我和我的一些同事的立场，由于学时限制以及我们希望为教材配上一些试点项目，因此本书还是按照现在的章节顺序定稿。在阅读研究设计相关的章节之后阅读研究方法，学生们可以更快地构思一个试点项目的计划，开始进行访谈，并开始安排数据收集的时间，与此同时，班级可以阅读并讨论有关田野关系和研究伦理的章节。

这些章节提出的问题与困惑是学生、同事和我一直努力解决的。正如我们班的学生已经注意到的，我对他们提出的质性调查方面的问题最经常的回答是"视情况而定"。在课堂讨论和在本书中，我没有提供任何解决方案或绝对的答案。我的目的是提出问题，从而表明什么是有问题的，并提出一些指导原则，以便你形成自己的判断，从而使你学会处理可能遇到的复杂情况。

因为你们中的许多人将来会忙于毕业论文或学位论文，所以我会定期地解决一些你们可能会遇到的特殊问题。本书的许多例子都源自教育环境，但本书并不局限于学校的背景，也不局限于教育工作者的需要。实例来源包括学生的经验、我自己的调查，以及同事（其中包括本书第一版的合作者 Alan Peshkin）的研究，还有已出版的著作。我最感激的是我的学生，关于质性研究他们教了我很多。经过他们的允许，我以他们的名字或者化名来标注他们提供的实例。

在我看来，获得进行质性研究所需的技术有三个维度：阅读、实践与反思。更可取的做法是三个维度同时进行，以便各自的结果持续地相互作用。广泛且深入地阅读与你的研究主题及如何进行质性研究相关的内容，你可能想从章节末尾的"推荐阅读"部分开始。当你读到关于如何做质性研究的文章时，在对你有意义的问题上练习质性研究技术。理想情况下，这门课是一个监督预试验研究的机会。通过撰写田野日志，以及与同伴、指导者、研究参与者进行讨论，在研究过程（从形成你的研究陈述到完成研究报告）中自始至终地进行反思。

坚持写田野日志，描述你的实践以及你关于这些实践的批判性反思，对完成一个好的研究是非常重要且关键的。事实上，田野日志已经成为一种个人的方法手册，包含了由阅读、思考和做研究相互作用所产生的见解。学会反思自己的行为和思想以及研究中的现象，有助于你逐渐变成一位更好的研究者。成为一位好的研究者是一个自然动态的过程。从事研究与教学和跳舞一样，可以不断进步，但不能说已经完全精通了。

个人定位：我的方法论基础

我致力于民族志和案例研究，也从事不同形式的行为研究，包括参与式行为研究和合作研究。我在世界上很多地方生活和工作过，对发展和全球化理论保有浓厚的兴趣。虽然我一直致力于探索我不怎么了解的质性研究范式和方法，但我还是无法将它们全部或部分解释清楚。因此，我不得不在这里解释本书的内容。

本书根植于质性研究的诠释主义传统。尽管我在本书中简要地介绍和提及了批判理论与后现代/后结构主义传统，但并不意味着本书是一本你可以在其中找到研究范式的参考书——尽管你会发现其中的一些建议是适合的、有用的。在诠释主义传统中，不同研究方法的发展具有历史性、地理性和学科性，包括社会学（符号互动论、扎根理论）、心理学（现象学）和人类学（民族志）。不论正确与否，民族志（ethnography）可能都是使用最广泛的术语，用来指代诠释主义传统的研究。它也与殖民地人类学相关。尽管如此，民族志的研究方法（田野工作、访谈、观察、文献收集）也被用于其他许多的质性研究（尽管田野工作的预期、访谈问题的种类、分析技术等会有非常大的差异）。本书主要介绍民族志研究中使用的方法，包括当前的批判、挑战和改变。

我相信当地人的智慧，不论是在伊利诺伊州的农业社区，还是在墨西哥城的行政区域。我相信任何地方都存在"有机"知识分子，他们努力保持传统，并塑造不断变化的未来。我仍然更偏向于有研究者参与的调查方法，尤其是在确定首要研究问题，从而设计对参与者有用的研究时。我也仍然相信从传统的质性方法中能学到不少东西。你能学习和实践基础的技术，然后根据自己的技能与兴趣加以调整和吸收。因此，本书是对民族志研究技术（数据收集、分析、写作）的介绍。同时，我也在书中增加了一些用于探索和深化的练习。

交流质性研究，像几年前教学生们游泳一样，给我带来了一些荣誉。在一个学期（或两个学期）后，学生们不再害怕跳进去，被数据淹没。伴随着小心的、确定的尝试，他们踏上了数据收集、分析和写作的征程——

尽管偶尔也有急躁的时候。学生们获得了有用的技能，这些技能对他们的帮助不仅仅体现在硕士学位论文和博士学位论文上。反过来，我也从他们的质性研究过程和研究领域中学到了很多。例如，他们不仅让我了解了帮助特殊群体发展的社会建构，也让我了解了中学里有效的同伴小组教学的工作方式。我相信，质性研究可以提供一个反思和交流的论坛，从而产生更好的项目，为那些被边缘化的人发声，并帮助研究者、参与者和读者以新的方式看待这个世界。读者们不论有何种看法、建议或问题，都可以通过 ceglesne@yahoo.com 与我联系。

科琳·格莱斯
（Corrine Glesne）

致 谢

首先要感谢 Pearson 出版公司的 Kevin Davis，他说服我再次修改文本。虽然不情愿，但我现在知道他是对的。他与我之间并不存在任何隶属关系，却在我重新编写本书时为我提供了有用的文本，这也让我心存感激。我还非常感谢 Carrie Mollette 的支持（她很快回答了我的各种问题），以及 Margaret Ritchie 在编辑方面的照顾。非常感谢审稿人们的建议和见解，他们是：Lynne Hamer（托莱多大学），Michelle Lorraine Jay（南卡罗来纳大学），Kimberly A. Truong（东北大学），Anita Wadhwa（哈佛大学）。

我一直很感激 Kelly Clark/Keefe，她是我的良师益友，总是为我提供迷人的艺术作品以及有趣的例子和想法。除了感谢同事和以前的学生（他们慷慨地允许我在以前的版本中使用他们的文字或照片，并继续在这一版中使用），我还要特别感谢那些在这一版中首次提供图片或文字的人。衷心感谢 Jane Amundsen、Anna Fariello、Caroline Manheimer、Massimo Schuster 和 Jonathan Treat，他们为本书提供了图片，并允许我们在 Anna 和 Jonathan 的案例中使用其研究中的例子。Jacob Diaz、Eve Krassner 和 Fran Oates 好心地允许我把他们的研究选入其中，为其他人提供灵感。非常感谢 Max Marmor 和 Samuel H. Kress 基金会的支持：将来自学术性的艺术博物馆研究的数据和研究笔记作为本书的例子。对博物馆项目的参与激发了我对博物馆教育和艺术史的兴趣，引导我从 J. Paul Getty 博物馆和国家美术馆的开源资源中获取艺术图片，并将其收录在本书中。

除了那些贡献图片和例子的人，其他人也以各种方式帮助了我。感谢我的朋友、纤维艺术家 Caroline Manheimer，她的作品为本书的封面[1]增色

---

[1] 指原书封面。——译者注

不少，她经常引诱我离开电脑去散步或和她一起吃饭。感谢我的朋友 Carol Lawrence，她对我觉得特别麻烦的几章做出了回应，从而减轻了我的焦虑感。有一次，正在州外的一所大学撰写论文的 Skip Grieser 给我发来电子邮件，感谢我写了这本书，他说，他突然发现自己又多了一项工作：要对新版本中的一些章节初稿做出回应。Rod Webb 提供了明智的建议和支持。无论我遇到何种问题或处于何种困境，Marleen Pugach、Kelly Clark／Keefe 和 Caroline White 都是我可靠的、有求必应的且明智的求助对象。我很感激他们。

目 录

第1章 认识质性研究 1

    1.1 前言 2

    1.2 调查 5

    1.3 认知方式：研究范式 7

    1.4 方法论、调查问题和方法：一种互动 21

    1.5 见微知著 34

第2章 研究设计和其他预研究工作：做对你的研究有益的事 37

    2.1 引言和背景 40

    2.2 研究主题 42

    2.3 概念框架 45

    2.4 研究目的 51

    2.5 研究陈述和研究问题 53

    2.6 研究方法的选择 57

    2.7 选择地点和参与者 60

    2.8 为可信度和时限做计划 68

2.9 与相关人员会面：访问权、研究总结和预试验研究　73

第 3 章　在现场：通过参与式观察、文献收集以及可视化研究获得深入理解　83
3.1 参与式观察是一个连续的过程　85
3.2 参与式观察的目标　88
3.3 参与式观察的过程　90
3.4 田野笔记　95
3.5 田野工作的盟友：档案、人工制品、可视化数据　108
3.6 可视化数据：照片、视频、地图和图表　113
3.7 是边缘者，还是陪伴者？　119

第 4 章　语言的艺术：通过访谈建立理解　125
4.1 开发问题　128
4.2 引导访谈　141
4.3 记录、转录和追踪　151
4.4 访谈中一些典型的问题　156
4.5 焦点小组访谈　159
4.6 对传统访谈的批判　164

第 5 章　田野关系：研究者角色、融洽与自反性　171
5.1 研究者的角色与素质　173
5.2 田野关系　178
5.3 自反性　191

第 6 章　伦理：思考什么是"正确"的　207
6.1 尊重、善行和公正　209

6.2　伦理准则　225
6.3　研究者角色和伦理困境　228
6.4　没有简单的解决办法　234

第 7 章　探寻背后的故事：数据分析　239
7.1　多种数据分析方法　241
7.2　主题分析：早期资料分析　247
7.3　进入编码矿山　254
7.4　展示数据　263
7.5　质性数据分析软件　269
7.6　建立联系　271
7.7　可信度和局限性　274
7.8　思考　278

第 8 章　撰写你的故事：写出质性数据　283
8.1　陈述的难题　285
8.2　接近研究写作的思维模式　291
8.3　艺术家　291
8.4　写作策略　294
8.5　草稿与修订　300
8.6　文本：风格问题　302

第 9 章　即兴创作世界之歌：艺术型研究　317
9.1　从事艺术型研究的原因　322
9.2　艺术型研究的方法　325
9.3　负责任和承担风险　351

第 10 章　继续探索　357
　　10.1　成为质性研究者　359
　　10.2　质性研究的应用　362
　　10.3　结语　375

附录 A　几种质性研究方法介绍　378

附录 B　田野工作笔记的维护　384

参考文献　387

第1章
认识质性研究

Sofie 告诉我，只要人们努力去挖掘，每个人都有故事，每个家庭都有可以被洞悉和知晓的生活。自己或他人的这些故事拥有改变世界的力量。我们要等待，甚至帮助他人去讲故事。只要我们全力以赴，就会发现，没有人是完全迟钝的个体，人们居住的地方都有被救赎的希望。

（Myerhoff，1979，p.240）

1.1　前言

人类学家 Barbara Myerhoff 曾经谈到她的外婆，这个女人养育了她，并且或许通过自身对他人故事的热爱为她的生活指明了方向。可以发现，学会倾听他人的话语，并能够完整地理解和复述这些话语是许多质性研究不可或缺的一部分。

由于质性研究试图去探究行为和故事，以及它们交互的方式，因此，我将以我与研究的关联作为本书的开篇。如果对我的故事有所了解，你可能会更好地理解和诠释后续内容的观点。同时，这样的开篇也会让你更好地融入本书所涉及的不同研究项目中，因为我是利用自身的经历来阐述这些方法上的建议与反思。

如今，我已不太记得"探索"质性研究的过程，虽然这一过程对我来说曾是如此熟悉。我成长在一个具有乡村风情的美国中西部小镇。在那里，几乎每个人都会去教堂（既不是犹太教会也不是清真寺），几乎每个人都有欧洲血统（我拥有挪威和威尔士血统）。从孩提时代起我就对那些与我过着不同生活的人感兴趣。我阅读每个月的 *National Geographic* 杂志，用世界各地的民间故事充实我的每个夜晚。在我父母的书架上，更是陈列着 *Arctic Wild*（Crisler，1958）、*No Room in the Ark*（Moorehead，1959）等书籍，里面描写了成吉思汗、Amelia Earhart[1] 等旅行家、探险家和冒险家的精彩故事。

大学期间，我被人类学深深地吸引住了，这让我有机会继续学习不同人的生活方式。对人类学家而言，田野工作——在他人生活的现场——是学习其他文化的方式。我读到的东西越多，就越想去体验其他地方的生活。于是我开启了从威尔士到阿富汗的研究生阶段的旅程。在以色列的集体农场里，我为枣椰林授粉、修整香蕉植株、采摘柚子，并对热带农业越来越感兴趣。后来，我到耶路撒冷居住并加入了一个考古学团队。我在那个团队中学习了一年。在肯尼亚北部，我继续从事探究一万年前尼罗河流域的人们向南迁移的课题，在干枯的河床边露宿并追寻着犀牛和狮子的足迹。在这期间，我坚持写日记。现在再读起这些日记，我被学习过程中的乐趣以及那些令我的遭遇变得有意义的一系列挫折深深触动。在用不同的方法去行事，再以多种方式去理解这些事情的过程的持续刺激下，我开始变得焦躁不安起来。我渴望获得这些经历，甚至更多。这种渴望让我在研究生阶段有计划地通过教育来汲取人类学知识。我选修了一些能够为我的偶然经历提供理论和结构支撑的课程。

---

[1] 美国著名女飞行员，畅销书作家，第一位获得十字飞行荣誉勋章的女飞行员，第一位独自飞越大西洋的女飞行员。1937 年，她尝试首次环球飞行，在飞越太平洋期间神秘失踪。——译者注

我的第一项质性研究是我的硕士学位论文，那是对伊利诺伊州土地上劳作的乡村妇女的访谈和档案研究。作为一名博士生，我曾协助 Alan Peshkin 对一所信奉正统派基督教的学校进行民族志研究。Alan Peshkin 搬到了学校所在的社区居住，而我和另一位助手整个学期中每周有两天住在学校，以便从教室的最后方进行观察，并与老师和学生进行了多次访谈。

在开始学位论文研究之前，我以一名行为研究者（本章后面将对这一名词进行定义）的身份在圣文森特岛和格林纳丁群岛工作，并在 Michael Quinn Patton①的指导下研究多种族加勒比农业推广项目的一部分。在那里，我协助各种农民团体和农业组织的代表开发了一项全国农业推广计划。后来，为了完成我的学位论文，我再次回到圣文森特岛的一个乡村开展聚焦于年轻人、农业和教育的民族志研究。

成为佛蒙特大学的教授后，我开始讲授质性研究领域的多门课程。小说家和诗人哀叹，如果教别人写作，那么他们自己就很难有时间写作。对于质性研究者来说同样如此。我的研究仅限于学术休假期间（第一年在哥斯达黎加，第二年在墨西哥的瓦哈卡州），辅以短期评估工作和一个生活史项目。虽然我接受的是传统的民族志方法训练，但当我 1993 年去哥斯达黎加时，我还是希望能够与他人合作而不是依赖他人去做研究（本章后面将讨论传统的和更具合作性的研究方法）。因此，我在当地的一个环境小组中贡献自己的研究技能并与他们一起工作。7 年以后，我的第二个学术休假使我有机会在瓦哈卡州延续这种研究模式（第 2 章中将有所阐述）。

2002 年，我有机会作为一名访问教授为一个国际荣誉项目（一个现在隶属于国际培训学校的国外学习项目）工作。在为期 9 个月的时间里，30 个学生和 3 位教授生活在 6 个国家中，在每个国家的协作者、积极分子、环

---

① Michael Quinn Patton 因在测评和社会学方面的工作而获得了许多奖项。他出版过许多测评和研究类书籍，其中，*Qualitative Research and Evaluation Methods*（2002）是一本杰出的质性研究入门书籍。

境保护者及知识分子的指导下研究文化、社会生态学、司法等方面的问题。此后十几年的时间里，我继续在国际荣誉项目中贡献自己的力量。我肩负了其他很多责任，例如指导学期项目，并在墨西哥的瓦哈卡州教授课程。2011 年，受一个基金会的赞助，我开始进行一项长达一年之久的关于七家学术性的艺术博物馆的研究。教授和博物馆工作者们协作将艺术应用于从生物到音乐学科的过程给了我很多灵感（参见 Glesne，2012，2013）。在本书中，我对这方面的工作进行了总结。

这些丰富的经历，以及他人深刻的见解，都让我对研究者与参与者之间的互动及关系变得特别敏感和更为关注。我欣然承认，我调查的目的不是专注于服务调查参与者们，而是改善他们的生活。如果你继续阅读本书，就会发现我的这一观点十分明显。

本书主要研究以诠释性传统的方式进行质性研究的方法——包括经常提到的诠释主义内部的挑战和困境。The Tao of Painting 一书中的一段描述与我学习做质性研究的观点不谋而合。

> 一些人认为方法极具价值，而另一些人则以摒弃方法而自豪。脱离方法是可悲的，但是完全依赖方法更糟。首先，你必须学会忠实地遵守规则，然后，通过你的智慧和能力去修正它们。
>
> （Sze & Wang，1701/1963，p. 17）

学习做质性研究就像学习绘画。向大师们学习，掌握技巧和方法，真诚地练习。当你充分了解如何去描述那些对你有影响力的人的作品，并且可以通过修正他们的方法而产生新的可能性时，大胆地去修正并让他们的作品和方法转变为你的支撑。

1.2　调查

字典中将"研究"定义为一个细致且勤奋的探索过程。我们都参与过很多细致且用心的调查，它们不需要我们刻意去标记研究过程，更不用去辨识某一特定类型的研究。我的母亲对其家族宗谱的兴趣就是一个例子。在制作家谱的过程中，她咨询其姑母和堂兄妹们，并要求他们与其他亲戚分享信件和相册。她在祖辈居住过的古镇里的墓地中徘徊，并从医院、镇政府和教堂中收集资料。通过这些资料，她细致且勤勉地追寻着祖辈的历史，记录下全部重要事件（出生、结婚、死亡）的日期和她所听到的故事（例如，Thomas Pettit 在 17 世纪初成为波士顿的"自由思想家"，他被当地的清教徒鞭打并囚禁，直到成为 Anne Hutchison[1] 的支持者并远走西部）。

有时，人们并不是被安排去做某一项调查。比如，生活在宿舍楼里的一些本科生对食品服务部门供应的食物越来越不满。他们虽不停地抱怨着，但是情况没有任何改变。在一次非常糟糕的晚餐后，他们决定做一份 5 分量表并开展调查，用 1 分到 5 分分别表示从"强烈认同"到"强烈反对"。他们把报告打印出来，在宿舍集会上进行讨论，然后让宿舍长复印并进行分发。调查对象们被要求在特定时间内将调查问卷放在一个指定的盒子里。到了指定的日期，学生们收集调查结果并整理数据，了解被调查者回复调查的比例，以及他们对食品服务某些方面的看法。基于这些数据，他们写了一份总结，并把它提交给学校校报、校长以及食品服务部门。

作为专业人员，你可能会不断地开展调查研究。一位中学英语老师每年九月都会被一群惊恐不安的新生震惊。她预感到老师、学校管理层和高年级学生们可以做些什么，以缓解这种年级过渡所产生的焦虑（尽管她还不知道具体该做什么）。因此，她让六年级、七年级、八年级的学生写一篇作文，描述他们成为六年级学生最初几天的感受、什么经历让他们感觉很棒、什么让他们感觉很糟，以及可以做些什么使它变得更好。然后，她与同学们一起写了一份报告提交给学校的教职员工和管理层，对学校如何帮

---

[1] Anne Hutchison（1591—1643），宗教自由和女权主义先驱，出生于英国。——译者注

助六年级学生融入中学生活给出了详细的建议。

上述三个案例中，人们都参与了调查研究。他们有意为特定目的收集数据。在所有三个案例中，数据都被非常细致地收集起来。但是，问题的关键是，人们在日常生活中会做各种各样的调查研究，即使他们可能不知道所运用的调查方法的名称，或者不知道如何优化流程以使结果更值得信赖或更有价值。本书旨在帮助读者们获得一些更具洞察力的、更有效的质性研究方法。

你们中的一些人可能习惯于认为研究是利用某一工具的过程，就像调查需要很多受访者，并将数据转化为数字来进行分析一样。正如食品服务调查的案例所说明的，这种调查模式运用了定量研究方法。而在中学校园和家族宗谱的案例中，调查者则是通过与小部分受访者交谈来获取信息并将它们整理成文件资料的。在中学校园的案例中，研究者们也进行了行为观察。我们可以发现，这两个案例都运用了质性研究方法。

定量研究和质性研究这两种研究方法时常会被相互比较。然而，它们在操作过程中有一些相似的要素。它们都有一个研究目的，解决或提出一个问题，定义一个调查群体，选择一种研究方法，制定一个时间框架，收集和分析数据，并呈现出结果。它们都或者明确或者含蓄地依赖于理论，并被精确地应用着。然而，研究者们如何将这些要素整合起来，使得研究过程和结论产生明显的差异，这将在下一步的研究范式中讨论。

1.3 认知方式：研究范式

范式是一种框架，它的功能对于科研团队来说相当于地图或指南，可以为其成员确定重要的问题或议题，以提出和界定可接受的理论或解释、方法与技术来解决已界定的问题。

(Usher, 1996, p.15)

研究范式（research paradigm）的概念源于 Thomas Kuhn 1962 年出版的

著作：*The Structure of Scientific Revolutions*。作为一位理论物理学家，Kuhn 对哲学有着浓厚的兴趣。在攻读博士学位期间，他对历史如何影响科学哲学产生了兴趣（Loving，1997）。因此，作为这一探索的成果，*The Structure of Scientific Revolutions* 在科学实践领域开启了一场哲学革命。在其出版前，西方科学家倾向于相信调查研究构建于研究本身之上，并逐渐地丰富着知识体系。这种范式被称为逻辑实证主义（logical positivism），认为知识"限于能够从理论中通过逻辑推理出的、可以对行为进行测量的以及可以凭经验复制的"（Patton，2002，p. 92）。尽管当时科学被认为是客观、中立和无价值的，但 Kuhn 认为科学其实就是一个意识形态的战场，在那里各种想法和解释相互竞争，而最终获胜的则是（在经济上、政治上、社会影响力上或其他方面）最有实力的科学家们提出的理论。因此，由 Kuhn 和其他学者所引发的争论就是"数据和观察结果由理论主导，理论由范式主导，而范式由历史和文化主导"（Usher，1996，p. 16）。

因此，范式是一种科学框架或哲学，它对现实和真理的本质、要探索的问题以及如何去探索做出假设。本体论（ontology）这个词经常被用来指代现实观念或组成世界的事物。"本体论"被 Potter 定义为"聚焦于世界是否存在，如果存在，以何种形式存在"（Potter，1996，p. 36）。你可以认为世界是能够被观察和测量的物质。你也可以认为世界更多地为人的意识所塑造。人们通过意识感知、区分和诠释事物，塑造世界。你相信现实的本质是什么样子的；反过来，它也会影响你对它提出的问题，影响你对知识的理解。认识论（epistemology）指对知识本质的研究。你认为知识是什么样子的；反过来，它也将塑造并服务于你的认知方法和理论观点。

因此，每一项研究都受到哲学和理论假设的影响，尽管人们有时因为沉浸于对现实和知识本质的推断而意识不到这种影响。作为一名研究者，你的部分职责是弄清楚什么哲学和理论观点影响了你所选择的这类工作（见图 1-1）。上述介绍旨在开启这一研究过程，但这仅仅是个开始。本章最后提供了一些资料，有助于你更熟悉用于研究的哲学和理论观点的思想及语言。

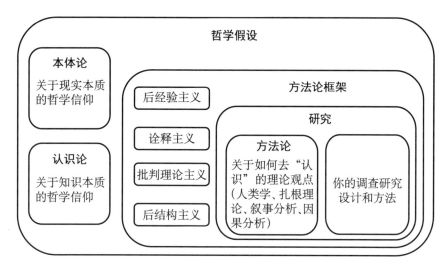

图1-1 探索的基础

为了便于讨论，我将指导社会科学家工作的哲学框架分为四个范式：后经验主义、诠释主义、批判理论主义和后结构主义。每种范式都应被看作是松散联结的，并蕴含了一些相关的学派思想。它们不是被严格和明确定义的类别。这些范式随着时间的推移而发展和改变，受到社会历史环境的影响，以及来自各自传统和其他范式的学者思想的影响。而让问题复杂化的是，不同的研究者和学者对范式采用了不同的标签，并且一些标签与不同的范式相关联。对于到底有多少种范式，或者相关的方法论如何被分类，社会科学家们仍未达成共识。而我在这里进行分类的目的在于，以启发性的方式弄清楚调查研究以何种形式隐藏在信念体系中，这些不同的形式将为调查赋予不同的研究目的和意义表达方式。

当你思考后面的章节所描述的各种范式时，你会发现表1-1是十分有用的，它阐释了与各种范式相关的目的、方法论或分析。表1-1的各个方面是根据 Patti Lather 和 Elizabeth St. Pierre 的研究（Lather, 2007, p.164）得出的。

表1-1 范式、目的和方法论/分析

范式*	其他术语或标签	相关的理论家和哲学家	研究的核心目的	相关的研究方法或分析
实证主义	逻辑经验主义 后实证主义** 后经验主义	August Comte	预测	实验性的 准实验性的 因果比较
诠释主义	构成主义 自然主义 现象学的 诠释学的	Clifford Geertz Jurgen Habermas Edmund Husserl Immanuel Kant George Herbert Mead	理解	民族志 现象学 符号互动主义 叙事分析 扎根理论
批判理论主义	女性主义理论 种族批判理论	Karl Marx Antonio Gramsci Max Weber Herbert Marcuse Luce Irigaray	解放	批判民族志 女性主义研究 参与式行为研究（Freire） 批评话语分析
后结构主义	后现代主义 后殖民主义 后福特主义	Michel Foucault Jacques Derrida Jean F. Lyotard Gayatri Spivak Edward Said Arjun Appadurai Homi K. Bhabha	解构	解构（Derrida） 系谱学（Nietzsche, Foucault） 根系分析（Deleuze, Guattari） 逻辑合法性（Lyotard）

注：*"范式"一词经常被用来描述各种理论框架。**"后实证主义"通常指弱实证主义的思想和方法，另外也指除早期实证主义之外的思想和方法。后来，这个词被用来指除早期实证主义之外所有实证主义思想形成的范式。

逻辑实证主义/逻辑经验主义和后经验主义

经验主义在文艺复兴时期（1450—1600）发展并盛行，在某种程度上，它是对中世纪宗教权力的一种回应。经验主义者认为，他们可以通过观察和实验，而不是基于宗教文本的解释来诠释世界、发现真相。在启蒙运动时期（1600—1800），经验主义被看作研究的方法，促进了物理和自然科学知识在欧洲的迅速传播。

实证主义一词来源于 Auguste Comte，作为 19 世纪法国的一位哲学家，他倡导在社会科学中运用建模方法以便创造一种"能够积极获取可信的、具体的知识，将现实世界改变得更好"的方法（O'Reilly，2005，p.45）。来自多学科的社会科学家将很多实证主义的方法和概念（如效度、信度、客观性和普遍性）应用到他们的研究中。然而，到 20 世纪 30、40 年代，建立在本体论上的逻辑实证主义因其强调存在一个可衡量以及可知的、确定的现实"存在"而受到了很多批判。如今，大多数在此范式下工作的人赞成世界不是确定的，并且承认对其的测量是不可靠的。他们也承认"完全客观性"是不可能的，所有的调查研究者都因其历史背景和社会文化经验的影响而具有一定的偏见。尽管如此，他们还是继续使用和重视与科学方法相关的程序及语言，并认为调查研究能够逼近客观事实，有助于对社会行为进行概括和预测。这种对实证主义的修正有时被称为后实证主义。后实证主义概念被人们用来表示自逻辑实证主义占主导地位以来发展出的所有范式框架。为了避免混淆，本书用"后经验主义"来代表"逻辑实证主义消亡"（Schwandt，2007，p.233）后的科学调查与研究方式。

作为后经验主义者，你的本体论信念将包括一个人们可以在一定程度上准确地衡量和理解的外界现实。因为世界至少是近似可知的，所以你会试图做一些研究来归纳社会现象，解释其原因，并对这些现象做出预测。你将通过尽可能客观的观察、测量和仔细设计的实验来获取这些知识。一般来说，你的实验方法会以一个与所研究问题的现象相关的理论开始。通过使用这一理论，你将提出很多假设，之后，再通过设计的客观方法去验证假设，同时，你需要尽可能地避免主观因素影响被调查者们的行为和反应。你收集的数据最后将被提炼为一些指标和量化信息并将进行统计分析。这些程序就叫作定量方法（quantitative method）。

诠释主义范式

尽管诠释主义的思想可以被追溯到希腊和罗马哲学，但是诠释主义作为社会科学调查的一种表现形式，是由18世纪的德国哲学家Immanuel Kant提出，并由Wilhelm Dilthey、Max Weber、Edmund Husserl等人逐渐发展起来的。这些哲学家被认为是唯心主义者，他们相信世界无法独立于头脑或思想而存在，而现实主义者则坚信世界的存在独立于对它有所感知的人。"一个唯心主义者并不一定认为自然和社会世界是不真实或不存在的，而是认为对世界没有直接的认识。"（Schwandt，2007，p.143）更进一步地说，世界一定需要被诠释。这种对人类认识的诠解理论有时被称为诠释学。它拒绝了一般法则的概念，并认为诠释是人类互动和认知的基础（Schwandt，2007）。此后，社会科学家的角色变成了评估他人对某些社会现象的诠释，以及诠释自己、他人的行为和意图。

许多不同的诠释主义传统已经形成。例如，德国人Edmund Husserl通过阐述Immanuel Kant的哲学来发展自己的现象学哲学。19世纪末和20世纪，许多杰出的思想家，如Alfred Schutz、Hans-Georg Gadaner、George Herbert Mead更进一步地发展了现象学理论。由于诠解主义理念扎根于不同的学科以及不同的地理位置，因此它们产生和发展的方式能够满足多样化的需求及兴趣。例如，在社会学中，民族志方法论（ethnomethodology）和符号互动论（symbolic interactionism）是作为诠释日常生活的方法而发展起来的，而在人类学中，民族志是作为理解和诠释文化的方法而发展起来的。然而，所有这些理论的目的都是理解特定环境下或更广泛的文化中人类的思想、行为和互动。

本体论信念常伴随着诠释主义传统，因此，描绘出现实是社会化构建的、复杂的和时刻变化的世界。重要的是，我们要知道人们如何诠释和使一些目标、事件、行为和感知等具有意义。这些被构建出来的现实被视为是存在着的，但并不仅仅存在于个人的意识中，还作为一种社会组成（social construction）而存在着，其中，个体的观念与更广泛的社会思想和语言相互作用。因此，通过估测同一社会群体的几个成员对某些现象的看法，可以为整个群体提供一些思想和行为的文化模式。

研究的目的是以行为人的视角来诠释社会化世界，因此，这一研究目的遵循的调查方法包括在社会情境下与他人互动，并与其谈论他们的看法。如果你的哲学框架是诠释主义的，那么你的研究设计将趋向于关注与相关人员在一个或多个地点进行深入、长期的互动。尽管"地点特定假说"可能是你最后的研究结果，但你可能不会以此作为研究的起点，而是会以一种探索性和开放的心态对待各种各样的观点以及可能产生的问题。你观察、提问，并与调查参与者互动。你可以在分析中寻找一种模式，但是你不会试图将多种诠释归结为数字或一种规范。你最终的文章本质上将具有很强的描述性。这些方法被叫作质性方法。

因为你们中的一些人可能对调查研究的后经验主义传统更为熟悉，并且正尝试着去准确地挖掘诠释性传统与此类传统的不同点，所以我将其总结归纳在表1-2中。表1-2提出的不同点不应该被看作固定不变的差异，而是不同的调查方法倾向。

表1-2 调查研究的后经验主义和诠释主义方法

后经验主义方法	诠释主义方法
假设	假设
■ 社会事实有一个客观现实	■ 现实是社会建构的
■ 变量能够被识别，并且关系在一定程度上能够被测量	■ 变量是复杂的、交互的，并且难以测量的
调查目的	调查目的
■ 普适化结论	■ 情境化结论
■ 因果解释	■ 理解
■ 预测	■ 诠释
调查方法	调查方法
■ 以假设和理论开始	■ 可能产生假设和理论
■ 采取固定手段	■ 将调查者自身作为手段
■ 实验性的	■ 自然主义的
■ 演绎的	■ 归纳的
■ 要素分析	■ 搜寻模式
■ 寻找常规	■ 寻求多元化和复杂性

(续表)

后经验主义方法	诠释主义方法
■ 将数据简化为若干指标 ■ 用抽象的语言来表达 **调查者的角色** ■ 与研究对象分离 ■ 客观地描述	■ 很少用数字化的指标 ■ 用描述性的语言来表达 **调查者的角色** ■ 个人卷入 ■ 移情式理解

批判理论

批判理论研究并非仅仅向你描述"是什么"（这是诠释主义者的研究目的），而是告诉你"可能是什么"（Thomas, 1993）。在批判理论中，"批判"指的是"洞察和揭示限制人类自由、正义和民主的信仰与实践"（Usher, 1996, p. 22）。同时，批判理论研究批判历史化和结构化的压抑状态，并试图从这种状态中挣脱出来。

批判理论研究以历史现实主义本体论（historical realism ontology）为指导，认为"生活是一个由社会、政治、文化、经济、种族和性别价值所塑造的虚拟现实，并随着时间的推移而具体化"（Lincoln & Guba, 2000, p. 168）。批判理论研究的核心概念是，意识形态扭曲了现实。批判理论家的角色就是揭示和批判这些扭曲的意识形态，以及束缚它们的相关结构、机制和过程（Prasad, 2005）。特别地，他们致力于将被压迫群体的经历和观点置于社会历史背景下，揭示这些社会历史条件如何服务于特定的群体而不是其他群体。有关众多示例，请参见 Denzin、Lincoln 和 Smith（2008）。

批判理论研究者经常使用（并令他人意识到）立场认识论（standpoint epistemologies）。立场认识论存在于被长期压迫和排挤的群体（女性、同性恋者、黑人和被殖民者等）的经历、价值和兴趣中。从这些立场出发，研究者们批判并重构了主流群体的叙事，批判其种族歧视、男权主义、直男/直女、欧洲中心论等（Schwandt, 2007）。立场认识论的两个典型例子是批判种族理论（critical race theory）和酷儿理论（queer theory）。批判种族理论关注种族主义嵌入社会中并成为常态的方式，它将种族描绘成一种定义和区分人类的社会建构手段。聚焦于权力的社会和政治化形式，批判种族理论关注权力如何包容及排除一些肤色的人（Madison，2012；Schram，2006）。酷儿理论挑战异性恋正统主义的概念，即异性恋是/应该是正常的、合法的互动方式。与批判种族理论中对"种族"概念的处理相似，酷儿理论将异性恋视为一种社会建构并致力于怀疑任何主流社会所认为的"正常的"观点（Madison，2012）。

尽管批判理论研究不遵循任何一种特定的方法，但其研究设计还是具有一般化特点的：

- 批判理论研究者将研究视为一种政治行为，因为它不仅依赖于价值体系，还挑战了价值体系（Usher，1996）。批判理论研究倾向于关注权力和统治问题，并且提倡从被剥削者和被压迫者的角度来理解这些问题。
- 批判理论研究者经常关注语言或"隐性法则，这些隐性法则能够规定：什么可以说而什么不可以说；谁能在权威的庇护下说话，而谁只能聆听；谁的社会建构是有效的，而谁的社会建构是错误和不重要的"（Kinchelow & McLaren，2000，p.284）。因此，他们的兴趣在于揭露言论是如何进行社会化和历史化建构的，以及言论是如何支持和维持不平等、压迫和剥削的现状的。
- 批判理论研究者经常对实践或思想和行为、理论和实际之间的关系感兴趣。一些研究者将对话和批判性反思作为研究过程的一部分，试图揭示参与者中那些未验证的假设，以及人们可能接受的对占主导地位的文化群体的解释方式，这些文化群体是用来压迫人的。这一过程"让人们去挑战已有的约束、强制或行为惯性"（Higgs，2001，p.49），并且能够提供改变现有关系或结构的方式。

Weis 和 Fine（2004）提供了一些引人入胜的例子，这些例子是与批判研究相关的可能性的例子。他们演示了研究是如何超越描述来揭示某些群体被征服的方式，并提升参与这一研究过程的研究对象的意识的。在他们的一项调查中，Weis 和 Fine 为具有不同身份背景（种族、阶级、性别、民族等）的纽约市高中生创建了"研究营"。在研究营中，学生们学习批判种族理论和研究方法。这些学生开始进行一项学校调查，然后分析和诠释数据。通过批判种族理论，Weis 和 Fine 督促学生们通过自己的分析探讨主流言论得以持续的方法，以及让特定群体在调查过程中保持沉默的方法。对于很多学生而言，这项工作是被授权的，因为他们获得了说出学校不平等和社会不公正现象的权利及信心。

女权主义理论可以在每个范式中指导调查研究，但是女权研究时常与批判理论研究相结合。批判女权主义理论的一个基本假设是：认定女性被压迫和剥削，考虑到每个人的多重身份，认为这种经历是多样化的（Maguire，1996）。与一般的批判理论研究者一样，批判女权主义研究者关注公正和权力问题，并致力于揭示和理解造成及延续压迫的势力（Maguire，1996）。他们的研究工作聚焦于改变这种不对等的权力关系，尤其是改变女性的不平等状态。然而，这并不意味着他们的研究唯一聚焦在性别上，因为"性别压迫无法在经历和结构上脱离其他的压迫"（Maguire，1996，p. 108）。相反，女性的身份被理解为是多方面交互的，这使得对种族、阶级、文化、民族、性偏好和其他身份的考虑及分析在女权主义研究中起着重要作用。

首先，我们来讨论研究的主题。女权主义研究的立场是，研究调查首先一定要问对于女性来说感兴趣和重要的问题（Bloom，1998）。其次，"女权主义方法论中最重要的元素并且可能是其最显著的特点是，对实验研究关系的关注，以及在田野工作的过程中拓展这种融洽关系的定义"（Bloom，1998，p. 105）。女权主义研究者承认其同研究中的每个参与者都存在着一种关系，并致力于尊重这些关系。再次，女权主义研究者提倡调查研究者对其自身作为研究者的身份以及对其调查相关的历史、价值和假设进行批判性自我反思。

女权主义研究者将其关注的焦点延伸到研究者和参与者间的互动，以及研究过程中能力和权威所扮演的角色上。最后，女权主义研究者倾向于在调查过程中将自己定位为活动家型学者，认为自己致力于利用自己的特权地位和调查研究来维护社会公正，尤其是代表那些弱势群体（Bloom & Sawin，2009）。

女权主义研究在如何做质性调查方面一直在不断改进。因为女权主义研究者试图建立一种非等级性的合作研究关系。其他范式的研究者修正了他们对与研究参与者相处方式的看法，并且开始就研究关系如何影响调查提出新问题。女权主义者对其自身行为、相互作用、权力和权威的探究也有助于其在研究中进行关于自反性的一般性讨论，并期望将其纳入大多数质性研究形式中（关于这个主题的更多讨论，可参见第 5 章）。

为了使问题深入并重申这些范式间是相互渗透而非一成不变的，"很多当代批判主义学者和女权主义学者已经在其研究中转向了后结构主义思考"（Hatch，2002，p.17）。而这一说法具体意味着什么，将在下一节中讨论。

后现代主义/后殖民主义/后结构主义

> 当我们西方白人男性无法定义真理时，我们宣称已不存在真理。
> （Bruner，1993，p.23）

> 每次实验完成时，我身上的一部分文化也被消除了。
> （Dunbar，2008，p.91）

"后现代性"（postmodernity）一词表明了对现代性的突破，它在某种程度上是工业化这一历史时期的标志。现代性的特点包括：相信形式逻辑是推理的必要成分和社会的官僚化，以及相信科学和技术是解决各种问题的手段（Harker，1993）。后现代性的标志则是全球化、信息技术传播和国家分裂。在后现代主义情境下，曾经用来解释社会如何运作以及人们如何发展和相互影响的重大理论遭到批判与质疑（Schwandt，1997，p.120）。这主要是因为，如同 Sokolowski 所说的，"我们越来越清楚地知道，现代化工程的核心不是对知识的理性应用,而是对统治意志、权力意志的运用"(Sokolowski,2000,p. 202)。"后现代主义认为没有可以被发现的普遍真理,因为所有的人类研究者都身处人类社会中并且仅仅能提供一些地域性和时代性的见解。"(Delamont,2002,p. 157)不同于后经验主义或者诠释主义对因果关系的探索,与后现代主义相关的内容包括多元化、碎片化和不确定性(Prasad,2005)。

由后现代思想形成的研究范式被广泛认为是后现代主义、后结构主义、后殖民主义和后福特主义等的。这些传统可以相互区分,但同时又具有相似的观点、哲学基础和概念,因此有很多都可以内部转化。在这些思想的影响下,研究者"对整个现代西方思想体系进行了从内到外的猛烈抨击和批判"(Prasad,2005,p. 211)。对于上文提到的每一个概念而言,"后"这个字并不仅仅指代时间。它表明了与过去的决裂,以及"新思想和新社会实践的再生与重塑"(Prasad,2005,p. 213)。

后殖民主义(postcolonialism)理论起初是在那些被殖民的国家以及欧洲和美国兴起的。后殖民主义关注殖民主义的遗产,并且关注人们如何"依靠种族和地理去征服整个人类"(Prasad,2005,p. 212)。它聚焦于殖民主义在人们日常生活中继续存在的多种方式(语言、价值观、习俗、权力地位、边界),以及它是如何受到抵制和挑战的。后殖民主义批判西方思想(人文主义和现代理想主义)在世界范围内统治人们日常生活的方式,致力于将来自边缘群体的声音置于中心,并以此撼动西方霸权。重要的后殖民主义学者有 Edward Said、Gayatri Spivak、Homi Bhabha 和 Arjun Appadurai 等。

与后结构主义(poststructuralism)相关的很多思想都来源于法国,尤其是 Jacques Derrida 和 Michel Foucault 的思想。针对那些通过潜在语言代码或语法来理解社会互动和文化的结构主义者的社会语言学工作,后结构主义者对文本以及如何能够抵制"秩序和系统"更感兴趣(Prasad,2005,p. 238)。考虑到文本生成不仅包括文字书写,更包括演讲和人们的行为,后结构主义者倾向于关注解构文本，以此揭示它们是如何系统地包含或排除一些人或一些思想的。社会中任何占据主导地位的事物，例如美国的发展和民主自由的观念，都被怀疑是统治和权力的言论。后结构主义者致力于摆脱和动摇这种思维方式。由于这些中心言论被视为是狡猾的、贯穿社会化思想多个领域的，因此研究者们也必须对其自身的理念和行为提出疑问，"后结构主义理论不允许我们把责任推到自己日常生活行为之外的其他地方，而要求我们检查自己在包庇社会不公正时的同谋行为"（St. Pierre，2000，p. 484）。

这些"后"传统的中心思想可以被描述为解构（deconstruction）。Jane Flax（1990）称，"后现代论述都是破坏性的，因为它们试图使我们远离和怀疑与真理、知识、权力、自我和使当代西方文化合理化的语言有关的信念，而这些信念往往被认为是理所当然的，并为当代西方文化服务"（p. 41）。Elizabeth St. Pierre（2000）写道：

> 解构产生的最显著的影响之一就是，它突出了一种思想，这种思想认为语言不仅能描述已存在的事物和思想，还有助于建立它们，进而建立我们所熟知的世界。换言之，就是我们道出了世界。这种方式不是"自然的"。我们已经通过语言和文化实践建立了世界，同时我们还可以解构和重塑它。（p. 483）

Albrecht Dürer 的画作提供了一个关于假设和主流框架如何塑造艺术作品的视觉隐喻。在 15 世纪的西欧，画作主要被用来交流宗教故事并向统治者和捐赠人表达敬意。Albrecht Dürer 是德国的一位画家、雕刻师、版画家和数学家，他出生于 1471 年，1528 年去世。他的大多数作品作为那个时代的经典描绘了宗教人物和场景。然而，当资产阶级和贵族、教堂成为艺术的资助者时，Albrecht Dürer 正处于变革的风口浪尖。这些新的资助者对新的艺术形式感兴趣，并鼓励 Albrecht Dürer 在木雕和水彩风景画领域进行大胆尝试。后现代主义、后结构主义和后殖民主义挑战了启蒙运动以来西方哲学与科学的各个方面。和 Albrecht Dürer 一样，我们也正处于另一个时代的转折点上。

Albrecht Dürer（德国，1471—1528），*Lot and His Daughters*，1496/1499 年，Samuel H. Kress 收藏于国家美术馆

混合法

> 当你处于你的范式所假设的逻辑圈中时，那些在其他范式中工作的人所采取的立场便没有意义了。
>
> （Thomas Kuhn，转引自 Hatch，2002，p. 19）

在研究讨论中，一个经常出现的问题是，你是否可以将方法融合起来，即是否可以在同一个研究中既使用质性又使用定量的研究方法？为了解决这一问题，我们需要先区分"方法论"和"方法"这两个概念。方法论（methodology）一词来自 Schwandt 的质性研究术语，指的是"一种进行调查研究的理论，它以一种特定的研究方法来对假设、原则和程序进行分析"（Schwandt，2007，p. 103）。方法（method）的概念指的是"用来产生和分析数据的程序、工具、技能等"（Schwandt，2007，p. 101）。如果你尝试将方法论融合起来，例如，依托于像实验设计那样的定量研究方法的后经验主义如果要融合依托于像民族志那样的质性研究方法的诠释主义,你最终就会做两项研究了。这些方法论源于对世界的本质以及何为有价值的知识内容做出不同假设的范式。每一种方法论都需要特定的程序或方法来找到其所需要的数据。

但如果你想要融合方法或技能,则是可行的。正如实验研究者有时用访谈的方式,民族志学者有时用调查的方式来获取数据。一种方法往往是对主要的数据收集模式的补充。也就是说,如果研究民族志,你可能会在研究中使用定量调查,但是你的很多思想却是质性的。即使你结合了定量和质性方法,你也会将自己定位于一种特殊的研究范式,这种研究范式最符合你看待世界的方式。

不过,这并不意味着一种方法论不能建立在其他方法论之上。Charles Darwin 的进化论就开始于大量的观察、描述性数据和归纳,并且伴随着更多的"科学"实验。上述讨论也不能排除研究者们从不同研究范式和不同专业知识角度看待一件事时进行合作的可能,"然而,很显然的是,用不同的理论而不仅仅是寻找替代性研究方法所面临的挑战在于,识别什么可以被卓有成效地结合在一起——以什么目的、何种方式以及何种规模——去探索何种现象"(Green, Camilli, & Elmore, 2006, p. xvii)。

1.4 方法论、调查问题和方法:一种互动

这部分的主要内容是更明确地展示研究的哲学和方法论是如何塑造出研究问题及所采用的研究方法的。为了便于比较,我着重介绍了两种基于诠释主义民族志和社区行为研究的方法论,以及一种以批判理论为基础的方法论,即批判民族志。

1992—1993 年,我在哥斯达黎加居住了八个月。那段日子的大多数时间里,我都在一个小渔村里协助当地的环境组织。这个组织正在培训年轻

人,让他们作为导游对国内外的旅行者以及更广泛的社区的成员进行地区环境和文化教育。这个环境组织是一个草根团体,是当地人为努力改善当地环境而建立的。它的领导者是当地的一位原住民,他将当地不同种族和不同文化群体的人——非洲裔加勒比人、原住民、西班牙人和欧洲其他地区的人——聚集到一起组成了这个组织。

通过相互之间的接触,我被引荐给这个组织的主席,并与他探讨我与该组织一起进行研究的可能性。他建议我起草一份方案并将其呈交给董事会讨论。最后,方案通过了,我在村子里租了一间小房子,开始了我的调查。通过与这个组织合作可以进行多种形式的调查研究。

我本应做传统的民族志研究。在与这个团队工作和相处了大约一个月之后,我发现了团队中的领导者和积极分子,我把他们看作不同文化和价值体系之间的桥梁与纽带。在我的日记中,一份关于民族志研究的陈述开始形成,我希望了解:①人们为了更好的事物而奉献的动力和感知到的回报是什么;②鼓励和驱使一群多样化、有能力且忠诚的人聚集在一起的文化和历史因素有哪些;③跨文化经历在领导者/活动家的哲学取向中的作用。

针对这样一项研究,我本应制定一些标准来筛选领导者和积极分子,进行一系列的访谈,并继续和这个团队中的成员相处,观察他们的行为和互动。为了更好地了解领导者们的社会文化背景,我可能会对他们的一些家庭成员和其他在其生活中有显著影响的人进行访谈。最终,我可以分析访谈资料以及模式和主题的观测数据,并写一个有助于积极分子/领导者进行学术性理解的描述性陈述。但是我并没有做传统的民族志研究,尽管这些研究问题同样很吸引我。

我本应做批判性人类学研究。当地的大部分居民不是非洲裔加勒比人就是留下来的原住民。尽管哥斯达黎加的种族歧视和压迫与美国不同,但是非洲裔加勒比人和当地原住民都遭受着歧视。在村子里,我开始听到外来者(哥斯达黎加人和外国人)如何获得土地的故事,因为尽管传统上当地居民拥有土地，但他们对其并没有合法的所有权。

我本应做些研究去了解当地的土地所有惯例和哥斯达黎加的土地所有制，那么我或许可以形成一项批判性人类学调查研究，内容如下，我希望：①揭露现有权力和特权阶级加速当地人失去对沿海及热带雨林土地的所有权；②与当地团体合作来开发保持土地控制权的策略。研究方法可能包括创建对话组织来讨论关于土地占有、公共土地侵占和被迫贩卖土地的经历，同时想出一些捍卫权利以保护土地的策略。我可以作为团队的引导者和顾问，为需要的人提供法律信息。我的初衷是帮助制定战略，并提高人们对抗土地所有权流失的意识。但是，我并没有做批判性民族志研究，尽管这些土地权利问题对我而言也很重要。

批判性人类学研究可以是一种行为研究，但不一定必须是行为研究。行为研究的本质是想去改变事物，解决某类问题，采取某种措施。通过与环境组织的初步探讨，我开始认为基于社区的行为调查（在本章后面将详细阐述）是更好的研究模式。如果我以一个研究者的身份加入这个组织，那么，他们希望我能运用自己的能力去帮助组织运作，而不是为了其他目的而对他们进行研究。对我而言，我希望自己能够对这些与我一起生活并教我道理的人更加有用。因此，我将自己在组织中的角色描述为志愿研究者。

我们召开了一系列会议，并讨论了董事会希望开展的小规模调研项目。我通常与组织中的一两位成员合作开展这些项目。举个例子，作为团队教育任务的一部分，他们让我调查该地区的环境、文化历史以及多样性，特别关注来访者们经常问到的问题，比如原住民对热带雨林的使用。这些项目使我从他人身上了解到地域风情及居民生活的信息。同时，这些项目也获得了上述介绍的组织的资助。我陪伴在当地人身边，他们向我讲述自己每天的工作，一边在热带雨林里远足，一边指出并讨论他们与特定动植物的关系。最终，实验结果被写成了英语和西班牙语两种语言形式的报告，并由当地的一位艺术家绘制出来。

我的研究工作没有以一个大项目而告终，它是一个不间断地协调多个小项目的过程。比如，环境组织寻求帮助的另一个问题更多地涉及组织管理领域。因为大多数成员都是非酬劳员工，所以他们需要在项目相关的工作优先级和时间管理上获得帮助。在推动（并记录）与整个团队、较小的团队以及个人进行的一系列讨论后，我起草了一份反映人们的兴趣、义务以及预估的日程表的年度计划。在实施之前，这份计划被团队进行了多次修改。

如这些例子所示，同一内容的调查可以以不同的形式开展。对于从事研究的人来说，这些可能性会让人感到难以承受。一些研究者认为，好的调查研究无论其采用的范式、方法论及方法是什么，都能做出贡献，并且都是有价值的事业。而其他研究者则仅仅选择作为核心研究者参与到当地的调查研究中，解决当地的忧患。然而，还有一些人已经放弃了传统的田野工作，选择通过聚焦于其自身经历来研究社会和文化。这将在下一节中讨论。你的职责就是找出你做研究的哲学和政治立场。你的立场不仅能帮你决定去研究什么，还能帮你决定如何设计研究以及采用什么技能和方法。由于本书起初聚焦于诠释主义范式中的质性研究，因此更多关于诠释性调查的内容将在本章的后面加以介绍。

质性研究的诠释性传统

> 初级研究者经常在诠释性研究的文献中迷失。这些文献由密集的概念组成，通常也较为陌生，并且在术语的用法上相互冲突。
>
> （Higgs & McAllister, 2001, p. 34）

至此，我想你不会对上面这段引文感到惊讶。研究者们已经在各种形式的诠释性调查中进行了区分，但是调查的方式是多样的，并且其中的区别并不是很明显。比如，你可以将你的研究称为案例研究、访谈分析、认知人类学、话语分析、教育评定、民族志研究、民族方法学、人种科学、扎根理论、诠释学、启发式研究、生活史、叙事分析、口述史、现象学或符号互动论，甚至可能还有很多其他的方法。如表1-3所示，每种方法都伴随着哲学假设,并强调了特定的焦点(文化、语言等),这些方法经常与特定的学科(社会学、人类学、心理学等)有关,并且依赖于所选择的方法(深度访谈、跨案例分析等)。尽管如此,最好能把众多的方法论看作在指导方向上的不同,而非彼此分隔和独立的,因为每种方法都试图以参与者的视角去理解和描述社会现象。

表1-3　按照焦点和科目分类的质性方法论

方法论	主要焦点	常见的学科关联
民族志	描绘和诠释行为模式与文化	人类学 教育学 护理学
叙事分析 口述史 生活史	通过故事或叙事来理解生活和文化——强调故事和讲述的内容	人类学 文学批判 社会科学 社会学
民族方法学	了解每天的活动和互动	人类学 教育学 社会学
沟通民族志 微观民族志 要素民族志	从口头和非口头角度检验面对面的社会互动模式,并且分析它们如何与更大意义上的文化和社会组织概念产生关联	人类学 社会语言学 社会学
访谈分析 论述分析 符号语言学	通过感知和分析作为标志与文本的文字及行为来学习社会互动中的意义建构过程	沟通 心理学 社会语言学
扎根理论	在系统地比较实地调查之外发展理论	护理学 社会学
符号交互作用	了解他人如何学习并在社会背景中使符号和行为变得有意义	哲学 社会学
现象学 启发式研究	探索一个现象中他人的经历所具有的主观含义和本质	护理学 哲学 心理学

注:本表可以看作对质性研究方法的一个粗略的分类。在研究中,这些不同的方法通常会在一个宽泛的原则下结合使用。

本节涉及了三种诠释主义方法中的历史和复杂性问题：民族志、自传式民族志和行为研究。本节的讨论不是努力去涵盖全部的诠释性方法论；相反，这里旨在提醒你注意范式中方法的多样性，当你想要探索某一个问题时，你需要拥有找到适合的方法论的资源。我之所以选择在此着重强调这三种诠释主义方法，是因为我将在本书中更多地用到它们。其他四种方法（叙事研究、扎根理论、现象学和案例研究）的简要介绍见附录A。方法论的描述指出了研究的焦点和目的可能不同，但也可以使用本书中讨论的许多相同的方法（深入访谈、参与者观察、文献收集）。在对调查进行设计之前，你可能希望翻到附录A并进行更广泛的阅读，或者在对民族志调查方法有一个更宏观的概念后，再探索其他的一些方法来满足你的研究兴趣。

民族志

> 科学及其社会……相互构建了彼此。
>
> （Harding，1998，p. 2）

我最熟悉的诠释主义方法就是民族志，其广泛应用于人类学及其他学科，如教育学、社会学和护理学。由于我在整本书中都提到了民族志，因此相对于其他方法我对其进行了更充分的讨论。我还提供了许多历史背景资料，以了解民族志一直以来和继续被利用的方式，这样有助于更好地理解和思考国内外对民族志的批评之声。

民族志（ethnography）一词来源于古希腊语ethnos（意为"一个民族或文化团体"）和graphein（意为"去描述"）。民族志的字面意思是：描述一个民族或文化团体。民族志将文化作为研究和描述一个团体的理论框架，其起源与人类学相关，并且在一定程度上还与社会学相关。虽然社会学家们对文化的理解并不一致，但他们都把文化作为民族志研究的原则。例如，有一些学者专注于群体中的共享意义，而另一些学者则专注于研究人在某些情境下如何采取恰当的行动。基于长期的实地考察，并通过参与式观察和访谈采集数据，研究者们开发出"深度描述"（thick description，由 Geerzt 于 1973 年提出）的概念来诠释文化群体中的人们如何构建、分享和调整意义。

民族志的历史背景。许多形式的西方科学是通过殖民主义来拓展和推进的。例如，殖民利益引导了对航海知识的需求以及绘图学的发展。由于殖民主义使探险家、官僚和定居者在殖民过程中感染了新的疾病，因此热带医学科学开始发展起来。殖民者接触到的新植物，如玉米、马铃薯和甘蔗推动了农业知识的迅速发展。这些新科学造福了欧洲人，并提高了他们在本国的生活水平。殖民者掌握了一定的当地知识，如烟草种植，却把他们自己的认知方式强加给被他们征服的人。由于他们破坏了当地工业、贸易和文化传统，因此他们实际上延缓了非西方科学的发展（Harding，1998）。

整个殖民时期，探险家、传教士和殖民当局都撰写了报告，描述了他们所遇到的当地人，但是相比于描述他们的生活方式，这些人对如何更好地开发新领土和人们的劳动更感兴趣。大多数报告"都是从一个征服文明的角度，或由其代表所撰写的，他们对文明世界的使命充满信心"（Vidich & Lyman，2000，p.41）。

在维多利亚时代后期（19世纪末），人类学作为一门学科逐步萌芽。在人类学萌芽期，学者们通过殖民报道和从传教士、冒险家那里得来的信息完成关于人类文化的描述。受 Darwin 1859 年出版的 *On the Origin of Species* 一书的影响，这些早期的人类学家倾向于接受社会进化理论。这一理论假定了一个从"原始"到"文明"的社会发展的连续统一体。同时，在这一理论的指导下，许多人类学家试图收集和比较文化信息以确定一些指标，这些指标可以使人们及其所在的社会在不同阶段沿着社会连续体发展。毋庸置疑，欧洲是当时"文明"的标准，而这种人类学经常被用来发展种族主义，这也是欧洲中心论产生的原因（Vidich & Lyman，2000）。

"古典人类学"（classic anthropology）时期开始于20世纪20年代，Malinowski 1914—1918年在新几内亚和特罗布里恩群岛进行了长期的田野调查（他称之为"民族志"），使得田野工作很快与人类学研究结合起来。古典人类学初期的主要学者包括美国的A. L. Kroeber、Margaret Mead和Ruth Benedict，以及英国的Malinowski和Alfred Radcliffe-Brown。由于20世纪上半叶世界大部分地区都处于被殖民状态，因此人类学家的工作与殖民事业密切相关。当欧洲和美国的年轻人开始研究"土著"或"部落"时，他们往往要到世界上的偏远地区。然而，他们对殖民主义的态度差别很大。一些古典的人类学家支持文化和政治自主决定论，而其他人则认为，如果那些被殖民的人希望在现代世界中生存下来，那么同化将是未来世界发展的必然趋势。尽管可以讲述一些关于人类学在殖民地化中的作用的恐怖故事，但是也应认识到一些人类学家在反对种族主义理论、肯定非西方价值观，以及在反对西方国家的发展模式上的作用（Benthall，1995）。

伴随着第二次世界大战的结束和世界上大部分地区公开殖民统治的停止，人类学家已经放弃了社会进化理论。然而，这门学科因为与殖民主义的联系而产生了集体负罪感。这种负罪感，再加上很有可能不太容易进入前殖民地国家的缘故，使得许多人类学家开始在自己的国家进行研究，经常在他们自己的社会中寻找"外来的"或"边缘的"。一些来自芝加哥大学的社会学家已经进行了这样的研究。

作为芝加哥学派的成员，来自芝加哥大学的社会学家开展了他们称之为田野工作的研究（Tesch，1990）。受到英国社会人类学的影响，他们开始运用参与式观察技术对自己社区内的群体进行研究。其中，Robert Park和Ernest Burgess是两位最具影响力的社会学家，他们引导了芝加哥大学运动。这项运动在1920—1960年间吸引了大量的年轻社会学家。这些学者将芝加哥视为他们的实验室，并开始了聚焦于个体、团队和组织的城市田野工作。他们撰写了现在已经被视为经典的民族志文献，包括 The Hobo（Anderson，1923）、The Taxi-Dance Hall（Cressey，1932/2008）、The Jack Roller（Shaw，1930/1966），以及 The Gold Coast and the Slum（Zorbaugh，1929/1983）。

当前的民族志

民族志研究者的社会背景和时代已经改变，同时，民族志研究者的身份也发生了变化（Tedlock，2000）。不再局限于男性，许多民族志研究者往往是女性；不再来自主要的特权阶级，当代的民族志研究者们来自不同的社会经济阶层、种族、同性恋群体和非西方群体。伴随着研究者的多样化，进行民族志调查的原因更为多元。人类学的内部开始出现对话和挑战，尤其是在解决与殖民主义的历史关联性方面，已经对在诠释主义、批判主义和后结构主义范式中的批判、新思想及新实践的形成起到促进作用。例如，以往殖民主义化的研究主题不仅探讨了其文化内容，还使研究者们成为民族志学者，揭示了作为"局外人"的民族志研究者的假设，并强调了诠释和陈述问题。人类学家和民族志学者一直处于讨论的最前沿，讨论的内容为：陈述是如何受作者的经历和理论视角、学术修辞表达和领域关系类型等的影响的。

或许是因为民族志是一种早期的质性研究方法，所以无论是否从事民族志研究，参与式观察、深入访谈的方法通常都被当作民族志研究方法。我倾向于采用这种粗略的术语。在整本书中，我在某种程度上交替使用民族志和质性方法来指代那些试图诠释人们对现实的建构，并在他们的视角与行为中识别独特性和模式的实践。

自传式民族志

自传式民族志可以被视为一种叙事研究。我在这里之所以强调自传式民族志，是因为它作为一种方法论引发了人们越来越浓厚的兴趣。随着时间的推移，自传式民族志这个词被用于各种各样的场景：描述一种文化或种族群体的成员对该文化或种族群体的叙述；在描述其他人的民族志中，作者突然在文章中插入自身的个人经历；而且更类似于自传，在母文化或另一种文化的社会背景下，探索自我（Reed-Danahay, 1997）。在这里，自传式民族志被用来指代将自我作为社会文化内容一部分的写作方式。

自传式民族志始于自传，即个人传记。研究者将其所做的研究工作变为对自我的叙述，从社会学而非心理学的角度继续在更大的文化背景下用学术论述来发表见解。Carolyn Ellis 和 Arthur Bochner（1996, 2000）站在自传式民族志的最前沿，她们独立创建文本，共同鼓励别人深入研究自己的生活以探索社会文化环境。她们尝试使自传式民族志区别于其他诠释主义方法论的一个方面是，用文学技巧戏剧性地描绘经验。Ellis（2004）甚至以"方法论小说"的形式写了一本关于自传式民族志的书。

自传式民族志在解决个人创伤、灵性、顿悟或重大生活事件的研究问题上尤为有效（Leavy, 2009）。研究者用自传式民族志来探索悲伤、疾病、压迫、个人耻辱，等等。这些研究通过记录过去事件中的个人信息，来反思这些事件、情感和反应，并作为对更大的社会文化背景影响的反应或抵抗。尽管其他人可能会通过接受访谈和查找文献的方式来帮助研究者找寻记忆，但研究的焦点依然是某人自己的经历和体验（Ellis, Adams, & Bochner, 2011）。Ellis（2009）描述了她对自传式民族志的期望：

> 我深切地希望我的故事具有影响和改善社会的可能性。我认为这可以通过逐一审视一个人的生活和在人与人之间传递鼓励的声音来实现，也可以通过明确关注社会公正或者与利益集团、意识形态或政党政治的关联来实现。（p. 15）

更多关于自传式民族志的讨论和例子将在第 9 章中呈现。

行为研究

如前所述，方法论往往与特定的研究范式有关。但请记住，这些类别是渗透性的。范式的思想和分类已经随着历史的发展而改变，并且挑战着人们探索世界和知识的方式。类似地，方法论也不是稳定的实体，与其相关的思维和程序也不断随时间、学科甚至位置的不同而改变。因此，相同的标签可能指代不同的研究方式，这取决于时间和/或参与者，而行为研究就是一个很好的例子。

行为研究由20世纪中期Kurt Lewin的研究发展而来。尽管当时激进分子们试图将理论的产生与行为相融合，以改变社会制度，但Lewin的行为研究模型仍扎根于逻辑经验主义范式，并清晰地将研究者和被研究者区分开来，且有发现、干预和评估的循环（Bray, Lee, Smith, & Yorks, 2000; Bryant, 1996）。它被特别用于工业研究，以找到使企业更有效率的方法。

作为一种改善实践的方式，行为研究再次流行起来，尤其在教育方面。然而基于诠释主义，研究的周期包括观察、反思和行动，主要使用质性的访谈和观察，以及调查和量化的数据（Kemmis & McTaggart, 1988; Stringer, 2013）。在反思阶段，研究者或核心搜索者尝试诠释数据，并且与那些在这个过程中的利益相关者交流各种各样的观点。这个阶段之后，研究者们开始讨论应该采取哪些行动。之后就是行动阶段，包括制订计划、执行和评估。

在这种形式的行为研究中，研究者和参与行动的其他人一起作为变革的推动者。在这种更具包容性的模式下，存在几种不同类型的行为研究。Stringer（2013）详细阐述了他称之为"基于社区的研究"（community-based research）的行为研究。"基于社区的研究"可以帮助一个群体、一个社区或一个组织定义一个问题，然后更好地了解情况并解决问题。所有的重要利益相关者都要参与到研究过程中，其间，研究者作为促进者，要保证研究在研究周期内可以持续进行。接下来，我们介绍另外两种行为研究：参与式行为研究（participatory action research）和合作研究（collaborative research）。

参与式行为研究听起来好像是基于社区的行为研究的另一种说法，事实上，的确有些人这样运用它。然而，根据巴西行为学家、教育家 Paolo Freire（1970/2000）的观点，参与式行为研究通常是与理论相互联结的。自19世纪70年代初起，参与式行为研究与批判理论相关，它是通过边缘化或被剥夺特权的群体的积极参与来实现社会转型的一项行为研究。受耶稣会在解放神学中的工作的影响，Paolo Freire（1970/2000）的研究涵盖了觉悟启蒙的目标或者意识增强。研究者们收集和分析信息，并以一种有助于转变群体思维和现实的方式反映出来（Kindon，2005）。在起源上，参与式行为研究依赖于图像，因为很多研究都是在文盲群体中开展的。图画和照片被用作"讨论的启发工具"（Gubrium & Harper，2013，p. 32）。20世纪70年代到80年代中期，参与式行为研究在拉丁美洲很受欢迎，其实在某种程度上，在美国也同样流行。而如今，它又重新流行起来，尤其是作为视觉研究调查的一部分。在第3章中，我们将介绍更多关于参与式行为研究和视觉研究的内容。

虽然衍生自行为研究，但是合作研究与其他研究不同，因为它通过与参与者的共同努力来获得知识，并去理解"变化发生的催化剂——个人变革、组织变革和大规模的社会变革"（Bray et al.，2000，p. 3）。研究过程中的所有参与者都完全投入研究中，从构造问题，到设计调查、收集数据、定义数据，再到交流定义（Hatch，2002）。"同时，每个参与者都是'共主体'——根据调查群组内部与外部的个人经验形成一个用来分析和创造定义的经验及洞察力的集合。"（Bray et al.，2000，p. 7）由于每个参与者都既是核心研究者，又是共主体，两种身份有助于使研究集中于：关于这个话题每个人都有自己的个人经验，并且"每个人解决问题的能力是相当的"（Bray et al.，2000，p. 12），因此，合作研究调查的问题就变成了处理参与者个人发展或实践的某些方面的问题。虽然很多参与式行为研究和行为研究在性质上是趋同的，但合作研究并非一定要集中于权力问题或者像参与式行为研究那样采用对话的方式。参与式行为研究和行为研究都倾向于在研究过程中引入一个或两个层级的人，至少要作为推动者。在合作研究中，没有人比其他人拥有更大的权力。

总体来说，在行为研究中，当调查者/推动者是这个社区或组织之外的人时，进行调查的困难常常与定义调查焦点、创造没有正式组织存在的行动小组、掌握何时及如何离开或者结束调查有关。行为研究的优缺点表明，参与者这一概念就像调查者（如教师、护士、社会工作者），他们与其他人在社区中一起检查他们的"后院"。运用行为导向模式并将调查理论和技术结合起来的"内部人"可以获得协作、反思性的数据，并分析他们自己或者社区的行动程序，然后为他们所在的社会政治环境做出贡献。

质性研究的可能性

在实践中，就如本章开头所说的，无论是调查的范式还是方法论都不能清晰地分离开来。可以把它们看作彼此之间，或与主流知识和文化思想之间对话中的哲学。每个范式都正在影响，并将继续影响其他范式中的理论和方法。它们各有其长处、面临的挑战和可能性。由于本书之后的阐述将遵从质性诠释的传统，因此我列出了这类研究可能做出的贡献（不按特定顺序）并将其作为本章的结尾：

- 通过探究，你发现、诠释和分享他人的观点，以及你自己对社会状况某些方面的看法，促成了声音和视觉的多样性，以及知识的多元化。
- 要一直倾听直到你理解了另一个人眼中的世界，然后当你用调查证明那些声音被忽略、沉默的人的故事和生活时，你会发现世界上有许多充满力量的行为。
- 你的诠释可以指出事物的重要性和含义，通过你的陈述去评论，可以鼓励别人去感知、重视，或者以其他方式行动。
- 去试图理解一个不属于你的语境，这有助于你充分了解自己。你会更易于了解自己的假设、刻板印象和主观性。
- 诠释性调查可以协调你对周围的人生活的丰富性、人们行为和言语的复杂性及特殊性的感知，这种方式可以成为你的一部分，使你超越作为研究者的自我。

- 在理想的情况下，你在调查中所处的情境符合 Maria Lugones 提出的"玩"的定义，因为你会"放弃竞争和自我重视"（Madison，2012，p.121）。在没有附加预期的情况下，你会对你所研究的人奉献自我。在这个过程中，你常常可以建立起有意义的关系。

1.5 见微知著

作为一名环境科学专业的学生，Susan 在为老师的课题收集了一个学期的数据后说："我已经准备好放弃整个项目了，因为我产生了很多新问题。这个过程使我偏离了项目。我觉得自己需要回到原点，然后重新开始。"Susan 是对的。因为只有你自己才知道你要寻找的是什么，你要问的问题是什么，在这项研究的最后你要用的方法是什么。然而，当这个过程走到终点时，它将带你经历一个最终使整个研究变得更清晰，同时也更加具体的阶段。你的调查、田野日志、对本书的学习和其他方面，应该有助于你以更清晰的思路和缜密的逻辑来捕捉研究现象，这是质性研究给你的礼物。

质性研究那开放的、突发性的本质意味着标准化的缺乏。没有明确的标准可以纳入齐整的研究步骤中。开放性为理解创造了条件，同时也会导致模糊，这种模糊有时会产生压倒性的焦虑感："我还应该和谁碰面？""我还应该问些什么？""我该怎样把所有部分整合起来，以便形成一个有意义的东西？"开放性使得研究者得以接近社会互动的内在复杂性，尊重复杂性，并尊重自身的复杂性。正如 Eisner（1981）所说，"通过玫瑰的拉丁名字我们知道了玫瑰，但是错过它的芳香就错过了它大部分的意义"（p.9）。

本章介绍了质性研究的一些哲学和理论基础。后面的章节将更加注重研究过程和质性研究方法。这些章节将带你走进研究程序设计、数据收集、数据分析和写作，以及有关自反性和道德的讨论。就像学习绘画和游泳那样，你只能在实践中掌握这些技能。Wolcott（2009）说过，"质性研究之所以吸引人，是因为它们看起来是自然的、直接的，甚至是显而易见的，因此也是容易完成的。但将质性研究概念化，开展研究，分析并发表，将是复杂的"（p.3）。接下来我们将讨论概念化研究的复杂性。

推荐阅读

- 介绍研究范式和方法论的历史、理论和哲学

Crotty, M.（1998）. *The foundations of social research*. Thousand Oaks, CA：Sage.

Prasad, P.（2005）. *Crafting qualitative research：Working in the postpositivist traditions*. Armonk, NY：M. E. Sharpe.

Willis, J.（2007）. *Foundations of qualitative research*. Thousand Oaks, CA：Sage.

- 诠释主义和行为研究

Creswell, J.（2012）. *Qualitative inquiry and research design：Choosing among five approaches*（3rd ed.）. Thousand Oaks, CA：Sage.

Hatch, J. A.（2002）. *Doing qualitative research in education setting*. Albany：State University of New Your Press.

Patton, M. Q.（2002）. *Qualitative research and evaluation methods*（3rd ed.）. Thousand Oaks, CA：Sage.

Pelto, P. J.（2013）. *Applied ethnography：Guidelines for field research*. Walnut Creek, CA：Left Coast Press.

Stringer, E.（2013）. *Action research*（4th ed.）. Thousand Oaks, CA：Sage.

- 批判和女性主义质性调查

Hesse-Biber, S. N.（Ed.）.（2007）. *Handbook of feminist research：Theory and praxis*. Thousand Oaks, CA：Sage.

Madison, D. S.（2012）. *Critical ethnography：Method, ethics, and performance*（2nd ed.）. Thousand Oaks, CA：Sage.

Thomas, J. (1993). *Doing critical ethnography*. Newbury Park, CA: Sage.

● 后结构主义、后殖民主义调查

Foucault, M. (1979). *Discipline and punish: The birth of the prison* (A. Sheridan, Trans.). New York, NY: Vintage Books. (Original work published 1975)

Lyotard, J. G. (1984). *The postmodern condition: A report on knowledge* (G. Bennington & B. Massumi, Trans.). Minneapolis: University of Minnesota Press. (Original work published 1979)

Said, E. (1978). *Orientalism*. New York, NY: Vintage Books.

练习

1. 拓展你对质性调查中的批判主义、女性主义、后结构主义和后殖民主义等方法的理解。以个人或小组为单位，阅读更多与其中某一种方法相关的理论和著作，然后与全班同学分享你的收获。

2. 拓展你对诠释性质性研究范式的多样性的理解。以个人或小组为单位，选择一种不同于民族志的诠释性方法论（如现象学、叙事分析或符号互动论）去学习，然后与全班同学分享你的理解。

第 2 章
研究设计和其他预研究工作：
做对你的研究有益的事

我的预试验项目中充满了变化。我改变了研究焦点、研究问题以及抽样的策略。我改变了分析框架和表述。我改变了思考这个主题的方式以及背后的动机。我还改变了之前用来研究这个问题的理论视角，最终再次将其更改。

（Tabitha，佛蒙特大学学生）

1999年年末，我打算去墨西哥南部休一个学术年假。带着学生去墨西哥的瓦哈卡州度过了几年之后，我知道我想在那里做研究，且大概知道应该做什么研究（草根社区和非正式教育），以及大体上如何去做（一项合作研究）。制订一份研究方案能够帮助我专注于研究并且全面地考虑研究设计。在介绍我的研究时，我写道：

在 *Grassroots Post-Modernism* 一书中，Esteva 和 Prakash（1998）非常鼓励基于当地的思考和行动。他们介绍了草根如何在社区中发挥作用。他们的书最终讨论的是第三世界中的一些社区如何抵制西方的"发展观"，并努力为其自身的问题寻找契合当地文化的解决方案。通过列举来自墨西哥和印度的例子，Esteva 和 Prakash 挑战了读者对于"美好生活"的假设，促使他们重新思考"发展"意味着什么。

第 2 章 研究设计和其他预研究工作：做对你的研究有益的事 | 39

上面的介绍帮助我对所要进行的研究工作建立起一个概念框架（在文献回顾部分，这一框架更加完善），同时也使我能够关注"文化上契合的解决办法"这一概念。我努力创造了一个基于我和 Esteva 的兴趣的研究问题（之前我一直在和他讨论研究计划）。我提出了三个问题：

1. 各种不同的草根项目（不管是一个鬣蜥农场还是用本土语言编写教科书）在哪些方面反映了当地的知识和习俗？
2. 决策过程和项目实施步骤是以什么方式反映当地的知识和习俗的？
3. 当地的基层组织所做的努力对主流的意识形态（西方的、资本主义的、个人主义的，等等）带来了哪些哲学（经济/社会政治）上的挑战？

下面我继续介绍 Esteva，并描述我们的谈话是如何为这项研究奠定基础的：

> 我是以志愿者的身份与 Esteva 一起合作进行这项对他和他的组织都有用的研究的。因此，从这个意义上来说，他是我的合作者。如果没有他给出的关于各种各样社区（我将要花时间记录我在这些社区从事的基层工作）的规划和指引，我将无法完成这项研究。

到目前为止，我还无法确定具体调查了哪些社区，以及调查了多少社区。但我给出了一个最基本的数字：

> 研究地点将是瓦哈卡州境内各种不同的土著社区。在这些社区中，草根组织参与到了以创新的方式解决当地问题的过程中。Esteva 和他那些在墨西哥南部社区居住和工作的同事将会识别出这些社区。研究地点的数目将取决于每个地点的访问权，以及调查每个社区所需的时间。我希望研究最少要包括六个不同的社区。

研究方案接下来要包括的内容有：描述数据收集方法、数据分析技术，以及可能的成果和贡献。当我再次审视这个方案时，我发现这个方案与年初制订时相比,有许多方面都发生了变化。我开始和一个早年通过 Esteva 的佛蒙特大学学生项目认识的青年组织合作。这个组织当时正在帮助其他青年组织创立一些合作盈利项目。这些项目使那些年轻人可以留在自己的家乡,而不必为了工作移居他乡。我们共同参与到这项研究中,去观察这些不同的青年组织正在做的事,并给出使各方都获益的建议。通过这项工作,我和来自十个不同社区的年轻人有了接触和了解,并且最终提出了一些研究问题。如果没有研究方案,这些依然会发生吗?或许会。然而,即使有这个方案,在瓦哈卡州的前几个月,在努力寻找可靠的研究地点时,我仍感觉在不停地碰壁。如果没有这个方案以及它所提供的方向,我会遇到更多的困难。

2.1 引言和背景

研究者在开展田野工作调查之前需要做出许多决定。这些决定通常体现在为论文、论文答辩委员会或基金资助机构准备的研究方案中。本章的目的就是提醒你,在设计研究、创建方案,并且准备开始实地田野工作之前,你大体要做的几种决定。你所做的具体决定将取决于各种各样的影响因素,其中就包括研究方法的选择。表 2-1 可能会对你关于预研究工作的思考有所帮助。

表 2-1　质性研究计划开发指南*

标题	选择一个暂定名称来体现研究的核心
研究引言	■ 研究目的和阶段性目标 ■ 研究陈述(创建一个一句话的陈述,来描述你想做的研究。使它清晰、聚焦、可操作。无论何时讨论你的计划,其中都要重复使用这一陈述) ■ 研究种类(例如民族志、批判民族志、行为研究),并且简短地说明为什么这种研究是适合的

(续表)

标题	选择一个暂定名称来体现研究的核心
概念框架	■ 本研究与个人经验和知识的关系 ■ 本研究与现有理论和研究的关系 ■ 预试验研究对现有想法以及拟采用的方法的贡献
研究问题	■ 对你要理解或探索的主要问题的描述 ■ 研究问题与现有研究及理论、你自己的经验和研究目的之间的关系
研究方法 （描述和辨别每一个选择，充分利用质性研究的教科书和文献来展示你对所计划的步骤的了解）	■ 描述研究现场和社会背景 ■ 讨论研究类型（扎根理论、民族志等） ■ 地点和参与人员的选择 ■ 研究关系（讨论你所期待的与研究参与者建立的关系） ■ 数据收集方法 ■ 数据分析步骤
效度和道德	■ 研究信度的潜在威胁 ■ 你如何应对这些威胁 ■ 对可能出现的道德问题的考虑
研究启示 （意义和贡献）	■ 知识（你的研究可能对知识或理论有什么贡献？） ■ 政策（你的研究可能对政策有什么贡献？） ■ 实践（你的研究可能对实践或实践者有什么贡献？） ■ 参与者（你的研究如何影响实践参与者或者他们所在的社区？）
参考文献 附录	■ 时间表 ■ 研究信息概要 ■ 知情同意书 ■ 访谈问题

注：*这份提纲仅仅意味着一个指南、一个可能的模板，并不是一个严格的框架。

当然，如果你对质性研究不熟悉，那么在写研究方案之前，就需要多了解一些研究方法。这也是本书的目的之一。因此，你可能需要将本章中的信息当作设计预试验研究的起始步骤，当你对研究主题和研究过程有了更多的了解并且准备为你的研究创建方案时，你可以回过头来再看一遍本章的内容。预试验研究对于想要进行的研究的各个方面都有帮助。它可以帮助你了解你所感兴趣的概念，以及参与者是否同样感兴趣。它也可以帮助你明确研究事件和研究问题。这一过程还可以逐渐揭示你的研究假设可能面临的问题。最后，一个预试验研究对于检验研究方法也是非常重要的。因此，开发研究建议也是一个反复迭代的过程。这一过程由一项计划开始，并通过预试验项目来修正这项计划。在这一章的后半部分，我们将会更加关注预试验研究。

现在，要开始慢慢习惯于写研究日志了。将你想要做的事情和观点记录到研究日志中。这些记录可以作为研究的备忘录或者你自己的备忘录。它们可以帮助你思考，产生新的想法，并且用这些想法去做研究。它们仅仅适合你自己。你写在研究日志中的许多文字并不会进入研究方案或者最终的研究项目中。但是这些记录将有助于你提出研究方案并完成研究项目。有时它们还会在你开始正式的写作时发挥作用。

在完善你的研究的过程中，你会发现 Thomas Schram 的 *Conceptualizing and Proposing Qualitative Research*（2006）以及 Joseph Maxwell 的 *Qualitative Research Design: An Interactive Approach*（2013）等书非常有用。Schram 的书将有助于你全面思考你的理论和哲学方法，并且发现这些视角如何与你选择的研究方法论和研究方法相互影响。Maxwell 的书将有助于你创建一个精心设计的研究，并且里面有许多有用的练习。这些书将会补充并扩展你从本章中所获得的信息。

2.2 研究主题

第一个研究决定是确定你想要研究什么。除非你在其他人设计的研究项目中工作，否则你必须想出问题、不确定因素、困境或者能激发你兴趣的悖论。在各种研究过程中，你对于研究主题的热情都将是激励你的动力之一。有些研究过程本身就比其他的更有意思。你利用自己的主观性（包括热情），去发现符合你研究兴趣的研究主题。然而，这个主题不能太个人化以至于只有你自己感兴趣，也不能在一个你有着很深的情感担忧的领域。你必须有能力分辨出，你对理解某种现象的热情和你在一些需要解决的个人问题中的投入之间的区别。

区别研究主题和一个需要解决方案的主题是困难的。举例来说，一个博士生同时也是一所小型社区大学的教师，在他正要开始上一节研究课时，他得知自己的教学合同不能续签了。他当时的愤怒和不安是可以理解的。他反复思考这件事，想要对和他处境相同的人进行访谈，以便更好地理解自己被解雇的原因。这节研究课让他明白，他的调查不仅在范围上是受限的，而且也不可能从被调查者那里得到诚实、全面的答案。最后，他发现了另一个他感兴趣的主题：狱警对服刑人员私人指导教师的态度，而且随着数据收集和分析工作的开展，他发现这个主题的后续研究充满着迷人的可能性。

问问你自己：你的研究与你的生命历程是如何相互影响的？你是否准备好去证明一些你已经认为是正确的东西，以帮助检验你对某一种特定结果的情感依赖？Ken 是一位小学校长，他承担过一些不同的职责，因此曾想要去调查工作压力与行政管理人员流动率之间的关系。回忆起这个主题与他的生活的关系，他写道：

> 我想我的主题是完美的。学校行政管理人员的流动率是令人难以置信的。我了解这个主题的一手资料，在这个领域有数十个联系人，而且每个人都对工作压力有切身的体会，不管是在公共还是私人部门。
>
> 那么，问题是什么呢？我关心研究结果的热情太高。我极力地想要用研究来证明学校董事会和学校负责人应该对行政管理人员表示同情。我想要纳税人意识到人员、资源以及物资的限制。这些限制使得校长的工作令人感到沮丧。我想让学生家长知道，学校和家庭的合作将给孩子带来最大的收益。我想要证明那些思想狭隘、抱有偏见的人对我的迫害、批判、侵扰和纠缠是错误的。但这显然不是进行一项研究的方式。

Ken 想要证明他自己的经验。虽然他需要对研究主题感兴趣，但是他的情感依赖可能会阻碍开放的学习态度，而这一态度是良好的数据收集和分析所必需的。

情感依赖也可能以其他方式显现出来。如果你一想到要接近研究参与者就会变得严重焦虑，那你应该问问自己：为什么会这样？Debbie 是一名特殊教育教师，刚来到这所学校和这个社区。当她设计的预试验研究包括采访行政管理人员和监管者时，她感到很不舒服。最后，她意识到，她被"要把自己是一个研究新手的角色暴露在所访谈的行政管理人员和监管者面前"的想法吓坏了。于是她考虑了一些替代方案，转换了研究焦点。最终，她创建了一个需要从教师而不是行政管理人员那里获取数据的研究。

并不是每个人在相同的条件下都能有效地工作。如果你过度恐惧田野调查工作，那么可以考虑以另一种更吸引人的方式重构你的研究。你的恐惧部分来自你需要克服的情绪和问题，部分来自那些超过你的应对能力的情绪和问题。即使研究者没有在无意中创造更多导致焦虑产生的情况，质性研究的过程从本质上来说也充满了导致焦虑产生的情况。

还应该考虑诸如时间、金钱等实际问题。构想出的研究可能在理论上是可行的，但是考虑到现实的限制之后可能就无法实施了。不要以一个非常宏大的主题开始你的研究，因为你可能无法负担完成它所需要的时间和金钱。

尽管研究主题的规划范围应该现实一些，既不能太宽泛也不能太狭窄，但是研究者直到收集资料时才能知道最理想的研究范围该有多大。比如，Purvis（1985）计划了一项历史学研究，探究在 19 世纪的英格兰，为工人阶级女性提供的各种形式的成人教育。然而，当她收集并检查资料时，她意识到自己不得不缩小研究范围。但是对于该如何聚焦自己的研究，她并不清楚。她应该去调查中产阶级为工人阶级女性提供的成人教育，还是工人阶级女性自己组织的成人教育？她应该研究成人教育的所有形式，还是专注于某一个具体领域？她应该把自己关于教育的调查限定于农村地区，还是城市地区，抑或是研究区域差异？Purvis 的选择范围表明，当你考虑研究焦点时，还有一些备选方案；在同一个研究领域，你会发现支持不同研究焦点的好论据。通过阅读相关文献和理论来为你的研究构建理论框架，突出研究重点。这是研究开始阶段的一部分。

2.3 概念框架

> 在任何科学研究工作中，先入为主的想法都是有害的，但是能预见问题是科学思想家的主要贡献，而这些问题首先是通过他的理论研究向观察者揭示出来的。
>
> （Malinowski，1922，p.9）
>
> 要区分是对现有理论的理解，还是处于现有理论当中。
>
> （Schram，2006，p.61）

相关文献能帮助你判断你的研究计划是否突破了现有的研究发现和理论，也能帮助你指向有待研究的重要领域。过去，一些质性研究者主张在开始数据收集之后再进行文献梳理，这样可以防止其他人的理论和研究设计对你的研究项目产生过度影响。目前的研究者倾向于认为，文献阅读应该贯穿于研究的全过程，包括在开始数据收集之前进行全面的文献搜索。这个观点认为，我们不会像一个"白板"一样进入一个研究领域；相反，我们是带着我们的指导理论和假设进入一个研究领域的，即使我们并没有完全意识到它们。

查找相关文献

以一种有助于你的研究工作的方式查找相关文献要求你在头脑中形成一个特定的框架。收集、筛选、阅读文献，以验证你确实选择了一个合理的研究主题。比如，许多学术研究调查了父母把孩子送进教会学校的原因，识别和讨论了许多的解释。另一项关于这个主题的研究，即使是在一个几乎没有做过类似研究的国家进行的，也有可能无法引起更大的兴趣。努力保证你的研究是在知道哪些研究已经做过、哪些还没有做的基础上进行的。

用相关的文献去帮助你聚焦研究主题。当你发现一篇你感兴趣的领域的文章时，要仔细研究它的参考文献，寻找那些可能为你提供更多信息的文献。关于你要研究的大体领域，现有的研究可以告诉你哪些已经研究清楚，哪些还没有被研究过。继续讨论上面提到的教会学校的例子，从关于教会学校的文献回顾可以发现，关于小时候上过教会学校的成年人的生活几乎没有被研究过。他们的生活在多大程度上还受到学校所信奉的教义的影响？现有文献的理论缺口可以揭示出许多值得探索的领域，这些领域的研究具有做出贡献的巨大潜力。

阅读文献时，要思考如何利用文献去丰富你的研究设计和访谈问题。要批判性地阅读研究类似现象的文献，并从这些研究者身上学习经验、吸取教训。研究者是否花了足够多的时间对每一位参与者进行访谈，以便获得更深刻的回答？所问的问题是否针对有效分类的群体？有哪些本该问却没有问的问题？有什么情况被观察到了，还有哪些没有被观察到？这些研究者曾揭示出哪些未来的研究方向？

在文献收集阶段，研究者要广泛撒网。不要把自己局限在你的主题或所属的学科中。举例来说，如果你感兴趣的主题是靠近魁北克边境的美国学校使用法语的情况，那么你通常要收集学校教育和双语教学两方面的文献。Delamont（1992）建议进行对照阅读。也就是说，如果你感兴趣的是科学领域的女性，那么你可能也要读一些关于男性从事女性主导的职业（比如护士）的研究文献，以有助于你提出研究问题，社会学家、人类学家、心理学家以及教育家也经常从不同的视角讨论同一个研究主题。因此，试着从不同的学科寻找文献资料。

使用理论

Hatch（2002）建议，"当设计质性研究时，应该关注两种类型的理论：

方法论和实质性理论。关于方法论的文献汇总可以把预研究置于一种研究范式中,并且识别出所计划的研究的类型"(p.38)。探索和描述你的方法论有助于你把模糊的视角变清晰,还有助于你所秉持的价值观,这可能会影响你对研究主题的选择以及对该主题所提出的问题。

实质性理论是指"用来描述和解释被调查现象的理论——研究的实质"(Hatch,2002,p.39)。实质性理论可能处于不同的抽象层次:从经验概括到正式理论。经验概括的抽象水平较低,并且都参考了相关研究成果(例如宗教教育的长期影响)。你可能会在你的方案中用这些理论来形成基本原理,或者为你的研究提出问题。后续你还可能用它们来与你自己的研究发现相比较或对照。与经验概括不同的是,正式理论(有时是指一般化的理论)倾向于"努力解释一整组现象,比如违法犯罪、革命、民族对立"(Turner,1985,p.27)。质性研究者通常会把这些一般化的理论作为研究设计的大框架(创建研究陈述、选择研究地点和参与者、开发访谈问题,等等),并分析研究发现的各个方面。

Rebecca Esch(1996)对于青春期女孩的发展很感兴趣。在描述了她对于青春期女孩的研究兴趣产生的基础之后,她写道:

> 对青春期女孩的研究兴趣引导我去探索试图描述女孩从童年向青春期转变的相关理论文献,除了概述女孩发展的文献,还包括人们认为的女孩的发展与传统的青春期发展理论的分歧。我的研究聚焦于威尔斯利学院发展服务和研究中心的论点以及哈佛大学关于女性心理和女孩发展的项目。这两个团体都把女孩所经历的关系作为女孩发展的中心。这与传统发展理论强调个性化和分离的观点是不同的。

Rebecca 讨论了关于青春期发展的不同理论。之后,她转向关于友谊的理论,认为这个方面是人类发展理论的一个缺口:

> 我的观点是,尽管许多女孩在这个时期都抗争过,或许很多都面临来自文化、学校、同龄人的压力,但仍然有许多女孩健康成长。因

此，我的研究的一个目标是，重新定义或者重新标签化女孩在这一"过渡期"（青春期）的发展经历。就我个人而言，我这种远离危机哲学的态度，很大程度上是从我自己青春期的记忆中进行搜寻而产生的，但是，我在这个过程中并没有找到类似"危机"的证据。因此，问题开始形成：对于我们中的那些从儿童期到青春期过渡时没有遭受创伤的人，是什么发挥了作用？对于我们中的那些没有失去自我的人来说，又是什么发挥了作用？……在思考这些问题时，我不断地回到通过关系得以成长这一观点上，并且思考当我生命中发生变化和遭遇困难时，我的朋友们扮演了什么角色？……我开始怀疑，女孩们的友谊或许在过渡时期发挥了重大作用。

有了这个介绍和理论基础，Rebecca 随后探索了关于女性和女孩们的友谊的文献与理论，以及它们与发展"自我意识"（a sense of self）和"心理弹性"（resilience）这两个概念的关系。

Esch（1996）介绍了她如何利用相关文献来帮助自己思考想要研究的东西。然而，请记住，这些理论在帮助你解释一些事情的同时，也会隐藏一些内容。这些理论往好了说是限制性的，往坏了说是误导性的。正如 Schram（2006）所言，"利用一个建构完善的理论来发展你的研究，可能会帮你建立一个简洁的、令人满意的框架，但它也有可能过早地封锁有意义的提问渠道或是阻碍你看到一些与理论不符的事件和关系"（p. 60）。解决这个潜在问题的一种方法是，用几种不同的理论来进行研究。另一种方法是找到现有理论在你的研究中所能解释和不能解释的理论缺口，并在主流理论中提出一些新命题，或指出主流理论中自相矛盾和待完善之处。Mills 和 Bettis（2006）宣称，如果我们能经常性地找到与我们的预期和所用的理论相矛盾的替代性解释，那就"可以把我们的分析推向一个超越了现有框架的更加精确的阶段"（p. 83）。

创建一个概念框架

在你收集和阅读了关于你的研究主题的各种各样的作品之后，你通常需要为你的研究报告撰写一个文献综述。Creswell（2012）建议绘制图表来对这些文献进行可视化展示，这样有助于组织文献综述，并且梳理它与你的研究之间的关系。撰写文献综述的重点是，要围绕着从与研究主题相关的文献和理论中得到的理解来进行组织。文献综述并不是对研究项目进行一个接一个的描述，而是关于某个特定趋势、主题、观点或者概念的已审阅的资料的整合。

思考和创建一个概念框架（conceptual framework）可能比撰写一个文献综述对你的研究更有用（Schram，2006；Maxwell，2013）。这样可以保持对研究工作的聚焦，而不是让撰写文献综述成为一项让你觉得需要去了解与你的研究稍有关联的每一项研究的"任务"。它可以帮助你在进行更开阔的思考的同时更为聚焦。你可以从大处着眼，去考虑你的研究如何能建立在更宏大的理论、研究或者有意义的思想上。而且你可以更明确地考虑你的研究内容及方式可能产生的意义。通过思考你研究的"概念"，你创造了一个有用的、有组织的图式[1]，这个图式可以集成多个不同学科和角度的理论与视角（Schram，2006）。

在质性研究中，对文献和理论的回顾是一个持续不断的过程，并不是写完研究报告就结束了。当你收集数据，以分析性思维思考它们时，你将会意识到需要回顾先前未仔细研读的文献，既包括实质性的也包括理论方面的。举例来说，在我开始在加勒比海进行田野工作之前（Glesne，1985），除了阅读关于加勒比海东部的农业、教育方面的研究和文献，我还回顾了关于乡村发展的文献。在进行实地调查期间，特别是专注于数据分析时期，我开始大量阅读关于"依赖理论"（dependency theory）的文献。这一理论诞生于拉丁美洲，解释了不同国家的经济和力量关系。当乡村发展方面的文献在我的分析和讨论中的作用逐渐弱化时，依赖理论成为其中的核心，

---

[1] 图式是表征特定概念、事物或事件的认知结构，它影响人们对相关信息的加工过程。——译者注

并且主要被用作当时占主导地位的发展视角的例子,我与当时许多拉丁美洲学者的视角形成了对比。梳理文献时,要考虑到相互影响的术语。你能否从其他人的研究中学到不同的东西,取决于你已经学到了什么和你需要知道什么。当你受益于先前读过但由于缺乏判断经验而忽视了的资料时,你会感到既惊讶又欣喜。

这是想要提醒你,当完成了你的文献综述或者研究方案的概念框架时,你并没有完成论文中的一章。文献综述作为一项预研究任务,经常出现在最终版本的文章中,但是阅读文献、报告以及书籍是贯穿于整个研究过程的。即使有这些额外的资源,一个以"文献综述"为标题的章节出现在一篇质性研究论文中也不一定是合适的。Wolcott 声称(Wolcott,1990),他希望他的学生去了解与研究主题相关的文献,但是他不想让他们"把所有文献全部'倾倒'进一个与研究的其他部分没有关联的章节中"(p.17)。他建议在整个讲故事的过程中把这些文献整合进去,"这通常要求除了在引言部分对研究问题进行一些必要的介绍,还要在研究的结尾而不是开头介绍相关文献"(p.17)。

还要记住,预试验研究中的数据收集和数据分析将会为你的文献收集和概念框架提供信息。不要觉得在进入这个领域之前,你好像必须阅读所有的东西。Ernie 在准备收集物理疗法的专业化方面的数据时,回顾了自己阅读文献的过程:

> 首先,我需要定义专业化是什么。然后,我觉得自己需要阅读足够的社会学文献来了解人们是如何实现它的,这使我进入了专业社会化领域。之后,如果你真的实现了专业化并付诸行动,你就进入了具有专业化力量和影响的领域。在阅读了关于这个领域的文献之后,我想我需要去了解职业道德方面的文献,以及它是如何与社会发展理论联系起来的。最后,我意识到如果我没有走出去进行现场调查,我的余生都会说:"下个月,到那时我就准备好了。"

准备好去进行现场调查经常是一念之间的事,进行全面的准备会对调查产生影响,却并非是必需的。

2.4 研究目的

这部分和接下来的部分讨论研究目的与研究问题。它们不是一回事。研究目的表明了你在实践和知识上(也有可能是个人方面)的目标。研究问题或者问题陈述是通过你在整个研究中提出的一个或者一组问题来聚焦的,并且这些问题是你计划要解决的。

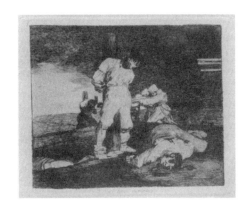

Francisco de Goya 去世 35 年后,这幅画才被发表出来。它是批判拿破仑对西班牙战争的系列印刷品和漆画中的一幅。Goya 的画作打破了歌颂战争英雄的常规。他揭示了战争的恐怖、无意义以及惨无人道,到处是受害者和杀人犯,没有人是英雄。正如我们可以观察到"艺术常规"随着时间的变化一样,我们也可以观察到包含研究目的和研究所服务的对象的"研究常规"是如何随着时间而改变的。

Francisco de Goya(西班牙人,1746—1828),Y no hai remedio(And There's No Help for It),蚀刻版画,1863 年。Rosenwald 收藏,国家美术馆

Maxwell(2013)对个人的、实践的、知识上的目标进行了区分,并且建议读者也这样做。你的个人目标是激励你做这项研究的动机。如果你所能想到的唯一的个人目标就是达到学位要求,那么你可能就需要重新考虑你的研究了,因为这个目标可能不会是一个能够带领你完成所有工作的充分的激励因素。个人目标与个人经历有关。例如,我曾和一个有智力缺陷的兄弟一起长大,当时,他和他的家人几乎没有任何资源。事实上,当年(20 世纪 50 年代)的意识形态是,如果这个人不能被社会接受,那么就要隐藏导致他无法被社会接受的"问题"。这样的个人经历成了我研究动机的一部分,使我想要以不同的方式调查隐藏在其中的差异和污点。当你在寻找个人目标时,在你的研究日志中写下激励你的事情。当你创建你的研究

方案时，这些激励因素可能不仅会为构建研究案例提供帮助，而且还能清晰地表明：为什么你是适合进行这项研究的人。

身在诸如教育、社会工作、护理、物理疗法等应用领域的研究者，很可能也会为实际目标所激励。也就是说，你希望你的研究有助于改变或者实现一些事情。例如，教师可能会更关注鼓励女生喜欢数学的方式；医院管理者会为医疗护理制定一项团队治疗政策。实际目标有助于证明你的研究是合理的，但是，它们通常不是研究声称的将会实现的结果，相反，它们有助于诠释你工作的潜在意义。

智力目标有助于定义你的研究陈述或者问题。"知识目标……聚焦于理解一些事情——洞察正在发生的事情及其发生的原因，或者回答一些先前的研究中没有充分诠释的问题。"（Maxwell，2013，p. 28）确保教师会鼓励女孩去喜欢数学，从其本身来说，这并不是一个可研究的主题。但是基于你自己的经历和你对女孩、数学、教学的了解，举例来说，你可能会对教师的话在女孩对数学的爱好和态度方面的作用感到好奇。这个兴趣可以成为一个知识目标，并且作为创建研究陈述的基础。

为了帮助你找出你的智力目标，思考你想去描述、诠释和/或说明什么（Schram，2006）。诠释性目标（descriptive purpose）包括记录每天的互动或者人们讨论一些现象的方式。说明性目标（interpretive purpose）聚焦于理解在某些特定的情境下事情如何进行，以及人们如何理解特定事件的意义。解释性目标（explanatory purpose）包括识别行为、环境、现象之间的模式和可能的关系。

质性研究中，另一个获得越来越多关注的目标——尤其对于批判理论和后结构主义的研究来说——是解放性目标（emancipatory goal）。这类目标的愿望是"增强意识，促进自我认知和自我决定，并且创造机会去投身于社会活动，寻找社会正义"（Schram，2006，p. 32）。研究目的与你关于什么是有意义的知识以及如何了解它们的想法是紧密相关的。

总的来说，清晰地描绘研究目的可以在许多方面为研究设计提供帮助。确定研究目的能够帮助你聚焦于你的研究陈述或者研究问题。研究目的有助于你弄清为了达到这些目的你所要做的研究的类别。如果研究目的是增强青少年对于教育机会如何与阶级和种族相结合的意识，那么你将会采用不同的研究方法，而不是在文献中寻找一个农业地区移民挤奶工的孩子的经历记录。你的研究目的也可以通过指出研究的潜在意义来证明其是正确的。Marshall 和 Rossman（2011，pp.71-72）建议，在思考一项研究的意义时，应该考察其对于知识、实践、政策，以及对于揭示社会问题和不公平的行为等的潜在贡献。你的研究不需要做所有这些事，但是利用这一分类可以帮助你思考你希望你的研究实现什么，从而更好地定义你的研究目的。最后，当你进行田野工作，面对多个可以前进的方向而感到不知所措时，你的研究目的和研究陈述可以作为一块试金石来帮助你步入正轨。

2.5 研究陈述和研究问题

聚焦于你的研究，有助于你在一个清晰、简洁的句子中创建你想要描述、理解或者诠释的东西。这个句子被称为研究陈述、研究问题或者问题陈述。我喜欢把它当作一个包含研究问题子集的研究陈述，被包含的研究问题有助于定义和聚焦陈述的各个方面。研究陈述呈现了研究的总体意图，表明了研究的开放或封闭程度。它还能为研究设计的过程提供指导。

要到哪里去做研究？什么时间去？研究什么人群？对于这些问题，研究者经常从一开始就知道答案。中学教师 John 和一个创新型的暑期教学机构一起工作，这个机构邀请了一些中学生参与研究，John 知道自己想和这个研究机构一起做研究。Dorianne 在一座城市的一所中学教英语，她想研究其他城市里的英语教师。但是 Schram（2006）警告说，"不要把你到哪里去做研究和你要研究什么与你正在研究什么混淆起来"（p.29）。你要明确你研究的核心问题是一些社会现象或社会问题。

Hilary Winchester（2005）指出，质性研究者倾向于关注有关社会结构和个体经验的研究问题。为了帮助你构建研究陈述和研究问题，她提出了两个首要问题：

- 社会结构是怎样的？它们被结构化、维持、合法化和抵抗的过程是怎样的？（p.5）
- 对于一些地方和事件有什么个体经验？（p.6）

社会结构可以通过社会、文化、经济、政治和/或环境问题来探讨。在这些社会结构中，地方和事件的个体经验呈现出多变性与多样性。因此，研究陈述中通常会提出社会结构如何塑造个体经验，以及个体如何创造、改变或渗入现有结构。

Rebecca 和 Ashley 所提到的例子可以用来说明研究陈述及研究问题。Rebecca 将她的研究聚焦于个体经验，以下是她的研究陈述："我的研究将要探索从童年到青春期的过渡期中女孩们的友谊与自我发展的相互影响。"

Rebecca 觉得有必要用更多的陈述来表述清楚这个一般性问题：

> 我希望首先理解友谊在女孩自我意识发展中所起的作用。进一步地，我希望说明女孩们的友谊是否为她们提供了心理弹性，或是否阻碍了女孩从童年到青春期的顺利过渡。

然后，她提出了四个研究问题，以帮助指导和设定她在女孩们的友谊及自我发展方面研究的界限：

1. 女孩们如何描述在这个过渡期中她们自我意识的发展？
2. 在这个过渡期中女孩们的友谊经历了哪些事情？
3. 在这个过渡期中女孩们是如何描述她们的经历的？
    - 在这个过程中，通过女孩们的家庭、学校、同辈/朋友、文化等方面，女孩们的世界有哪些东西被理解了？

- 如何将"危机"这个词引入女孩们成长的过渡期中？是否有一个更积极和主动的方式来定义、描述及了解这个过渡期？

4. 如何理解在这个过渡期中女孩们的成长和友谊对相关理论及其他发展理论的贡献。

Rebecca 的研究问题有助于对访谈问题进行概念化，也可以满足在数据收集和分析阶段引入具体理论的需要。

Ashley 正在撰写她在自然资源学院的硕士论文，她的研究陈述如下："在这项研究中，我想要理解利益相关者们如何参与重新许可水力发电项目的谈判，并且在资源使用和生态系统保护上达成共识。"Ashley 的研究陈述是质性研究中聚焦于理解事情发展过程的一个例子。在这个例子中，谈判和达成共识是在一个特定的社会结构中进行的。她提出了四个研究问题来指导自己的研究。

1. 项目的利益相关者是如何进行谈判的？在谈判过程中，是什么激励和约束了这些利益相关者？
2. 达成共识的过程包括哪些阶段？
3. 项目的利益相关者如何看待最终的协议？
4. 从他们自己的视角出发，法律背景是如何影响项目的利益相关者和谈判过程的？

Ashley 对于自己的研究问题阐释了自己想要探索的问题感到很满意，她也认识到自己的研究方法至少应该包括观察、访谈和法律文件等内容。我们要注意 Rebecca 和 Ashley 的研究问题都是怎样围绕着"如何"和"什么"开始的。同时，也要探索通常通过哪种方式能很好地运行。

Maxwell（2013，p.5）发明了一种帮助研究者专注于学术研究问题的表格，通过双向箭头把研究目标/目的、概念框架、研究方法和有效性问题关联起来。这张表既说明了研究陈述的重要性，也表明了研究陈述与研究设计的其他部分是相互影响的，它来自对学术性的艺术博物馆的研究，该研究由 Samnel H. Kress 基金会赞助。如表 2-2 所示，左边一栏显示了研究陈述和四个研究问题中的两个。右边一栏提出了一个涉及学术性的艺术博物馆的假设性研究，但得出了不同的研究陈述。虽然研究主题相似，但是不同的研究陈述和研究问题就会导致不同的研究设计。

表 2-2　将研究陈述、研究问题和研究方法关联起来

人类学研究陈述	行为研究陈述
去理解和描述示范性的学术性艺术博物馆是如何被与它互动的人使用、感知和支持的。	将一家学术性的艺术博物馆作为一个研究地点，使其发挥更大的作用，并与其互动，进行文化的、社会的以及个人的探索和批判。
↓	↓
研究问题	研究问题
■ 示范性的学术性艺术博物馆是怎样被整合到学生和教师的生活中的？ ■ 学生、教师以及公众是如何在学术课程之外与学术性的艺术博物馆互动的？	■ 可以采取哪些措施提升学生来博物馆的兴趣？ ■ 可以采取哪些措施使得更多的教师让博物馆在其课程中发挥作用？ ■ 可以采取哪些措施把博物馆作为跨学科合作中的主要合作伙伴以获取更多行政支持？
↓	↓
研究方法	研究方法
■ 回顾与主题相关的文献。 ■ 示范性的学术性艺术博物馆的选择。 ■ 对每家博物馆的观察。 ■ 在每家博物馆中对学生、教师、行政人员、博物馆工作人员（如果可能的话，还有校友及社区成员）进行访谈。 ■ 文献收集（教学大纲、研讨会议程、展览描述、博物馆公告，等等）。	■ 回顾其他学术博物馆和社区博物馆为了提高参与度所做努力的相关文献。 ■ 参与网上博客和加入聊天群，从其他人的经历中收集信息。 ■ 创建一个由感兴趣的学生、教师以及博物馆工作人员组成的多学科小组，制订一项行动计划，其中可以包括教师研讨会，或者期末考试周时在博物馆开展"学习-休闲"的社交活动。 ■ 对研讨会、活动、方案等计划中的事项进行可行性评估并予以实施。

研究陈述和研究问题的形成是一个迭代的过程。当你设计和进行研究

时，你可能会发现自己回到了研究陈述和研究问题上并且要重新设计它们。还要注意到，质性研究对以下几方面是有用的：①获得对人们的经历、认知和态度的更好的理解；②发现和描述包含在社会结构中的情境及过程；③构建理论。质性研究方法对于从离散变量着手并分析它们之间的相互影响，或者做出超越研究情境的概括来说，都是没有用的。你的研究陈述是研究的支点和基础。尽可能地将研究陈述清晰、明确地写出来，从而确保你想知道的东西适合质性调查，进而有助于指导你进入研究设计的下一个环节。

2.6 研究方法的选择

随着主题的确定以及相关文献和理论梳理过程的开始，你必须决定采用什么技术或方法来收集数据。尽管研究者在讨论数据获取的过程时倾向于使用"收集"或者"聚集"等字眼，但它们可能并不准确。Dicks 等（2005）建议采用"数据记录"的方法，因为数据并不是"简单地嵌在田野里随处可见，研究者轻易便可收集到的材料"（p.115）。质性研究者通过他们问的问题和参与的社会互动"生成"着他们所记录的数据，并在这一过程中发挥积极的作用。因此，也许"记录"并不是恰当的术语，因为它无法传达"质性信息是共同构建的"这一信息。要意识到这些伴随着质性研究的术语问题。其中，这类问题很多都来源于早期的研究和方法。我继续使用"数据收集"一词，但偶尔也会使用"数据生成"一词。关于质性研究中常用的数据种类，详见图 2-1。

质性方法往往不会仅依赖于某种单一的方法来获得数据。这种使用多种方法的实践通常被称作三角验证（triangulation）——一个来自勘测与航海的术语。三角验证是另一个有争议的术语。以前，由于受到逻辑经验主义的影响，质性研究者往往视三角验证为一种经验主义的方法。理由如下：

如果你从不同来源获得信息，亲眼看到它的发生，甚至可能有一个合作研究者也听到和看到相同的信息，那么，你在表达自己所看到和听到的事物时会感到更加自信。从实证主义视角来看，真实地描述事物是极其重要的。然而，从诠释主义视角来看，你不是要去获得关于背景或情形的事实，而是应该试图理解所有可能的观点及其情境。

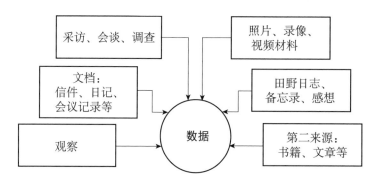

图 2-1　质性数据的产生

你可能会问："为什么研究者强调要用多种方法收集数据？为什么三角验证原则在质性研究中仍然被采用？"Gibbs（2007）给出了两个很好的理由："你的诠释一直都有存在错误的可能，在情境中的不同观察可以说明这种局限性，或者表明哪一个版本更可能是事实"（p.94）；当一个人所说的和所做的不一致时，"数据三角验证的形式（例如，在观察行为的同时，也进行访谈）是有用的……不是去显示被研究者是在撒谎或者是错误的，而是揭示社会现实的新层面，即人们的行为并不总是始终如一的"（p.94）。不一致本身有助于揭示情境的复杂性。尽管使用多种数据收集方法是三角验证最常用的形式，但三角验证还指多种不同数据来源（例如，数据不仅来自教师，还来自学生及家长），以及不同研究者、不同理论视角的结合。每一种都可以帮助研究者加深诠释和理解。一些研究者建议使用术语"结晶"（crystallization）而不是"三角验证"以摆脱与效度的关联，并使人"意识到认识这个世界远远不止'三面'"（Richardson，1994b，p.522）。

在质性研究中,最常用的数据收集方法包括观察、访谈和档案法。在每一种研究中,都可以广泛使用这些方法,但一些方法比另一些更常用。例如,在观察时,一些研究者使用录像的方法,通过重放、慢放和暂停来观察互动。但是,还有很多研究者依靠他们的感觉,用笔和田野日志来代替观察进而得出结论。一些研究者还会在访谈中使用分类卡片或图片等道具引发话题。然而,大多数研究者只是通过口头提问来收集资料。

这些资料收集技术将在第3章中讨论。这里要强调一点:一个理想的研究,需要质性研究者将各种研究技术结合在一起,以记录和建构研究数据,而并非仅采用某一种技术。这并不是否认一项仅基于访谈法的研究的有效性,而是为了表明:一般情况下,数据收集方法越多,获得的数据就越丰富,研究发现也就越多。

要弄清楚采用哪种技术,就要再次仔细考虑你要了解什么。研究问题不同,数据收集的方法也不同。一种观点认为,选择研究技术需要做到以下几点:①引出理解问题所需要的数据;②从不同的视角来看待这一问题;③最有效地利用时间。在研究方案中,要对你选择的每一种研究数据收集技术进行讨论,下面以 Rebecca 的研究为例加以说明。

1. **访谈**:通过使用访谈法……我将探索每个人对友谊的理解和她们所经历的友谊……正如前面所强调的那样,根据我的研究设计和哲学依据,该研究需要研究者以共同学习者的身份参与到受访者的生活中,与她们建立起相互信任、和睦友好的关系……我将进行多维的访谈,我和我的共同学习者将一起设计或重新设计我们继续进行访谈的提纲。鉴于我们的关系可以通过访谈得到发展,我希望我们交换信息的质量也能得到提高。

2. **参与者观察和文献收集**:为了对每个女孩进行深入的案例研究,我将不仅分别对她们进行访谈,而且在家、学校和其他场景中,都会花时间与她们和她们的朋友在一起。我会把她们带入一个小组……和她们谈论友谊，如果有可能，用摄像机进行记录，这样就有助于更深入地分析她们之间的相互影响和对话……我将鼓励她们写日记、画画、拍照，或者利用任何她们认为可以充分表达其观点的其他途径。为了发起这个探索过程，我计划给每个女孩一个日记本来启动我们的研究……

3. **开放式的调研**：当我在做一项 *New Moon* 杂志女郎的研究时，我计划采用与关于女孩们的案例研究相同的创造性表达方式……我也让她们提供短评、小说、图片、照片、拼贴画或采用其他创造性的方式来表达她们对于友谊的情感。

当知道如何为你的研究提供数据时，你需要描述调查将在哪里进行，以及参与者是哪些人。

2.7 选择地点和参与者

地点选择

地点选择决策。研究地点的选择通常被放在研究陈述中。例如，我的一个同事研究当一家日本公司搬进一个以白人为主的美国小城市时，都发生了什么。一家日本汽车制造商在为新工厂选址之前，在美国中西部的几座小城先后进行了长达一年的谈判，这引发了他的兴趣。他也因此知道，他的研究地点应该选在哪里了。

一些研究问题并不需要特定的研究地点，而仅仅需要在特定的地理区域中进行。比如，一项关注在过去一年中接受社会福利并工作着的单身母亲的研究，则没有必要去选择一个研究地点，而是在附近地区有条件地选择参与者。Rebecca 的研究与此相似，她关注青春期女孩们的友谊和自我发展，并选择自己所在的社区作为观察和访谈的地点。

但是，为了收集数据，研究者们通常还是要理性地选择一个或更多的研究地点。也许，你希望调查的现象在某种程度上无处不在。那么，你是否选择了一个有代表性的研究地点？应该用什么样的标准来评定所选择的研究地点是否典型？或者是否还有其他的划分标准？如果你选择了一所乡村学校，那么是否也必须调查一所城市学校？你应该选择多少个研究地点？为了做这些决定，你必须重新思考你的研究兴趣，并仔细反思你想要了解什么。你可能需要试验性地、试点地、尝试性地对研究地点进行选择。

关于研究地点选择的决定，我以学术性的艺术博物馆的研究为例。我们的研究问题之一是，博物馆约五十年前获赠的艺术作品是如何被使用的，这些礼物产生了什么影响。因此，潜在的研究地点和参与者就是曾经被赠送过艺术作品的 23 家学术性的艺术博物馆。我们认为，从那些最活跃、最具创新能力的博物馆中我们能够学到最多。所以，我们的第二个研究问题是，"示范性的学术性艺术博物馆是以什么方式被整合到学生和教师的学术生活中的"（Glesne，2013，p.12）。因此，下一步的抽样策略则是确定在 23 家博物馆中，有哪些可以被归类为是具有代表性的。正如我们对它们的定义：它们活跃、富有创新精神，并被融入所有课程之中。这可以被描述为"极端案例"抽样，其定义为"选择那些在某种程度上是不寻常的或特殊的、信息丰富的案例，比如卓越的成功或显著的失败"（Patton，2002，pp.230-231）。我们向 Kress 收藏馆的工作人员寄送了信件，询问那些有兴趣参与这项研究，并且在学术以及课外接触中，都认为他们的博物馆具有代表性的人，请他们提交信件及文件，详细描述他们的博物馆如何能够成为最好的学术性艺术博物馆。我们收到了 13 个回复。有 1 家博物馆被选为试点。其中的 11 家博物馆向我们展现了令人信服的代表性证据。

研究成本和时间不允许我们去拜访这 11 家博物馆。因此，我们必须明确能否选择一些具有相似情境的博物馆（私立大学的或者公立大学的，处在同一地理区域等），或者处境在某种程度上不同的博物馆（乡村的或者都市的，规模大的或者小的，等等）。通过阅读相关文献，我们预感到有一些因素，如是私立的还是公立的，可能会影响博物馆在相关机构中的定位。

所以我们决定采用最大差异抽样（maximum variation sampling）策略。我们选择了在区分学术性的艺术博物馆的指标上差异很大的5个案例。这些指标是：私立的/公立的机构、校园人口数量以及位于乡村/都市。我们努力让所选择的博物馆在这些指标上尽可能多样化。在研究地点的选择过程中，我们注意到基金会向许多学术性的艺术博物馆提供资金支持，它们多年来通过拨款的方式来提高这些博物馆对学术课程的参与度（Goethals & Fabing，2007）。我们的研究应该努力把没有收到过和收到过这类拨款的博物馆都包括进来。这一决定帮助我们最后选择了5个研究地点。但是，选择工作还没有完成。由于几个研究地点的地理相近性，以及关于它们的信件都非常有说服力，因此我们在这项研究中又增加了另外2个地点。至此，我们准备让每个研究地点都知道这一结果，并且开始安排访问时间。

这是一项大型的质性研究。你很可能不会设计这样一项在地理上如此广泛，并且参与机构如此众多的研究。根据你对研究广度的预想，你可能会计划访问几个地点。这些被用于艺术博物馆研究中的抽样策略在有关选择研究参与者那一部分会被更详细地讨论。在进一步阐述这些用于选择研究地点或研究参与者的策略之前，我倾向于选择一个很熟悉的环境，如将工作的学校作为研究地点，对这一问题进行讨论。深入讨论这个话题是因为初学者常常选择他们身边的环境作为研究地点。这样做有其优点，但也不乏缺点。

后院研究。研究者们常常对自己所在的机构或组织进行研究，即进行后院研究。这样做的吸引力包括：它们相对容易进入；已经建立了融洽关系的工作基础；这项研究对研究者的职业生涯或个人生活都有用；实施各个研究步骤所需的时间和资金将会减少。作为一名质性研究的新手，你可能更倾向于进行后院研究，但也应该充分意识到你参与和投入熟悉的领域可能产生的一些问题。

之前与环境和参与者接触的经历，可能会让你对某种类型的互动有所期待。这可能会限制有效的数据收集。当你进入一个新的研究地点时，你的交流对象知道你是"研究者"。尽管参与者往往把你视为其他角色，但"研究者"才是你的角色。当你在自己的"后院"进行研究时，你通常已经有了一个身份，如老师、校长、社会工作者或朋友。当你加上"研究者"这一角色时，在某个时刻你是哪个角色或者你应该是哪个角色，可能会让你和你周围的人感到困惑。

例如，Carolyn 对身体残疾的儿童很感兴趣。她对自己所在社区的特殊教育管理人员进行了关于其工作的访谈。其实，她本身就是一位残疾儿童的母亲。她谈到她的受访者时说："他们无法把我作为研究者的角色与我作为残疾儿童母亲的角色分开。"他们倾向于说，"嗯，你知道情况是什么样子的"，或"我们以前讨论过这个问题"，而不是仔细回答她提出的问题。

Gordon 是一所学校的校长。他的试点项目中包括对他所在学校的学生进行访谈。他提供了进行后院研究时所遇到的另一个问题：

啊！天真的研究新手！我为自己"聪明"地选择了一群既方便又亲近的参与者而感到沾沾自喜。随后，我开始进行我的研究。还有比这更容易的吗？我是一个小社区中被大家广泛认可的、德高望重的校长。校长就应该去研究学生的成绩。因此，观察班级和对学生们进行访谈不仅是我的权利，也是我的职业要求，如果这些活动将会给教育项目带来改进的话。我了解每一个参与者，老师们尊重我（他们中的大多数都是我雇用的），我掌控着课程安排。最重要的是，我是学校的主要负责人。因此，通过我作为校长的角色，我有机会、有权利、有资源去进行简短的访谈和观察工作。会出现什么问题呢？

好吧，是有几个：首先，作为校长，只要身在学校，我就应该随时在岗，危机事件并没有因为我在做质性研究就消失不见了。因此，我进行观察和访谈的良好打算经常因愤怒的家长、有个人问题的学生、破碎的锅炉和不守规则的公交车而落空。其次，我的责任是尽可能保证儿童受到教育。那么，当他们中的一半都被认为是后进生时，我怎么能名正言顺地把他们带出教室去进行访谈呢？再次，作为学校的主要管理者，我参与到对两名研究参与者的长期纪律管教中。因此，我无法对他们进行访谈，从而失去了宝贵的数据。最后，作为校长我感到压力很大，我不能破坏与教师的融洽关系。因此，我发现除非必须，否则我会努力不去给他们找麻烦。不就他们对于学生的学习成绩不好的看法进行访谈，让我又失去了有价值的数据。

那么，我从中学到了什么呢？首先，我发现离开家去做研究是一个好主意，至少要远到不让你的工作角色干扰你的研究活动。其次，应该在你和参与者没有亲近情感的地方做研究；否则，它会扭曲你的研究设计。最好在一个你没有工作和生活过许多年的地方做研究。

除了 Gordon 提出的关于进入研究地点和日程安排方面的问题，后院研究本身还很容易陷入混乱之中。带有政治色彩的情境会使参与者或者研究者感到易受伤害。例如，Anne 决定去调查特殊教育计算机项目在当地公立学校中的应用。在研究开始时，她没有把这个项目的投资者，其中也包括她的老板考虑在内。她说："分析结果冒犯了他。我现在不得不剪辑我的分析，以创建一个与原始版本相比不那么深入的、更缓和的版本。我对研究的政治性影响有了更加深刻的了解。我已经学会不再做后院研究了。"访谈中也经常会发现可以被称为"危险的知识"的内容，或有政治风险的信息，尤其是对于一个内部人员来说。这样的问题并不局限于后院研究，但是在后院研究中它们似乎激增了。后院研究在研究结束时也与其他情境下的研究有所不同。当研究者在一个陌生的地方调查一种现象时，尽管在以后的生活中仍会保持联系，但最终还是会离开这个城镇、机构或文化背景。可是，在做后院研究时，尽管可能也会因为通过研究者的角色得到的"危险的知识"而想要离开，但通常都不会离开自己的"后院"。

一般而言，这些反对进行后院研究的警告通常适用于研究者是主要调查者的质性研究。而有很多形式的行为研究，包括参与式行为研究、教师研究和合作研究，往往是在"后院"情境下进行研究的效果更好。因为这些研究工作需要协作以及达成一致的目标，以促成某种改变。团队作为一个整体进行学习并形成新的方向，从中所能获得的知识往往是开放的。这时，身为项目或组织中的一员有助于提高工作的有效性。因为研究通常是在一个长期的、以改变为导向的过程中开启的。事实上，当你不是组织中的一部分时，行为研究是很难开展的，因为参与研究的人往往是那些最寄希望于实施这些改变的人。

后院研究具有极其重要的价值，但在开始研究之前，要对潜在的困难有充分的认识。质性研究课程通常会设定一个预试验研究项目并将其作为整个学期的课程任务。由于同已经认识的人进行交谈显而易见是比较容易的，因此你可能倾向于设计一个围绕你的同事、合作伙伴或朋友进行观察和访谈的项目。做出这样的选择是可以理解的，但是，如果你创建一个需要对陌生人或不是很熟悉的人进行访谈的项目，那么你可能会对质性研究和你的研究主题有更大的收获。

选择进行观察的研究参与者和地点

由于大多数研究情况都太复杂了，你无法对与主题相关的每个人进行访谈或观察每件事，因此你需要一个合理的选择策略来选择人、事件和时间。在定量研究中通常采用的随机抽样策略，适合选择一个大的、有统计代表性的样本，并从中得出概括性的结论。质性研究则很少存在足以使随机抽样有意义的大样本，其研究目的也不是得出普遍化的结论。质性研究者倾向于有目的地选择每个案例，"有目的的抽样的逻辑和力量在于……能够选择信息丰富的案例进行深入研究。信息丰富的案例是指那些我们可以从中学到很多关于研究目的的核心问题的案例"（Patton，2002，p. 46）。

Patton（2002）识别并讨论了 16 种不同的案例抽样策略。我在表 2-3 中列出了其中几种的定义。根据这些例子，你可能会思考你想知道什么，相应地，你选择的抽样策略是什么。不同的抽样策略会使你获得关于你的研究主题的不同信息。每种策略会建议特定类型的研究地点和参与者。

表 2-3　一些研究地点和参与者的选择策略

典型性案例抽样	阐明或强调什么是典型的、常态的
极端或异常案例抽样	选择极端的案例，这些案例或者不寻常或者某方面特殊，比如高中优秀毕业生和辍学的学生，或在南极工作的女科学家。
均匀抽样	选择相似的案例，其目的在于深入描述一些子群体，比如一项针对来自工薪阶层且是其家庭中第一代接受大学教育的女教授的研究（Clark, 1999）。
最大差异抽样	选择跨越一定偏差范围的案例，比如参与了一个环境研究项目的不同种族背景的学生。在巨大的差异中寻找相同点。
理论抽样	通过研究中发展的理论建构选择案例、人物、事件、活动等。与扎根理论相关联，但也被遵循诠释主义传统的研究者使用。
滚雪球、链式或网络抽样	从认识符合你的研究兴趣的人那里获取潜在的案例信息。Wright和 Decker（1997）利用这种方法寻找在他们的研究阶段活跃的男性和女性武装劫匪。当你一开始就没有其他办法找到参与者时，滚雪球抽样是有用的。但对于参与者选择来说，它本身并不是一种完善的策略。
便利性抽样	根据便利性原则抽样。这一策略的信度较低，并且除作为"练习"之外都是不合适的。

资料来源：M. Q. Patton（2002）. *Qualitative research and evaluation methods*（3rd ed.）. Thousand Oaks, CA：Sage。

委员会成员和资助机构通常期望研究方案中明确界定要对多少人、哪些人进行访谈，同时还要说清楚要观察多少情境以及哪些情境。因此，研究者倾向于开发复杂的选择矩阵。考虑重要的分层标准是一个好的开始，但不要奢望把所有可能的变量（如种族、性别、社会经济地位、受教育水平、性取向、年龄等）都包括在你的研究中。只选择那些文献中建议的，以及你的经验判断认为尤为重要的变量，并且记住选择策略通常会随着研究者进行数据的收集而被修改。

例如，当 Carol 开始对丧偶女性晚年的休闲方式进行研究时，她假设休闲方式会受到社会阶层、受教育年限、就业状况、本地可用休闲设施情况等方面的影响。Carol 根据这些因素来改变参与者的选择，进而对研究主题有了更多的了解。尽管如此，当 Carol 开始收集数据时，她发现了其他一些似乎也影响休闲方式的变量，比如这位女士最近是怎么失去丈夫的。她知道她不得不将这些属性也包含在她的选择策略中。在这个领域进行了一段时间的研究后，Carol 发现有太多的变量可以影响丧偶女性晚年的休闲方式。于是，她决定缩小范围，关注其中某一组人群：高中毕业、在职、近期丧偶、都市女性。这样就简化了对参与者的选择，并且允许她去深入地了解这一组同质群体的休闲方式。Carol 在研究计划阶段做出的假设被一些既有用又可行的因素替代了。

Rebecca 也选择了均匀抽样策略。因为她想要实现的是理解的深度而不是广度。她描述了她选择青春期女孩参与者的原则：

> 我不是要对大范围的女孩进行研究，从而获得关于女孩们的友谊和自我发展的初步理解。……一旦我获得了对这个问题的理解，就可以继续探索友谊对更大范围的女孩的影响。
>
> 根据定义，我的研究要求参与的女性都非常年轻。为了进行更充分的访问，我需要获得她们家人的全力支持与合作。考虑到这些因素，我将选择六个女孩的案例进行研究。她们或者是我已经认识的，或者是我通过学术圈的关系认识的。我将让每个女孩邀请她最好的朋友一起参与……对这一群非常同质的女孩的研究让我能够描述出她们对友谊和自我发展的关系的共同理解。这样可以稍微减少社会经济地位、家庭教育及显著的家庭差异等因素带来的干扰。虽然对这一个圈子的女孩的研究会使我对女孩们友谊的理解和描述更加深入，但我也意识到，这样我将失去样本的多样性。

Rebecca 的讨论表明，这是一个数字博弈，深度与广度不可兼得。你必须访谈多少人？你做了多阶段访谈吗？你必须观察多少情境？你怎么知道什么时候停止？对于这些问题没有神奇的答案来做出回答。Morse（1994，p. 225）建议，进行 30～50 次民族志和扎根理论研究的访谈。这可能意味着要采访 30~50 个不同的人或对其中更少的人进行多次重复访谈，正如 Rebecca 在关于女孩们的友谊的研究中所做的那样。在观察参与者或其他数据收集方法上，你也可以花比正式访谈更多的时间。

除了选择参与者，还要考虑一下观察场所和时间的选择策略。你的研究情境中包括周期或季节性的活动，以及偶然性场合等影响事情发生的因素吗？如果有的话，你的观察就应该考虑到周期的不同阶段以及场合的不同。这并不意味着需要每天都去观察，但它确实意味着时间、地点以及参与者都是抽样决策的一部分。仅在周一进行的课堂观察与仅在周五进行的课堂观察相比，可能会呈现出截然不同的情况。老师和学生在 9 月与在 12 月的互动方式可能截然不同，就像他们在足球比赛、舞会和其他所有暂时让学校停课的大型活动之前一样。

为了加深对问题的理解，你需要在较少的观察地点对较少的人进行较长时间的访谈。为了拓展对问题的理解（不过也只是获得更表面的理解），你需要在更多的情境下对更多的人进行一次性访谈并进行较少的观察。质性研究中参与者的选择策略取决于阐明、诠释和理解等多重目的，以及研究者个人的想象力和判断力。基于你对相关理论和文献的阅读、你的方法论框架、你个人的经验和直觉以及你从预试验研究中学到的东西来发展你选择参与者的基本原则。

2.8 为可信度和时限做计划

可信度

当你为研究做计划及开发研究方案时，应该关注研究的可信度（trustworthiness）。可信度是关于研究的质量和严谨性的警觉性，是关于什么种类的标准可以被用来评价一项研究的执行情况。借鉴 Lincoln 和 Guba（1985）的研究成果，质性研究者已经描述了提高研究可信度的具体策略（例如可参见 Creswell，1998）。我在表 2-4 中总结了提高研究可信度的标准。可信度的标准主要与研究方法、数据获取技术、分析方法、诠释说明方法等有关。在你阅读过有关深入研究的文章后，这些描述才会更有意义。因此，在讨论了与提高研究可信度相关的实践和术语之后，我们将在第 5 章和第 7 章中更多地关注可信度。

表 2-4 提高研究可信度的标准

标准	描述
持续地研究并坚持观察	在现场进行长时间的观察、访谈和其他方式的交流
三角验证	采用多种数据收集方法，寻求多种资料来源，派遣多个调查人员，采用多个理论视角
丰富、详尽的描述	充分利用观察收获和访谈记录写出描述性的总结，以便于让读者通过文字了解你的诠释背景
反面案例分析	寻找关于模式和主题诠释的反面案例及否定证据
成员互查	与研究者分享访谈转录资料、分析性的想法和最终报告的草稿，并听取他们的反馈和诠释说明
澄清研究者的偏见和主观性	反思你的主观性，以及在研究中你如何利用和监控这种主观性
同行评审和汇报	聆听他人的观点并将其加入自己的研究中
追踪调查	保存并组织所有与你的研究相关的文档（比如田野日志、研究日志、编码方案等），作为研究进展的记录

Guba 和 Lincoln 在他们的书 *Fourth Generation Evaluation*（1989）中重新评估了其可信度标准。他们提出了第二套指导方针，并将其命名为"可靠性标准"（authenticity criteria），其中更多的是关于建构主义研究的目的和成果。这些标准主要关注参与者在多大程度上是学习的共建者，并且在研究过程中受益。如果你对关于转换和改变的研究感兴趣，并且打算研究它，不妨看一下第 5 章"转换效度"那部分的讨论，并寻求关于这些标准更多的细节。

时限

你无法确定你的研究将会持续多长时间，并且你会不可避免地低估它所需花费的时间。比如，进入一所学校去研究的计划可能会被延迟，因为学校董事会没有把研究者的计划列入日程表中。向学校的教师们进行项目介绍的计划可能会因为与教师们的会面被取消了而有所耽误。人们会在最后一刻更改访谈时间，或者干脆不现身。意外的集会或者田野调查也可能会改变观察计划表。

实际所用的时间往往会比预期中的时间长，这是质性研究中的一个基本假设。Terry Denny 建议伊利诺伊大学的学生计算出研究的每一步需要花费的时间，并在此基础上乘以 2.5 作为实际花费的时间。对于 Mark 来说，他在一项关于狱警对囚犯教育项目态度的研究上花费了更长的时间。

> 我计划用一两天的时间联系狱警，并对他们进行访谈。从第一次访谈到最后一次访谈，中间隔了一个多月的时间，因为我没有将旅行、婚礼、换班甚至更改工作地点的时间算在计划之内。没有一次访谈是按照我计划的时间进行的。因为缺少人手，一位狱警要连续值班。还有两次，狱警接到将囚犯运往其他地方的命令。一位狱警被要求加班一个小时，因为囚犯在享受户外活动时，她要站岗。难怪另外一位狱警在接受访谈时抱怨说，囚犯相对于看守他们的狱警有更大的自由。

尽管时间被耽误了，但你也不要气馁。另外还要记住，除非你是做后院研究、某种行为研究或者合作式研究，否则，你就是研究参与者生活中的外来者。你并不是一个多余的人，但因为你不是研究参与者生活中不可或缺的一部分，因此你显得可有可无。你最终会完成研究任务，但是花费的时间通常比预期中的要长。

被研究机构的结构会影响你的时间计划。例如，初中和高中的情境就比大学的情境更加结构化。设定的铃声对学校的时间段进行了划分，可以帮助研究者对访谈对象、访谈时间点以及时间长短做一个计划。运行机制上的框架也会影响被研究者对时间的控制。总的来说，在组织层级中具有较高地位的人具有更大的自主权，可以告诉你他们何时有空闲时间。然而，他们通常很忙，并把重新安排约定的时间当作理所当然的事情。处于较低阶层的人通常几乎没有安排谈话时间的自主权。当 Lynne 想要对大学的一位保管员进行访谈时，她不得不经过物资设备管理者的许可才得以开展访谈工作。管理者帮她制定时间表，向保管员说明研究意向，并让保管员出来接受访谈。Lynne 得到了管理者的许可和保管员的协助，她对此心存感激，但有时她不知道自己是否应该相信这些访谈内容。解决这种问题的方法是在保管员不工作时对他们进行访谈，尽管这样可能会遇到其他挑战。

你的个人情况也会影响到时限，特别是你一边要进行研究调查，一边还要兼顾一份全职工作时。一些基金会和协会会资助质性研究，但是你的兴趣点需要和这些机构相匹配，并且申请程序应该尽早开始，有时甚至要在研究开展前一年就着手准备。尽管有了资助，一些专业人士还是不能离开他们作为教师、护士或者管理员的工作岗位。然而，在有限的时间内，你可以通过协商获得一定的时间，尤其当你沉浸在数据分析和写作中，正在考虑一天之中能否休息几个小时，而不是一周休息一整天时。这样有助于你很好地投身于日常的研究，并且迫使你自己最充分地利用有限的时间，而不会让你有一种一整天都有时间的错觉，然后把时间浪费在其他任务和差事上。

尽管存在需要估计开展研究所用时间的问题，但是制定时间表是一个好主意。制定时间表有助于你评估研究的各个方面，并且预测各个方面的需求，包括需要做出哪些安排，发送哪些信件，打电话通知哪些人员，确定在哪里进行访谈，等等。尽管在一定程度上数据分析和写作是对所收集数据的整合，但这些工作还是应当得到至少和数据收集一样多的计划时间，因为数据收集与在纸上将文字整合成令人满意的报告相比是较为容易的。最后，考虑到不可避免的时间和资金限制，时间表可以作为你对研究主题、方法、地点以及参与者选择的实际可行性的检验。表 2-5 是一个学位论文时间节点的示例。这张时间节点表更多的是为你需要考虑和计划的内容提供指导，而不是向你提供给特定任务分配多少时间的建议。你估计的时间长短将取决于研究计划、工作形式以及你生活中的其他需要。

表 2-5　硕士论文时间表示例

任务	2015年 6月	7月	8月	9月	10月	11月	12月	2016年 1月	2月	3月	4月	5月	6月	7月	8月	9月	10月	11月	12月	2017年 1月	2月	3月	4月	5月	6月	7月	8月	9月	10月	11月	12月
阅读相关文献	░	░	░	░	░	░	░	░	░	░	░	░	░	░	░	░	░	░	░	░	░	░	░	░	░	░	░				
进行研究实验					■	■																									
拟定开题报告草稿						■	■																								
听取建议/修改								■																							
获得研究地点和参与者的访问权；如有需要，重新进行协调；根据需要重新进行访谈									■	■	■	■	■	■	░	░	░	░	░												
参与式观察											■	■	■	■	■	■	■														
设计和进行访谈，包括非正式谈话										■	■	■	■	■	■	■	■	■													
资料转录											■	■	■	■	■	■	■	■	■												
资料收集和分析										■	■	■	■	■	■	■	■	■	■												
田野笔记、日志记录和研究备忘录				■	■	■	■	■	■	■	■	■	■	■	■	■	■	■	■	■	■										
数据初步分析：进行分类，提取主题，分析备忘录												■	■	■	■	■	■	■	■												
进一步的数据需求和信息收集评估																	■	■	■	■	■	■									
集中的数据分析																				■	■	■	■	■							
初步诠释数据，撰写中期报告											░	■	■	░								■	■	■							
规划最终论文的形态																							■	■	■						
拟定论文草稿																								■	■	■	■				
讨论/修订/编辑																										■	■	■	■		
论文定稿																													■	■	■

注：表中深灰色框（■）表示重点关注，浅灰色框（░）表示一般关注。

如同其他质性研究工具，时间表必须保持灵活性。面对面的相互影响、意外情况的发生，都可能推迟你的计划。一方面，它可能成为挫折和焦虑的来源。另一方面，无法预料的事情是对世界进行探索的一部分，如果你可以保持开放的心态，从偏离研究计划的现象中学习，你就可以获得更好的数据，并且更好地理解被研究者的情况和研究背景。

2.9 与相关人员会面：访问权、研究总结和预试验研究

获得和保持访问权

获得潜在的研究地点和参与者的访问权有时是一件简单的事情，有时却不是。获得访问权包括获得进入你想观察的地方的权利，征得你想要访谈的人的同意，获得并阅读你所需要的文件，以及获得可以达到你研究目的的时间安排等方面的研究访问权。如果你得到了充分和无条件的许可，那就表示你得到了完全的访问权。如果你的访问权限在某些方面是有条件的，那么你必须探讨这些条件对于满足研究期望的意义：你是否应该重新定义研究？你是否应该选择另一个研究地点？

如果研究涉及一些形式的组织或者机构，那么你首先需要接触"守门人"（gatekeeper）。在进入下一个研究地点之前，你必须得到"守门人"的同意，并且需要与之协商获得和保持访问权的条件。由于可能会有多个不同的"守门人"，因此接触的过程可能是复杂的，包括不同时间联系不同的人。例如，如果你想要在一所特定的小学进行研究，那么首先去找校长、院长，还是学校董事会中的某个人？从非高层的任何地方开始都是有风险的，因为获得较低层级的许可，可能会被高层人士否定。然而，获得高层的许可也是存在风险的，因为其他人可能感觉是被命令进行合作的，或者也许认为你可能在一定程度上和某个或者某几个组织派系有政治关联。机构内部的人能够帮助你了解内幕，他熟悉机构中的每个人和涉及的派系，

并且能够就如何获得访问权向你提出建议。

如果你对无关任何组织机构的个人感兴趣，那么你必须和这些潜在的受访者直接接触。无论是接近"守门人"还是其他个体，你都希望他们说："是的，你的研究听起来很有趣，欢迎你。"如果你的研究在一定程度上对受访者以及/或者他们所在的群体有益，得到这种回复的可能性就更大。如果你得到中间人——"守门人"或者潜在受访者认识或尊敬的人——的介绍，就更有可能获得访问权。当没有中间人（甚至有时有中间人）时，第一时间在某个场所获得受访者的接纳是最好的选择——只要在受访者周围参与活动，与他们非正式地交谈，给他们时间来适应你，并让他们知道你还不错。

当与"守门人"见面时，准备好你的研究摘要（这将在下一节讨论），聆听"守门人"的担忧和需求并做出回应，澄清首要问题。你要清楚，需要由你（或者你和受访者一起）承诺数据，包括田野日志和访谈记录的匿名性及保密性。这关系到你满足受访者对于事物（例如，对于最终报告或者某些问题的咨询）的预期的责任。最后，明确质性研究可能出现的突发状况。换句话说，你需要让"守门人"理解，在研究期间可能会出现由任何一方提出新问题并需要进一步讨论的情况。获得访问权是第一步的工作。保持访问权则是另外一个问题，在研究过程中的任何时间，研究者与受访者的期望和需求都有可能会发生改变。

尽管你极为用心，但确实会存在被拒绝访问的情况。当你提出参观一个地方、访谈、坐在教室里或者参加一个会议的要求被拒绝时，你很容易反应过度并且变得偏执。虽然消极的回应可能是真实的，但是不要轻易下结论说你不被允许进行下一步的研究。这一结果可能与你所做的或者可以做的事情无关，尽管如此，它也是你所做的事情的一个反映，你可能需要重新考虑你的方法。

有时，访问被拒绝最终也可能会变成一件好事，这恰恰是 Lorna 在对学校里有特殊需求的孩子进行预试验研究时的情况：

> 我最初想观察两所以上的学校。这可能是完全不现实的，我极大地低估了包括项目时间在内的所有方面的问题。因此，我马上遇到了一些访问权方面的问题。我无法联系到楼房的管理人员，所以无法获得在学校进行观察的许可。打了多个电话都是与秘书联系的，没有与负责人取得联系让我很沮丧。我最终放弃了，并把焦点放在另外两个班级上。这可能是"因祸得福"吧，因为有太多的数据需要处理，我已经应接不暇了。

留出时间获得访问权，然后尽最大的努力解决研究地点的需求，推进你的研究。

研究总结

获得访问权的一部分包括为潜在的受访者提供一封成熟的含有研究总结或信息的信件。机构审查委员会（Institutional Review Boards，IRB）倾向于把这封信作为总结，并附带知情同意书。研究总结是你的研究的一种书面描述（有时是口头形式的），用来向研究参与者解释你是谁、你要做什么以及你需要他们在你的研究中扮演什么样的角色等。大体上，研究总结涉及以下要点：

1. 你是谁？
2. 你要做什么样的研究？为什么要做这项研究？
3. 你会怎样处理研究结果？
4. 如何选择研究地点和参与者？
5. 参与者可能存在的风险和收益如何？
6. 适当情况下，对参与者和地点做出保密性及匿名性的承诺。
7. 你想间隔多久进行一次观察和访谈？
8. 你希望每个环节持续多长时间？

9. 对所观察到的行为和话语（通过笔记、录音或者录像）进行记录的要求是什么？

研究总结的写作方法并不是唯一的。怎样写取决于研究框架和研究需要。然而，你有责任尽可能清楚和诚实地告诉研究参与者：你是谁，你想要做什么以及为什么要这样做，你的研究计划是什么，你将怎样处理你所获得的信息。你也应该准备好回答研究参与者可能提出的问题，例如："我可以看这些数据吗？"或者"我能够得到最终报告的备份吗？"预先考虑这些问题，给出合理的回答和解释，但不要承诺超出你能力范围的事情。

以下是Rebecca为她的青少年研究参与者所做的研究总结：

> 你被邀请参与一项研究，这项研究是想了解女孩们的友谊及其"自我"的发展（关于你是谁和你有什么样的想法）。这项研究是我佛蒙特大学博士学位论文的一部分。
>
> 我请你来参与的理由是我相信，你对于友谊和自我的想法与感受将有助于我更好地理解女孩在成长过程中的友谊。对你来说，参与这项研究的益处在于，你对自己可能会有一些新的了解和认识。你可能很乐于同像你一样的女孩分享关于友谊和自我的想法与认识，你甚至可能会交到一些新的朋友。除此之外，你的参与能够帮助我和其他人更好地了解如何帮助女孩们建立更好的友谊，帮助她们对自己树立信心。不过，有时，谈论友谊以及如何看待自己的话题确实会让一些参与者感到不安。
>
> 我是唯一知道你参与了这项研究的人（除了你的父母）。我在使用你提供给我的信息时，会给你一个化名（如果你愿意，你也可以决定用什么名字）。当我对你进行访谈时，我希望你允许我记录下我们的访谈内容，有时还会录像、拍照，或者做笔记，以便将来提醒我，我们谈过什么。我将是唯一能听到这些录音或者看到这些录像和记录的人。当我不

使用这些资料时，它们将会被保存在一个上了锁的柜子里，只有我一个人有柜子的钥匙。在我完成这项研究之后，所有这些录音都将会被销毁。然而，我会拍一些照片放在我论文的介绍中。如果我要使用你的照片，我将会用你的化名来标示这些照片，不会把你的照片和你所说的关于友谊和自我的话关联到一起。你也可以选择参与这项研究但不允许我给你拍照。在这份同意书的最后，我会请你确认是否允许我拍摄和使用你的照片。

如果你参与了这项研究，我将花几个星期的时间和你进行交谈。我会首先和你单独谈1~2个小时，问你关于友谊和你自己的一些事情。在访谈过程中，我将会问你希望哪个朋友参与到本次研究中。之后，我会安排你的朋友也参与这项研究，我将会和你们俩一起交谈，问你们关于友谊的问题，以及这种友谊让你们有怎样的感受（大概1~2个小时）。接下来，我将要花几段时间，与你和你的朋友待在一起，保证我能够看到你和你的朋友在一起做些什么，以及你们谈论的话题是什么（累计大概3~9个小时，时间长短取决于你和你的朋友对参与研究是否感到自然）。然后，我会让你和其他与你一样参与到这项研究中的女孩待在一起，让你们组成一组来谈论友谊和自我（我计划这部分将在我家以聚会的形式进行，大概3个小时）。这可能是本研究的最后一部分，我计划在这时和所有人一起讨论。如果有必要，我会和你们所有人或你们中的一些人进行下一步的访谈。

对你来说最重要的事情是记住，当你和我一起参与到这项研究中时，我问你的问题的答案没有对错之分。我所想要了解的是你的观点、想法和感受，如果我问你更多的内容，或者希望你解释你的回答，是因为我想确定我是否已经理解了你的回答。请记住，在这种情境下，你是专家或老师，你将向我解释对你以及和你一样的女孩来说，你们是如何理解友谊和自我的。

你也应该知道，你可以决定不参与这项研究，或者在研究开始之后的任何时候停止参与。如果你决定停止参与，你的决定将不会影响你与佛蒙特大学已经建立的任何关系。

正如第 6 章将详细讨论的，IRB 有责任审查接受联邦基金资助的研究机构进行的所有研究，无论资助基金是否被用于某些特定的研究。IRB 负责确保研究参与者了解参与研究的潜在风险和收益。机构审查委员特别关注研究总结、同意书、访谈协议书的内容，以及研究工具和对总体研究设计的评估等。Hatch（2002）基于其经验提出了一些有帮助的建议：

在送达 IRB 之前，我让我的学生在他们提交给 IRB 的申请中，以附件的形式提交完整的提案，同样，一些大学也是这样要求的。凭借提供服务的经验，我的建议是以清晰、易懂的语言解答 IRB 所提出的问题。(p. 61)

特别地，IRB 的成员需要确定研究参与者将被告知研究的相关事宜，清楚地知道在参与过程中可能出现的任何风险，并自愿同意参与。

预试验研究

预试验研究有助于你从不可预见的情境和视角来学习。当你准备好全面展开研究时，你可以练习根据头脑中不同的框架进行预试验研究。这样做不是为了获得数据本身，而是为了了解研究过程、访谈问题、观察技巧，以及你自己。采用预试验手段来确定你的研究总结的具体情况：是否太长或者不够具体？人们还想知道什么？你的研究项目是否根据需要尽可能充分地告知了参与者？用预试验研究来测试你的访谈问题的语言和内容，以及访谈的总体时间。用它来评估你的观察技巧：被观察的人是如何反应的？怎样做会让他们感觉更舒服？你是否能够根据你所观察到的内容记录田野日志，或者你是否应该在观察之后把它们写下来？与清楚地知道自己的访谈问题以及对你的研究情境有一个整体的把握相比，你必须学习如何在这种情境下好好表现。机构或组织是否有你所需要了解的规则和期望？你可能需要避免的忌讳有哪些？所有这些方面都有助于你获得并保持访问权。明确你的预试验意图并争取参与者的帮助。例如，你可能会说："我想要就这些问题对你进行访谈，之后就这些问题本身再和你谈谈：这些问题是否足够清楚？是否合适？我还应该问哪些问题？"

最后，将预试验研究作为一个可以获得与研究主题相关信息的机会。如何让你的研究陈述站得住脚？会产生新的研究问题吗？研究重点的变化可能说明计划得不够周详，但也说明它可能是一个新的研究。正如 Carol 做完预试验研究后所指出的："质性研究就像是旋转球的游戏，你旋转的刻度盘最终会停留在其他地方。"对这些改变保持开放的心态是很重要的，这是研究者与参与者之间最好的联结，研究主题也会由此产生。

预试验研究需要多少人参与？这又是一个没有明确答案的问题。数量和可变性应该足以让你去探索可能出现的问题，并向你提供关于主题和适用的情境与程序方面的信息。根据预试验研究的结果，你可以随时修改你的研究陈述、研究计划、访谈问题，甚至展示自己的方式。

当你创建研究计划时，可以利用你的预试验研究来描述你的研究计划是如何被预试验研究影响的，但是不要把预试验研究看作研究本身。在我看到过的学位论文开题报告中，学生们引用了他们的预试验研究，例如："之前的研究（学生的名字、年份）表明……"你无法从预试验研究中得出这样的结论，但是你可以描述你的预试验研究是如何确定被访谈的特定人群或者想要研究的主题的。应该正确认识到预试验研究能够帮助你拓展思路和研究计划。

在你开始为预试验研究或成熟的研究收集数据之前，不管是这一章还是其他预研究的任务规范，都无法完全穷尽你自己的推测和将要做的事情。你可以进行全面、详细的计划；或者尽管远远达不到全面，却已经准备好如何应对。在此，正如许多研究一样，你需要找到自己的风格，这样才会知道对你来说什么是有用的。做好研究准备并不是研究本身的结束，而是实现数据生产目标的一种手段。第 3 章和第 4 章将重点讨论参与观察过程、可视化研究、资料收集和访谈。

推荐阅读

Maxwell, J.（2013）. *Qualitative design：An interactive approach*（3rd ed）. Walnut Creek, CA：Sage.

Schram, T.（2006）. *Conceptualizing and proposing qualitative research*（2nd ed）. Upper Saddle River, NJ：Pearson Education, Inc.

练习

课堂练习

1. 这项练习是以非传统的方式进行的研究——以寻找研究参与者这一"难题"作为开始。我建议你不要把这项练习作为进行研究的一种方法，而应将其作为民族志技术实践的一种方法。可以把你的同学作为研究参与者。现在，你们共同创建一个研究陈述，每个人都可以分享一些专业知识。以一种清晰、集中的方式使你的研究问题结构化。例如，在班级中，你可能想要描述和分析非全日制学生如何看待、管理和规划其多重角色的优先级；或者可能决定探索在研究生教育中"同侪学习"的作用。创建你认为合适的质性研究陈述。这个陈述将作为接下来的章节中更多课堂练习的基础。

2. 以练习题 1 的研究陈述为核心，围绕你的研究主题提出有助于你聚焦主题的 3~5 个研究陈述。列举出包含各个方面的概念框架，它将为你要撰写的文献综述提供指导。

3. 回顾 Maxwell（2013，pp. 30–31）的五类目标，质性研究能够帮助你：理解质性研究对于参与者的意义；理解情境及其对参与者的影响；产生探索性的理论；理解整个过程；产生适用于整个过程的因果解释。将班级中的每五个人分为一组，每个组分配一类目标。你感兴趣的领域是研究生教育。每个组撰写一份与你的目标相关联的研究报告。然后进行比较与讨论。

个人练习

1. 根据你目前的理解，把你感兴趣的研究问题（工作原理）用图形表示出来。作为研究兴趣点的重要概念是什么？它们如何相互关联？寻找和阅读相关文献，并做笔记。

2. 通过撰写一套研究备忘录，找出你的研究陈述和研究目的的不同。试着问问自己："你希望你的研究能做到什么或改变什么（即研究目的是什么）？"然后，问问自己："你需要理解的是什么？你的研究陈述可能有什么效果？"

3. 起草研究问题，进一步说明你的研究陈述。

4. 当讨论比喻时，Bill Roorbach（1998）引用了喜剧演员 Steven Wright 的话，"我有一个像捕兽夹一样的主意：37 个州都是锈迹斑斑且非法的"（p.126）。下面的练习改编自 Bill Roorbach 的写作练习之一。

在一长段文字里，将你的项目重点和其他的项目进行比较，你可以使用你可能会看到的明显的比喻：学校就像一间工厂，或者实施一个新的项目就像建造一幢新的建筑。你也可以使用不是很明显的比喻：学校就像竞技表演，或者实施一个新的项目就像钓鱼。当你提出关于研究主题的问题时，尽可能扩展你的比喻，尽管这样做可能是荒唐的。这是 Bill Roorbach 用捕兽夹一样的思维提出的问题：

如果你的想法像一个捕兽夹，那么其源泉是什么？触发机制是什么？如果动物是想法，思维是捕兽夹，那么思维会摧毁想法吗？想法和思维是相互独立存在的吗？想法可以在荒野中漫游吗？想法的皮毛又是什么？告诉我：安装捕兽夹的捕手是谁？锁链是什么？最大的受益者是谁？

再写一段，反映这些比喻是如何让你具有灵活的思维方式，或者提出一些新的研究问题的。

5. 为潜在的研究参与者起草一份写有研究总结或者研究信息的信件。为了能够自信地准备好将这封信交给他们，你还需要思考和学习什么？

第3章

在现场：

通过参与式观察、文献收集以及
可视化研究获得深入理解

炎热无风的白天过后,夜晚凉爽宜人。Ina、Eliga、Marcus 刚刚走进我在加勒比山谷的家。他们仨去参加了芒果岭的一场"演唱会"。一个来自美国的卫理公会传教团体在山谷里进行了一个晚上的布道和福音传播。这是一次非同寻常的聚会,许多人都参加了。Ina 告诉我们,有一位年轻的女士问他是否接受上帝作为他个人的救主。Ina 回答"是的",但当被问及细节时,她编造了一个详细的翻转故事。三个朋友都嘲笑了此事,也嘲笑了他们编造的关于恶行和忏悔的故事。我和他们一起笑了,同时却感到有些不安。在加勒比山谷待了几个月之后,我突然想知道我所听到的故事中,哪些是真实的,哪些是被编造出来的。Ina、Elija 和 Marcus 向我保证,尽管在最初的交谈中,他们编造了名字和工作,但是之后就不再那样做了。毕竟,我和他们一起住在山谷里。我是个真正意义上的遣使会会员。

无论你是在家乡的学校里,还是在另一个国家的村庄中,参与式观察都为你提供了获得他人信任的机会。通过进入并成为社会情境中的一部分,你会看到各种各样的行为方式,体验意料之中和意想不到的事情,在研究情境中与他人建立良好的关系和责任感。理想情况下,参与式观察在整个数据收集期间持续进行。参与式观察在研究开始阶段是非常重要的,因为它的作用是让你了解适当的调查领域,并发展研究者与被研究者的良好关系。随着研究的持续进行,参与式观察也是很重要的,因为"我们不知道如何解读或者解码一个动作、一个手势、一段对话或者一句感叹,除非我们深入了解它的前因后果"(Lawrence-Lightfoot,1997a,p.41)。参与式观

第 3 章　在现场：通过参与式观察、文献收集以及可视化研究获得深入理解 | 85

察使你置身于所调查的问题中。它还有助于你更好地形成访谈问题，并与观察到的行为和互动联系起来。本章重点讨论参与式观察的过程，以及文件、人工制品和各种可视化研究的使用。

3.1　参与式观察是一个连续的过程

"参与式观察"是一个有争议的术语。首先，它有不同的用法（O'Reilly，2005）。有人把这个词作为田野工作（观察、对话、访谈和资料收集）整个过程的同义词。其他人（和我）将参与式观察看作一种不同于访谈法的研究方法，尽管我承认在访谈时研究者通常有可能参与到社区的社会生活中进行观察，但是差异更多地存在于对相关技术和问题的讨论中，而并非本质上的不同。

其次，参与式观察这个词组本身就是个麻烦，因为它本身就是矛盾的。这个词组相互矛盾，既要结合在一起，又要保持距离；既要参与其中，又要分开来进行观察（Tedlock，2000，p.465）。参与式观察者的立场会对研究者自身以及在研究者和参与者之间制造紧张气氛。你作为观察者的立场，会让其他人感觉你可能有一个间谍之类的身份；你作为参与者的立场，可以表明一种亲密接触和参与的态度，这种亲密接触和参与可能会因为你的研究者（和观察者）角色而受到怀疑。在某些形式的质性研究，例如合作研究和行为研究中，参与式观察者的角色所产生的紧张关系可以得到缓解或消除，因为研究者可能是知情人士，也可能被邀请作为研究项目的知情人士。观察和参与都能够帮助你了解研究地点、过程以及知情人士的观点。你需要根据研究的类型来确定你在研究中观察和参与的比例。

你可以将参与式观察看作一个从最大限度地观察到最大限度地参与的连续体。它可以是收集数据的唯一途径，也可以是若干途径之一。尽管你的参与者和观察者角色在实际过程中可能会落在连续体的任何一个点上，但你将很可能发现自己在资料收集过程中的不同时期处在连续体的不同点上。

心理学家在做研究时经常完全处于连续体的一端，即完全作为一个观察者。这个角色更符合实证主义研究范式，在这种范式中，研究者很少和被研究者接触。例如，研究者可以通过单向玻璃观察一所大学日托项目中的孩子。类似地，观察者可以坐在一个城市公园的长椅上，手里拿着笔记本，观察城镇广场中人们的活动。研究者完全处于观察者这一端，被观察者不需要知道自己正在被他人观察。

参与式观察者更靠近连续体上参与者的那一端。尽管研究者首先主要是一个观察者，却和参与者之间有一些相互影响。当我和另一个研究生帮助 Alan Peshkin 研究一所正统派基督教学校时（Peshkin, 1986），我们与学校的学生以及教师进行接触，但是在整个学期内，我们主要是观察者，在教室的后面做笔记（Peshkin, 1986）。我们不教课，不发表意见，不协助教师、学生或行政人员。

相比之下，在圣文森特学校的研究中，我把自己的角色称为观察式参与者则更合适（Glesne, 1985）。我对非正式教育比较感兴趣，在一个村庄里居住的一年时间内，我与其他人广泛接触。我参与农业劳作和社会活动，并成为当地人中的一员。即使不是倡导者，我也是一个中间人。当我更多地成为一个参与者，更少地作为一名观察者时，矛盾产生了。你越多地成为被观察者日常生活中的一员，就面临着越来越不能用旁观者的视角看问题的风险，然而，你参与得越多，获得的学习机会就越多。

全职参与者是调查者，同时也是被研究团体中的工作人员。你可能已经是团体中的一员，或者你可能决定加入研究团体。例如，为了了解福利机构的政策和运作机制，你可能会努力应聘成为这个团体中的一员。正如本书在开始时介绍的，作为一个全职参与者进行研究并不是一件很简单的事，因为你可能需要同时处理好日常事务和研究之间的关系，而且通常会产生角色冲突。Jan Yoors 在他的著作 *The Gypsies*（1967）中描述了他作为全职参与者的困境，"我被两个世界拉扯，无法在它们之间做出选择，就像吉卜赛语说的'一个屁股不可能坐在两匹马中间'"（p.47）。

在从观察者到参与者这个连续体中，你应该把自己放在什么位置上？你的回答取决于你正在调查的问题、你的研究背景以及你的理论视角。其中，理论视角可以对过去的许多偶然性事件重新进行解释。这个适用于大量质性研究的做法在这里也适用：最好的做法不是确定什么是正确的，而是你的判断告诉你什么是合适的。像 Woolfson（1988）一样，如果你对医生和病人在最初的症状描述阶段所进行的非语言交流感兴趣，那么你需要尽量不引人注意地进行观察。Woolfson 采用的方法是，在屋子外面用一台摄像机对准医生与病人的座位。

研究背景也能够影响你在参与式观察连续体中的位置。例如，因为无论是我还是 Peshkin 都不是正统派基督徒，所以我们在基督教走读学校的研究中从来不是全职参与者。在关于加利福尼亚高中种族地位的研究中，Peshkin（1991）发现自己背离了通常的参与式观察者的角色，更多地转变为观察式参与者的角色，因为他更乐于并容易融入当地人的生活中。你在连续体中的位置也取决于你的研究方法。如果你在从事行为研究，那么与做传统的民族志研究相比，你更可能成为一个全职参与者。

参与式观察可以应用于不同的质性研究，可以在许多不同的环境中发生，甚至进入多人计算机游戏的虚拟领域。人类学家 Frank Schaap（2002）用了两年的时间（每天超过 16 个小时），参与到一个叫作"新迦太基"（New Carthage）的虚拟现实游戏中。他陈述道，在游戏中"研究新迦太基城市居民的日常生活，就像研究其他任何城镇应有的行为一样"（p.16）。他的民族志研究聚焦于社会和文化传统，研究参与者们用这些来构造和表现他们的行为。Frank Schaap 用笔记记录了一个叫作 Eveline 的女人在虚拟城市中的角色和生活情况："我工作、吃饭、喝酒并且谈恋爱。我爱过，也失去过我的爱人。我为了生存而杀人却只能勉强生存下来。"在你为研究过程制订计划时，不要忽视可能的参与式观察。

3.2 参与式观察的目标

> 我们知道，一位诗人曾经说过，尽管他已经是一位人类学家，但仍然要走我们不得不走的路。
>
> （Geertz，1983/2000，p. xi）

对于一些人和一些地方，人们已经进行了大量的研究。外来者因为停留时间很短而无法了解当地人对自己的看法，因此会对当地人产生偏见。Robert Caro 撰写了一本关于 Lyndon Johnson 的书，书中描述了他到 Johnson 成长的人口稀少的县城后的情况。开始的时候，当地人并不信任他。许多记者和其他新闻工作者到那里一天或者一个月之后，不约而同地歪曲了那个地方和那里的人们。Caro（1988）说：

> 人们觉得（他们是正确的）自己被利用了，并且那些记者和其他新闻工作者正在撰写的故事并没有准确地反映及传递他们对那里的热爱之情。在我搬到那里之后，我说："我热爱这里，我要生活在这里，我要待在这里直到真正了解它。"他们的态度真的转变了。(p. 227)

与新闻工作者倾向于突然进入和突然离开相反，民族志研究者倾向于待上足够长的时间以获得完整、厚重的描述和深刻的理解。

参与式观察的主要目标是更好地理解研究背景、参与者以及他们的行为表现。实现这个目标需要时间和作为学习者的立场。Hymes（1982）强调，"在民族志研究中，我们努力探寻的很多东西是其他人已有的知识。学习民族志时，我们可以对每个人都必须做的事情进行更广泛的了解，也就是可以了解生活方式的意义、准则和模式等"（p. 29）。"与其说民族志研究

第 3 章　在现场：通过参与式观察、文献收集以及可视化研究获得深入理解

是研究他人，不如说就是向他人学习。"（Spradley，1979，p. 3）

作为一名初学者，你不会在研究情境中说教或评估，或者为了威信和地位而竞争。你关注的焦点是研究参与者，从他们的观点和行为表现中学习。为了保持这一立场，你需要灵活、开放地改变你的观点。Mary Catherine Bateson（1984）描述了通常情况下，这种态度在她父母（Gregory Bateson 和 Margaret Mead）的生活中以及民族志田野工作中的重要性。

> 当你怀揣着某些想要回答的问题或者对社会功能的某些期望时，你必须将注意力从一个焦点转移到另一个焦点上。这取决于由事件所传达的信息，以及你寻找行为模式的线索。你不知道哪些事情即将被证实是重要的，也没有意识到你的注意力和响应能力是怎样形成的。（p. 164）

通过参与式观察，你可能发现陌生的事情变得能理解了，熟悉的事情变得陌生了（Erickson，1973）。在理解的过程中，陌生的事情变得熟悉了，但当熟悉的事情变得陌生时，你就会不断质疑自己的假设和观点，问自己："为什么是这种方式而不是其他方式？"摆脱原有的观察和理解问题的方式，会让你感到舒适，但也会因思想闭塞而付出代价。哲学家 Raimon Panikkar（1979）认为，我们意识到的假设和社会化观点是一种主导式神话，"你想信的神话是由你默认的情境组成的"（p. 20）。作为一个参与式观察者，你要乐于将你固有的观念暴露出来并重新加以思考。只有这样，才能拓展你的观察力和理解力。Panikkar 认为，我们所意识到的世界处于"我们对事实的经验所限定的视野中"（p. 20）。因此，你需要拓展你的视野！

最后，作为初学者，你的灵活性以及你对于将陌生的事情变熟悉、熟悉的事情变陌生过程的重视，将会使你的视野不断拓展，并对事实间的相互关联产生新的洞见。

3.3　参与式观察的过程

> 我们被周围可见的事物包围着,用眼睛看并非总是或并不一定意味着我们看到了事物的全貌。但是,我们看到的和记录的在艺术、学术和研究上是尤为重要的。
>
> (Weber,2008,p. 42)

在日常生活中,你会观察人、事及其之间的关联等。然而,与日常观察不同的是,参与式观察是在研究情境中进行的,研究者需要仔细地观察、系统地体验和有意识地详细记录研究情境中的许多方面。此外,参与式观察者必须不断分析其观察结果的意义(这是怎么回事),以及为个人偏见寻求证据(我看到我希望看到的了吗?没有别的什么了吗?我是不是在判断和评估?)。所有这些都是一个参与式观察者应该做的,因为这都是有助于其研究的,这也说明观察者在某个情境中出现是有特殊原因的。在日常生活中,你可能会留心身边的事物互动,是一个良好的观察者,但是你并没有在特定的目标指引下,有意识地记录和分析你所听到、看到的事物。

所有的研究都需要交流"研究发现"。也许你正在收集数据,以便于撰写论文;或者在准备为资助机构写一篇文章、一篇报道;或者正为你的研究收集基础文献。如果一开始就考虑到便于沟通这一目标,会有助于后面的工作。小说家Stephen King(2000,p. 103)认为,写作是一种心灵沟通。一个人在纸上写下一句话,描述一种情境或者一个事件。在不同的时间和地点,另一个人读到这句话,如果传递的过程是有效的,那么这个人将会与写的人看到和感受到几乎一样的内容。要想实现良好的心灵沟通,当经历这些事情时,你需要注意细节、进行思考并且要有相应的情绪反应;否则,你传递(其他人接收到)的只是"边缘很模糊的图像"。

3.3.1 田野工作的前期

浸入和接触别人的生活，常会不可避免地感到紧张且出现一些问题。在圣文森特岛发现一个住的地方之后，我在田野日志上写下这样的话：

> 我搬进了房子里，这里到处都是从水槽排水管中飞出来的蝙蝠，公寓大楼厨房的橱柜里爬满了蟑螂，厨房的地板下面像是有什么东西死掉了，散发出奇怪的味道。凌晨四点蝙蝠就开始乱撞天花板。没有冰箱，所以即使是只保存一个晚上的面包也一定会变质，而且马桶是漏水的。

> 与搬出去到社区进行观察和非正式访谈相比，住进来是比较容易的。尽管我原本准备早上七点半出门，但我最终还是在早上九点左右出了门，因为我一直在踌躇，一种不适感、不确定性包围着我。我觉得自己不属于这里，幼稚，缺乏自信。

虽然我的工作是在另一种充满新奇和陌生感的文化氛围中进行的，但是沉浸在自己不熟悉的情境中仍是一件令人焦虑的事。除非从事或者协助进行行为研究，否则你会觉得自己是有点尴尬的新人，因为人们很自然地想知道你是谁，你为什么来到这里，你将会做什么，以及你将会成为什么样的讨厌鬼。伴随着时间的推移和经验的逐渐积累，再加上一些技巧，尴尬会随之消失，你开始感到放松。你不需要为了受欢迎而成为社区的核心人员；你只需要适应当地的行为准则，并表现出兴趣和尊重。最开始的几天是激动人心的，有很多需要去学习的新东西，但是仍有很多未知的情况会令人产生紧张的情绪。

当获得全部许可开展研究时，努力去寻找你可以自由出入的地方，在那里，不必得到任何人的许可就能结识陌生人。如果是关于学校或者医院的研究，那么这个地方可能是食堂、野餐地点或者工作人员的休息室。如果对你来说做研究的地点并不熟悉，则可以不必和每个人、每个地点都

"融合在一起"。也就是说，要在那些友好、好客的人身上寻找突破口。用足够多的时间和他们在一起，这样他们才会知道你在做什么、你会以怎样的方式去做，以及你现在的进展如何，从而打消他们对你的顾虑。但是，尽量不要花太多时间在一个群体身上而忽视了在场的其他人。

要想进入被一个人或者一个群体以某种方式控制的"封闭地带"，则可能要通过共同的朋友来介绍。如果你得到了观察大多数地方的官方正式许可，不要把这一许可当作正式的邀请！要获得正式的进入许可，应该是在某种形式的聚会，例如一个教师的会议上，由行政部门来安排，并让他们宣布你的到来。然后，他们会向在场的所有人说明你的研究目的，说明你想要对他们进行访谈，但是你会事先征得他们的同意。如果是在学校里，则事先确认你是否可以在第一次去班级时介绍你自己。这样可以让教师对你放心：你来这里的目的是观察学生，而不是评判或者评价他们。这样你也能够更容易地和学生交流，因为他们知道你是谁，以及你为什么在这里。

最后，避免在你的观察中引入先入为主的偏见。如果你现在（或者曾经）是一名教师、护士或者社会工作者，那么，当在一个熟悉的地方变成了参与式观察者时，你就比较容易带有偏见。即使曾经在那个地方待过，你也不能完全假定自己已经知道研究地点的情况。所有的学校、医院以及社会工作机构都是不一样的。例如，Sandy 在一所大学任教，学校里的教师们对来自附近大学的教师是非常挑剔的。因此，当她开始在这个城市中的另一所大学进行参与式观察时，她担心自己无法在这所大学中找到自己的定位。事实上，选择进行研究的这所大学和她所在的大学有着良好的合作关系。因此，不要认为你对学校、医院或者乡村生活一无所知，但也不要认为你对任何研究地点和那里的人都很了解。

3.3.2 观察

你的观察重点会随着你的研究方法的不同而不同。下面的建议适用于一般的民族志研究或案例研究，但很多也适用于其他的质性研究。

当你开始扮演参与式观察者的角色时，尝试着去观察发生的每一件事情：做好笔记并且写下想法。记住，不要仅记录与你的研究问题相关的事情。要对情境进行研究，借助你所有的感官，用文字和草图来描述它。能听到什么、闻到什么？在你的研究中，从一个地方到另一个地方，情境以什么样的方式改变着？例如，如果你在 K-12 学校进行研究，那么在 1 年级和 12 年级的班级里有什么相似与不同的地方？[1] 把熟悉的事物变得陌生：如果你注意到教室的门往往是开（或关）着的，那么就问问自己，这意味着什么？

对事件进行记录，要能分辨出特殊事件和日常事件之间的区别，然后寻找这些事件中有哪些具体的行为。在正统派基督教学校里，每天的第一件事就是教师会议。那么，会议期间教师们会怎样相互问候？什么样的人会彼此问候？他们彼此之间是怎样交谈的？他们会问校长什么样的问题？换句话说，教师会议的活动是由哪些行为构成的？

对研究情境中的参与者进行记录。根据年龄、性别、社会阶层、民族等来判断：他们是谁？他们在做什么和说什么？哪些人相互之间有影响？他们会驻足观望什么？他们的焦点是什么，或者会以什么方式做出反应？人类有很多非语言交流方式。他们通过着装、发型以及其他装饰传递某些信息。和其他人站得近一些，使用合理的空间关系，促进与当地人的情感交流。交谈时，你需要和对方站多近？Sunstein 和 Chiseri-Strater（2002）指出，"身体不仅具有物理属性，而且具有社会属性"（p.295）。因此，田野笔记不仅描述了人们正在做什么和说什么，而且描述了他们穿什么、如何装扮自己，以及怎样利用空间距离。

观察的另一种分类是人们的姿态，包括他们的形态、位置和动作等。学生们是怎样表现出热情和无聊的？教师们又是如何表现出热情和无聊的？

---

[1] K-12 是美国基础教育的统称，其中 K 代表 Kindergarten（幼儿园），12 代表 12 年级（相当于我国的高中三年级）。K-12 是指从幼儿园到 12 年级的教育。——译者注

校长用怎样的姿态来表达自己的观点？哪些姿态会一下吸引住你？哪些姿态会让你认可他的观点？哪些姿态会让你曲解他的解释？教师在讲话时，如果一个孩子趴在书桌上，那么表示这个孩子困倦、厌烦还是全神贯注？

在跨文化研究中，无论是新的姿态还是一些熟悉的姿态的新意义，你都需要去认识。在加勒比海地区轻声说"嘘"，相当于一句友好的问候——"你好"。然而，抬头并从牙缝间吸气的动作，并不代表你在严肃地思索，而意味着不尊重、不同意和不屑。但是你并不需要去另外一个国家寻找这些姿态在使用上的差别，因为你的姿态在那里会被认为是另类的。欧洲裔美国儿童、美国本土的儿童可能会选择合作完成任务，避免追求个人的成功（Sindell，1987）。而非洲裔美国儿童比白人儿童更可能为了吸引教师的注意而选择单独完成任务，其在完成效率上必然会有所不同（McDermott，1987）。因此，为了达到一定的效果，教师需要注意姿态的文化差异，对于研究者来说也是一样的。

作为参与式观察者，需要有意识地观察发生在身边的研究情境、研究参与者、事件、行为以及姿态等。在这个过程中，记录下你的所见所闻以及想法和感受。随着观察的进行，你要开始寻找其中的模式，并抽象概括出个体和行为的相同点与不同点。例如，男子循环赛期间，Ginny 选择在壁球馆的休息室里练习她的观察能力。通过一段时间的粗略记录，她开始发现一种模式：

> 比赛结束后，优胜者习惯于站起来或者四处走动，而失败者总是立即坐下来并一直坐在那里。蓝队胜利了，则蓝队队员会起身去找毛巾和水，而红队队员会坐下。之前提到过自己的头部有问题的 Blondy 赢得了与 Glasses 的比赛，则他会四处走动并询问负责人是谁赢得了比赛，而 Glasses 会坐下。

Ginny 继续讲述更多的例子，并对运动竞技过程中有关男性赢家和输家的行为表现问题进行研究。她能够从个人观察到的某运动员的行为特征思考男性运动项目中更普遍的行为。

Wolcott（1981）描述了四种有效的观察策略：①进行广泛的观察；②对没有特殊之处的事物进行观察；③寻找自相矛盾的事物进行观察；④寻找一个群体遇到的问题进行观察。在广泛的观察中，你想尽力观察和记录每一件事情。然而这几乎是不可能的，因此你需要有选择地观察和记录，并对你的选择进行反思。如果你在观察一些毫无特殊之处的事物，那么开始时你需要注意哪些事物是特殊的，以及哪里出现了不寻常的事物。当你寻找矛盾和问题时，你要深入地观察面前的事物相互之间的影响。以上这些策略能够帮助你将熟悉的事物看作陌生的，将陌生的事物看作熟悉的，从而将自己置身于研究情境中。

3.4　田野笔记

研究者需要记得：如果你不做记录，数据就会丢失！

（Pelto，2013，p.11）

（1）**做笔记**。田野笔记是质性研究的主要记录工具。它是由人物、地点、事件、活动以及对话构成的笔记，是汇集了正在涌现的新理论，产生思想、思考、直觉的地方，同时也是研究者探究个人反应的地方。

田野笔记的形式随着个体研究者的表现不同而有所不同。有些人把记录的一切按时间顺序排列在螺旋装订的笔记本上；另外一些人则用活页的形式记录，这样可以使不同种类的笔记很容易分开。如果可能的话，也可以直接在笔记本电脑或者平板电脑上记录，这样可以节省将田野笔记转录成电子文件的工作。选择哪种方式做田野笔记并不重要，坚持记录对你来说才是至关重要的。

田野笔记的记录并不是为了文件共享。有时，还包含了一些可能让参与者尴尬或伤感情的记录。除了确保你不会让田野笔记被别人读到，Pelto

(2013)还指出,"研究者应该意识到,田野笔记、音频记录材料、照片以及其他材料可能会被大多数国家(包括美国)的执法机关作为证供传讯"(p.53)。一些大学规定,在大学的赞助下所收集的所有研究材料均由该大学所有,并且可以提出所属请求。在这种情况下,作为研究者,即使在田野笔记中,也有责任尽可能全面地保护研究参与者。关于保护研究参与者的内容将在第6章详细讨论。

如果可以的话,随时随身携带一本田野笔记。你永远不知道自己什么时候、在哪里会遇到什么事情、和什么人交谈,或者哪里有你想要记录的一些想法。

Lofland 和 Lofland（1995）对心灵笔记、摘要笔记和完整的实况笔记进行了区分。在记录严谨的笔记之前,可以先记录讨论和观察时一闪而过的念头,那么这时所做的笔记可称为心灵笔记。在对基督教学校进行研究时,Peshkin、其他的研究助理和我在教堂里都没有做严谨的笔记,而只是做了心灵笔记,之后才把它们写下来。摘要笔记既可以私下记录,也可以公开记录。它也被称为"草稿笔记"（Ottenberg,1990）,是由粗略记录的几个词

第 3 章　在现场：通过参与式观察、文献收集以及可视化研究获得深入理解

组成的，用来帮助研究者在以后完善这些想法或者描述时进行回忆。完整的田野笔记是全天不间断地做笔记，但有的时候，还要取决于具体情况，应在观察阶段结束之后尽快完成。

　　Ottenberg（1990）建议将"批注"也作为田野笔记的一种类型。那是存储在你记忆中的笔记。一开始，它们并没有被记录在纸上，但之后会被用到。Ottenberg 指出，"我整理手写笔记时，脑海里会有许多的印象、场景、经历，比我写下来或者能够记录的还要多"。写作的过程中引出了批注，"我记得许多事情，有一些我在田野笔记中找不到，但有一些我已经记录了下来，我确定所记录的内容是正确的，而不是幻想出来的"。然而，Ottenberg 警告说，批注是"被扭曲、遗忘和阐述的记录"（p.144）。最好尽可能多地记录发生在你身边或者影响到你的事物，尽可能做到详细、清晰地描述。

　　如果可能的话，随身携带一个笔记本（平板电脑或者笔记本电脑），并且让别人知道，作为研究者，你会进行记录。你的角色变成记录器，应该迅速地记录任何事情。当然，并不是所有的情境都允许被记录下来。在对纽约市戒毒所的研究中，Agar（1973）就被要求禁止携带笔记本。但在其他情境下，做记录一般是被允许的。笔、纸、写字板以及电脑是护士和医生的标准装备。在这种情境下，研究者通常发现，他们能够记录理想的操作，即使他们没有经过医学方面的培训。

　　所有的笔记事后都应该被补充完善，并且最好在当天晚上进行。当回忆你的笔记时，可以增添一些在研究现场没有时间记录的事情，也可以增加你对所看到事情的反思。这些反思能够帮助你构建最初的理论，并为你进行更多的观察和提出问题指引方向。一些研究表明，你可以在保持对白天经历的回溯中入睡，这样就可以在参与式观察之后的第二天早上记录田野笔记。而在这段时间之后，回忆起需要记录的田野笔记细节的能力会随着时间的推移而快速下降。

　　留出充足的时间来完成田野笔记。如果你只做心灵笔记或者摘要笔记，

那么就需要花与在现场一样多的时间做笔记。如果你做的是完整的田野笔记，那么就要拿出几个小时的时间来明确和扩展你的笔记，并且要把反思后的想法和观点加进去。Sanjek（1990）记下了他在加纳的田野笔记，"我在后面的兜里放了一个小笔记本……我在笔记本里写下了我看到和听到的所有事情，并且尽量在第一时间将手写笔记录入电脑。最后在电脑上形成了历时18个月、单倍行距共397页的田野笔记"（p. xiv）。想要做到以上这些，就要保证你具有对所见所闻进行快速编写和观察的能力，这些能力确实需要通过实践来提高。当你坐下来分析和写作时，面对清晰、翔实的笔记，你会觉得之前为克服困难而付出的一切都是值得的。一个警告：持续做笔记可能会让你感到不舒服，因此，你需要在记录和扩展你的研究所需的笔记的同时，尽量避免让这些笔记令人厌恶。

（2）**描述性笔记**。你的田野笔记应该既具有描述性又具有分析性。在记录细节时，要力求准确并避免推断。确保你的笔记在一年之后仍然能够使重要时刻、人物、情境和时间浮现在眼前。将观察到的事物总结为简洁抽象的描述不需要太多的工作。例如，观察一个班级之后，你可能会写下这样的话："整个班级即混乱又嘈杂。"这种陈述无法将班级描绘为一幅清晰的画面，它是被论断的，因为它依赖于研究者对"混乱"和"嘈杂"的理解。下面的陈述是对其更具体的描述：

> 五年级的一个班级包括15个女生和12个男生。当我走进班里时，他们松散地凑在一起形成6个小组。一个由4个女生组成的小组在看谁能用口香糖吹出最大的泡泡。一个由5个男生组成的小组正在模仿他们前一天晚上在电视上看到的功夫电影中的动作。

检查你的田野笔记中模糊的词语，例如"很多"或者"一些"，用更多描述性的词语来代替这些词语。查找和替换表示评价与感想的词语，例如精彩的、平凡的、有趣的、无事可做的、友好的、不错的等，因为这些词语是模糊的。

第 3 章　在现场：通过参与式观察、文献收集以及可视化研究获得深入理解 | 99

记录发生的对话，特别要注意经常使用的或者情境中特殊的词语。在访谈问题中用这些词语能够帮助你成为局中人，或者帮助你在最后写作时对参与者进行分类分析。要注意熟悉的词语，因为它们可能会与你平时理解的意思完全不同。我在圣文森特岛待了一个月的时间，才了解到圣文森特人不用"country"这个词来描述非城市地区；相反，他们用"up-country"来指代东部的迎风岛屿沿岸地区。有一个住在牙买加首都金斯敦的年轻人，每个周末都要去西部的背风岛屿沿岸帮他在那里生活的祖母的忙，他诚实地回答说，他已经不记得自己曾在东部地区生活过。

当你试图获得研究和情境的全部要点时（尤其是在田野调查的初期），应该用你所有的感官共同描绘细节，并最终把它们记在田野笔记里。绘制草图可以帮助你看到在其他情况下可能不会注意到的方面，其重点是展现人和没有生命的物体是如何进行空间布局的。其是否有一定的模式？会随着时间的推移而有所改变吗？

Degas 在巴黎的芭蕾舞学校写生时，发现他最感兴趣的是动作，这一点在他的绘画中表现得很明显。草图如何对你的项目有所帮助，并磨炼了你的观察技能？

Edgar Degas（法国，1834—1917），*Bauet Qancers Rehearsmg*，约 1877 年，J. Paul Getty 博物馆，洛杉矶

以下是我的田野日志中的一个描述性笔记的片段,这份日志是我在圣文森特岛的一个早晨,从我租住的房子向海边走了约 1 英里[1]的路程之后写下的:

> 山谷从海边绵延地连接着 4.5 英里长的岛屿,一直到内陆 3 000 英尺高的山峰才消失。在 11 月一个星期天的早上六点钟,海湾成为人们放松心情的地方。伴着淅沥沥的小雨,老人们走进了渔人的竹屋。一个人因为他的鸡在咒骂另一个人。在河口的地方,男人、女人和孩子聚集在一起抓鱼(鱼的长度不超过人的手指甲盖),他们将河底的石头装进麻袋里以增加重量,然后将它们沉入水底,之后用树枝或灌木枝把麻袋盖上。小鱼寻求叶子的庇护,但是当袋子突然被从水面拉出来时,小鱼就被捉住了。在满是黑色沙子的沙滩上,年轻的女人和孩子坐在海水与海岸相接的地方。年轻的男人们游到停泊在远方的渔船旁,爬上渔船。渔船随着海浪轻柔地起伏,他们在船上聊着天。一道彩虹从岸上的木头房子一直绵延到海中央。另一个方向是绿色的、宁静的山谷,崎岖蜿蜒的山脉上空飘浮着云彩。
>
> 一条小路沿着蜿蜒的篱笆一直通向山谷。在水草茂盛的河口草地上,牛、马、羊散乱地分布着。多刺的、掌状的棕榈树生长在悬崖边。它们很快被椰子树、芒果树、面包树和柑橘树代替了。在进入山谷 1 英里的地方有许多村庄。人们忘记了海边各种茂密的树木,只记得周围有环绕的山脉,而且那里经常是潮湿多雨的。2 英里长的主干道上散布着许多村庄,在最后一个村庄之后,这条路蜿蜒进入一小段山脉,之后就变成了一条小径,供人们步行和攀登到主要种植芋头及香蕉的梯田上。随着地势变陡,农田继续延伸,但随后被自然植被取代。

做这些描述性注释的目的是使描述更聚焦于观察和对话发生的背景。

---

[1] 1 英里 ≈1.6 千米;1 英尺 ≈0.3 米。——译者注

这些描述为讨论山谷中的生活设置了场景。这些笔记不会努力解释正在发生的事情，只是进行描述而已。

除了描述场景，好的描述性笔记也要捕捉研究参与者之间具体的互动。下面这段笔记是我在研究艺术博物馆时记录的。括号中的部分是在观察期结束之后添加上的。

> 11月10日，早上9:30，西班牙班，学术性的艺术博物馆
>
> 十八九名学生跟着讲解员来到博物馆的画廊。馆长告诉我，讲解员是一名大二的学生，西班牙语很流利，接受过培训，这次是给西班牙语言班的学生做博物馆讲解员。这是她第一次做讲解员，她讲话的速度很快，表现不是很好，学生们不回应时她会紧张地笑。
>
> 学生们不提问，也不说话。讲解员直接问问题。我为她感到惋惜。如果讲解员说英语的话，学生们会愿意开口吗？他们是不感兴趣吗？或者这是一般本科生都会有的行为？他们跟随着她，看着她指向的画。他们之间互相不交流，看起来似乎很关注她所讲的东西。最后（在乌拉圭艺术家 Joaquín Torres García 的画前），一个学生提出问题："这些数字有什么意义吗？"这打破了沉寂的氛围。另外一个学生也说话了。大家对于数学和艺术是"通用语言"进行了短暂的讨论（用西班牙语）。
>
> 讲解员继续讲解。学生们拿起自己的折叠凳，移动到下一幅画（西班牙画家 Joan Miró 的画）前。他们打开凳子坐下来，她把画和西班牙内战联系了起来。更多的学生愿意开口了。
>
> 另一幅画（古巴艺术家 José Bedia 的画）引发了更深入的交流。讲解员把解读一幅画比作解读一首诗，阐述了二者是怎样与历史和情感联系到一起的。她问道：画中的符号是什么？有什么象征意义？绘画给他们什么样的感觉？这些问题得到了很多学生的回应。
>
> 活动结束时，学生们和讲解员之间就西班牙语和艺术的话题进行着轻松的交流。随着参观的结束，安静的房间变得热闹起来，学生们

之间很多的交流用的都是英语。最后，他们将折叠凳放回到门口的架子上后便离开了。

虽然这些笔记主要是描述性的，但我在最初就插入了一些备注和问题。有些时候，观察时草草做的备注会成为后期正式访谈时的好问题；有些时候，备注会被用于非正式的访谈。而记下来的问题有助于指导接下来的观察。

研究新手有时会将观察作为一种情境设置的方法或者可以使主要通过对话和访谈获得的数据更加丰满。然而，观察其实只有在与访谈相结合时才会发挥更大的作用。它设立讨论的情境，使你摒弃自己的主观臆测，更好地理解你所接收到的信息。正如叙事研究者 Gubrium 和 Holstein（2009）所述：

> 没有实践的深度和细节，叙述就会变得平铺直叙……与所传达的内容相反，那些没有被说出或没有被编排的内容促使我们去考虑讲故事的情境。只有设身处地地在情境中考虑故事的进程，才能发现已讲述的故事和未讲述的故事是否一致。(p. viii)

（3）**分析性笔记**。Bateson（1984）说起她的母亲 Margaret Mead 时称：

> Margaret 总是强调记录第一印象的重要性。她认为应该保存好最初的几页笔记，而不是随着之后愈加成熟的发现而蔑视地丢弃它们，明亮的眼睛也会有盲区，会把最初觉得奇怪的东西视为理所当然的，从而忽视它们。她说，当你想到什么事情时，就把它记下来！(p. 165)

分析性笔记是在调查过程中形成的一种数据分析方法。它有助于识别问题、改进调查设计、发展问题以及形成与识别模式和主旨。如果你在田野调查时就开始做分析性笔记，而不是等到数据都收集好了之后再做，那么你将能更好地识别不同的备选方案，同时也能确定、修正、排除不同的解释（Emerson, Fretz, & Shaw, 1995, p. 105）。在每天的参与式观察后，调查人员都应该花时间来反思和分析笔记，也要记下想法和留下的印象，厘清早期的解释，推测将会发生什么，写下感受，解决问题，制订灵活的短期和长期计划。当然，除了在参与式观察后，反思和分析性的想法也会在参与式观察中和其他时候出现。因此，记下这些想法也是至关重要的，当它们出现在你的脑海里或你自己的备忘录里时，写下作为观察者的评论（Glaser & Strauss，1967），否则，它们可能会消失。

例如，我曾考察一家美术博物馆并做了田野笔记，后来又有幸去考察其他四家博物馆，之后，我为考察第一家美术博物馆时所做的笔记补上了一些反思性的内容：

> 这家博物馆与其他博物馆相比，更像一家边缘性机构。首先，它的位置就很偏僻，即使毗邻一个停车场、坐落在一条繁忙的街道上，它的入口也只有自行车和人能通过。其次，根本没有指示牌指引怎么到达这家博物馆。学生们经常在没有标志的地方上课。难道这只是给那些访客带来不便吗？究竟学生们能不能意识到这里有家博物馆？即使有充裕的时间，我第一次来这里时还是迟到了，因为我根本找不到。我停下来问了好几个学生这家博物馆该怎么走，但他们最终还是将我引向了其他的博物馆。这样的话，这家博物馆又如何能融入校园生活呢？
>
> 尽管这家博物馆有两层，并且摆放了很多精美的艺术品，但它还是显得特别小，没有活动的地方，也没有阅览室。这样的话，它又怎么能满足学生和教师的教学需求呢？它有一间会议室，但该会议室能被班级使用吗？即便能，这家博物馆由于经费缩减，剩余的少量员工将如何安排会议室的使用？大多数的博物馆都经历了经费缩减，但其他的博物馆受到的影响相比于这家好像都不算大。难道它被缩减的幅度更大？还是它获得的政策支持更少？如果是，那又是为什么呢？
>
> 有些学生开始在阅览室工作，而且不止一间阅览室有学生在工作。有几个学生甚至在前台工作。他们为什么能来这里工作？我开始对博物馆的人员包括学生、教师和管理人员感到好奇。这家博物馆让我产生了不同的感觉。

这份与其他访问地点对比后记下的分析性笔记，已经不再是过去的简单描述。它形成了有关博物馆角色、功能的问题。对于某一些问题，我们能从正式的讨论和访谈中得到答案，而对于其他问题，则需要经过长期的数据分析并再次进行访问后得到答案。

（4）**研究日记**。除了描述和分析性笔记，研究日记是记录你调查过程中的反思、自我反思和情感历程的好方法（详见第5章关于自我反思的讨论）。研究日记不必强调是不是分散性的日记，而应该在意记研究日记是不是你的意愿。你要花时间去记录你在研究过程中的想法。例如，你可能会考虑自己是采取参与式还是非参与式的观察方式，或者这些观察方式各自的优缺点是什么（Hay，2005）。Sunstein 和 Chiseri-Strater（2002，pp. 95 - 96）建议你不断地反问自己以下问题：

1. 什么给了你惊喜？（帮助你找到假设）
2. 什么激发了你的兴趣？（帮助你找到个人的兴趣和立场）
3. 什么困扰着你？（帮助你找到你可能存在的偏见）

记研究日记是一种工具，它可以帮助你思考如何与调查参与者共同"创作"调查，如何形成接下来的调查，并且帮助你找到动力。研究日记也能反映出那些可能困扰你的道德问题。同时，研究日记也是你表达和发泄不满的地方。随着持续地记研究日记，你可以更好地了解自己的情感，产生更多的问题或设计出新的策略。研究日记可能也会成为最终文本的一部分，即将研究者的故事转述为别人的故事。

下面的例子是我在墨西哥的瓦哈卡州一直记的研究日记。这部分研究日记是在我到达墨西哥6周之后开始记的。通过记日记，我发现即便我之前已经去过很多国家并在那里居住过，我还是受到了文化冲击。通过写作，我意识到自己原来不理解许多事物运作的规则。我觉得自己太像个观察者和局外人了，不知道该如何融入瓦哈卡的生活：

> 早上6点我已经醒来，打开对着街的大窗户，让一些新鲜的冷空气

进入房间。空气中夹杂着浓重的烧垃圾的烟味。我关上窗户,试图让自己再次入睡,但失败了。我想起昨天在街头看到的那些乞丐。周日似乎有更多的人在街上乞讨,我不知道是乞讨的人真的多了,还是相对空旷的街道让乞丐更加明显了。我想,周日在街上乞讨可能更容易一些。人们也会在周末施舍得更多吗?一个妇女和小男孩向我乞讨,但我没有停下来,也没有拉开包找钱包并从里面掏钱给他们。这个妇女没有腿,胳膊也只剩下残肢。她坐在一辆红色的小货车里(货车就像美国的婴儿车),旁边有一个小男孩,可能只有七岁,正在抱头痛哭。是他拉她(他的母亲?)来这里(广场附近的人行道)的吗?只有他照顾她,还是另有他人?他们怎么生活?我在想,我当时是怎么开口对小男孩说出那样的话的呢:"过来,往前走三个街区的拐角有个妇女正在那儿卖玉米卷,我们去买一个给你和你妈妈。"(我不知道自己为什么会对他抱有如此大的同情。)

我为什么会如此同情他们,而不是同情每天在面包店附近寻求帮助的女人和在露天咖啡馆摇摇晃晃乞讨的男人,或是那个弯腰走路的老人?我经常会给在博物馆外面演奏美妙乐曲的两个男人(其中一个是盲人)一些钱,因为他们正在做一些美好的事情。但是,那个没有腿和手臂的女人做了什么?我试图弄明白自己为什么总是准备几个比索来施舍(为什么不施舍给那个女人)?为什么只准备几个比索,而不是更多?为什么会施舍?

突然,我听到"砰"的一声,接下来是女人的尖叫声,某个地方还有狗的吠叫声。我马上想到了周六在市场旁边被撞死的那条狗,但它在周六并没有吠叫。女人的尖叫声还在持续,我重新拉开了厚重的木制百叶窗,想看看发生了什么。我发现有人不知怎么被车撞了。可能是一辆公共汽车。我能看到对面有个年轻女人站在通往她那栋楼的台阶上。她正在沿路观望。我走进另一个房间,拉开窗帘。一个男人躺在路上，两个女人正跪着爬向他，边哭边抚弄他的头发。有几个人已经聚集在周围。我的第一个念头是叫救护车。该叫警察吗？我不知道。我能叫谁呢？但我不能打电话，因为我没有电话。一个女人站在那里脱下她的白色毛衣盖在男人的头上。我感觉无助和无用。我觉得自己和这里格格不入。

这篇日记并没有集中在任何与我的研究相关的事物上。虽然日记里提到了好多问题，但没有一个与我的访谈相关；相反，这些问题主要是关于我以及我如何在陌生的地方活动的。没有富有安全感的项目、没有熟悉的人、没有熟悉的语言，但我渴望与他们建立联系。之后，我在这里还要接受那些乞讨者对我人性的拷问，我感到寒心，心烦意乱。为了继续在瓦哈卡州生活，我不得不找到应对乞讨和交通事故的方法，这些对于我来说，变成了我学习融入这里的文化的一种象征。

（5）**需注意的建议**。从某种意义上说，下面这些通过经验得出的指导意见，也是参与式观察者应该养成的习惯，其与作为参与式观察者的记录过程息息相关：

1. 一定要确保记下观察的日期、时间和地点。

2. 手写笔记，并在边上留下较大的空白，以便进行后续的思考。

3. 要创造出你自己的一套速记方式。例如，在基督教学校的研究中，"Christian"简写为"Xn"，"student"简写为"S"，"knowledge"简写为"K"，"teacher"用"T"代替，"school"用"sch"代替。我也会用相同的缩写来代替相似和经常使用的词语，并依靠情境来区分它们。如此一来，"became"和"because"都用"b/c"来记，"with"用"w/"来记，"without"用"w/o"来记。如果你会速记，那你会认为我的这套速记规则对你来说是没有用的；但如果你不了解速记，那么我建议你建立自己的速记系统。

4. 当你要做摘要笔记时，请不要在写下田野笔记前将你的观察与他人进行讨论；否则，这样的讨论不仅会让你的观察和想法无法记在纸上从而造成浪费，也可能会改变你最初的认知。这并不意味着你不应该将你的解释与他人的做比较，只是强调在此之前你应该先记下自己的观察和反思。

5. 即使你已经做完一整天的笔记，也不意味着下课铃一响或者太阳一落山你的工作就完成了。你需要通篇阅读你白天的记录，补充所能记住的细节描述，弄清和扩展简要记录的事件或行为，通常还要对一天的工作进行反思。

6. 不可避免的、无法计划的活动会提供与你的调查问题相关的数据。田野调查中偶然遇到的人也会为你提供数据。即使你关注的是某一家机构，比如学校，数据收集一般还是会在固定的时间和地点进行，但质性研究不会受时空限制。

7. 要不断地阅读和反思你的田野笔记。如果你能幸运地让自己完全沉浸于田野工作中，那么请每周阅读你的田野笔记并写下分析性备注。这是进行分析的一部分。你会发现主旨和相互关联之处，并提出用于指导未来工作的问题。

如果你一开始就觉得你所调查的地点活动太多，无法聚焦研究，令你不知所措，或者为几乎没有特殊的事情发生而失望，请不要担心。Lorna 在开始观察常规教室中有特殊需求的儿童时，也遇到了同样的问题：

第一次观察让我不知所措。我立刻被一群小精灵围住了。他们似乎挤满了整间屋子，场面非常混乱，但其中似乎还存留着一些模糊的制度。吵闹、喋喋不休、咀嚼零食、站起来、坐下、打呵欠、发牢骚、学习、聆听、离开、走动，做什么的都有。起初，我甚至无法找到那些有特殊需求的儿童。看着屋里的这些活动，我发现做笔记是十分困难的。我应该记下什么？怎样才能专注？我该怎样面对让我教他拼写的小朋友？尽管我确实想要找到有特殊需求的小朋友，与他们互动，但在最初的正常互动中我几乎一无所获。第一眼，除了看到"影子"——助教，我几乎看不到他在这间屋子里的影响。失望之余，我曾草率而厌烦地认为这项初步研究很无聊。当然，我是错的。

Lorna 不得不坚持观察一段时间，然后她开始发现正常班级里，那些有特殊需求的儿童也会相互同情、关怀和激励。

最后，请放心，大家观察到的不一样，并不意味着某个人的观察是错误的。记者 Joan Didion（1988）描述了她和她的丈夫虽然在相同的时间段在同一个地区生活，但两个人却写了两本非常不同的关于萨尔瓦多的书。Ball（1985）表明，对学生的研究会在制度和文化上存在差异，他说，"你所在的山不同，决定了你看到的风景也会不同"（p.28）。主观的偏好也会让人们做各种不同的事情。这种多样性解释了社会现象的多种现实，而这些现实又会共同构成一幅关于人物、时间和地点的整体图景。Mary Catherine Bateson(1984)说，"你仔细记录你注意到的事物，但要了解你记下的事物并不是事情的全部，别人会看到事物不同的一面，然而，即使这样，你还是要记下你所看到的，因为它也会成为累加图景的一部分"（p.164）。

3.5　田野工作的盟友：档案、人工制品、可视化数据

档案和人工制品

考古学家通过检验遗留下来的物质文明来重构过去的生活。物质文明是指具有历史积淀的物品或人工制品，并在某种情况下被人们赋予意义。因为这些人工制品，考古学家们才提出了关于人们吃、穿、住、与谁交流、如何看待上帝和来生的假设。虽然无法观察和参与人们过去的生活，也不能对他们进行访谈，但通过他们留下来的物质形式的记录，考古学家能再现他们曾经的生活图景。

你要做的这些事比考古学家更容易，因为你能观察到人们以及他们的

物质文化，能问他们那样做的意义，并且还能接触到文档——Altheide 和 Schneider（2013）将文档定义为"任何能记录或恢复的象征符号"（p.5）。文档可以提供历史的、统计的和其他一些渠道无法获得的个人信息。文档可能是几个数据来源之一，或者是一个调查的关注重点，如 Altheide 通过新闻组织关于国际和国家危机的报道得出了"话语的恐惧"这一研究成果（Altheide & Schneider，2013）。接下来的部分简要讨论如何通过访问历史的和当前的文档及人工制品进行数据收集。

（1）**档案资料和历史研究**。要想理解一个现象，就需要知道它的历史，并从历史的角度进行思考。你需要寻找档案（备忘录、书信、回忆录、遗嘱等）和照片，以及其他可能很难获取的人工制品。你还需要准备一些口述历史问题来问那些年长的调查对象。在收集历史数据时，你可能会看到一些与现有数据明显不同的行为模式，也可能会发现过去被假设无关的观点或事件之间存在关系。

历史性文档为你的研究提供了背景。回顾小镇报纸和机构通讯是开展研究的一种方法。城镇或大学的图书馆档案是一个很好的起点，博物馆、教堂和学校的档案也是如此。通常，让别人知道你对旧信件、剪贴簿和会议记录感兴趣也有助于你获取有用的历史文档。这种工作呈现出网络性，当你发现对历史感兴趣的人时，他们会帮助你发现其他历史爱好者。

学会运用电子档案和网络搜索查找潜在的有用信息或有相关历史记录的组织。正如复杂的搜索程序能寻找特定主题的期刊文章或学位论文，它也能寻找媒体报道、文档和历史记录。例如，范德堡大学电视新闻索引和档案记录了 1968 年后的新闻广播及特别报道。如果你在研究关于艾滋病的污名化问题，那么你可以用这个索引查找过去 30 年关于艾滋病的新闻报道，并分析媒体报道和公众态度的变化。

尤其是当你和参与到一些历史事件中的人进行谈话并获得口述历史时，历史研究就是一项质性研究。然而，尽管历史事件的时间太久远、难以口述，你还是可以通过你能查询的档案及其他文档进行研究。首先，你必须找出你所寻找的焦点。是关于一些社会问题的历史，如移民和公共学校政策变化吗？是关于具体的人、机构或运动的历史吗？你是试图展示以前假设无关的观点和事件之间是有关系的吗？你是希望通过不同的理论视角重新解释过去的事件吗（例如，学者们批判国际发展政策带来的文化和经济霸权）？

你可能会从二手数据、书籍、文章或与你的主题相关的纪录片开始你的搜寻工作。与所有文献检索一样，二手数据有助于你决定是否继续你的研究问题以及找到使你的研究中断的原因。二手数据也为你的研究提供了大量的描述和理论框架。然而，那些你需要花大量时间才能寻找到的数据多是一手数据，如信件、备忘录、遗书和财务记录。例如，如果你调查第二次世界大战退伍军人对战争的看法，一手数据可能包括信件、日记、访谈记录，以及从退伍军人及其家人那里和档案中获得的照片。

在获取了一定数量的一手数据和档案后，你需要描述你的工作范围。与定性研究一样，你可能需要增加或减少如下内容的部分或全部：地理位置、参与者、时间跨度和活动类别。例如，几年前我搜寻美国中西部女性参与农业活动的历史文献时，因为获取的档案资料太少，我将调查的范围扩展到了西部，并将农业的种类扩展到了包括园艺、农家种植的蔬菜和水果。

在第一次接触成箱的档案资料时，你可能根本不知道自己要找什么，所以你需要将自己沉浸在这些资料中，就像你第一次参与观察一样。虽然查阅这些资料需要耐心、决心和时间，但你最终会发现资料中的内在关联。通过阅读、记录和反思，你会找到你想要发展的信息和观点的类别。

（2）**当前的文档和人工制品**。在一个崇尚书面文字的社会中，我们有许多种类的写作文档——日记、信件、备忘录、涂鸦笔记、纪念墓碑、剪贴簿、会员名单、新闻、报纸和博客。除了从图书馆、相关机构和电脑中搜索获得的文档，你也可以要求调查参与者为你制作文档——写日记、期刊文章或进行其他形式的记录。如果你在学校工作，你可以在征得必要的同意后与教师合作，以同时满足学生、教师和调查者的需求。例如，如果你对孩子的自我认知感兴趣，就可以说服英语教师，让他要求学生撰写自我评价，然后提供给你阅读。

在圣文森特岛时，我请那些觉得我家很好玩的孩子画出他们想象中自己长大后的样子。从这些画像中我提取出一些主题，并将这些主题与从年轻人的访谈中提取出的主题进行比较。我也分析了在圣文森特岛演奏的雷鬼音乐和卡里普索音乐（它们是圣文森特人专门为狂欢节谱写的）中包含的农业及教育信息，乐曲中的一些小节也作为观察的记录和受访者的话语出现在最终的文档中。

虽然文字材料让你觉得得心应手，但也不要忘了其他潜在有用的人工制品。"人工制品是经过检验的、参与者在情境中用于每天活动的事物"，Hatch（2002, p.117）指出。当你要读懂这些人工制品时，你需要了解它的故事。一个团体或某个人的人工制品在外界看来可能就是一个"东西"，即使它具有艺术感染力和吸引力。而对于内部人来说，这些人工制品有着特殊的故事，它们通常既有功能又有意义。例如，许多人仍然穿着本地风格的针织品，使用外地人难以理解的设计和色彩组合。外地人经常收集这些针织品，欣赏它们的技巧和美丽，但不了解这些针织品到底表达了什么。只需要一眼，本地人就知道穿着这些针织品的人来自哪里，是单身还是已婚，以及他们的宗教信仰和祖先的传奇故事。

在相同的文化下，一个事物可能会有一个通用的功能。而后，随着亚文化的出现，它会被赋予新的意义。例如，20世纪60年代，大众汽车被与嬉皮士联系到一起。而在美国，流行文化使得文身的意义发生了变化。除此之外，一个事物也能体现出非常个性化的含义。如Mitchell（2011）指出，事物承载着社会性和历史性的叙述，也"具有唤起和承载自传体叙述的潜力"（p.50）。它与照片从参与者那里引出经历和故事的方式是一样的。如果你在一个人的家中或工作地点问一些与你看到的事物有关的话题，那么可能会引发一次较长时间的对话，并将你引向意想不到的地方。

例如，如果有人问我关于沙发边桌上的小陶瓷杯的故事，我就会告诉他们，这种类型的陶瓷容器在墨西哥的瓦哈卡州表示的含义（字面含义）

历史上，所有的陶瓷容器在塑料、锡和旅游业出现之前都是实用型容器。我会告诉他们，现在的一些陶瓷生产技术与 2 000 年前的相同。我也会讲述我桌子上的这个陶瓷杯对我的特殊意义。这个故事将会从一个具有高超技艺的瓦哈卡陶艺家说起。他已经去世了，但他在家里的工作室中留下了大量的陶艺作品。故事中，我正在寻找陶艺室，在街上来回走动，寻找那个被告知的地址。这个故事在这一点上可以转变成另一种说法，讲的是瓦哈卡州的卖淫状况（中年妇女参与其中，她们通常来自更南方的国家），以及导致她们走上街头的原因。最终，我找到了正确的地址，接下来的故事会讲到我与陶艺师女儿的碰面，她将我带到一间货架上满是灰尘、铺设着绿色或棕色釉面砖的大陶艺室里。墙上挂着一幅巨大的照片，照片上是穿着白色工装的陶艺师。白色的工装上有 D. H. Lawrence 这个签名。回到我在瓦哈卡州的公寓后，我检查了刚刚买来的这个小杯子，在杯子的底部釉上发现了一个手指印。想到我的手是如何抚摸陶艺师制作的这个杯子，而这位陶艺师还与 D. H. Lawrence 握过手，于是我就写了一首诗。但故事并没有结束，几年后，我回到了这间陶艺室，发现所有的陶瓷制品都已经被卖掉，分散在世界各地。一些被卖给了博物馆，一些被卖给了收藏家，只有一个小杯子来到我位于北卡罗来纳州的家中。

像一个小陶瓷杯这样看似微不足道的东西可能会引发不同的故事。

在调查中，你要观察哪些人工制品是普通的，哪些人工制品是不寻常的。观察与它们相关的人，了解其是何时相关的以及是怎样相关的。寻找它们的故事。这些观察和故事将会很自然地将你引导到其他观察、问题上，并最终使你获得更深入的了解，而这是其他途径无法帮你做到的。

3.6 可视化数据：照片、视频、地图和图表

技术的提高极大地增加了视觉资料用于研究的可能性。在数字革命之前，大量使用摄像和摄影被视为消费高、麻烦且会扰乱研究的举动。而现在的情况已然不同，Banks（2007）识别了三种常见的用于研究的可视化数据：

1. 研究者通过照片、电影或图片记载社会互动或物质文化方面的资料。

2. 研究者收集、分析或利用调查参与者创作或使用的图片，如个人相册、杂志或电视节目。

3. 调查员或调查参与者共同创造和/或研究图片。（pp.6-7）

下面是使用这些资料时的注意事项：

（1）**研究者创造可视化数据**。人类学和心理学研究者从19世纪开始就使用照片，把照相机看作科学研究的工具，用照相机帮助自己厘清个体和群体的差异。例如，通过将精神病院住院者的面部表情拍成照片，来识别和区分他们的特征，从而分辨出他们是否"疯了"。今天的研究者采用其他的方式来使用照片和视频，通常是为了拓展观察。Grimshaw（参见Bottorff，1994）描述了图像和视频用于长期高密度观察的优势。通过胶卷收集资料的次数多于人们肉眼观察和用音频记录的次数，因为这些资料是永久性的，可以反复观察。

Collier和Collier（1986）将照片描述为"一个抽象的观察过程，不同于田野工作者做的笔记"，因为照片可以收集特定的信息，可以表明手写笔记中常常遗漏的限定关系和情境关系（p.10）。对于Munoz（1995）来说也

是如此,他研究了波多黎各年轻人的工作、爱情和身份认同。她反思了摄影对其工作的贡献。她说明了照片对其工作的重要性:

> 照片是生动的,我可以清楚地看出时间、地点、姿势和细节(她的面部表情是什么?他的眼睛在说什么?她穿的衣服是什么颜色的?他穿的衬衫是什么样式、什么材质的?她戴着耳环吗?他们戴着结婚戒指吗?他们的头发是什么样子的?他们的手是什么样子的?)。所有这些结合起来就构成了一幅肖像,一个穿黑衣服的人和一个穿白衣服的人在特定的时间照了这张照片……照片是我们可以直观地与问题和答案面对面的一种方法。(pp. 60-61)

在菲律宾国际水稻研究所的种子库内拍摄

视频是主要的质性研究方法之一,是民族志方法论或微观分析的重要数据收集工具。视频可以播放和回放,可以逐帧分析,作为近距离观察的方法,它可以揭示语言线索和/或人们日常生活中表现出来的行为。例如,Pat想了解低收入的母亲是如何帮助她的孩子学习的。她需要获取母亲和孩子在学校玩耍时的录像,并且一遍又一遍地观看。然后,她会以观察中得出的问题作为指引,对母亲进行访谈。通过观察和访谈,Pat开发出了详细的编码手册，该手册包含了行为和认知的信息，可用于对录像进行分析。但 Bottorff（1994）认为，这套数据收集方法具有局限性，它可能会缺少超越记录的背景资料，并使参与者失去成为活跃参与者的机会，从而无法发展或检验新兴理论。如果过于依赖影像，你就会失去参与者在参与式观察中的价值。

除了摄影，你也可以制作其他形式的可视化数据，如绘画、地图和研究图表。研究者经常描绘研究的特征，例如一个教师是如何布置教室的。图 3-1 是圣文森特岛的小农场地图。你可能会利用思维导图或图表来帮助你整合论点，用它们来梳理研究的最初框架。在做研究时，你可以用这些图像来帮助你产生问题并形成分析性思维，也可以在最终陈述中用图表来简明地展示研究的某些方面。正如提纲对某些人比对另一些人更有效一样，绘制图表的过程也是如此。这是用一种可视化的方式来处理观察、思考和它们之间的关系。

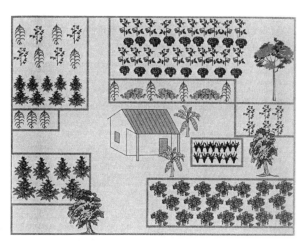

图 3-1　小农场地图

资料来源：C. Glesne（1985）. *Strugglin', but no slavin': Agriculture, education, and rural young Vincentians*（Unpublished doctoral dissertation）. University of Illinois, Urbana, p. 71。

（2）**参与制作或使用的可视化数据**。从事通信和媒体研究的研究者经常会关注研究参与者使用的可视化数据（电影、电视节目、杂志），并以某种方式分析其内容。民族志研究者更倾向于使用参与式观察形成的图片为研究提供历史和文化情境。例如，Peshkin（1978）要求他所在郊区学校社区的居民向他展示家庭相册，有的照片甚至是 70 年前的。这些照片不仅以一种特殊的方式捕捉了过去，而且也成为访谈的基础，向他提示了如果没有看到这些照片就不会想到的话题。这也被称为"照片诱发"，它可以用于"引发评论、记忆和讨论"（Banks，2007，p. 65）。只是转交照片，而不迫使受访者与其进行眼神交流，这样会让害羞或沉默的受访者感到轻松。对孩子进行访谈时，尤其要这样。即使某些用于"照片诱发"的照片或图片对于受访者来说也不熟悉，质性研究者还是更喜欢用这种方式，因为调查的目的就是了解参与者的生活，而不是研究他们对特定图像的反应。这不是一个心理实验。要将参与者创造出的图片视为"自传"（Kopytoff，1986），而这些"自传"会成为研究中所描述的参与者告诉你的故事。

在这幅壁画中，恰帕斯州的 Oventik，被边缘化和受压迫的阶层在萨帕塔运动的支持下团结在一起。这幅壁画中含有许多具有深厚文化内涵的符号，包括左边这个人的衣服和他正在吹的海螺壳。

（3）**共同制作和/或研究的可视化数据**。随着一次性相机的出现，一些研究者开始给参与者相机，让他们记录自己生活中具体的某一面（Mitchell & Allnutt，2008）。例如，特殊教育家 Bruce 对家庭中其他成员对残疾儿童的看法感兴趣。他给每个家庭分发相机，让他们记录孩子和家庭成员的日常生活。他的研究助手之一建议他再给每个家庭发一部相机，让家庭成员每人只拍 5 张象征孩子的照片，而且这 5 张照片里不能有孩子本身。随后，这位研究助手会用这些照片对家庭成员进行访谈，以了解他没有看到或没有问到的其他情况。

有时，研究者和参与者会共同制作并研究可视化数据，以识别和强调特殊的问题及困惑。Banks（2007，p.78）描述了一项研究，在这项研究中，两位研究者（Schratz 和 Steiner-Loffler）给一小部分的小学生分发相机，让他们拍下他们觉得舒服的校园景色，以及他们感觉不好的校园景色。学生们被分成 4 个小组，每个小组都首先讨论哪些景色是好的，哪些景色是不好的，他们想要怎样拍照，要不要让学生、教师或者其他人出现在照片中，以及是自然拍摄还是摆拍。讨论后，每个小组开始拍照、冲洗照片，并选取图片制作海报。海报上还要附上选择这张照片的原因。最终，每个小组都在班上展示海报。这个过程为从学生的视角把学校变得更好提供了大量的信息。

当参与者选择照什么、选择哪张照片进行展示时，他们就在研究过程中获得了发言权（Mitchell & Allnutt，2008；Prosser & Burke，2008）。如果参与者将视觉媒体作为一种向特定受众传递其意识的工具，那么研究者也会帮助他们。这一过程叫作"影像发声"——参与者创建图像，表达他们对生活的想法、理解和渴望。

地图与图表也可以由研究者和参与者共同制作，像"影像发声"一样用于生成数据，以表明参与者的关注点。因而，它被称作"参与式绘图"（也叫社群绘图或民族绘图），是指一群人一起对其生活中某些物质方面的内容进行绘图或制表，这通常是在研究者的帮助下完成的。例如，一群人经过一个地方，画下了农业分布图或因为社会经济地位、民族、资源获取而分散的家庭分布图。或者一群人也能集体产生其他视觉成果（如绘画、图表），以传达关键利益相关者、机构、资源或其社区或团体中一些有争议的问题之间的关系（Hay，2005，p. 289）。正如他们集体绘制地图或进行其他视觉展示一样，他们也在集体讨论什么是最好的，以及问题出在哪里。

参与式绘图已经成为参与者行为调查和后殖民时期问题调查的重要工具。例如，人类学家 Mac Chapin 与巴拿马的原住民共同合作，制作了他们过去时期领地的地图，包括传统的边界以及自然形成和人工建造的有意义的地方。通过用地图来演示土地随时间推移的使用情况，对于那些曾经和正在被政府和外来者侵占的土地，原住民越来越能够通过法律诉诸他们的权益，"长期遭受使用地图的人的侵害，作为受害者，他们现在学习绘制地图，这样他们就可以进行更加势均力敌的斗争"（Chapin & Threlkeld，2001，p. 21）。可视化数据、文档、人工制品和其他隐藏的工具为我们提供了历史的、情境的维度来观察和访谈。它们丰富了我们看到的和听到的，支撑、扩展、挑战了我们的认知，并且帮助参与者获得了更大的声音和力量。

正如你应该每天练习做田野笔记一样，你也要经常练习电子文档的收集，只要花几分钟的时间来阅读报纸上的文章、博客，看电影剪辑等与你论点相关的东西，并且保存这些文档以便日后查看（Altheide & Schneider，2013）。存档并不意味着你只需重新划分出一块地方或者在电脑上另建一个"文件夹"，而是要"建立一套系统，其中包含事物的分类、来源的分类，以及为什么要收集这些并做出这一分类"（Hatch，2002，p. 122）。只有这样做，你将来查找时才能节省时间，而不至于陷入忙乱之中。

表 3-1 总结了可能会成为你研究的一部分的各种类型的观察资料。该表受到 Holliday（2002，pp. 71-72）的启发并在其基础上进行了扩展，为你如何记录资料以及如何在研究中使用这些资料提供了建议。

表 3-1 观察资料的描述、记录和典型应用

观察资料	描述	记录	典型应用
背景	研究的背景如何；人们的表情如何	观察笔记、田野日志、绘画、图表、照片、视频	在报告最后介绍背景、人物和/或情况
行为	日常行为；某人做了什么	观察笔记、田野日志、照片、视频	提出访谈问题；支持或质疑访谈资料；深入描述；模式分析；形成直觉和假设
事件	通常涉及一组人在一段时间内计划好的或没有计划好的一系列行为（如一个会议或一次讨论）	观察笔记、田野日志、照片、视频	提出访谈问题；支持或质疑访谈资料；深入描述；模式分析；形成直觉和假设
过程	外显地或内隐地描述一个程序、机构和群体如何工作的规则、规章及仪式	观察笔记、田野日志、图表	提出访谈问题；支持或质疑访谈资料；深入描述；模式分析；形成直觉和假设
谈话	人们相互之间说了什么	观察笔记、视频、音频	提出访谈问题；支持或质疑访谈资料；深入描述
文档和可视化数据	来自调查地点的会议记录、日记、信件、笔记、财务记录、照片、绘画等	从档案调查、图书调查中获得的笔记和副本，由参与者制作或分享的文档、论文等	提出访谈问题；支持或质疑访谈资料；深入描述；模式分析；内容分析；形成直觉和假设
人工制品	参与人员制作的涂鸦、壁画等物品和积累的证据	观察笔记、照片、视频	提出访谈问题；支持或质疑访谈资料；深入描述；形成直觉和假设

3.7 是边缘者，还是陪伴者？

参与者观察员的角色需要一种存在于日常情境中的方式，以增强你对周围发生的互动的意识和好奇心。你会沉浸于你的研究情境、参与者和研

究问题之中。如果你发现自己下定决心,更想从参与者的角度去理解问题的本质,则表明你适合沉浸于此。继续下去,你将会提出问题,有自己的理解和判断。还有一种验证自己是否适合沉浸于此的方法,就是看你是否注意到自己原先没有注意到的事物。当 Andrea 开始研究社区时,她在其田野日志中写下了下面的话:

> 我走进当地的一家早餐店吃早饭,发现那里聚集了一群男人,我首先开始猜想:他们是谁?为什么在这里?为什么我之前从来没有注意到他们?我要不要弄清他们是谁?他们也许代表着尚未发现的一些研究结果?我为自己的这种新的观察力而感到高兴。

沉浸其中的另一个好处是你能将你的所见所闻联系到一起,或者至少思考与你所面对的现象之间的关联。当灵感涌现时,就要拿笔记录下来。这时,你开始转变为研究者。

正如前面所讨论的,研究的不同将导致你需要的参与程度也会不同。Horowitz(1986)就这一点进行了讨论,她认为你可以自由地选择参与者的参与形式和程度。并且,她认为田野工作是"研究者和研究对象不断协商过程中相互作用的产物。总之,田野工作者的素质和属性与环境设定及其成员相互作用,形成研究者的一个新角色(如果不是创造的话)"(p.410)。例如,研究参与者在保持其自身的概念框架时,会赋予研究者一个角色。Horowitz 将被她研究的男性成员视为一个"女士"和一个"记者"。这些角色既让她能接触到大量的信息,也让她无法进入一些领域进行访谈和观察。

研究角色中的一部分争论是关于你在情境中是边缘化的还是沉浸其中的,即你在这个持续参与式观察中的角色。在传统的民族志研究中,研究者经常被称作"边缘的本族人"(Freilich,1977),因为即使他们与调查参与者生活得非常近,他们仍然是逗留者,无论身体上(在教室的后面)还是心理上(中性、冷漠)都是研究情境中的边缘人。保持边缘化"可以使研究者在群体不再友好时还可以和他们相处"（Horowitz，1986，p.426）。处于边缘地位的关键在于，它能让你获得一个优势：不被注意，不用完全参与，所以你能更好地沉浸于自己的研究之中。

在某些情况下，研究参与者会期望，事实上，是要求你扮演一个边缘的、非侵入性的角色。在其他情况下，如果你试图保持边缘化，与他们的生活分离，研究参与者可能会认为你是冷漠的，甚至是剥削性的。Nancy Scheper-Hughes（1992）描述了她作为一名和平队志愿者，是如何在巴西的一个经济贫困的社区中度过一段时光的。她积极为婴儿接种疫苗，注射青霉素，并作为社区组织者创建社区中心并与他人合办日间托儿所。15年后，她以人类学家的身份回到同一个社区，研究母爱与儿童死亡。老邻居和老朋友们欢迎她回来，但对她宣称的研究者角色感到厌倦和失望。她们希望她像以前一样帮助自己。她拒绝了，并告诉她们，"我不能同时是人类学家和同伴（同志，'在斗争中的'朋友）"（p.17）。Scheper-Hughes继续进行访谈，在面对这些妇女之前，她在社区中一直处于边缘地位。她们告诉她，当她下次回来时，"必须和她们在一起，'陪伴她们'，而不仅仅是'坐视不理'地做笔记"（p.18）。Scheper-Hughes五年后回国，作为人类学家兼同伴。虽然她觉得这两个角色很难平衡，但这也有助于丰富她对社区的理解，正如她在其感人的民族志书籍 *Death without Weeping*：*The Violence of Everyday Life in Brazil*（1992）中所展示的那样。

随着参与者的增加，边缘者的角色会减弱，你开始体验他人的所见、所想和所感。这对你和参与者都是值得的。即使有再多的边缘者，也无法替代参与者提供的东西。你如何将参与者和观察结合起来，取决于你希望知道什么、你的研究方法、你的理论立场，以及研究参与者。本章的最后一部分将继续讨论有关Scheper-Hughes提出的边缘者和参与者的问题。而在这里，我会讲述我在墨西哥的经历，与描述巴西时所用的概念相同：研究者渴望在工作中陪伴社区成员，与其同甘共苦。

Efrain 和 Enrique 是瓦哈卡州年轻群体的非正式领导者。在决定共同进行研究后，我们开始讨论如何开展研究。我们撰写了研究声明，向外界表明我们的目的，如记录瓦哈卡州郊区的年轻人是如何做出人生选择的，并探究 Efrain 和 Enrique 在这个群体中的角色。当然，我也建议我们要通过参与式观察和访谈来收集数据，但我的研究伙伴明确地表明，他们既不想被访谈也不想被观察。

从他们的经验来说，他们宁愿有些人来研究他们，而不是与他们一起进行研究，并且他们不愿意接受参与模式。他们描述了一个来自美国的女士，她已经在瓦哈卡州学习了一个学期，她询问是否可以花时间和他们一起学习更多关于其青年组织的知识。在他们的热情邀请下，她带着笔记本来到这里，笔记从野外的餐桌记到办公区，最后记到了会议室/就餐区。他们建议她放下笔记与他们谈话，但她拒绝了，并告诉他们应该无视她，她来到这里只是作为一个参与式观察者。

正如本章所提出的，这位女性研究者决定与被研究者的群体分离，当然这并不是参与式观察者可以采用的唯一方式。我与合作伙伴的讨论让我更清楚地意识到被研究者对这种研究可能做出的反应。Efrain 和 Enrique 强调我们必须参与进来，而不是远离受访者。他们建议我们要参与年轻人的工作，而不是仅仅进行参与式观察；要与他们建立反思性对话（而不是单纯的访谈），也要与其他的社区群体接触。像我的合作伙伴们所说的那样，这样做的目的，不是站在遥远的地方，以截然不同的身份去观察他们，而是像朋友那样去了解事情的全貌。

你可能无法在生活中完全陪伴被研究者，即使他们非常欢迎你。是否陪伴你要调研的对象，已经变成了确定研究目的的一个关键问题。

推荐阅读

Bogdan. R., & Biklen, S. (2007). *Qualitative research for education: An introduction to theories and methods* (5th ed.). Boston, MA: Pearson/Allyn & Bacon.

Emerson, R. M., Fretz, R., & Shaw, L. (1995). *Writing ethnographic fieldnotes*. Chicago, IL: University of Chicago Press.

Sanjek, R. (Ed.). (1990). *Fieldnotes: The makings of anthropology*. Ithaca, NY: Cornell University Press.

练习

观察活动

1. 与一个或两个同班同学参加一个能够做田野笔记的公共活动。尽可能详细记录。之后，与你的同班同学分享你的田野笔记，并找出你们笔记中相同和不同的部分。你们从彼此的笔记中学到了什么？你下次做笔记时会有哪些改进？

2. 在你做田野笔记时，一定要积极地反思，并在笔记本的中间部分垂直地画一道竖线。现在选择观察一件你每天都能看到的事情（比如图书馆的开放情况），并至少观察一周。然后每天都在笔记本的左半边记录下你的观察，在右半边写下你对于自己看到或听到的变化的反思。一周后，记录并描述你从这段经历中进行的反思。

3. 根据你的田野笔记提出你的研究背景。Banks（2007）建议研究者尝试想象，如果他们选择的研究领域中所有视觉形式都被移除，那么"看起来"会是什么样的（p.55）。请接受 Banks 的建议。假设你看到的东西都已经消失了，写出你的研究背景。用你其他的感官来感受，你对它又能有哪些了解？对于接下来的观察，你需要在哪些感官上提升自己的参与度，并思考视觉意象为你的研究增加了什么。

4. 挑选出多个观察场景来做分析性笔记。然后阅读你的田野笔记，并试图识别出几种行为模式。每个活动由哪些事件组成？谁更倾向于参与进来？他做了哪种互动？此时，你可能对这些问题还没有任何答案，但提出问题也是你分析工作的一部分。现在，看你所做出的描述，挑选出记忆最深的场景和活动。写出一篇既有描述又有分析的概括性文章，并与他人分享以获得反馈。

5. 在进行完上述几个观察后，带着你的田野笔记回到教室中，与同伴坐到一起。看看其他人的田野笔记，看页码是不是连续的（如果没有装订起来的话），每个页面上是否有日期、时间和地点。记下他们在田野笔记里进行描述的方式，思考他们是如何分析的。田野笔记里有关于观察后的情感和反思吗？你想给别人提什么建议？

文档、人工制品和视觉活动

1. 除了通过观察和访谈（如收集日记、文献、剪贴簿；照相或绘画；或要求参与者照相或绘画），你也要通过头脑风暴的方式来收集资料。与参与者一起进行预调研，并反思你学到了什么，出现了哪些新问题。

2. 考虑你能获取到并有助于你建立历史情境的各种历史文档（如政策文件、会议记录、信件、报纸上的文章、照片）。也不要忘了图书馆的档案资料，那里经常有有助于你的研究的个人文章收藏（如杂志、信件、费用记录）。核对各种可能的资料来源，并思考哪个会对你的研究有帮助。

3. 除了书籍和期刊文章，互联网也有助于你找到一些潜在的相关组织和个人的信息，可用的聊天群组、博客、YouTube 视频，以及新闻。在这些来源中寻找与你的论点相关的额外信息。这些信息会给你提供什么方向？新的信息对你的研究方向有怎样的影响？

4. 在你的调查地点询问一些与看起来有意义的人工制品有关的故事。去揭示这些故事及其对那个人外在和内在的意义。做这项练习会给你的研究问题增加什么？

第 4 章

语言的艺术:
通过访谈建立理解

我们可以把访谈看作呈现语言艺术的过程，与打棒球时棒球投手的快乐建立在击球者接不到球的基础上有所不同，你在提出一个问题时，是希望受访者能够把这个问题"打"回来，并且希望他能完美地"击中"资料库里的每一个细节。如果你还是不理解，那你可以用本垒打来形容一场完美的访谈。作为一名研究者，你希望你的"发球"（问题）能刺激受访者，使他讲出更多你所不了解的事情。通过呈现语言的艺术，你将所获取的信息变成了资料（论文、文章和书籍）。

呈现语言的艺术是这一章的主题。简单表述就是：对研究主题进行明确的定义；设计切合主题的访谈问题；运用熟练的访谈技巧进行提问；留出充足的时间向博学的受访者提出问题。然而，与发球一样，完成一次好的访谈也是需要练习的。

什么样的互动才能被称为访谈？访谈至少要有两个人的交流，也可能存在多个访谈者或多个受访者的情况。有时，每次访谈多个人也是有效的，如本章后面提到的：小孩经常要在有陪伴的情况下才有胆量讲话，同时，一些话题最好由一个小组的人或者由焦点小组来谈论。在传统方法中，研究者经常在他们设定的目标情境下每次访谈一个人。受访者在回答问题时，一定会受到自身因素（动机、价值观、关注点、需求）的影响，研究者需要分析这些影响，才能更深入地从他们的回答中获取有意义的信息。访谈的问题通常由研究者在访谈开始前就设定好，而且可能在访谈过程中保持不变。这种情况被称为结构式访谈（structured interviews）。如果在实地调研中出现了新问题,并在访谈中对原有问题进行增添或者替换,那么这种情况就被称为半结构式访谈(semistructured interviews)。如果只是围绕着研究焦点进行讨论和对话,在现场引出问题,那么这种情况就被称为无结构式访谈(unstructured interviews)或对话访谈(conversational interviews)。通常,研究者会采用半结构式访谈方法——也是本章建议的方法。研究者一开始会设定一些访谈问题,并保持开放性和灵活性,以便在调查和访谈过程中改进并添加问题,在需要时采取即兴方式深入挖掘问题。

因此,那些你在访谈中提出的问题并不是一份有约束力的合同。在受访者愿意回答之前,你应该尽最大努力去准备问题。无论你多么努力地设定一些有效的问题,你都应该了解这些问题是暂定的,你可能会修改甚至弃用,或者在你的问题列表或访谈计划中替换或增加新的问题。修改问题的程度越深,你就越不得不回头重新询问之前的受访者这些新的问题,这样才能完成你的访谈。通常,你应该与你的受访者保持联系,以防需要再次回去补问问题。

访谈在研究中存在多种形式。当你想知道那些你没见到过或以后也无法经历的事件时,你可以采取口述历史访谈和生活历史访谈的方式。Myrdal(1965)通过对许多人进行访谈的口述历史方式,重现了解放战争时期中国农村转型的情况。在最近的一个例子中,Wieder(2004)获得了曾在南非与种族隔离作斗争的教师的证词。口述历史访谈侧重于历史事件、技能、生活方式和正在变化的文化模式(Rubin & Rubin,1995)。生活历史访谈则更多地关注一个人或多个人的生活经历。在 *Baba of Karo*(1954)中,Smith通过生活历史访谈,重新创作了一个有关豪萨部落中尼日利亚妇女的故事。通过口述历史访谈和生活历史访谈,研究者致力于"学习规则、规范、价值观以及能传递给下一代研究者的见解和共识"(Rubin & Rubin,1995,p.168)。通过记录被主流文化压制或忽视的声音,口述历史访谈和生活历史访谈可以起到挑战甚至反驳"官方故事"的见证作用(Wieder,2004)。

除了对人们过去经历和事件的访谈，你可能也想知道他们对一些观点的看法和态度，如教师们对政府强制中学科学课改革的观点。作为教师，他们如何看待这项改革对其工作的影响？他们对改革产生影响的态度如何？如果你关心国家课程强制推行的实用性，你可能会发起访谈以获取数据，从而了解科学课教师的观点和实施改革所面临的障碍。这时发起的就是专题访谈，它聚焦于某一个项目、问题或过程，而不是人们的生活。

深入访谈的优势在于为人们提供对他们无法看到并了解的事物的认知机会，并获取对已知事物的其他解释。它能让你在访谈的过程中意外获得偶然的发现。在聆听受访者回答的过程中，你能够知道下一步需要提出的问题。虽然观察有助于增进你对所见事物的理解，但只有访谈才能让你理解受访者的经历、认知和见解。

4.1 开发问题

4.1.1 问题的内容

研究新手有时会将他们的研究问题与访谈问题混为一谈，认为可以把他们的研究问题修改成访谈提纲。"研究问题是用于确定你想要了解的事情，而访谈问题是用于帮助你形成有关你想要了解的事情的资料。"（Maxwell，2013，p.77）尽管访谈问题要与研究问题相关，但它要比研究问题更加情境化、更有针对性。开发问题"需要创造力和洞察力，而不是机械地把研究问题转化为访谈指南"（Maxwell，2013，p.101）。

那么，访谈问题的起源是什么呢？在民族志调查中，对参与者进行观察的人员的学习经验形成了他们访谈问题的基础。因此，你从人们身上看到和听到的事情与你感兴趣的环境就形成了产生问题的"金砖"。问题扎根于受访者的文化和现实生活。有些问题可能直接源于文化现实，尤其是当访谈发生在受访者生活或工作的地方时。例如，当研究者对科学教育和学习项目感兴趣时，他可能会问一些与贴在班级墙上的学生作业有关的问题。当 Sarah 就班级实践的话题对老师进行访谈时，她知道要问什么，这不但是因为她就坐在这间教学方法实验室里观察着教室里的情况，而且还因为她旁听了一节教学方法课，观察了老师的表现。所以她能提出更多的访谈问题。在每个案例中，她都通过与其他知情受访者（如老师、院校领导）的谈话以及阅读相关文章来提升自己在研究领域的理论认识以形成问题，从而不断夯实自己的经验基础。

隐含在某些行为背后的内隐或外显的理论是访谈问题的重要来源。例如，Daren 计划调查退学后又返学的年轻人，即那些高中时辍学，但后来又回到学校接受成人教育的人。Daren 的访谈问题来源于他的文献知识以及他对成人教育的推理和经验。而这些知识和经验反映了他对于研究主题的理论思考。比如，他问道：

- 最初是什么原因导致他们辍学的？（离开和回到学校之间的关联）
- 父母对于他们做出辍学决定的反应如何？（父母对于他们离开和回到学校所起的作用）
- 他们有没有朋友也辍学了？（同伴对他们离开或回到学校动机的影响）
- 他们是怎样看待成人教育的？（成人教育作为知识资源的可能影响）
- 成人课程与中学课程在对待学生的方式和指导内容方面有什么不同？（成人课程与高中课程相比具有的一些特点）

虽然这些零散的问题并不等同于理论，但它们能表达出 Daren 对于如何理解学生退学后又返学这一复杂现象的内隐理论。这些问题的答案能推动他继续钻研这一领域的文献，有助于他发现新的理论观点，提出新的问题。

研究方法能帮助你了解要询问的问题的内容，因为相关的假设包含了需要知道的重要信息。例如，一个民族志研究的理论假设是：虽然社会行为具有高度的多样性和特殊的情境性，但它反映了一种文化模式，而识别和解释这种文化模式是必要的。这一假设指导着民族志学者设计以下访谈问题：人们做事情时采取何种行为方式？他们具有何种经验与态度？其行为和认识的意义是什么？而与民族志相似的叙事研究，其理论假设更关注故事本身，认为故事是"了解人们在生活中如何形成经验并建构意义的自然、明显、真实的窗口"（Schram, 2006, p. 105）。叙事调查的理论观点会引导研究者向受访者提出大量的问题，并像关注受访者的回答内容一样关注他的叙述是如何构建的。后结构主义理论的假设认为，如果访谈者称自己是中立的，"那么他们就会与受访者建立层级的、非对称的（如父权式的）关系，在这种关系中，受访者被当成研究的'客体'"（Rapley, 2007, p. 19），而这种情况下受访者的观点被认为是独立于研究过程的。因此，后结构主义理论认为，研究者必须对访谈资料有充分的了解，而且应该融入受访者之中，关注他们的谈话，双方合作，坦露彼此的内心。只有这样，你的访谈问题才会更深入，你才会更像一名调查者。

4.1.2 加工访谈问题

Todd 通过对家长进行访谈了解他们对档案作为评估孩子在学校表现的一种手段的看法，他说："我发现我每次都要花 45 秒来解释问题，看来我不得不简化问题了。"研究者设计的问题通常对自身而言很完美，但对于受访者来说，听起来就不是那么清楚了。Michael Patton 在他的 *Qualitative Research and Evaluation Methods*（2002）一书中，对于如何设计好的访谈问题提出了一系列好的建议。Rubin 和 Rubin 在 *Qualitative Interviewing: The Art of Hearing Data*（2005）一书中也提出了一些建议。

Patton（2002）描述了访谈问题的种类，包括经历/行为问题、观念/价值问题、情感问题、知识问题、感觉问题，以及背景/人口学问题（见表 4-1 的总结）。经历/行为问题对于受访者来说是最好回答的，是访谈顺利进行的良好开端。相反，知识问题给人一种被测试的感觉。在你假设受访者能回答的情况下，如果他回答"不知道"，他会因此而感到窘迫。如果你能事先从文档或其他人（如他的部门领导）那里获取知识类问题的答案，就应该采纳从那里获得的信息，并将问题从列表中删去。

表 4-1 需要考虑和重新考虑或修正的问题的种类

需要考虑的问题的种类 （过去、将来、现在）	需要重新考虑或修正的问题的种类
大旅行问题	"是/否"的问题
经历/行为问题	引导性问题
观念/价值问题	多重的问题（修改成一个）
情感问题	事实问题（让你面对自己）
感觉问题	令人不舒服的问题（至少对于第一次访谈是这样的）
知识问题（非测试性问题）	"为什么"的问题

Patton（2002）也建议考虑时间要素，也就是说，我们可以问关于过去、现在和将来的问题。当然，如果问关于将来的设想，你获得的资料可能并不多，也不见得对分析有用。例如："你如何看待 10 年后的运动临床医学？"这时你可能只会得到一个愿望清单。但如果你问一些关于过去和现在的问题，那么你会得到丰富的故事、描述和详细调查。

访谈的第一步是开发不同种类的访谈问题（经历、情感、背景等）。然后，你需要仔细完善每一个问题，就像 Todd 在他的作品集中对其父母进行访谈时发现的一样。仔细审查你的问题，修改任何可以用"是/否"来回答的问题（例如，你参加过志愿者服务吗），因为这样的问题会让受访者回答的内容很少。重新考虑多重的问题（例如，告诉我你上次志愿服务的事情，你服务了多久，其间你感觉如何），因为这样的问题会使受访者只重点回答其中一个问题，而略过其他问题。

"为什么"的问题（例如，你为什么参加志愿者活动）可能也是需要修正的，因为即使受访者回答了很多，他们也可能都是从不同的角度回答这个问题的。例如，有的受访者可能会说是受儿童时期经历的影响；有的受访者可能会说是因为他想要回报社会；有的受访者甚至会因为志愿者服务能让他接触到此前从未接触过的一些人而选择这样做。虽然你通过"为什么"这样的问题找到了人们参与志愿者服务的很多原因，但如果将问题细分，从家庭社会、道德信仰、参加社会活动的收获这几个方面询问人们为什么参加社会活动，相信你得到的答案会更深入。

预设问题（presupposition questions）也可以作为访谈指南，而且是非常有用的。提出预设问题时，访谈者会假设"受访者对于问题有话要说"（Patton，2002，p.369）。访谈新手通常从可以简短回答的问题开始进行访谈，如"你对志愿者工作满意吗？"，紧接着再问开放性的问题，如"你对哪些方面满意？"和"你对哪些方面不满意？"。你也可以预先设想他对志愿者工作是满意的（或持其他态度），然后以这种方式开始询问——"现在我要问您对于志愿者工作满意和不满意的地方，让我们先从满意的方面说起吧"。

预设问题是实用的，引导性问题则不然。这两种类型的问题非常容易混淆。对于引导性问题，访谈者已经对问题的方向做出了明确的提示。设想一下你这样提出问题："通常情况下很多人只关心自己，从来不考虑自然环境、无家可归的人、贫穷等问题，除非他们自身或者家庭也面临类似的问题。那么你为什么参加志愿者活动呢？"如果你这样提出问题，我想受访者绝对不会回答说是因为他女朋友报名参加，所以他自己也参加了。与之相反，预设问题就是会预先想到志愿者服务工作对受访者来说可能是有意义的，也可能是无意义的（满足感、有用处等），但不会引导受访者回答。

接下来，我们将讨论 Kelly Clark（1999）关于工人家庭中第一代上大学的女性学者的研究。她在研究中对访谈问题的处理可以作为质性研究的典型例子。这一研究也表明对同一受访者进行一系列访谈的重要性，尤其是涉及生活经历方面的内容。持续的访谈能够和受访者建立密切的联系，并有充足的时间从受访者那里获取更深入的信息。

Clark 的访谈以询问每位女性学者所做的工作并请她们描述其典型的一天作为开始。Spradley（1979）将这种类型的问题称为大旅行问题（grand tour question），这种问题通过语言将访谈者带到一个地方、一段时期、一系列事件或活动或者一群人中去。大旅行问题可以让访谈有一个好的开始，因为它询问的是受访者易于回答的经验性细节。

访谈普遍存在的错误就是在尚未与受访者建立信任关系，即在让受访者毫无保留地回答问题之前，就对某个话题进行讨论。因此，Clark 在第一个问题后，又询问了一个女性学者易于回答的问题："你是怎样投入现在的工作中的？"这个问题可以在第一次访谈时就将话题巧妙地转移到受访者感兴趣的领域——她们会用自己的，即第一代女性学者的语言和情感来回答这个问题。Clark 计划对每位女性学者进行至少三部分的访谈。在第一部分，她设计了有关她们如何进入大学，以及为何走上学者之路的反思性自我认知等问题。第二部分建立在初始访谈的基础上，并进一步询问可能令某人陷入痛苦记忆之中的问题：影响受访者个人和教育发展的机遇、选择和支持系统。第三部分是深入反思，设计的问题会让受访者详细地说出自己与高等教育相关的故事。在第二和第三部分的访谈中，Clark 可以询问比第一部分的访谈更复杂、更深入的反思性问题，因为此时双方已经建立起了融洽的关系和访谈基础。

第一稿（草稿）的问题经常是模糊的，以至于不能引出全面的回答。如"你如何看待你就读的大学？"这个问题就非常宽泛，以至于受访者可能只想给出一个简单的答案——"还可以"，或讲述一个跟你的研究问题毫无关系的经历。你可以询问一些不太模糊的问题，让她们以想象的方式回顾过去，从而获得新发现。正如接下来 Clark 所提出的问题："我将带你回到那些你可能很久都不曾回想的时光中，记得你第一次知道有上大学这回事是什么时候吗？当你快要上大学时，你肯定设想了很多上大学第一天要做的事情。你当时想象的大学是什么样子的？"这种问法会让受访者愿意回想很久以前的事情。如果你想问的问题是让受访者去回想时间、地点、感受和往事的意义，那么你可以参考 Clark 的问法。Clark 接下来的问题也会让受访者回想起过去的事情。"假设我与你一同去家访,我能看到什么?接下来会发生什么?向我描述一个家访的场景。"

受访者愿意回答 Clark 的问题,因为这样做让她们能够反思过去的行为并可能以新的方式将她们生活中的碎片经历拼接到一起。由于 Clark 自己也是第一代的大学生,因此到第三部分的访谈时,谈话在你来我往的分享过程中变得更加口语化。在这部分的访谈中,她可以直接问每位受访者"触及生命本质并留下不可磨灭印记的生活感悟"(Denzin,2008,p. 120)。这些关于个人经历的故事,对于访谈者和受访者而言都是最有意义的。

在受访者准备好以前,你不应该问太私人化或者敏感的问题,否则会使受访者感到不舒服。与 Clark 的访谈过程类似,Lawrence-Lightfoot(1997b)通过"鼓励演员表达自己的优势、能力和观点"开始了她的"肖像画"(p. 141)。通过将重点放在是什么在起作用以及原因是什么上,访谈者和受访者都可以将话题转移到探讨"那些对现实妥协、压抑甚至不完美的隐藏经历上,它们的存在曲解了成功的经历并削弱了成就感"(p. 142)。问题和不安全感不会被忽视,但如果它们不是这次访谈的起始推动力,那么它们就会被放在特定的情境中,发挥最好的作用。

然而,一些主题(例如有争议的或者非常敏感的话题)可能不容易获得受访者的个人观点。在提问时,你可以选择不同的表达方式,以及提问的直接性和概括性的程度。你可以问:"你会怎样?""像你一样的护士会怎样?""你们医院的护士会怎样?""护士通常会怎样?"在每一个例子中,随着表达方式选择范围的扩大,个人信息披露的程度会降低。无论何时,一旦你意识到问题因过于涉及个人隐私而不适合直接发问,就可以扩大问题的一般性,并且假定受访者谈论得越久,他们就越有可能表达出个人的见解。

一些问题被指定为热身性的问题,而另一些问题最好放到最后再问。例如,Stuhlmiller(2001)和参与 1989 年加利福尼亚州旧金山大地震救援的人员进行了基于经历的情感访谈。在每次访谈快结束时,她都会问类似这样的问题:"你从自己的遭遇中学到了什么""你对其他人有什么建议?"(pp.75-76)这一类问题"引导受访者思考这些经历中积极的、有利于成长的方面,并且这些想法还能在访谈之后继续产生影响"(p.76)。

  在你对设计的问题从内容到形式都感到满意后,接下来该注意问题的顺序。考虑到有些问题很容易回答,并让受访者确信这些问题是可操作的,那么,哪些提问应当放到前面?有些问题是后续问题的基础,而且能促进和受访者形成融洽的关系,那么,哪些提问应该放到开头?哪些问题应该按特殊的顺序提出?为了避免提问受到另一个问题回答的影响,哪些问题应该尽量分开提出?由于有些问题具有概括性、归纳性、反思性的特征,因此哪些提问应该放到最后?当然,我们都知道,即便是最好的计划也可能发生变化。你提问时的逻辑顺序可能因受访者的答案出现的心理顺序而被打乱。没有必要按照设计的顺序进行提问,正如你所见,你和别人谈话时可能自然就会涉及访谈问题中的各个方面,但是这些问题并不是按照你设计的顺序出现的。然后,你就学到了与研究问题相关的新的设计方法。表4-2中展示了针对你的访谈问题应该反思的一些问题。

表4-2 访谈问题的反思

访谈问题的反思	例子	可能的修正说法
你是否问了回答"是/否"的问题?	你是否有机会参与发生在学术性的艺术博物馆里的事情?	你能给我举一个关于教师如何介入学术性的艺术博物馆的展览或节目之中的例子吗?(然后再询问受访者是怎样参与其中的)
相对于开放式的问题,你是否问了比较封闭式的问题?	你认为博物馆为了能让教职人员在课堂上利用博物馆里的艺术品做的最重要的事情是什么?	回想一下你是什么时候第一次在这里教学的。能否告诉我,你是如何看待学术性的艺术博物馆的?下一个问题:你是怎样开始考虑在你的课堂上利用博物馆的资源的?

（续表）

访谈问题的反思	例子	可能的修正说法
你是否在为你的访谈问题设定一个对话的基调，同时让受访者做好给予充分回应的准备？	博物馆是如何影响你的课外学习的？	学习经常发生在课堂之外。例如，你可能在某个地方看到某些事，然后自己找出更多的信息。你从参与学术性的艺术博物馆相关事务这件事中学到了什么？
你是否在努力建立一个对话的基调却以一个诱导性的问题结束？	学术性的艺术博物馆馆长通常被期望参与教学，但是没有被授予与其他部门的教职人员同等的地位。在这里，情况是怎样的？	在一些学术性的艺术博物馆中，馆长属于行政职位，而在另一些学术性的艺术博物馆中，馆长也被归为教职人员。能不能告诉我你们的定位？（如果回答是教职人员，追问这种双重责任是如何划分的，存在哪些固有的紧张关系。）
你的问题是不是过于宽泛，以至于受访者可能因感到不知所措而没有兴趣回答？	请告诉我你作为博物馆馆长的经历。	请描述一下你作为博物馆馆长所扮演的各种角色。
你所提出的问题是不是过于笼统，以至于受访者不得不立即以某种方式修饰他们的回答？	你认为机构管理人员是如何看待学术性的艺术博物馆的？	高校的政策是不断变化的。请告诉我在历史上博物馆与大学校长、教务长和董事会的关系是怎样的。下一个问题：你会如何描述博物馆与当前管理者的关系？
当你真正需要的是描述性经历时，你是不是在问事情的清单？	学生可以在博物馆得到什么样的实习工作？	请描述一下你在博物馆中的工作（助理、员工）。你是如何得到这份工作的？你对这份工作怎么看，是令人泄气的还是其他的？
你的问题是公平的吗？也就是说，你是否问了事情的其他方面？	作为博物馆的馆长，什么样的事情会令你产生挫败感？	请告诉我：你在博物馆中一天的工作包括哪些？你最享受工作的哪些方面？什么样的事情对你来说是令你感到挫败的或者有挑战性的？
你的问题是不是更具有试探性，而并非设计成熟的问题？	博物馆在学术上和课外有什么意义？	并不是所有的大学都有艺术博物馆。我很好奇，一所拥有博物馆的大学对你来说意味着什么？（试探性地问：它是如何影响你的学术研究的？又是如何在课堂之外影响你的？）
最后，检查每一个问题并且反思：这个问题的答案对我的研究问题有什么贡献？		

4.1.3 修正和测试访谈问题

访谈问题的构建过程被看成是研究主题、访谈问题、合作者和反思之间持续的互动过程。首先，把它看作研究者、研究主题和访谈问题三者之间的交互影响。以这种方式思考，你能最好地认识到一个现实情况：访谈问题将会改变。把这些访谈问题写下来，检查它们是否与你的研究主题相符，这时你可能会修正研究陈述，然后重新思考访谈问题。

在研究的合作者加入进来以后，访谈问题的发展可以被看作四种因素的相互影响。研究的合作者或者推动者是你认同的伙伴，他们将依据与你沟通的研究重点来阅读访谈问题的设计初稿。他们会以自己的逻辑来评估你的问题（这种逻辑在你的研究中是没有的），为你重新写一份访谈草稿提供所需的基础信息。这些合作者会指出你的语法是否有问题，表述是否清晰，以及访谈问题和研究主题是否相符。某些合作者还可能从与你研究主题涉及的人或现象相关的经历中得到启示，因此可以确定研究问题是否符合受访者的文化现状。毫无疑问，最有效的合作者是愿意为你提供帮助并与你紧密协作的当地人。你面临的最大挑战是设计出受访者觉得有思考价值的问题。这些问题的答案能给你带来新图景，拓展你的见解，加深你的领悟，推翻你长久以来的无知看法。

最后，对问题进行预测试。最理想的情况是，参加预测试的受访者来自你实际要调查的群体。努力使参加预测试的受访者处于一个严谨的思维框架内，这样他们不仅需要回答你的问题，更重要的是能批判性地向你反馈问题的实用性。因为正式的预试验研究并不总是可行的，所以可以将对受访者的早期访谈包含在预测试的时期内，这样就不用花时间去挑选受访者了。如果在正确的思维框架内进行——预测试要有助于对问题进行更深层次的修正，那么这样的一段时期足以达到预测试的目的。

在对第一代大学生经历的访谈问题的设计进行反思时，Sean 注意到以下问题：

> 正是访谈问题的预测试阶段使我形成了最清晰的访谈问题。哪些问题与受访者产生了共鸣？哪些问题落到了实处（在访谈阶段以及对访谈资料进行编码的阶段）？正是基于这一点，对第一代大学生的访谈经历留下了清晰的研究文档，并且这种经历成为一种响应式的互动体验——一个人在一个措辞不当的访谈问题结束时可能会比较敷衍，而在回答一个好的访谈问题时会尽量详尽。

因此，要尽量让一些问题落到实处。

表 4-3 展示的例子来自 Kristina 和她的合作者在一项研究工作中的访谈问题，她们就非洲女性争取女性合法权益的话题进行了访谈。这里展示的仅仅是从她后来的每一份草稿中摘选的几个问题，通过这些你能够发现她是如何通过自己的努力以及来自同学、受访者和我的反馈来改进她的问题的。

表 4-3　设计访谈问题的例子

Kristina 访谈问题草稿	对每份草稿的简评
草稿 1，10 月 2 日	草稿 1
1. 你如何描述你们国家中妇女的经济和社会地位？	问题 1 是多么宽泛和一般化啊。这个问题太大了，以至于让人不知道从何谈起。
2. 我想和你谈谈你自己、你的母亲或者其他女性获得财富的经历。你或者你认识的那位女性是如何获得财富的？	同样的问题，你、你的母亲和其他女性，从哪个开始说起？"获得"是什么意思？"财富"又是指什么？
3. 你是怎样开始理解已婚女性与丈夫相比所拥有的权利的？	问题 3 没有其他问题那么宽泛，但依然很模糊。你该怎么回答这个问题呢？

(续表)

Kristina 访谈问题草稿	对每份草稿的简评
草稿2，10月9日	草稿2
在世界上的很多国家，妇女的社会、经济地位都低于男性，较低的社会地位使得女性有时难以实现她们在婚姻和财富方面的权利。我希望你首先描述一下你们国家的女性在婚姻中的权利，然后再谈一谈在财产问题上的权利。 1. 在你们国家，女性在婚姻方面享有哪些权利？ 现在我想要和你谈谈与婚姻相关的问题。我将这部分分为两个话题。首先，我想讨论一下已婚女性有哪些权利，即她有权做什么、无权做什么，以及关于已婚女性有哪些相关的法律法规。然后，我希望讨论一下与离婚相关的同样的问题。 2. 有哪些法律法规适用于已婚女性？ 3. 你的哪些经历有助于你理解适用于已婚女性的法律法规？	前面这段陈述是 Kristina 试图让访谈更富于对话性，该陈述清晰地表明了她的立场，这会使女性保持沉默或以一些特定的方式回答问题。 1. 问题1依然很宽泛、模糊，并且问的是一般层面的情况，而非引导受访者讲述自己的经历。 Kristina 在问题前面的陈述是有价值的尝试，这可以使访谈更富于对话性，并且提醒受访女性要谈论的话题，但是诸如"我希望你谈谈关于……"或"我想要谈谈关于……"之类的话并不能将受访者带入访谈中，而且想要记录出现的所有信息也是很困难的。 问题2和问题1一样，还是宽泛、模糊、一般性的。 问题3最终切中了女性的经历。看一看这个问题比草稿1中的问题3更吸引人的地方在哪里。
草稿3，11月11日	草稿3
1. 如果你必须概括和描述你们国家中女性的生活，你会怎么说？ 现在我想和你谈谈与婚姻有关的问题。我对已婚女性享有的权利很感兴趣。她们有权做什么？无权做什么？有哪些法律法规适用于已婚女性？这些权利不用必须是法律实际规定的，也可能是已婚女性被期望遵守的。 2. 有哪些法律法规适用于已婚女性？	不错的开端，但问题还是很宽泛，难以回答。 Kristina 可能会说："现在我想要听听关于……"这将她在访谈过程中定位成学习者。她接下来要说的很有用并向受访者提供了信息。 问题2依然是在一般层面上提问的，但是前面的说明使这个问题好回答一些了。作为一个"知识性"的问题，该问题可能会被受访者看作一个令人不舒服的测试性问题。

（续表）

Kristina 访谈问题草稿	对每份草稿的简评
3. 你怎么看待这些规则或权利？	问题3接得很好，我认为受访者的回答会很有趣。
草稿4，11月18日	草稿4
我想和你谈谈你对你们国家的女性如何看待结婚、离婚、财产权的理解。撇开你对适用于女性的具体法律的知识储备，我最感兴趣的是你对这些问题的个人观点。我准备将访谈分成三个部分：首先讨论关于结婚的问题，然后讨论关于离婚的问题，最后讨论女性的财产权和继承权。	很好，清晰地阐明了访谈的范围，并且明确指出Kristina想要了解的是女性的个人观点，而不是她们对于国家法律的知识储备。
1. 我希望你能告诉我，在你们国家关于女性和结婚的法律与习俗。你准备如何描述它们？（调查女性角色、男性角色以及角色是如何转变的）	问题1处于一般层面，但是对于调查范围有清晰、直接的提示。
2. 在成长的过程中你是如何思考婚姻的？（调查母亲、父亲、朋友、学校以及政府的角色）	问题2涉及了受访者的社会化。这很可能会引发反思性的、吸引人的回答。
3. 关于女性和婚姻，你会怎样教育你的孩子？（调查教育儿子和女儿的不同之处）	问题3在获得受访者价值观和观点方面是个相当不错的问题。

问题的措辞是很重要的。Gubrium 和 Holstein（2009，p.46）举出了一些内容相似但因问题的表述不同而促成不同故事的例子。"当你回顾你的一生时，有哪些突出的事件？"这一问题引导受访者关注不同职业生涯中的重要事件。"如果你要写一本自传，在书里会写哪些章节？"这一问题则会从受访者整个生平的角度进行故事叙述。访谈问题的拟定和重新拟定过程需要投入时间、付出努力和进行思考。然而，你的研究将会受益于这些基于有趣且重要信息所拟定的研究问题。你得到的数据和提出问题的质量是成正比的。

4.2　引导访谈

4.2.1　在哪里？什么时间？多长时间？频率如何？

你会在哪里进行访谈？你需要找到一个方便、可行、合适的地点。如果可能，选择安静、舒适、私密的地点。要满足受访者的需求，因为他们的意愿是首要的，所以要在能力范围内尽可能地采纳他们的建议。例如，如果选取了一个缺少私密性的地点，则进行开放式讨论或许还不错；如果环境的噪音妨碍听力，那么这个地点就不可取。如果见面的地方有正在播放的电视或者广播节目，你应该礼貌地要求关掉设备，至少要降低音量。为研究者定期预留的房间很适合对学生进行访谈。否则，你就要发挥自己的创造力依据时间调换地方。餐厅、礼堂、后台、校园野餐桌旁和体育馆都是可以选择的地方。对教师、辅导员和管理人员进行访谈比较容易，因为他们有自己的教室和办公场所。

什么时间见面？"方便的、可行的、合适的"同样适用于对时间的要求。"合适的"意味着在这段时间内，你和受访者都愿意交谈。然而，你还要考虑自己能获取的资源和受访者的偏好。在学校进行的访谈通常利用教师的空闲时间和学生的课余时间。除了这些机会，上学前和放学后以及午餐时间都是可以的。与辅导员和管理人员见面往往需要配合他们的日程安排，尽量在他们没有会议的时候和他们碰面。

除了熟悉访谈问题、准备录音设备，你还需要为访谈做好哪些准备？在正式与受访者会面之前，应尽可能地了解受访者的生活、工作及其与访谈主题的关系。做这些工作能够让你了解可能用到的术语，知道接下来问什么类型的问题比较合适，并更好地享受访谈过程。Ives（1995）举了一个很好的例子：

> 我记得一位年轻的女士问一个老樵夫，他用什么工具砍倒树木。

访谈不必在枯燥、正式的环境中进行。可以利用各种机会，在不同的地方向他人学习。

"好吧，小姑娘，"他以一种轻蔑的语气说："我们用斧头，那就是我们的工具！"女孩直视着他的眼睛问："是用斧头的头部还是两刃？"（p.36）

访谈需要持续多长时间呢？一般一个小时的流畅交谈是比较合适的，之后访谈对双方的效用会逐渐递减。当受访者的时间有限时，会出现例外的情况。当你试图将访谈常规化时，尽可能地满足地点、时间以及访谈时长的要求，这样在访谈结束时，你就可以对受访者说："下周我们还是老时间、老地方见面？"

你们应该多久进行一次会面？这主要取决于访谈的目的。关于生活史的访谈是不可能在一个小时内完成的。一些访谈需要花几十个小时（Atkinson, 2002）。甚至大部分典型的访谈都需要进行数次才能得到可靠的信息。

究竟需要进行多少次访谈取决于访谈的时间安排和访谈时间的长短、受访者的兴趣和语言流畅度，以及访谈者的访谈技巧。你可能会对受访者说："我希望能至少见你两次，或者更多，但是不会多到让你感到不舒服。你无须解释就可以取消某次访谈或者接下来的所有访谈。"之后，你需要面临的挑战是使访谈经历具有价值，这样后面见几次面都不成问题了。

一天应该安排多少次不同的访谈呢？Stan 对学生和教师如何看待创新双语课程很感兴趣。他计划在两个月内每周从自己的工作时间中抽出一天进行访谈。他计划采用"一个接一个"的访谈方式，试图在每个访谈日对五个或者更多的人进行访谈。不过，没过多久，Stan 就因为计划的延误和临时变更而变得有些沮丧，但他还是决定在第一个月完成 20 次访谈。尽管 Stan 的个人时间有限，但他依然需要增加用于访谈的时间。无论 Stan 如何努力工作，有限的时间对他的调查而言都是不公平的。采用一个接一个的访谈方式，让他没有时间对刚做完的访谈进行记录和反思，因此无法在下一次访谈之前从中吸取经验。由于时间紧迫，他可能更关注的是提出更多的问题，而不是倾听、调查以及研究他应该问的新问题。除此之外，他对时间的焦虑也会影响受访者，他们可能会通过简短地回答问题的方式来加快访谈进程。我比较认同 O'Reilly（2005，p. 143）提出的一天不超过两个深度访谈的建议，虽然不一定每次都能做到。

在上面的例子中，Stan 可以考虑采用电话或者电子邮件的方式对一些初次访谈进行追踪访谈。他还可以通过即时通信工具在网上对一些受访者进行访谈。尽管在访谈效果上基于网络的访谈一般不如面对面的访谈理想，但是基于网络的访谈在某些研究项目上是有优势的（Meho，2006）。它可以节省交通时间和费用，使访谈者接触到不同地域或者处于政治敏感区和危险区的人。电子邮件访谈还有节省记录时间的额外优势。电子邮件也可以使访谈者接触到一些不想或者不能面对面访谈的群体，例如某些有特殊特征的人（中风患者或有语言障碍的人）、不容易见到的人（领导人）、语言不通的人，以及特别害羞的人。然而，如果通过电子邮件进行访谈，你和受访者就需要在较长的一段时间内多次互通邮件，这样你就可以探询他们的反应，要求他们对之前的回答进行进一步的阐述，并遵循新的思路。

4.2.2 访谈的互动性本质

访谈对于操作者来说并不是一成不变的流程，甚至比教学、诊断和咨询还要复杂。它的多变性源自访谈的实施者、受访者、访谈主题、时间和地点的变化。简而言之，访谈将不同的人和人物特质融合在一起。性别、种族、国籍、性取向、年龄和它们之间的不同组合都可能会导致非常不同的访谈沟通。根据访谈主题、访谈地点的不同，互动的本质也会发生改变。假设两种访谈情境：一种情境下你是一个欧洲裔美国人，你的访谈对象是一位墨西哥裔美国官员，访谈主题是农场工人的问题，访谈地点是这位官员的办公室，访谈时间是罢工的高潮期。另一种情境下你是一个墨西哥裔美国人，访谈对象是同一位官员，访谈主题是同一个，访谈地点是你的办公室，访谈时间是劳资关系比较平和的时期。可以想象，这两种情境下的访谈结果肯定是不同的。

为了帮助你思考性别、种族、性取向、阶级和其他社会地位对访谈的影响，你可以参考一下 Holstein 和 Gubrium（2003）编写的 *Inside Interviewing* 一书。例如，Reinharz 和 Chase（2003）描述了访谈者的性别如何影响女性受访者是否揭露信息，以及她们对访谈地点感到舒服的程度。Dunbar、Rodriguez 和 Parker（2003）讨论了与种族相关的因素是如何影响访谈问题的提出和回答的。Kong、Mahoney 和 Plummer（2003）注意到"后殖民时代的同性恋身份不仅仅是种族、性别、阶级和性取向的经历叠加……相反，它们是特定领域内各种矛盾和压迫的结果"（p.99）。访谈是一种互动过程，这一过程取决于参与者的组成。你对某些方面是无法控制的，但是你可以努力营造适合于互动过程的轻松、舒适的交流环境。你可以将自己完全展现给另一个人，并且愿意学习看待世界的新方式。

你还需要学习如何在受访者的文化标准下与其进行适当的互动。这可能意味着在访谈之前你们要进行一些社交活动，比如一起吃顿饭。这意味着他们对访谈问题的回答可能不是直接的。他们可能以迂回的方式回答，或者将答案隐藏在所讲的故事中。文化差异存在于国家之间，甚至存在于同一个国家内部。Ives（1995）记录了他在美国缅因州调查的经历，在那里他了解到作为访谈者需要保持"沉默、矜持"（p. 45）的状态。

无论所描述的研究者和受访者是何种身份，都没有人是"那个完美的"访谈者，就像教师、护士、社会工作者中没有人就是"完美的"实践者一样。所有访谈者都基于自身的优点和缺点，形成了不同的访谈风格。就像在研究之外，一些人彼此信任，可以在访谈关系的早期阶段就探讨热点话题；有些人可以一次又一次地犯错误并且得到原谅，因为他们是值得被原谅的；有些人能够创造出一种反思和启发的氛围，甚至使受访者排队接受访谈。了解你是谁，你会如何操作，并做到最好。不要期望所有的受访者都会给你同样的待遇。他们会像人们通常所做的那样对待你。这意味着你要进行一些令人振奋的访谈，而其他人在这个过程中可能一点儿忙都帮不上。当然，不成功的访谈不应该总是发生在同一类人身上。

在访谈过程中可能会同时发生很多事情。这时，首要的是倾听。访谈者是典型的听众。机器能够记录，但只有你懂得倾听。你从未停止倾听，因为如果没有倾听，就无法做出与访谈有关的决定：你是否带着你的研究目的在倾听，并最终在大脑中完整地记录下来，如果是，那么你就能知道你的问题是不是以你预期的方式表达的。如果他们没有明白，那么问题是出在访谈问题、受访者还是你倾听的方式上？你的问题已经得到回答了吗？是时候进行下一个问题了吗？如果是，那么接下来该问什么问题？你是应该现在深入探究还是再等等？你应该选取什么样的深入探究方式？你是否应该对你深入探究出的结果做进一步的盘问？访谈交流的自发性和不可预测性排除了绝大多数提前进行深入探究的计划，因此，你一定要边谈边思考，这是诸多可以通过实践提高的访谈技巧之一。

你不仅要听还要看，应该意识到反馈可能是语言性的，也可能是非语言性的。你通过观察受访者的身体语言来确定你的问题、探查和评论产生了怎样的效果。你是不是看到受访者有不舒服的迹象？这种不舒服是源自访谈地点导致的身体不舒服还是受到你们正在讨论的话题的刺激？你发现厌烦、恼怒和困惑的迹象了吗？这些迹象产生的原因和补救措施可能是什么？你是否愿意进行补救？

尽管倾听和观察很重要，但如果你记不住访谈问题就会前功尽弃。你应该记住访谈问题，这样你就不会总是低头看问题清单，当问题偏离清单时，你也不会手足无措。你要记住你和受访者在现在和之前的环节中都说了什么。你要回忆听到的内容，这样就可以借助于过去的观点进行前后衔接，发现缺口和不一致的地方，避免问同样的问题，或者在第一次提问达不到预期、无法满足你的需要时进行修改。当然，你必须谨记研究问题，这样才能根据研究需要对现在听到的内容进行评估。

你也必须记住，应该对受访者访谈经历的质量负责。你是否注意到访谈的各个方面让受访者感到满意和感兴趣，即使有些话题唤起了不好的记忆？受访者的满意程度会影响他们继续和你交谈的意愿、他们对于谈话的投入程度以及他们可能告诉其他访谈者作为你的受访者的感受。叙事研究者 Gubrium 和 Holstein（2009）注意到访谈是一个合作过程：

> 无论多小的合作，都不应该被忽视。实际上，受访者拒绝参与对话，就会导致故事线中断；对交谈缺少注意力和兴趣对任何故事的叙述都会形成阻碍。反之，较多的参与可以促进故事的叙述。原则上，允许讲述者控制节奏可以产生更多的对话往来，这对于形成完整的故事架构是很有必要的。(p.97)

试着将你的角色想成是合作者，在对话过程中的作用是鼓励他人讲述自己的故事。

另一个与受访者经历的访谈质量相关的问题是，要记得关注消极反应。除非你是在参与一项专注于通过对话来学习的项目，否则，你可能需要对你听到的"不同意"的观点保持克制。当 Bonnie 了解到她正在访谈的一个护士对阿尔茨海默病患者的护理和治疗毫不知情时，她不能向该护士发火，因为她需要与之保持交流。如果 Bonnie 的角色也是一个护士，她发火就是可以接受的，但是当她的角色是访谈者时则不可以。保持角色的相互独立是很困难的，但当你想要从经历和观点都与你不同的人那里收集数据时，这是必需的。

最后，当你在一个时间观念很强的文化中进行访谈时，一定要留意时间。记得留出一些时间做最终陈述。例如："这是我们今天涉及的方面。我很高兴了解到……在下次访谈中，在我们进行下一个话题之前，我们能不能就'这一方面'和'那一方面'再讨论一下？"以这种方式，你进行了回顾，并且为下一次访谈奠定了基础。留意时间可以让你遵守只谈一个小时的承诺，避免访谈超过"使你保持受欢迎的时间"或者导致受访者的下一项工作被耽误。花时间与受访者就下次见面的细节进行协商，并且记住每次见面都要准时。

掌握倾听、观察以及记忆的技能，以及遵循本节中的其他建议需要你集中注意力。这意味着要放下生活中其他方面的各种活动，以保证你能够全面满足访谈的需要。达到这种恰当水平的专注度可能会使人身心俱疲，尤其是在作为访谈者的早期阶段。毫不夸张地说，如果你在访谈结束时没有感到精疲力竭，你可能会怀疑访谈的质量。访谈是一个复杂的过程，因为有这么多的事项需要协调。有效的访谈可以被看作一个良好的教学过程：你应该不断地寻求提升，目的在于持续成长而不是止步于掌控或者做到完美。

4.2.3 刨根问底

深度访谈被认为是一个耐心地刨根问底的机会——为了公平对待主题

的复杂性而直指事物的核心。研究者从假设出发，但是他们并不能穷尽关于一个主题的所有假设。他们可能因为时间用尽或者已经满足了特定研究概念的需要而停止调查。但是在研究还在开展的过程中，访谈就是一种努力挖掘更多东西的方式。只有当你已经决定停止从当前的问题或其子模块中学习时，下一个问题的访谈计划才应准备好。不要把你的问题清单简单地看作"需要过一遍的东西"（Ives，1995，p. 51）。跟进受访者对问题做出的回答，对你应该问但是因目前所知道的信息不足以让你去考虑的问题保持开放的学习态度。这是需要耐心的地方。

为了对刨根问底得出的回答给予充分的关注与思考，你需要专注于保持耐心。你急，世界对你就会更急：如果你对冷淡的回答表示满意，就会让受访者以为你的期望很低。对受访者说："告诉我更多的信息"，受访者就知道相应地要怎么回答。你会发现你挖得越深，访谈的时间持续得就越长。短暂的访谈过程一般是缺乏经验和表现较差的访谈者的标志。随着经验的积累，访谈的时间会逐渐延长，次数会逐渐增多。

你之所以刨根问底就是为了得到更多的信息：更多的解释、澄清、描述和评价，这取决于你认为的受访者最好的后续言论是什么。刨根问底有很多形式：从沉默到发出声音，到说一个单词，再到说一句完整的话。你要了解哪一种方式对你最适用。如果你能容忍的话，沉默运用起来最容易。沉默太少，说明你没有明确表示出你想要受访者谈论更多；沉默太多，你会让受访者感到不安。最佳的沉默程度将传递出这样的暗示：你继续，慢慢来，我不着急。沉默也为思考留出了时间，它比很多选择都要好，就像如果问题没有引出答案就改变问题一样，或者你可以说："如果待会儿我们想不到其他话题，就再回到这个话题上。"如果用得明智，沉默是一种简单有效的探究方式——正如全神贯注地回应"嗯，嗯"，有时再加上点头一样。

长时间、引导性的刨根问底，可以采用多种形式。你可能会说："我不确定是不是理解你的意思了。你可以再向我解释一下刚才那个问题吗?"或者你可以对听到和想到的内容进行简要的概括,然后问:"我对你的说法理解得对吗?"这两种方式都会促使受访者重新思考。随着思考的深入,访谈者可能会得到更详尽的解释。也可以换一种总结的方式开始谈话:"对于这一点你还有什么要补充的吗?""你为什么会这么想?"还可以用更复杂的带有条件的问题:"如果你 15 年前回到学校攻读硕士学位,那么你的生活会有什么不同?"Pelto(2013,p. 166)认为,"你能就这一点给我举一个例子吗?"是最有效的刨根问底的手段之一。正如他观察到的,当第一次被问到一个问题时,受访者的回答通常是概括性的、一般化的。要求举出一个例子能得到访谈想要的经历、细节和描述。对于某些类型的问题探询,你的田野笔记可以派上用场。如果受访者描述了一些事物是如何建立起来的,你可以让他们在你的笔记本上画出来。你也可以依照你对这个人正在说的事情的看法画一张简图,然后问问他你是不是理解对了。

表 4-4 是 Terry 对 David(她教的小学班级里的一个学生)访谈记录的一部分。Terry 对学习方式和孩子们如何描述他们的学习过程很感兴趣。在进行访谈之前,她向她们班的学生讲了有关学习的理论。在这个案例中,Terry 采用刨根问底的方式了解 David 对自己学习的看法。表 4-4 的左框中呈现的是访谈的一部分,右框中呈现的是对这些刨根问底方式的评论。

表 4-4 在访谈中刨根问底的例子

访谈转录	评论
T:我希望你能回想一下在幼儿园上学时的经历,那时你可能还没有太多的想法。 D:嗯,好的,我能记起部分事情。	开始的介绍很好,可以让受访者轻松地回到过去的时光。
T:你能记起来你过去学的一些东西吗?	这是一个回答"是/否"的问题,"告诉我关于……"的问法可能会更好一点。
D:下面是我能记起来的一些事。我想起来我们学习城堡的时候——我认识到墙上有很多小洞。	D 针对一个方面给出了简短的回答。

(续表)

访谈转录	评论
T：你是怎么知道的？ D：老师说的。我记得我们当时有一个小的讨论。老师告诉我们一些关于城堡的事情。我还记得怎样将东西等分。这是我在分配东西这件事上做得比较好的原因……我学到了"said"一词的拼读技巧。老师说："它是 sa-id 而不是 sed。"我记得每天早晨（或者几乎是每天早晨），我们都在草地上比赛记单词，直到我们全部记住为止。我记得第一天我读了一本书——*Alligator in the Elevator*。它是我读的第一本书。我记得自那之后我看了幼儿园里所有的书。然后继续看越来越高层次的书。在上一年级之前，我已经开始看大人看的书了——Tarzan 系列的第一本书。	T 以这种刨根问底的方式开始访谈。D 能一下子记起来很多事。然而，除了从他老师那学到的具体的东西，他并没有回答"如何"这个问题。
T：你还记得你第一次学习阅读是什么时候吗？	尽管仍然是一个回答"是/否"的问题，但是 T 选择将"阅读"作为一个领域来探究"如何"这个问题。
D：阅读是我一直都在做的事。从学走路起我就开始看书了。我并没有刻意地去做，只是有一段时间坚持练习阅读的方法。与同龄人相比，我总是起步晚却进步神速。例如，我从来不是一个蹒跚学步的孩子……迈出第一步的那天，我就会来回走路了。除非是被绊倒或者滑倒；否则，我从来没有摔过跤。在阅读方面，我开始看标志和读一点东西，过了一段时间，我尝试看一本书，然后就能看完了。	D 强调了"如何"。

正如这个例子所论证的那样，刨根问底的方式并不是最重要的。重要的是刨根问底的意图，以及通过耐心来促进访谈的顺利开展，而不是尽快结束访谈。你越是紧张，就越没有耐心刨根问底，能找到的机会也就越少。然而，错失刨根问底的机会让我们所有人都很苦恼。将来你在阅读自己的笔记时会发现错失了很多机会。你太疲惫了，对观点已经很满意了，或者

根本没有理解正在说的话的意思。既然是以刨根问底为目的，你就需要培养一些必要的习惯和技能——尽管你总会发现你还能再进一步刨根问底（你会在重新播放录音或者读笔记时发现这一点）。

4.3 记录、转录和追踪

4.3.1 记录

你会怎样记录面对面的访谈？无论是手写、录像还是录音，记录都与你的需求和受访者的应允相关。手写的笔记（或者录入你的笔记本电脑和带键盘的平板中的笔记），随着访谈的结束，记录也随之结束；这是它们的独特优势。同时，用手写的方式记录对一些人来说不会显得那么冒失和令人害怕。但是，你要意识到当你停止做记录时，受访者可能会猜想："看来这一段不值得被记录下来。"你会感到对访谈缺少控制，因为当你在手写或者打字的时候，你的注意力放在如何能跟上受访者的语速上（尽管这不太可能做到），你只能断断续续地与受访者进行眼神交流，也无法连续地关注这个过程中语言上和非语言上的细节。受访者通常会变得有耐心起来，放慢语速，甚至当你表达出想要全面记录他们的话时，他们会停下来等你把笔记做完。然而，如果使用录音设备，受访者说的话就可以被完整地记录下来并且使你更易于关注访谈的过程。

如果用手写的方式记录，你可能想尽可能一字不差地把对话的内容记录下来，这样在访谈一结束你就可以尽可能多地补充你能记住的之前遗漏的部分。用不同颜色的笔（或者在电脑打字时用不同的字体）来表明这些笔记是根据你的记忆记录的，而不是在访谈过程中记录的。当用手写方式记录时，一些访谈的新手认为必须以第三人称对对话进行概括。思考下面两种记录方式的不同之处：

■ 我……我不确定自己想要做什么。我是一个高中生，还没有考虑这方面的事。但是我妈妈一直保存着附近大学的宣传册。一个周末，她说："我们去（大学）吧，我想看看它怎么样。"所以我们去了那里，参加了一个由大学生带领的参观团，然后……

- 她说她妈妈对她考上大学有重要的影响。

概括性的记录达不到深度访谈的目的。你应该以受访者说话的方式把他们的话记录下来。一种可靠的方法是借助录音。

很多受访者同意使用录音笔。考虑到某些话题的敏感性，你可能需要等到第一次访谈以后再向受访者要求录音，这时受访者对你、对访谈主题和访谈过程都会感到更舒服。你要注意录音设备的质量。你也不必为访谈之后的文字转录感到担忧。相对于老式的磁带录音，电子录音更有优势，它以数字化的形式存储信息，你可以直接把它以音频文件的形式下载到电脑中，它要比磁带录音机更容易管理、存储和转录。电子录音的声音质量一般也会更好。许多录音设备都有内置的麦克风，但这没有外置的麦克风效果好；最好的是能够夹到访谈者和受访者领子上的麦克风，尤其是在一个比较嘈杂的环境中访谈，而受访者的声音又比较小的时候。

即使在你使用录音设备时也别忘了在访谈的过程中记笔记。要习惯于在别人说话时把它们记录下来。不要一直盯着受访者的眼睛，这样也会让他更舒服一些。即使在你看着受访者时，也不要停止记录。如果你没有录音，你的笔记可能是不够完整的，但是当录音笔出现故障时，笔记就会成为一种后备资料。你要有做笔记的能力——特别是在有人不想让你使用录音笔时，做好做笔记的准备！除此之外，你可以在不使受访者分心的情况下更容易地对访谈过程中出现的描述、问题和想法进行简要的记录，因为受访者已经对你的记录习以为常了。

无论你是利用纸笔记录还是借助于设备，在访谈之后还要继续进行各种各样的记录。在会面结束以后要尽快拿出你的田野笔记开始记录。记录关于访谈地点的描述。在访谈过程中有其他人出现吗？受访者做了那些手势？关于在访谈之后要记录哪些内容，Ives（1995）建议，"问问你自己，这样或那样的信息对于其他人听录音或者读文字记录并利用它们有没有帮助"（p. 38）。除了更好地定位和描述访谈，还要对整个过程进行反思。你认为访谈进行得怎么样？你可能做出哪些改变？你可能会如何重新表述一些访谈问题？你会不会完全抛弃一些问题或者添加一些新的问题？

4.3.2 转录

如果你使用模拟记录器记录访谈，并且准备自己进行转录，那么可以借一个或者租一个具有倒带和快进功能的转录机，这样你就可以把手腾出来打字。当你按下"停止"键时，机器会自动向前倒一点带，这样在你再次播放磁带时，你就不会错过开始的那一两句。手动操作是令人沮丧的。Lorna 反思了她没有借助于转录机进行转录的过程：

> 最糟糕的问题是要逐字逐句地对访谈进行转录。我在家的初次尝试让我有点儿崩溃：我花了大约一个小时仅仅转录了十分钟的对话。绝望之余，我雇了一些人来做这个工作。然而，昂贵的转录依然留下了大量的"存疑之处"，那些地方的语句是模糊的……然后我不得不再次重听所有的磁带来填补那些缺失的部分。

如果使用数字录音设备，你可以将音频文件下载到电脑中。免费软件可以让你一边播放录音并根据需要暂停，一边在文本框中打字。如果你准备转录很多文件，那就买一个带 USB 接口的脚踏板，这样你就不必不断地将眼睛从显示屏上移开、将手从键盘上移开，而是使用鼠标停止播放、减速或者倒播录音。如果你有一个 iPad 平板电脑，就可以尝试使用 Audio Note 程序。它可以让你一边录音一边用键盘打字。每次点击"返回"键，这个程序就会插入一个时间码，这可以帮你将录入的记录和录音匹配起来，之后转录相应的部分。

无论是模拟录音还是数字录音，转录的工作都是繁重的。质性研究者期待有一天语音识别软件能够很轻易地完成这件事。尽管这种软件正变得越来越好，但它通常还是需要经过"训练"以记住说话者的声音，这使转录同一个人的话变得更准确，但还是无法转录不同受访者的话。目前，一些研究者采用同声传译的方式，他们用耳机听访谈录音中的句子，暂停以后自己再向电脑复述同样的话，而电脑里装有能够识别他们嗓音的软件（Gibbs，2007；Mears，2009）。据那些喜欢这么做的人说，大声地重复访谈中的每一句话能够唤起思考和潜在的见解，而通过简单地打字则达不到这一目的。Carolyn Mears（2009）将自己描述为转换器，她不仅用声音识别软件进行转录，还对她正在阅读的书"做笔记"。当她看到一段她想引用的话时，就大声地读出来，然后软件就会将其输入文件中。

从长远来看，转录中当受访者开始说话时，使用大写字母键入受访者的名字，并在后面加冒号是有效的。这样不仅能够方便地看到名字，还能找到前面特定的访谈部分（Gibbs，2007）。如果是在做一个比较敏感的研究（如药物滥用），从一开始就得用化名代替受访者的真实姓名。如果研究涉及不是很敏感的内容（如校长对教师保障的意见），那么在所有的数据都收集完毕之前，使用受访者的真实名字可能更为方便。这样研究者就可以编制一个化名列表，可以向前搜索，用化名代替真实姓名。有些研究者使用缩写或者数字来代表受访者。但是我发现在分析阶段，在进行比较和对比时，很难将缩写或者数字与具体的访谈联系起来。

你是不是需要转录所有的内容，尤其是在有些访谈部分看起来偏离主题时？Hatch（2002）给出了建议，"所有的资料都是数据，这导致我告诉学生们要转录所有的访谈，并保存后面的研究中删减的数据"（p.113）。你最好转录所有的东西，但也不需要把一个特殊节日过后进行访谈时可能出现的关于盛宴和食谱的描述也包含在内。你是否对访谈中的每一句话都进行转录要视研究方法和研究目的而定。如果你做的是传统的民族志研究，关注点在于文化模式和理解方式，就可以省略掉对话中很多的"嗯""啊"等词语，忽略停顿或者重复的部分。然而，如果你做的是叙述性民族志研究或者对话分析，就应该体现出停顿、重复、沉默和试图找出更准确的表达的细节（Gubrium & Holstein, 2009）。在叙述性民族志或者对话分析中，你还要在转录中包括你的问题和提示，然而在其他方法中这么做就没那么重要了。

对于一些人来说，转录是令人苦恼的，不仅仅是因为它很费时——估计至少要花4个小时来转录1个小时的访谈——还有身体上的投入、协调研究日程和为了治疗重复性劳损看理疗师的时间。然而，花钱雇人来转录是很贵的，正如Ives（1995）所说的，"不论你是否喜欢，转录访谈的最佳人选就是你自己"（p.75）。因此，应该使用好的设备，并且采取一切可负担的方法来使转录的需求最小化。在理想的情况下，如果你有机会重复倾听谈话，并且不仅反思你的主题还反思访谈过程本身，你会发现自己已沉浸在访谈之中。Ives（1995, pp.75-76）说："我认为再也没有比自己转录更好的方法了，它能教会你什么样的访谈是好的，什么样的不是，哪些是成功的，哪些没有成功。"在转录的过程中，确保你的田野笔记就在手边，随时记下新出现的问题、其中的关联和想法——作为自己转录的奖励。在每一次访谈结束以后，尽快进行转录。如果你等到完成所有的访谈才开始转录，就要等很久才能从转录内容中有所收获。

4.3.3 追踪

无论你采用何种方式记录访谈，都要为每位受访者和每次访谈单独设立档案。还要包括那些能帮助你尽快识别数据特征的条目（例如年龄、性别、种族、社会地位、经历、工作），这些对你选择受访者都有影响。这些数据可以帮你追踪已经见过的受访者，进而可以清楚地知道还要见其他哪些人。你要记录的其他事项包括已经涵盖的问题、需要阐述的老问题、下次访谈从哪里开始、影响访谈质量的特殊情况，以及任何有关之后的访谈的提醒事项。如果你想要制作一个追踪表来达到目的，可以参照表4-5的例子。

表 4-5 访谈追踪表的例子

受访者	身份	涉及的问题	从哪里开始	进一步探究	特殊情况/提醒事项
Donna	馆长、艺术史老师	1—5, 7	问题8, 如果临近结束则补充问题6	Donna的妈妈对她艺术兴趣的影响。	访谈中断了三次。她的时间很紧。我们下次访谈能在校外吗?
Sam	音乐专业大四的学生	1—8	问题9	Sam说在选修音乐课之前,他从来没有到过学术性的艺术博物馆。问问他之前是否去过任何的博物馆。	Sam说他会向我展示博物馆的艺术品,带来有他作曲的歌曲的CD。记得做/问这件事。
Joyce	博物馆馆长				
Richard	地理老师				

在转录了几个访谈并且将很多页的文档保存在电脑里之后,一种特有的现象就产生了。你会偏执地认为你的数据会出事:有人会偷走你的电脑;你的公寓或者房子会着火;或者有一天早上你醒来时,会发现所有的东西都不见了。什么事情都有可能发生。最好把你的文件在存储卡或者移动硬盘里备份一下。你还要通过类似Dropbox的程序把你的数据上传到网上。

4.4 访谈中一些典型的问题

幸运的是,凡事都有第一次(或者因为这样说能够给我们安慰,所以我们选择相信?)。Helen忧郁地反思了访谈的开始:

事情并不总是按照我们计划的那样发展。我花了一个月的时间才被允许进行访谈。然后,我到那里之后才发现访谈指南还没有传过去。我之前请校长邀请一些对情况比较了解的老师参与访谈,到了之后才发现他只是简单地告诉几位老师他们要和我碰面。当第一次访谈进行到1/3的时候，我才意识到录音笔还没打开。

当你想要从访谈中挽救一些东西时，你所能做的也许只是把它当作一个了解受访者的机会。

在开始访谈后，记得尽快检查你的录音笔。除了最常见的与新手早期进行访谈相关的问题，还有一些困难是任何人在任何时候都可能遇到的。例如，受访者不回答你提出的问题。怎么进行下去？原因可能是这个人单纯地（没有隐含的意思）想要谈谈其他事情。如果你像倾听切中主题的交谈那样优雅地倾听（在你看来）偏题的谈话，你失去的时间可能会被受访者更深入的回答弥补回来。在质性研究中，存在着意外的发现，并且偏题的谈话可能会引导你进入之前没有意识到的相关领域，开启一种新的理解途径。或者仅仅是因为你的问题不够清晰，或者是因为受访者太紧张以至于无法集中注意力，这时，你可以寻找一些更合适的语句重新提问。如果重新提问没什么用，就继续问其他的问题，不要冒险传递挫败感或者使受访者感到不适。

受访者不回答某个特定的问题，或者将谈话的焦点转向他们自己的主题，这其中的原因可能会比较复杂。Jennifer有一位受访者，当她心里想的是户外运动有什么优点时，受访者却将话题转移到护士学院的安全问题上。Jennifer及时地意识到这位受访者参加户外活动的时间很少，为了避免使自己在一个指向户外活动的访谈中陷入尴尬，她只能转移话题。在之后的时间里，Jennifer认识到她需要对她的访谈做一个明确的陈述，表明她对户外活动的调查是没有倾向性的，这样受访者就能够继续保持较好的自我感觉——无论其护士学院的活动项目中是否包括户外活动。

这样的开场白能提高访谈的有效性，如果关于某事你问了很多，那么受访者会从一般逻辑上得出结论，他们会觉得这件事对你比较重要。这可能是对的，但是这不一定会使你成为有效的对话推动者。根据你呈现出的推动程度，受访者可能会倾向于防御，或者告诉你一些你希望听到的话。

试着向受访者解释：你认为无论是成功还是不成功的教师都会强调户外活动；你对成功与否不做评论；你仅仅是想了解户外活动的地点，或者在护士学院的课程设计中是否缺失户外活动这部分的内容。如果事实是这样的，那么原因是什么？如果不是，那又是为什么？

当受访者表现出偏离问题的倾向时，他们可能是在拐弯抹角地表明他们不想直接谈论这个话题："我不想再继续这个访谈了。"抵制访谈的其他形式可能是错过约定的时间或者回答得很简短。抵制可能是表面上、未必真实存在的，也可能是真实存在的。表面的抵制可能是由于受访者身陷困境而无法将注意力集中到访谈上。如果他们想要谈论自己的困难，你的倾听可能会为他们扫除障碍，让他们回到访谈问题上来。缩短当前的访谈或者将后续的访谈推迟几周可能也会起到作用。不要过早地下结论说访谈者的抵制就等于他们希望停止后续所有的访谈。也有可能是因为你的问题针对的事情对于他们来说太敏感，他们无法和你交流。这时要温柔地引导他们。如果你观察到抵制现象，应该问："在我看来你似乎不太舒服……是不是涉及了一些你不想谈论的内容？"你甚至可以问："你希望我们停止访谈吗？"如果你没有听到肯定的回答，那么在继续访谈的过程中判断你听到的内容质量如何。如果回答的质量很差，那就减少你问题提纲中的问题，并比计划中更早地结束这次访谈。

与抵制大不相同的是受访者喋喋不休的情况。如果切题的话，流畅的回应是很不错的；但如果不切题，就要学会改变谈话的方向。保持沉默或者使用身体语言，例如轻轻地举起手，可能会阻止受访者滔滔不绝，这样你可以为打断谈话而道歉，然后从他刚才说的内容里选择一些可以刨根问底的问题继续讨论。或者对受访者已经说的话做一个总结，然后把它与你接下来希望谈论的话题连接起来。

在访谈过程中，像日常对话时一样，人们会做出自相矛盾的陈述。考虑这种矛盾意味着什么：受访者对主题有了进一步的思考；受访者对主题感到迷惑；受访者对两种相互矛盾的说法都认可。这个主题是否产生了值得澄清的矛盾？如果产生了，马上对受访者最近的陈述做进一步的探究。你可以在下一次访谈时再次提及这个话题，引发更多的思考。你也可以将两种看似矛盾的立场放到一个问题里："我听一些人说……我还听另一些人说……你怎么看待这两种立场？"受访者回答以后，你还可以接着提问："是不是有可能两种立场都是对的？"关键在于提出问题，尤其是复杂的问题时，你不能期待受访者刚好有完整的、深思熟虑的答案。如果你给受访者足够的时间思考，就会得到更多反思性的回答。也有可能经过解释，最初在你看来像是自相矛盾的回答可能根本就不矛盾。

前面陈述的问题从某种意义上来说可能并不困难，但是你可能发现判断一个访谈——某次特定的访谈或者针对一个人的一系列访谈——进展是否顺利是一件很难的事。从某种意义上说，"进展顺利"意味着你得到了所提问题的合适答案，而你可以把它想成将来报告的一部分；用心倾听的话，你会知道是否达到了这一标准。从更重要的意义上说，"进展顺利"意味着建立了一种联系和相互信任的关系，如此一来，你们的交谈就不是停留在事情的表面，而是对双方而言都是有意义的。很显然，一个人认为交谈对象越值得信任，他说得就越全面，也越坦诚。因此，判断访谈进展如何首先是探索性的——你对访谈感觉良好，因为交谈的过程是容易的、顺畅的、不压抑的，并且是切题的；然后随着关系的发展（或者没有发展），以及你通过田野工作的进一步了解，对访谈进展的程度再次加以确认。

4.5　焦点小组访谈

焦点小组（focus group）访谈是在一群被挑选出来的人中促成有关某一特定话题的讨论。这种方式近年来开始流行起来。然而，将一组人聚集起来回答某一主题的问题并不是一项新的数据收集技术。例如，在第二次世界大战期间，焦点小组研究就被用来产生有效的部队训练材料（Morgan，1997）。从战后到20世纪80年代，焦点小组主要用于市场调查，尤其是健康研究者开始利用焦点小组访谈来发展与健康问题（如避孕和艾滋病预防）相关的教学方法。其他学科也越来越接受焦点小组的研究。小组访谈在行为研究和评估研究中特别有用，在这些研究中，参与者对相似的经历，例如某一特定政策的实施持多种观点。焦点小组在预试验研究中也很有价值。如果参与者是被从研究地点那里挑选出来的，并且知道他们的目的之一是帮助你创建研究设计，那么他们能帮你了解研究地点的各个方面——语言、规范、习俗等，此外，他们还能帮你弄清楚所有的研究问题、参与者的选择和数据收集策略，甚至还包括对社区和被研究的群体有更大贡献的研究方法。

尽管有明显的区别，我还是倾向于交叉使用焦点小组访谈和小组访谈。正如Bloor和Wood（2006）所说，"小组访谈像是一问一答的会话，问题由研究者提出，而焦点小组访谈的特征是使参与者之间有更多的争论，而这种争论可以通过焦点练习来加强"（p.99）。利用这些解释，研究者可能会为了节省时间以及能在同一段时间内对不止一个人进行访谈而采取小组访谈的形式。每个参与者都需要依次回答相同的问题。相反，研究者可能会为了更好地理解一组人是如何讨论一些问题的，并在此过程中引出更多的视角而采用焦点小组访谈的形式。正如前面所解释的那样，小组访谈不是一种理想的访谈方法。在个体访谈可能出现的对话和刨根问底方面，小组访谈既不严谨也不轻松。这样看来，小组访谈可能在一些情境下仅仅是一种数据收集方法。相对于一对一访谈和焦点小组访谈，小组访谈设置的情境深度和强度都不够。

Morgan在*Focus Groups as Qualitative Research*（1997）一书中对焦点小组研究进行了全面的讨论。他认为"检验焦点小组对于研究项目是否合适的最简单的方法是，询问参与者能不能积极地、容易地讨论其感兴趣的主题"

(p.17)。与设计一对一的访谈相比，设计焦点小组访谈需要一些不同的策略：作为一个小组，你们可以在哪里碰面？在每个小组里，你应该邀请哪些人参加？每个小组里应该包括多少人？你应该设立几个小组？Morgan 就每个问题都给出了合理的建议，这些关于设计焦点小组访谈的建议在表 4-6 中进行了总结。如果你正计划在研究中使用焦点小组访谈，那么好好读一读他的书。

表 4-6　设计焦点小组访谈

在哪里？	焦点小组访谈经常在社区的办公室、大学的教室里进行，偶尔也会在某人的客厅里进行。多数情况下，焦点小组访谈在公共场所进行，这些场所常常是户外的。
哪些人？	取决于你的研究主题。在性别、年龄、种族、性取向等方面具有同质性的小组能够更顺畅、放松地进行对话，也能促进不同小组的数据产生分析性概念。正如 Morgan（1997）提醒的那样，你可以在研究潜在有影响的背景变量时允许同质性，但不能在对主题的态度方面要求同质性。一般来说，焦点小组是由陌生人组成的，但是在一些情况下，例如在大多数行为研究项目和评估研究项目中，参与者可能是同事、同学或者其他彼此认识的人。
一个小组多少人？	通常 6~10 人的小组效果最好。如果小组规模太大，他们可能会分裂成几个次一级的小组进行讨论，这对于访谈的进行和记录都很困难。
有多少个小组？	项目通常计划 3~5 个焦点小组，但是正如 Morgan（1997）所说的，"最保险的建议是在计划阶段决定小组的目标数量，但是如果需要更多的小组，那么就需要有一个可选择的浮动变量"（p.44）。
一次焦点小组访谈应该持续多久？	通常来说，焦点小组的时间表是 1~2 个小时。Morgan（1997，p.47）建议把时间设定在 90 分钟，但是告诉参与者计划的时间是 120 分钟。这样一来，如果对话比较集中的话，则可以有更长的时间讨论，也有助于控制迟到和早退的情况。
需要多少个问题？	对于结构性的焦点小组访谈，4~5 个问题就够了。在一个更加非结构化的访谈中，提出 1~2 个比较宽泛的主题陈述或者问题就可以了。

焦点小组访谈非常依赖于协调人的技巧。和个人访谈一样，研究者设计问题的目的是"呈现语言的艺术"。然而，不像一对一访谈，讨论并不依赖于访谈者和受访者轮流的一问一答。实际上，它依赖于参与者的问题所

激发的组内交流。研究者变成了协调人和讨论的推动者，帮助小组在一开始就设立基本规则（每次只有一个人发言，并允许其他人有自己的说法，等等），然后只需要不时地提出和改变问题，并注意时间以确保各类问题都能得到讨论。就像在个人访谈中一样，焦点小组访谈的推动者经常在访谈的开始提出一个经验性的问题，每个参与者轮流回答，以此提供一些基础数据，并使每个人在交谈的过程中都感到舒服。有时，在结束时每个人都会被要求再次发言，总结其对这个话题的立场。Morgan（1997）为参与者的水平参差不齐的小组提供了一系列好的协调技巧。他提到，如果焦点小组是由习惯于小组管理的教师或者基层组织人员组成的，那么进行少量的指导就能使他们管理好这个小组。

尽管焦点小组讨论可能以充满活力这个优点让你感到激动，但是记录讨论内容则是富有挑战性的。除了参与者自己组织讨论的访谈，想要一边协调讨论一边记录是很困难的。记录讨论的内容通常是必要的（声音较小时，可能要用两支录音笔在两个不同的位置记录，同时还要有另一支录音笔备用）。有时，请一些人在发言人说话时用几个口语单词把内容粗略地记录下来有助于更容易地辨认录音内容。

对于在网络上进行实时焦点小组访谈的研究者来说，互联网技术已经简化了录音问题。网上实时进行的焦点小组访谈是指所有的参与者都在同一时间上线。研究者提出一个问题，参与者输入自己的回答，然后转发给整个小组。人们能够在任何时间对任何问题做出回应。这种访谈的优点是有一个讨论的记录脚本，这个脚本中有每个受访者的身份标志，并且来自不同地域的人可以在一个虚拟空间里进行讨论。这种虚拟集会花费较少，而且比面对面的焦点小组更容易安排，但缺点是人们要同时对不同的信息进行回复，由于转换迅速，访谈者不容易掌控交流的进程。有时，打字最快的人会主导讨论或者决定讨论的方向（Mann & Stewart, 2000）。

虚拟现实网站是在线焦点小组的另一种可能，它克服了聊天群组的一些缺点。参与者登录一个虚拟社区，选择一个虚拟的身份，有时还上传一个头像。设置一个有大会议桌和椅子（或者是原木篝火背景）的房间。当参与者加入虚拟社区时，他们的虚拟化身就会出现，这时实时讨论就可以开始了。

同样，也可以进行非实时焦点小组访谈。这一流程更像电子邮件交流：问题发送给所有的参与者，每个参与者在一定的时限内选择自己方便的时间回复。这种方式的优点是：来自不同时区的人都可以参与；能够产生较长的、反思性的评论；可以有更多的人参与进来（Mann & Stewart，2000）。这种方式的缺点是失去了小组互动的本质，而这正是大多数焦点小组研究的优势。建立一个博客也可以作为一种非实时焦点小组交流的方式（Runte，2008）。作为一种可供选择的方案，事先写好的博客也可以作为关于一个话题的不同观点的来源。例如，一个护士在做关于老年护理的研究时，从《纽约时报》一个叫"新老年时代"的博客中发现了丰富的材料。

总之，焦点小组访谈能够高效地利用时间，并允许同时获得很多人关于同一个话题的不同观点。它也是一种与参与者互动并接受他们指导的有用方法。除此之外，对于那些通过讨论可以使无声的经历发出声音或者增加个人反思、成长以及知识积累的主题，焦点小组研究也具有解放的性质。

焦点小组研究并不是没有缺点的，尤其是与保密相关的伦理问题可能会出现，研究者可能会因此而放弃相关的主题。利用焦点小组，研究者不要期待像个人访谈那样从每个人那里获取深层次的信息，尽管对同一个小组的多次访谈会议可以产生深刻的反思和充分的分享。尽管人们在探究其经历和观点时的讨论中能产生新的想法，一些人还是可能会因为其观点与小组中大多数人的观点很不相同而保持沉默。相反，一些人可能为了抵制相反的观点而提出比通常情况下更极端的观点。最后，建立焦点小组更费工夫，并且当一个人想要平衡讨论的流畅度和方向时，讨论的协调工作可能会使人精疲力竭。

4.6 对传统访谈的批判

一个由学生、教职员工和我组成的小组进入了印度瓦里村，我们要在这里待上几天。这个村庄和印度的其他土著部落一样，都在努力争取草木丛生的丘陵区域的土地所有权，那里是他们世世代代生活的地方。我们 34 个人组成的团队把睡袋和包裹都扔到了社区建筑里（一个很大的拥有抹灰篱笆墙的建筑，地面被牛粪覆盖着，主要用于固定灰尘和防止尘土飞扬）。在吃了米饭、木豆和绿色蔬菜后，我们的翻译兼向导告诉我们，村里的妇女将在我们放行李的屋子里和女学生们见面，而村里的男人将会和男学生们在外面的大树下见面。

因为参与到一个聚焦于文化、生态和公正的国际教育的项目中，我们曾在 8 个月的时间里在 5 个国家生活和学习。除了被分配的其他任务，每个学生都要对自己选择的课题，比如妇女在农业中的角色或者移民的原因和影响进行比较研究。因此，当机会出现时学生们并没有对问题感到不知所措。在形成能够引发切题回答的问题方面学生们还不够熟练，并开始在一些大问题上感到不安。这些问题是如何为某种类型的互动（这种互动或多或少是由我们自己、局外人所控制的）创造条件的？我们的问题是怎样限制我们想要了解的内容的？如果我们没有问题或者日程表，会发生什么？

我们接着提出问题。过了一会儿，学生们把访谈室让给了 Jo，她的研究项目关注生殖健康问题。她问道："妇女在分娩期会遇到什么样的问题？"我们的翻译在村民中是一个倡导者和活跃分子，她建议把问题改为问每个妇女生了几个孩子，其中有几个活了下来。那些妇女一个接一个地回答："我生了 7 个孩子，3 个活了下来。""5 个，2 个还活着。""9 个，4 个还与我在一起。"这些妇女被我们围着坐在肮脏的地板上，腿上通常都有一个孩子。她们的这些简单回答在揭露其生理和心理活动的复杂性以及将她们的生活和我们的生活做对比时是令人震惊的。之前设计的问题消失了，学生们迫切地想知道关于这些妇女的生活的更多情况：她们的孩子为什么死了？孩子死的时候发生了什么？丈夫在孩子的抚养过程中扮演着什么角色？妇女们的日常工作有哪些？既然这么多的男人不得不移民到其他区域，那么这种必要性对于妇女的生活有什么影响？这些妇女对我们的问题保持微笑并且总是礼貌地作答。一个妇女笑着说："好吧，我很高兴男人们离开了——他们不在这里我们就不会挨那么多打了。"我们再一次感到困惑，不只是因为她的陈述，还因为她是笑着说的。我们不知道应该怎么解读。我们缺少背景信息来理解这些。

同样，她们也想了解我们，当她们将我们提出的问题反问我们时，她们似乎对我们的回答也感到很惊奇——我们中至少有 20 个育龄妇女，那么有多少个孩子？又有多少个已经死了？我们都没有孩子。然后她们想要了解我们中有多少人已经结婚了，因为我们都已经超过她们结婚时的年龄（通常为 13 岁）。我们都没有结婚。她们想知道我们种的农作物是什么。我们都并非来自农民家庭，尽管当我们在一个地方待的时间足够久时，一些喜欢园艺的人会种一些夏天的时令蔬菜。她们还问了我们都没有想到要问她们的问题：我们晚上唱什么歌？我们一起跳什么舞？我们能想起来的唯一一个我们都知道的舞蹈是 hokey-pokey 舞。随着交流的继续，我们和屋外的人都感到，尽管我们拥有巨大的经济特权，但是我们在文化实践和社区联系方面都十分匮乏。我不知道村里的妇女对我们整体的看法，但是一些人对我（头发花白，既没有丈夫也没有孩子的妇女）表示了深切的同情。

研究者甚至考虑问陌生人关于他们生活的问题，这是一个 20 世纪形成的惯例，这个惯例部分反映了知识的民主化，或是一种信念，即每个人都可以表达观点。根据 Gubrium 和 Holstein（2002a）的观点，访谈研究被人们接受以及它的发展是现代化的一部分。我们中来自西方国家的人已经习惯于将调研和访谈作为一种收集信息的方法。我们几乎不假思索地填写问卷或者花时间回答问题。在西方文化中，访谈不仅仅是一种被接受的研究方法，也是娱乐方式的来源，无论是收听 Terry Gross 的公共广播还是观看 Oprah Winfrey 的电视节目。

为了知识民主化的产生，另一种变化——自我的个性化——首先出现了。"或多或少被整合为意识、情感、判断和行为的核心，从而形成有限的、独特的自我的概念。"（Gubrium & Holstein, 2002a, p. 6）在很多社会中，由家庭、社区或者部落组成的集体自我是权威而不是个体的。集体自我对于在注重个体的社会中长大的人来说是一个难以理解的概念。

在质性研究中，尽管访谈是收集数据的主要方法，并且在将多种观点形成文档中发挥着重要作用，但它依然可以被看作一种源于殖民研究的研究方法。通常，研究者"处于控制地位"，他们发展访谈问题并因此左右互动的方向。通常，研究者试图保持访谈的开放性，不去影响受访者通过身体语言或者口头语言想要表达的意思。因此，受访者被视为研究者可以利用的知识宝库。尽管研究者管理着互动过程，但他们却有些被动，因为除了那些问题，其对访谈的内容贡献很小。

正如后结构主义学者挑战传统的研究惯例一样，访谈过程也有待观察。我们怎样才能共同构建访谈？我们怎样相互学习并创建一个动态过程，并在其中共建知识？不同的情境是否需要不同类型的访谈实践？什么时候需要？我们该如何决策？

在这里提出这些思考并不意味着你应该忽略这一章的建议，沉浸在诠释主义研究范式中。所有的学科都会经历"这样的时刻"（Lincoln & Denzin, 2000）——有时是短暂地呈现，在这些时刻，学者们接受和重组新思想，吸收某些方面，摒弃其他方面。质性研究不是一个静态的过程，并且那些质性研究的实践者永远不希望它变成那样。当前的挑战使得这一过程在个体层面上是有趣的，在道德层面上是重要的。当我们每个人都努力决定我们想要成为哪一类研究者时,我们的选择反映、挑战并服务于我们所生活的世界。

通过这些想法,我也想提醒读者,我们认识到的"收集"和"共同构建"总是片面的、碎片化的。我之前提到过,当我们和印度村庄的妇女们在社区中心时,男学生和教员以及村里的男人们在外边。当女生组对我们想要了解的内容感到越来越沮丧时,男生们却对访谈感到兴高采烈。他们和村里的男人们热烈地讨论着为社区和社区自治而做出的努力。他们分享了哲学观点,发现他们对关系、友谊和兄弟之情的需要存在共同之处。在同一个村子里,同一个晚上,我们对村庄生活产生了两种不同的理解。

质性研究为研究者和参与者提供了理解彼此感受的机会。隐含在问题中的感受包含在关系研究(友好关系、信任和友情)中,包含在对研究主题及过程(主观性、主体间性和反思)的反应和反思中。这些问题将在第5章中讨论。

推荐阅读

Gubrium, J. F., & Holstein, J. A. (Eds.). (2002). *Handbook of interview research: Context and method.* Thousand Oaks, CA: Sage.

Holstein, J., & Gubrium, J. (Eds.). (2003). *Inside interviewing: New lenses, new concerns.* Thousand Oaks, CA: Sage.

Ives, E. D. (1995). *The tape-recorded interview: A manual for field workers in folklore and oral history* (2nd ed.). Knoxville: University of Tennessee Press.

Morgan, D. (1997). *Focus groups as qualitative research.* Thousand Oaks, CA: Sage.

Patton, M. (2002). *Qualitative research and evaluation methods* (3rd ed.). Thousand Oaks, CA: Sage.

练习

团队练习

1. 下面的活动改编自 Berg（1995，p.63）。导师让学生找一个同学并确定他们两个谁是发言人，谁是倾听者。分配给学生一个他们初步了解但没有深入探究过的主题，例如他们对大学教授的任期和晋升流程的看法。发言人就这个主题进行30秒的发言，然后倾听者（以第一人称"我"）来复述其听到的内容。接下来，学生互换角色重复练习。然后，导师设定一个更私人的主题，例如对种族歧视的第一反应，并把时间增加到一分钟，按照与前面一样的流程进行。在练习结束时，讨论两种情境下的非语言表达：身体语言有哪些不同？声音大小方面呢？讲话语调方面呢？哪一种类型的主题有利于更好地访谈？除了听对方的话语，访谈者还应该观察哪些现象？

2. 回到第2章结束时关于研究陈述的课堂练习，设计五个有助于理解所选主题的问题。通过互相访谈检验这些问题。每个学生都应该有时间扮演访谈者和受访者。作为访谈者，学生应该对访谈做完整的笔记。作为受访者，学生应该反思这些问题，给出重新表述、增加或删除的建议。访谈之后，两个人成立一个小组对访谈问题和访谈流程进行反思。之后找时间在电脑上录入访谈转录文档，补充能够记住的细节。保存这些记录用于之后的练习。

个人练习

1. 这项练习基于 Roorbach（1998）对于写回忆录的提示中的一个建议。将你的主题牢记在心，假设你是受访者，就坐在 Oprah Winfrey 或者 Terry Gross 的对面。你面前没有任何笔记，打开磁带录音机对访谈进行设计，既扮演访谈者又扮演受访者。Oprah 会问什么问题？哪些问题回答起来将会很有趣？哪些问题可能会比较难，却引人深思？哪些问题让你停下来说："哇，多么好的一个问题啊！"继续进行访谈，直到有一个令人满意的结尾。

重听访谈的录音，并且仅仅转录访谈的问题。认真考虑每个问题对你的研究项目会起到怎样的作用。

2. 对自己的访谈进行反思后，为你的研究项目设计5~10个开放性的访谈问题，并请你的同学检验这些问题。邀请你的伙伴作为一个参与者，和你一起重塑你的访谈问题。然后，请与你的研究对象具有相似特征的人检验你的问题，或者问问那些有意愿和你协作共同设计问题的研究参与者。反思什么问题有用，什么问题没有用，以及还有哪些新出现的问题。之后，再一次重塑你的访谈问题。

第 5 章

田野关系：
研究者角色、融洽与自反性

当我离开太久时，他们就会责骂我、冷落我。当我的注意力分配不完全公平时（即使有时是公平的），我便会为此付出高昂的代价。

(Myerhoff, 1979, p. 27)

你如何与研究参与者进行互动？你与他们分享哪些想法和活动？你的各种身份属性（年龄、性别、种族等）以什么方式影响着别人对你的看法，以及你所听到、看到和理解的事物？针对这些思考，你会做什么？你如何看待这些个人维度？

几十年前，很少有人考虑这样的问题；相反，研究者们往往被鼓励采用一种"旁观者的视角"，在他们与研究参与者的来往中保持中立和公正，从而不影响参与者的行为和反应。为了实现为科学知识做贡献的主要目标，研究者们倾向于忽略研究参与者们的利益与诉求。研究者和被研究者是不同的实体：一个是调查者，另一个是特定知识的拥有者。调查者的角色是发现或者挖掘知识，将"原始"数据加工成研究者所属的学科或学术团体可用的东西。毫无疑问，人们如今认为这些研究方法是利用性的，并被贴上了殖民地研究（colonial research）的标签。本章主要向你介绍思想的变化以及持续不断的争论。

5.1 研究者的角色与素质

研究者的角色在某种程度上是由环境所决定的，取决于其方法论和方法、研究背景、参与者的身份以及研究者自身的个性和价值观。本节首先描述了研究者角色的几个方面，以及经常与之相伴的焦虑感，然后提出了一些在你扮演研究者角色时有助于记住的素质和特征。

虽然不证自明，但值得一提的是，当你成为研究者时，便扮演着研究者的角色。如果你以前从来没有做过研究，这可能让你有点不舒服。原因在于，你既需要扮演你日常生活中的角色，同时也要考虑别人对你作为研究者的期望。当你在护士站做笔记时，或者在与学校校长进行漫长的访谈时，你是一名研究者；当你在杂货店与你的研究对象进行非正式访谈时，你也是一名研究者。你表达自己的所有方式和场所都会向别人显示一名研究者的行为方式是怎样的。作为一名研究者，你变得更加适应自己的研究行为以及行为所产生的影响，这在你的日常生活中并不常见。这种意识可能让你感觉不舒服，尤其是在田野工作的早期。然而，发展自我意识，让自己认真且持续地关注自己的行为和结果，是有用的。你可能会想寻求研究中你信任的人的反馈，他能让你看到你自己看不到的自己。

研究者的一部分角色中包含着自我展现，这样可以更加融入其中并受到欢迎。自我展现包括注意自己的穿着、语言和具体行为。关键在于研究者们不仅仅像人们在普通场合那样展现自我。他们在整个研究过程中，都以优化研究目的的方式塑造其行为。为了达到研究目的，应该在多大程度上调整自己的行为，这是难以界定的：什么时候适应性行为会过多了呢？在日常生活中，你会在不同的场合展现不同的自己。即使做研究比日常生活更具有自我意识，研究仍是展现自我的另外一个场景。然而在某些时候，这种印象管理会不会超越道德界限呢？

很多人并没有将自己展现为感兴趣和有能力的研究者，而是努力掩盖其研究者的角色，反过来通过参与者观察来收集研究数据。通过这样做，他们能够仔细监测自我行为。Dalton（1959）曾反过来作为一位企业经理来研究管理。Homan（Homan & Bulmer，1982）作为新人研究了五旬节派。Queen 通过减轻体重、"改变"年龄和采用一种"新个性"去研究空军新兵（Sullivan，Queen，& Patrick，1958）。Humphreys（1970）在公共休息室通过扮演"同性恋交际花"来研究同性恋者。有权力的、非合法的和从事边缘性研究的研究者往往会以秘密的方式收集数据。虽然有些研究者认为，若知识带来的好处超过了潜在的危害，那么在某些领域，一定程度的欺骗是可以接受的，但目前大多数研究者和道德委员会还是倾向于认为秘密调查是不道德的，应该尽力去避免。

在自我展现的另一方面，质性研究者们有时会不知道自己应该在情感上多贴近研究参与者，应该在多大程度上展现真实的自我。质性研究者们总是无法很好地做到移除情感，并控制研究进程，也无法总是敞开心扉地公开分享、寻求合作。一些主题很容易让他们分享更多的内容。在 Busier 1997 年对厌食症康复女性的案例研究中，她通过分享自己的厌食症经历，使得自己可以接近那些不愿意跟没得过厌食症的人交流经验的女性。然而，第 3 章中讨论过的在基督教学校学习的案例说明，表明我们的信仰和观点可能会使我们被学校拒之门外。

Davies（1996）指出，不论多么非结构化的访谈，都与平常的谈话不同，"这不是一次分享科学信息的讨论，而是以受访者的经验为中心的讨论"（p. 584）。研究者的角色使你把自己放在指导研究目的、观察和提问的位置上。然而，不在研究场合与他人互动和谈判，你就无法达到上述目的，如果与这个角色相伴而来的等级性让你觉得不舒服，则可以考虑让研究参与者更多地参与，或采用更多使其从研究中受益的方法。你也可以选择那些允许或要求参与者进行更多的自我分享的主题，只做那些研究参与者要求做的项目，或者探索进一步进行行为研究、批判性研究和后结构主义研究的可能性。

与作为研究者这一新角色而产生的焦虑（以及骄傲）相伴而来的感觉是你的研究无处不在。在这种高强度的环境下，你将会把非研究性设置视为潜在的研究地点。Skip 在撰写毕业论文时深入研究了医院里的组织绩效和安全问题。休息时，他去一条山间小路跑步，偶然碰到一个搜救队在寻找一位受伤失联的登山者。Skip 停了下来，去近距离地观察其运作方式。他认为，决不能忽视这个学习他们如何处理安全事件的难得机会，于是他做了自我介绍，然后对在基地等待的团队成员进行了非正式的访谈。无关事件会引发你关于研究的思考。也许你身边的人会发觉你变成了另外一个人："我了解创造性混乱，"Andrea 说："我在研究中有条不紊，但是我家里总是一团糟。有一天我没给儿子穿鞋就把他带到了学校。我的关注点都在其他事情上。"

当你开始考虑做质性研究时，下面的特征或素质将是有用的。你在多大程度上必须具备这些特征？哪些特征是第一位的？哪些会被取代？这都取决于你和你所做的调查。其中每一项都与怎样成为一名好的质性研究者相关。

5.1.1 预期

作为一名优秀的研究者，你可以展望未来并提出问题："这种情况需要什么？"前面已经提到了关于预期的一些特性。你的研究总结或者传达相关信息的邮件就是一个例子。你既要考虑什么是你必须说的，以中肯地表达你所做的项目，又要考虑你说话的方式如何因情境的不同（对于儿科医生或对于被诊断为自闭症的儿童）而不同。当你第一次走进一个二年级的教室进行观察时，为了你的研究，你会对这个年级的学生说些什么？你需要为访谈环节准备什么材料和设备？如果你是第一次见到一个人，那么在访谈前你已经了解了什么？你怎样在访谈前对这个人了解得更多？根据你已经掌握的和没有掌握的信息,接下来你应该在哪里进行观察?你应该见谁?预期源于评估的结果,在一天结束时这项活动也许应该包括在你每天的日志写作任务中。你每天的反思都在为你下一步的工作做准备,无论是从广义上——对于你的调查来说,还是从狭义上——对于你第二天的活动来说。

5.1.2 一个学习者

"天真"一词形象地刻画了研究者作为特殊学习者的角色。当你的受访者告诉你的某些事情是你知道的时,你需要一种抛开各种假设的思维框架;相反,你要不断寻求关于其意思的解释。风险在于,你的研究经常是一个你通过学习和亲身经历已经很了解的话题。你所知道的是假设的基础,它使你能够跳过寻求解释的阶段,探索深层次的问题,看到新的模式。作为一个学习者的难点在于,假设通常有助于简化与其他人的关系。在研究能力范围内,你不必不停地问:"你说的是什么意思?"然而,你必须注意要时刻采取一个学习者的思维方式,而不是一位"专家"的思维方式。这两个角色之间的区别很大。Pat 描述了她作为访谈者和学习者的角色:

> 我发现我喜欢访谈的过程。但我必须小心,不要表现得像个"明星访谈者";相反,我必须意识到,我只是"知识的寻求者"。因为我已经事先关注过应该怎样做访谈,所以当我开始第一次访谈时,这两种角色对我而言就有了很重要的区别:我必须把注意力从自身转移到手头的话题上,在我成功做到后,我发现访谈变得有趣并且有意义。

把自己当作学习者,同时也要把研究参与者当作老师。对于许多研究参与者来说,能够帮助你了解他们的世界是一件令人满意的事情,这可以提高他们在研究中的参与度。并且当你作为一个学习者时,你也会得到指导。

5.1.3 分析

分析是一个从研究一开始就持续的过程。观察和访谈并不局限于记录数据。在观察和访谈时，你也应该考虑关系、显著性、意义和解释。这些分析行为导致了新的观察和问题的产生，并且它们还使你能够在数据收集完成后为分析的更集中阶段做准备。

Gloria 对曾中断学业后来又返回大学的女性进行了访谈，她们所有人都已经有了孩子。一位女性告诉她，自己离家特别远，所以就要求丈夫改变他在家庭生活中的角色分工。听到这番话，Gloria 的头脑中应该敲响警钟，但是她当时并没有进行分析性的聆听。受访者的丈夫不得不重新定义其作为配偶和父亲的角色。Gloria 也需要关注其丈夫的行为，包括提出相关的问题，进一步探究，并考虑它对其他受访者的意义。因为没有在那时进行分析性的聆听，所以她没有进一步利用她所听到的信息。当你最终进入一个扩展的数据分析阶段时，你会发现，如果你一直以来都在进行分析性的观察、聆听，并将结果转化为进一步探索的问题以及扩展你的思路和想法的笔记，访谈过程会更容易。

5.1.4 放心

在众多的素质中，可以用来描述一个好的研究者的素质之一就是让人放心。一个优秀的研究者从来不做任何让参与者看起来或感觉无知的事情。你需要去适应参与者在被观察或访谈时所产生的焦虑感。比如，在访谈中，你可能会发现受访者由于没有受到足够的学校教育，或者因为了解得不够多而为自己找借口。甚至一些有经验的受访者会对自己的表现缺乏信心，他们会说："我不知道这是不是你想知道的。"受访者也可能会把你的问题看作测试，他们思考问题的方式就像学校里的学生；他们可能会认为你的观察是在评估，就像主管定期评估绩效那样。因此，不论是在数据收集开始阶段介绍自己时，还是在研究的过程中参与者想知道他们是否对你有所帮助时，你都要让他们放心。让他们感到放心的方式包括让他们采取平时任何的表现方式，你需要向他们保证，在访谈中说"我不知道""我没意见"，或者"我以前从没想过那个"都是完全被允许的。被观察的教师需要对研究者在教室后面的涂涂写写及其会产生的结果感到放心。参与者应该被告知，他们不能给出"错误"的回答：他们只需要简单地描述其故事、观点和感受，并且在不记得某事或对某个问题无话可说时不要有压力。

5.1.5 感激

在田野研究进行一段时间之后，学生研究者们发现自己会对同伴说："我的研究表明……"他们需要公开汇报研究内容。他们开始收到相关文章的剪报，受到合作者和朋友们的关注，并逐渐获得研究者这一角色给他们带来的快乐和信心。当你变成一位专业的研究者时，向你的研究参与者表示感谢吧！在观察和访谈后留出时间，表达你的感激之情，也可以做其他的非正式访谈，并在日后寄送感谢信。

在你的能力范围之内向研究参与者表达感激之情很容易做到。另一种类型的回报则没那么容易做到，但是你可以把它设定为一个目标。考虑到质性研究者在研究地点中花了大量的时间，因此其研究经验会影响参与者的思想和行为。观察和提出问题能提高认识，深化思考。研究参与者经常能从他们自身、研究者身上和研究本身学到东西。在访谈过程中，一位参与者摇头感叹道："我告诉你的都是我从来没有告诉过自己的事情。"想办法使你的研究对参与者来说很重要，使他们能够通过参与其中而有所收获。

5.2 田野关系

> 提供消息的人之所以告诉我们并向我们展示他们在做什么，是因为他们作为一个特定人群与我们一起处于研究情境中；这种相遇与通过它产生的知识从来都不可能是客观的。因此，我们尝试理解我们的研究材料产生的主观性变得至关重要。
>
> （Pink，2007，p.367）

质性研究有时可与"田野工作"一词交替使用。作为一位研究者，你的工作是在日常生活中而不是在实验室里进行的。在那些地方，你与在那里生活的人建立关系。你获得并保持访问权，建立融洽关系，发展信任和进行互动，并且利用你已经学到的东西做一些事情。这些都不是你一个人做的，而是和调研现场的其他人一起做的。这些关系的本质是下面几节的主题。

直到20世纪后期，田野工作者才意识到应该试图从他们的观察和互动中消除偏见。他们试图避免表达自己对其所询问的问题的观点。客观性和科学的超然性是许多人努力实现的构想。如今，大多数研究者已经接受在田野工作中保持客观性是不可能的，并且可能不是一个可期望的目标。Russell Bishop（2008）从毛利人的视角出发，声称如果研究者没有阐明其兴趣和关注点，而是表现得很中立或者是为了客观目的来监督主观性，那么，他们只会继续其殖民活动。印度学者和活动家Savyasaachi（1998）解释说，这种中立性"不鼓励差异性的对话和论述，阻碍了观点的交流，变成了一种积累和垄断符号资本的手段"（p.90）。研究参与者继续被视为一个被研究的对象，而不是一个与之进行交谈的人，并且其在这个过程中既能传授知识又能学到知识。建立并维护一种开放的主观性和对话性的田野关系，并不是一个简单的适合所有人的过程。

5.2.1 建立和维护田野关系

（1）**和谐融洽**。和谐与信任通常被用来描述质性调查中理想的田野关系。词典中对融洽（rapport）一词的定义是"以和谐、舒适、一致或者亲和为特点的关系"，并指出它代表的是"一个研究对象对操作者的信心……伴随着合作的意愿"（*Merriam-Webster's Collegiate Dictionary*，2012）。传统上，建立融洽关系一直是研究者的主要兴趣，因为他们寻求达到其研究需要达到的目的。如果参与者在研究目的中具有一些利害关系或者帮助确定了调查目标，那么双方之间的关系将会更融洽。

融洽一词经常与信任交替使用，虽然有些人会小心地对它们做出区分。Wieder（2004）认为"融洽是一种研究工具，而信任是一种活生生的关系"（p.25）。意思是说，是信任而非融洽促使人们讲述他们的故事。融洽的关系似乎是培养信任的先导，因此是获得访问权和"融入"的一部分。

Bronislaw Malinowski 强调在田野工作中将人类学家、社会学家、后来的医务工作者、教育工作者以及社会工作者置于多种自然环境中，以弄清楚知情者（insider）的观点。田野工作的文献和知识把完美的研究者描述成耐心的、友好的和无害的，他们对模棱两可的话语有很高的包容度，他们学习对方的语言，穿着合适的服装，并能保守秘密，以上这些因素都有助于研究者很好地融入田野工作之中。

Measor（1985）讨论了外表在她收集英国学校的数据中的作用。她发现自己的外表对学生和老师来说都很重要，这本身就导致了一个问题，因为每个群体都对外表得体有不同的看法。结果，Measor 找到了一个折中的方案，那就是让自己看起来既时尚但又不会太过分。

弄明白怎样管理自己的行为以融入田野工作并不容易。Davis（2001）对护士使用计算机很感兴趣，因此被安排到一家医院做民族志研究。公开地记录她的观察结果很容易，因为医院都是纸质导向的文化（现在数字化程度有所提高）。然而，她作为研究者的身份却因她与环境的适配性而变得复杂起来。当她坐在办公区域时，患者误以为她是接待员，当她继续做她的记录而没有帮助他们时，他们就会变得很恼火。当她坐在接待室里做记录时，困惑仍萦绕在她的心头，"一个心脏病患者问我是否想要在他之前先去看医生"（p.43）。

在与陌生人进行的研究中，甚至在更多的合作研究中，为了抓住融入其中的机会，你不得不乔装自己，用特定的方式去表现，否则你可能不会这样做。对于 Leon Oboler（1986）来说，和南迪人一起在肯尼亚工作时，发展融洽关系意味着他们不能公开表现对彼此的喜爱：

第 5 章 田野关系：研究者角色、融洽与自反性

当人们赞同地对我们说，我们的行为就像南迪人一样时，我们感到很高兴，因为这意味着他们认为我们不像他们以前遇到过的欧洲人。（p. 43）

你要尊重与你一起工作的这个团队文化中的习俗和期望，并且有意识地反思自己的行为，以便使你的存在让其他人感到自在。在某些研究中更需要考虑这方面的因素。Peshkin（1986）和我在研究中发现，正统基督教日间学校的教师会更积极地参与抗议《平等权利修正案》的集会。作为研究者，不仅要关心融洽的关系，而且要保持对学校的访问权，我们不能被看出支持与他们的核心信念相反的东西。因此，融洽关系会限制研究者的个人互动与表达。

然而，你也不必总是以赞同研究参与者的方式融入田野工作。有时，当研究者质疑参与者的观点时，他们会获得原本不会获得的信息，并且由于开放式对话而更容易被群体接受。Kleinman 和 Copp（1993）认为，"田野工作者们担心，参与者们会将分歧诠释为不公平的批评或拒绝，因此引发研究者和参与者之间的隔阂。但是……说出心中所想能够打动别人，从而使双方产生亲密关系而非距离"（p. 40）。正如本章前面所提到的，包含对话和彼此交换观点的研究可能是获得访问权的前提。

Lawrence-Lightfoot（1997b）认为，"关系从来都不是静态的，它们是动态的、不断发展的。它们是经过协商与再协商的"（p. 135）。保持融洽的关系要求参与者之间具有社交互动的意识，以及了解自己在整个团队中的角色。虽然你可能在研究场合中不谈政事，但仍然需要了解政治形势和可能会遭遇的陷阱。你要意识到，权力的正式和非正式场所、刺激性的事件，以及能继续形塑当前行为的历史事件都不是小事。所有这些都是融洽关系的一部分——既要发展，也要保持。

王觉非（Wang, 1995）是一位来自中国，目前住在美国佛蒙特州的教育研究者。他回顾了时间在美国和中国融洽关系发展中的作用。他指出，

融洽关系在不同文化中的建立看起来会存在很大差异。在王教授对自己的研究进行简短的介绍之后，他观察到大多数佛蒙特州的受访者都愿意与他进行开放式的交谈。大多数人也愿意参与他的研究，但是有些人也会用简单的一句话来拒绝他："不，谢谢你，我不感兴趣。"其他受访者会用摇头或耸肩以及一句"我不知道"来回答某些特定的问题。他对比了美国佛蒙特州和中国的受访者：

> 我在中国对一百多个人进行过访谈，但是从未有过快速建立融洽关系的案例，甚至与年轻人、比较开放的人，我都需要花更长的时间来建立信任。我必须找到一种方法，让受访者相信我是他们当中的一员。他们谈论自己的家庭；我问他们关于其父母、妻子、丈夫和孩子的问题，然后告诉他们我自己在这方面的情况。他们抱怨自己的工资低；我告诉他们，我的工资也不高。这是建立信任的过程。它需要更长的时间，但持续的时间也会很长。
>
> 在中国，从来没有人拒绝过与我合作。大多数中国人对于美国式的直接说"我不知道"都难以接受……他们总会努力不拒绝我，为我保全面子，但是他们总能找到一种不给我提供任何有价值的信息，或者干脆什么都不提供给我的方法。(p. 2)

王教授说，他用超过一周的时间从一所中国学校的校长那里获取个人信息，同样的事情在美国，他会花相对更短的时间。他说：

> 谦虚仍是这个国家（中国）的美德。这一事实使研究者在试图找出受访者在组织中的角色时变得非常困难。受访者经常谈到别人的贡献，而不谈论自己的。(p. 3)

作为研究者，你的职责之一就是想办法找到文化上适当的方法来发展与保持融洽关系，并在自己的期望和行为之间建立必要的文化桥梁。

在一门质性研究课程中，当被问到"你怎么知道你已经建立了融洽关系"时，学生们回答道：

- 访谈的方式显示了融洽关系。当受访者一直看她的手表时，你就会知道你们还没有建立融洽关系。
- 当受访者能够从访谈中获得一些知识时，融洽关系就建立起来了。一位受访者曾告诉过我："以前从来没有一个人这样问过我。"在好的访谈情境下，人们会想起他们以前从没有放在一起思考的事情。他们在这个过程中了解了他们自己。另一个人告诉我："我觉得我在这个过程中收获的东西比你收获的还多。"

第一个学生描述了怎样去适应研究参与者的非语言表达，这种非语言表达能够提示你们之间的研究关系，比如人们看表可能是有其他原因，而不是因为厌烦。第二个学生将互惠概念引入关系中，表示如果双方都从互动中有所收获，融洽关系就更容易达成。如果研究主题与参与者的生活息息相关，或者如果研究对社区有潜在的帮助，那么参与者往往会乐于参与其中。

这种意愿会在最意想不到的地方被发现。Andrea 在与受访者第一次见面之后收到了他的一封来信。受访者表达了想再见面的真诚愿望，传达了一些与他们的讨论相关的信息，对之前的过于热情表示了歉意，并称赞了 Andrea 在调查一个小乡村社区的变化时所采用的方法。受访者是一位开发人员，Andrea 推迟了和他的谈话，因为她怀疑自己是否有能力保持开放、感兴趣和学习者的立场。具有讽刺意味的是，她发现自己对他说的话和他清晰、合乎逻辑、敏锐地表达自己观点的方式都很着迷。你不必像 Andrea 一样发展这样一段关系。正如 Lawrence-Lightfoot（1997b）所说，"双方的关系是由个性和对比来定义的，同样也可以通过联结来定义"（p. 135）。Andrea 和那位开发人员之间建立起了融洽关系，显然，他们为彼此之间的信任关系奠定了基础。

（2）**建立信任和适时休息**。一旦融洽关系产生了信任，人们一般会更愿意谈论个人的或敏感的事件。尽管接触过一段时间并不能保证产生信任，但时间可能仍然是产生信任的一个必要条件。时间使你能够证明你会在沟通过程中遵守你所做出的承诺，也能使你和参与者在彼此的关系中成长。

　　Dick 讲述了他对一位有志成为校长的教师所做的访谈。他做了一个半小时的访谈日程安排，却在一开始时感到很失望。他事先就说："这些人永远不会告诉一个陌生人所有的信息。"但是，这位受访者却觉得和 Dick 相处起来很舒服。45 分钟之后，就在 Dick 认为自己获得了有用的信息时，受访者问道："既然我已经了解你了，那么我们可以回到之前的一个问题吗？"Dick 很高兴他们已经充分建立起了融洽关系，这样受访者就会给出更深层次的信息。他也了解到存在很多不同层面的数据，尽管他的单次访谈可能会给他提供足够的数据来达到他的目的，但是与通过多次访谈和相互信任的关系获得的数据相比，他获得的数据还是"更为单薄的"。

　　研究者在研究进程中对儿童和青少年的研究增加了额外的维度。研究者在儿童面前扮演的角色（监管人、领导者、观察者、朋友）会影响信任的发展和获得信息的种类。Fine 和 Sandstrom（1988）区分了研究者与儿童的两种关系维度：一种是研究者与儿童积极接触的程度，另一种是研究者对儿童而言的权威程度。他们还专门探讨了对于一个成年人来说，与一个孩子做"朋友"意味着什么。在研究青春期女孩的论文中，Rebecca 与女孩们建立了一种友好的关系，她积极地与她们接触，带着美术工具/用品去她们家里，开车带她们去冰激凌店，参与她们的谈话，同时她们也会征求她的意见。尽管跟她们在一起时要对她们负责，但是 Rebecca 并没有凌驾于她们之上的权威。她和这些女孩之间逐渐形成的关系是一种信任，这让她意识到，在收集完数据后，她不能简单地跟她们说再见。她在研究结束之后仍与这些女孩保持着联系。

　　Feldman、Bell 和 Berger（2003，pp. 36–38）讨论了承诺行为（commitment acts）如何培养信任。承诺行为是指你作为研究者为你正在研究的社区投入时间和精力的那些活动，正如 Rebecca 为其研究中的那些女孩所做的事情一样。通过承诺行为，你们可以彼此了解，你会用一些方式回馈被研究的社区，并且证明你看重与他们在一起的时间和互动。

"只要我们觉得与研究对象有了联系，我们就认为必须始终如一地对他们感觉良好。"（Kleinman & Copp，1993，p. 28）然而，始终对研究对象感觉良好，可能并不容易。鉴于田野工作的压力，维持关系有时也需要适时的休息。一直沉浸在这样的非日常生活中，你可能会需要定期与你的朋友和家人在一起，或者与那些和你有相似信仰及观点的人谈一谈你没有在研究场合分享过的东西。你可能需要释放，或者干脆消失几天，这样你就不会破坏已经建立起来的融洽关系和信任。

田野工作并非总是强调这种释放的需要，但是田野日志与期刊注重这一点。Malinowski（1967）在特罗布里恩群岛的日志就是大家熟知的一个例子。这里成了他发泄情感和述说他有多不喜欢他调查的社区的地方。适时的休息可以提高你在工作中谨慎地做出众多日常决策的能力。通过旅行、阅读、写日记等方法来产生距离有时是必要的。也要记住，你不需要喜欢所有的研究参与者，或被所有的研究参与者喜欢。正如 Wax（1971）所说，"一个人能够从他不喜欢的人或不喜欢他的人那里学到很多东西"（p. 373）。当然，如果你们互相有好感，你的研究工作将会对各方都更有利。

5.2.2 友谊和权力：田野关系中复杂和丰富的动力学

> 能够维持人与人之间持续沟通的是关心、关注和参与而非冷漠，这也是支撑调查的正当性的基础。
>
> （Savyasaachi，1998，p. 110）

当你在研究中不仅与人培养友好的关系，而且建立友谊时，会发生什么？友谊的本质是如何改变你的行为和研究情况的？科研中的友谊能否平等，或研究者是否常处于主导地位？本节讨论了这个领域中友谊和权力的相关问题及其可能性。

过去，当人们在质性研究中对融洽关系和友谊进行区分时，大趋势是警告人们不要建立友谊，因为友谊会导致样本偏差，并丧失客观性。过度认同（overidentification）、过度融洽（overrapport）和入乡随俗（going native）是常用来描述研究者和研究参与者成为朋友、坠入爱河或研究者卷入被研究社区的词汇（Gold, 1969；Miller, 1952；Shaffir, Stebbins, & Turowetz, 1980；Van Maanen, 1983）。Tedlock（2000）写道，研究者应该"培养融洽关系，而非友谊；关爱，而非同情；尊重，而非信仰；理解，而非偏向；敬佩，而非爱"（p. 457）。

友谊，正如所争议的那样，可能会导致无意识地介入主观选择，使现有的认知产生偏差（Gans, 1982；Hammersley & Atkinson, 1983；Pelto & Pelto, 1978；Zigarmi & Zigarmi, 1978）。研究者可能倾向于和他们喜欢的人或在政治上有共鸣的人交谈。如果他们遵循这样的规律，其"对参与者的观察兴趣会明显增加，人员和环境的抽样却会扭曲失真"（Gans, 1982, p. 52）。研究者或许会与各类参与者交谈，但会过度认同某一类参与者。他们会过度聆听这类参与者的意见，而对于其他类别的参与者，却不完全听取他们的意见。因此，研究者也可能会调整他们的询问流程，以避免疏远他们喜欢和敬佩的参与者。

友谊，可能造成研究者无法接近某类参与者，"与某个特定的个人或群体的每一种牢固的社会关系都有可能被封闭起来，也有可能遭到社区竞争群体的拒绝"（Pelto & Pelto, 1978, p. 184）。在加勒比的调研中，我曾尝试对各类参与者进行访谈，包括被孤立的年轻人、未被孤立的年轻人、政府官员和农场主。我发现我经常向主流群体解释我把时间花在边缘群体上的重要性。

总之，根据以往数据收集和分析的结果，友谊被视为一种能够影响研究者和参与者行为的关系。这意味着研究者应该在研究情境中避免友谊的成分，或者至少不能和参与者建立友谊。

如今，在田野研究中对友谊有了不一样的看法。据历史记载，某些研究者在研究现场和参与者建立了友谊，产生了爱情，甚至成为一个新社会的完整成员。他们只是没有像现在一样把这些自由地记录下来。Tedlock（2000，p.458）建议对科研友谊的解释不应该仅局限于西方科学对客观性的推崇。她把友谊设置在殖民化背景下，在那里，如果融洽关系变为友谊，甚至爱情，就会被视为文化和种族的退化。

女权主义研究者在"倡导关系研究"中处于领先地位，这些研究包括互惠关系、同理心、平等，如果可能的话，还包括友谊。然而，友谊不会随着你的意愿而发展。除了融洽和信任，关心和建立联系也是友谊的一部分。期望和研究活动中的每位参与者都成为朋友，也是不合理的。举个例子，Wincup（2001）回顾了她对等待审判的女性的研究：

> 虽然我和一些女性建立起了融洽的关系，并产生了共鸣，也和其他人有密切的研究关系，但我在田野工作中对一些人也有负面情绪。出现在法庭上的大多数女性都被指控犯有轻微的侵犯财产罪，然而我还遇到一些女性被指控犯有暴力罪、虐待儿童罪和谋杀罪，我也看到部分女性欺凌和迫害其他女性。(p.28)

研究过程本身可能会使友谊变得紧张甚至遭受破坏。在研究情境中，关心和建立联系是友谊面对额外挑战时的中流砥柱。正如Behar（1993）所说：

> 女权主义民族志学家发现，他们陷入自己编织的背叛网络中；他们清晰地意识到自己正在寻求与研究对象之间的亲密关系和友谊。最终，这些著作将用来评估他们作为学者在"学术市场"上的"生产力"。(p.297)

Henry（1992）讲述了她聘请她的日本朋友当研究助理后，她们维持了

18年的友谊发生了变化。她寻找问题的源头，发现当研究和友谊之间出现竞争时会使友谊这种关系变得紧张起来。尽管她最终对研究对象有了更深的了解，但在这个过程中，她失去了一段良好的关系。

友谊、亲密关系都是凌乱的、情绪化的、至关重要的。无论你多么努力地和研究参与者谨守"关系伦理"（Flinders, 1992），无论你们的友谊多么深厚，都不会超越研究调查，剥削及背叛的感觉可能都会在研究者和参与者之间不时地爆发出来。然而，他们之间的友谊既不会一直没有痛苦，也不会永远维持下去。

一般而言，如果研究者处于决策的位置，包括选择受访者、选择要观察的事物、决定用哪种方法分析和编写数据，那么研究者在和研究参与者的关系中，就处于主导地位。Behar在研究中曾经提到这种权力的地位。Leslie Bloom（1998）指出，权力并不是你必须拥有或者没有的东西，"权力被置于特定的主体间关系之中"（p. 35）。她进行了有益的观察，即关于研究者权力的讨论经常与权力、研究者的责任和剥削混为一谈。她认为"'当权者'收集数据、诠释数据、生成文本，在本质上是一种剥削，甚至是研究者对研究对象的暴力行径"（p. 36）。Bloom指出，研究者利用研究获得的个人和学术成果的权力，以及研究者对研究参与者和他们之间的关系负责及响应的权力，存在不同。研究方法和理论立场不能决定研究者负责任及做出回应的能力。

然而，在合作性调查中，权力一般是公平分配的，或者可能更多地属于研究重点所在的群体。当大家朝着共同目标或目的前进时，尤其是应对不公正或不平等时，具有不同经济、文化、种族背景的人，可以在斗争中成为合作伙伴，也更容易保持友谊。Wieder（2004）通过在南非的口述历史研究举了这样一个例子：

> 我作为一名来自美国的学术研究者、一个局外人，似乎有助于促进最初的访谈。但我和这位住在开普敦的南非同事，也是我曾访谈过

的一位教师之间的关系，潜移默化地不断推动我向知情人的状态发展，因为我们都是教育工作者，都具有人类相互关联的本质。(p.25)

Marleen Pugach 在 1995 年的私人书信中的说法与 Wieder 的上述叙述相似，她也曾举过一个例子来说明研究关系中的联系和关心：

去年 3 月，我首先开车向北行驶。在猫头鹰酒吧吃掉我最后一个智利芝士汉堡后，向东行驶，远离山区，前往我在威斯康星州的另外一个家。今天，我的前房东太太打电话告诉我，在我离开一年后，我的好朋友 Carmen 去世了……这对我的打击太大了，我完全没有做好准备。她不允许我用磁带记录我们的访谈，但她分享了关于河上古老的西班牙裔社区最非凡的故事……

她告诉我居住在远离城镇的地方会对孩子有利，她将一个孩子养在城市，一个孩子养在乡村。她的观点给了我很大的信心，所以我租了一幢四周有丝兰、豆科灌木、尼斯走鹃和响尾蛇的房子。我认为她并不知道这些。我们曾经一起在我最喜欢的那家墨西哥小餐馆吃早餐或者午餐……我们的会面跨越了研究和友谊的界限……

我们最后一次交谈是在 11 月，恰好就在她儿子婚礼前夕。我曾送给她一张圣诞卡片，我不知道她读没读我送给她的那本 *Animal Dreams*，那是我为感谢她在 8 月份的款待而精心准备的礼物。这不是研究关系。我去哈文斯是为了学会讲故事，但真正的故事是，你无法将自己与那些在那几个月里欢迎你的人分开。我离开时情绪很低落。如果你倾向于和参与者建立关系，那么你本想花时间研究的地方就变成了真正的牵挂。这有别于原本的合作性研究的行动目的……这变成了友谊，不是培养了多年的那种友谊，但是很深刻，因为你自己认同了大家是朋友，即使原先预想的研究并没有进行，而这项研究活动却变成了用于培养友谊的渠道。

如果是在你家附近的地方进行相关的质性研究，那么你可以从这些潜在的责任中解脱出来。你保持原有的朋友圈，从事原有的社交活动，在离你熟悉地带不远的地方进行研究。在新地区进行密集的田野工作会推动这些研究问题。这些问题不是我试图理解的权力关系，相反，它回应了我几个月以来一直想知道的问题：你能在没有终身挚友的情况下进行民族志研究吗？你想要那样做吗？……Carmen 帮助了我，当然，只要我的书写好了我就会以合适的方式承认她的贡献，但是我真正希望的是她仍然在牧场，告诉我不管我什么时候回到哈文斯，她都会为我准备好房间。

Marleen 的反思证明了研究关系是如何超越公共领域进入私人领域的。她的故事促使我们思考我们要如何体验各种可能进入研究的关系。她建议我们开诚布公、真心实意地与对方相处并尊重他们，而不是与他们保持专业的距离。实际上，Marleen 敦促我们超越融洽关系，发自内心地行动，并尊重这些行动的后果。

Marleen 的话也提醒我们，在某种程度上，随着调查的结束，你和其他人在研究地点建立的关系从本质上来说也结束了。进入研究中时，会有一种兴奋的感觉。离开时可能会苦乐参半。你很高兴访谈完成了，你回归正常的生活。你终于可以处理生活中被忽视的其他方面。你又可以与家人、朋友共度时光了。尽管如此，你也很难过，因为一些重要的事情已经结束了。你也许要结束一段美好的关系和时光。即使你从来没有接受别人的意识形态，但也很可能会产生共鸣，并喜欢与他们交流。最可能的情况是，你永远回不到相同情形的环境中了。

当你完全回到田野工作前的生活中时，你可能会感到错位。毕竟，你已经适应了在另一个地方与一群"新的熟人"或是新的朋友生活在一起。你可能会觉得自己也有所不同了，因为长期沉浸在别人的生活中可以增强你整体的自我意识。你可能发现自己通过和研究参与者的生活模式做比较，重新评估了你"正常"的生活。你可能会想念那些人、那些地方以及做事的方式。当然,离开一个异国的村庄与从居住城市的中学毕业是不同的,但两者往往都是苦乐参半。"这是一个公开的秘密,从田野工作中回家与离开家一样艰难,甚至可能会更艰难。"(Berlinski,2007,p. 273)

5.3 自反性

> 自反性是一种在行动情境中的自我意识,以及在构建情境中的自我角色意识。
>
> (Bloor & Wood,2006,p. 145)

虽然自反性有各种不同的应用方式,但它一般是指对研究者、研究参与者、研究设计和研究流程如何相互作用及影响的批判性反思(Pillow,2003)。Emerson、Fretz 和 Shaw(1995)指出,"自反性视角帮助我们看到并认同我们自己对他人世界的描述不是也永远不可能是那些世界之外的描述;相反,它们是被告知的,并通过研究者与研究参与者之间的关系构建起来"(p. 216)。自反性需要在从着手调查项目到分享研究结果的整个过程中一直对研究互动进行反思及提问。你问自己这些问题,并在日志中记录你的思考。你向别人提出有关研究过程的问题并仔细聆听和记录他们的答案,这有可能会改变研究的进程。你倾听研究参与者对你的提问,并思考这些问题是如何暗示某些关注或期望的。你的回答要尽可能完整,并思考你为什么如此作答。你所问的是关于研究的理论背景和社会文化政治背景的问题。在某种意义上,你在同一时间进行着两个研究项目:一个是关于你的研究主题的,另一个是关于你、你的互动和研究过程的。

质性研究者倾向于在最终报告中纳入自己的主观性和研究方法、诠释以及对表征的可信度的调查论证来阐述自反性思想的各个方面(Madison,2012;Potter,1996)。本节以下各部分分别基于主观性、身份和定位、可信度进一步讨论自反性。对主观性的聚焦激发了研究中对价值观、信念和自传体经历的检验。调整你的情绪并在整个研究过程中追踪它们，不仅有助于揭示主观性，而且有助于揭示不同定位和身份类别。探寻关于研究决策和诠释的可信度的问题展示了对研究过程的反思，可能有助于更严谨、更有用、更有意义的工作。

5.3.1 主观性

> 任何对于"他人"的研究都是对于"自我"的研究。
>
> （Sunstein & Chiseri-Strater，2002，p. xiii）

传统上，主观性（subjectivity）这个词等同于偏见并被视为需要去控制的东西。20世纪80年代和90年代初，基于诠释主义范式的研究者开始就"主观性是消极的"这一观点展开争论（Denzin & Lincoln，2000；Peshkin，1988b；Wolcott，1995）。与偏见不同，他们认为主观性是研究者历史上创造的个人自我，是诠释工作中不可分割的一部分。他们开始接受主观性和它所代表的含义，例如 Peshkin 的文章"Virtuous Subjectivity：In the Participant-Observer's I's"（1988b）和"In Search of Subjectivity—One's Own"（1988a）。从当时的质性研究者的角度，虽然偏见应该被监测，也应该在可能的情况下被消除，然而从个人经历和热情的方面考虑，主观性可能有助于研究。他们认为，质性研究者无法逃离主观性，也不应该这样做。Peshkin 是最早在研究中明确阐述主观性在研究中以不同方式呈现的人。

Peshkin[①]（Glesne & Peshkin，1992）将主观性视为在不同的研究情境中的自传体情绪状态。他对自己的各种研究项目以及由此引发的不同的主观性视角进行了思考。当他在美国中西部一个很小的乡村小镇曼斯菲尔德镇做研究时，他着迷于那里的社群意识。他喜欢曼斯菲尔德镇和那里的居民，而且不希望他们失去这种社群情感。他的下一个关于学校及社区的研

---

① 这里所展示的 Peshkin 对于主观性的思考来自 *Becoming Qualitative Researchers*（Clesne & Peshkin，1992）并引自 Peshkin（1982b，1988a，1988b）。

究是在伯大尼的基督教教堂和浸会学院进行的。他并不欣赏那里的社群意识，因为他其他的主观情绪都处于高度戒备状态。他写道：

> 我知道我在浸会学院的个人经历（而不是研究）使我生气。我很快就意识到我的烦恼是无处不在的，我是在写出我的怨气和烦恼。因此，我不是在颂扬伯大尼的社区，社区在那里的盛行程度并不比在曼斯菲尔德逊色。为什么不呢？我在这里不只是生气，我家的牛还被刺伤了。结果是，我想要讲述的故事源于我个人的危机感。我在伯大尼不是一个冷静、客观的观察者；在那里长达18个月的田野工作中，他们直接或间接地夸大了我作为一个犹太人的差异性。（p. 103）

当Peshkin开始他在里弗维尤市的学校和社区的下一段研究时，他计划研究种族观念是如何在那里的学校以及社区的学生和家长的生活中起作用的。他决心寻找自我主观性的实例，记录自己的感觉和所处的情境。他将自己的反思纳入他所描述的一系列"主观的我"（subjective I's）中。在曼斯菲尔德呈现出了"社区-维护的我"（Community-Maintenance I），但里弗维尤的研究情境唤起了之前研究所没有过的情绪状态，比如"教育学-社会改良的我"（Pedagogical-Meliorist I）：

> 这是一种……防御性的自我。它针对的是学生，通常是少数族裔，我观察到他们在课堂上毫无作为。他们由没有受过足够教育的教师教导，这些教师对学生往往不够关心，无法改变学生的生活。对学生和教师而言，上课只不过是打发时间，直到铃声将他们从毫无意义的活动中解脱出来。令人遗憾的是，这种情况很常见，它比我在其他学校看到的那些效率低下的教师更让我感到不安。里弗维尤高中的不同之处在于，这个班的学生通常都是少数族裔，他们来学校时受到双重打击。当我坐在教室的后面时，发现自己做了一些以前从未做过的事情：谋划改变我正在观察的教室，计划重新调整教学方向，改变学生的生活。（p. 105）

追踪你自己的主观性或"主观的我",正如 Peshkin 所描述的,在你所在的领域内展现出一些观点。这些观点没有构成完整的领域,因为任何研究都无法唤起你所有强烈的情感和立场。一些观点肯定会在其他的研究中再次出现,正如新的观点肯定也会出现一样。最可能的情况是,做相同研究的两个人不会产生完全相同的反应。然而,许多教育工作者和社会服务人员会标榜自己为"正义的我"(Justice I)和"关心他人的我"(Caring I),正如 Lorrie 在她研究物理治疗师与阿尔茨海默病患者的工作中所做的:

> 我以正义和关怀的角度看待这个课题。我见过老人被医疗保健机构不公平地对待;即使他们与年轻人有同样的病症,他们也没有得到相同质量的治疗……我对老年病学的兴趣源于我与祖母的关系,并且我曾观察到她在生命中最脆弱的时刻所受到的对待——在当地一家机构被不称职的以及未接受良好教育的工作人员恶劣对待。

保持对自我主观性的追踪,然后探究它们的起源(正如 Peshkin 和 Laurie 所做的那样),可以使你不仅意识到自己的观点,还注意到这些观点如何引导你提出某些特定的(而不是其他的)问题,对研究情境内的互动做出某些特定的(而不是其他的)诠释。Scheper-Hughes(2001)指出,"经常被提出的问题……在某领域'失去客观性'的危险真的无关紧要。我们的任务只需要我们有高度自律的主观性"(p. 318)。

一种高度自律的主观性意味着可以通过在你的田野日志中写下你的个人意见、观点、情绪来协调它们。与其压抑自己的感觉,不如用它们来探究你的假设,并通过重新审视以前的观点来形成新的问题(Kleinman & Copp, 1993)。例如,Tsing(1993)报告说,当研究参与者暗示她没有工作时,她如何从爆发的情绪中有所收获:

> Ma Salam 的母亲曾经试图通过说我不工作(bagawi)只"旅行"(bajalan)来奉承我。我的第一个念头就是生气,然后为我的勤奋辩解;在美国,没有工作就是毫无价值的。但我很快意识到自己所犯的

错误：对于 Meratus 来说，"工作"是从事重复性的照料活动，而"旅行"才是使个人充实和物质丰富的过程。（p. 68）

Gauguin 试图通过这张自画像探索什么样的主观性？

Paul Gauguin（法国，1848—1903），*Self-Portrait*，1889 年，Chester Dale 收藏于国家美术馆

当你感到愤怒、烦躁、兴奋、激动或悲伤时，你可以确定你的个人观点在起作用。我们的目是探索这些感觉，以便意识到它们是在告诉你，在与研究参与者互动的关系中，以及在你学习或阻止自己去感知的过程中，你是谁。Wincup（2001）描述了在分析和写作的过程中，她如何在研究候审的女性时利用自己被激发出来的情绪：

渐渐地，我开始意识到可以建设性地利用自己的情绪来加强研究，而不影响自己退一步进行分析和诠释的能力。通过重新体验我的田野工作经历让我的数据活起来。我的情绪意识鼓励我近距离地聆听我所

访谈的女性的故事，并在我创作民族志时，仔细思考如何才能公正地对待这些女性的故事。(p. 29)

通过反思你的研究是如何自传化的，你就可以了解你的个人经历是如何渗入你的研究中的。当我要求学生们做到这一点时，我强调自己并不是想知道他们的人生故事，而是想知道他们的研究课题是怎样与他们的生活融合在一起的：他们的研究方法叙述了关于他们自身的哪些事情？为什么在所有可能提出的研究陈述中，他们对自己的研究陈述感兴趣？

我们在第 4 章中讨论过 Kristina 的访谈问题，她计划访谈非洲妇女，了解她们对妇女合法权益，包括婚姻、离婚和财产等的看法。起初，她认为自己已经选定了主题，因为她与丈夫已经移居到东非好几年，想以撰写毕业论文的需求为契机，学习有关非洲妇女生活方面的一些东西。然而，当她思考如何将自己的论文主题自转化时，她发现了自己选择这个主题的更深层次的原因：

> 我对女性权益的兴趣开始于九年级时我和母亲一起参加的一位妇女权利活动家的讲座。在那天晚上之前，我一直认为对女性的歧视是过去的事情。我清楚地记得我的母亲对我说："你可能认为对女性来说已经没有任何障碍了，但早晚有一天你会看到的。"她的这句话让我措手不及。我是一个成绩优秀的学生，打算去一所有竞争力的大学，从事法律或商业方面的职业。但是从那以后，我开始更多地关注女性问题，特别是男女之间的不平等问题。
>
> 这件事发生一年之后，我父母离婚了，这彻底改变了我对女性和婚姻的看法。他们已经结婚 20 年了。而离婚后，我的父母都在努力从婚姻失败中恢复。我的父亲无论是从经济上还是情感上都恢复得更快一些，不知为何，我的母亲在婚姻上投入了更多的精力，但最后发现自己破产了，没剩多少钱来帮助她重新开始生活。我认为我父母之间的不平等体现在：母亲原来主要负责照顾我和哥哥以及家庭，再加上

她有限的工作经验，让她更难创造新的生活。从那时起，我强烈地意识到女性在家庭中的负担日益沉重，我认为这种意识帮助自己将兴趣聚焦在非洲妇女在婚姻、离婚和财产方面的合法权益上。

Kristina 开始对非洲妇女进行研究时，通过了解自己的主题是自传式的，而更加意识到自己对婚姻、离婚、财产和女性权益等问题的态度及情感投入。

当你追踪自己的情绪时，你会更了解自己的价值观、态度、信仰、兴趣和需求。你会了解到自己的过去和经验是行为及诠释的基础，因此，也是你能够讲故事的基础。以往的历史和经验为你的研究确立了优势，它们塑造了你作为一个人和一位研究者的身份，让你具备了研究视角和洞察力，这些视角和洞察力会塑造你作为一位研究者的行为：从主题的选择到撰写研究报告时所强调的内容。通过识别并表达自己的情绪，你可以更容易地让自己敞开心扉接受其他的价值观、态度、信仰、兴趣和需求。

Mark 描述了追踪自己的情绪如何帮助他以新的方式看待事物。他正在研究狱警对于向囚犯提供学习设施的态度：

> 在研究过程中最出人意料的是，我改变了主意。几份田野日志记录让我确定了对狱警的判断立场。我承认，我必须认识到这一点……我提醒自己，研究过程中我不是一个改革者。现在让我感到惊讶的是，我开始更加尊重他们在牢房里日复一日的工作。他们与我分享自己的想法和经历后，我开始了解，并因此而改变。我很高兴看到他们用自己的方式去帮助相当困难的群体克服巨大的障碍，成为更好的人。

虽然无法完整地记录你的价值观、情绪、观点，但你可以调整在研究的特定情境下所产生的情绪。你可以探究、回顾你的情绪，并且负责任地将它们传递给你的读者，这样他们就能更好地理解你所处的立场，以及你的诠释是如何形成的又为什么会形成。Lawrence-Lightfoot（1997a）指出，研究者阐明他们的立场、观点、偏见不是为了让受众与他们站在同一立场上，而是"允许他们持有相反的观点"（p. 50）。

5.3.2 身份和定位

女权主义学者、批判主义学者、后结构主义学者对主观性的概念进行了深化和拓展。他们阐明了身份类别复杂、多变的交叉点，如种族、性别、年龄、身体能力等都有可能在研究中发挥作用。在一些研究情境下，一个人的性别有可能发挥显著的作用；而在其他研究情境下，他的年龄有可能发挥显著的作用。你的身份与其他人的身份的互动总是在不断地交互变化。

因此，身份类别不应被视为具有一种基本含义，不应被视为对所有人都适用，也不应被视为对特定的行为或反应负有唯一的责任。相反，它们与其他特征相互作用，比如，一个人的经历和背景有时是指一个人的居住位置（inhabited positions）。居住位置的类型包括先天因素或者个人无法控制的方面，比如，血统或国籍，后天获取的个人特征如受教育水平、经济水平或社会关系，主观立场或生活经历的方方面面以及个人经历，这些都将有助于形成你的价值观（Sunstein & Chiseri-Strater, 2002）。无论你的肤色如何，民权运动时代的到来都会是一个主观立场——成为你的世界观的重要组成部分。然而，最有可能的是这种主观的立场与肤色以非常不同的方式相互关联。因此，身份类别和定位在如何描绘自己及被他人感知方面相互影响。

在任何调查研究中，研究者往往都难以控制身份类别（年龄、种族、性别等），对其定位的控制也很有限，尽管一些定位，如国籍或受教育程度可能被不道德地歪曲或隐瞒。不过，他们仍然可以做出选择来影响其定位，即 Hay（2005）作为研究者所定义的"与研究课题或者课题中其他参与者相关的社交、定位和意识形态"（p. 290）。例如，研究者带着一种开放的心态和以合作方式互动的愿望进入研究，与研究者保持一种被赋予权利的和控制的心态很可能会产生不同的立场。

Madison 说道，"定位要求我们使注意力超越个人或主观的自我"（2012，p. 10），调和定位就是调和主体间性（intersubjectivity），或调和研究所涉及的所有主体如何指导研究过程及内容，或许还包括诠释。正如 Myerhoff（1979）在下面的引文中所指出的，她对犹太老人的观察和访谈激发了研究参与者的情绪，并反过来塑造了她和研究参与者的行为：

> 老人们由衷地为我感到骄傲，但有时他们的不满情绪也会流露出来。我的存在不断地让他们想起许多痛苦的事实：应该让他们的孩子听听他们的故事；我组建了家庭，拥有自己的事业，拥有许多女性渴望但从不曾拥有的机会。（pp. 26–27）

在另外一个例子中，Lather 和 Smithies（1997）观察艾滋病支持小组，并对女性群体进行了访谈。经过这么多年，他们的工作对许多参与者来说都非常重要。一位受访者坦率地问，"你们打算什么时候出版这本书？你知道我们中的一些人正面临死亡"（p. 169）。Lather 和 Smithies 与感染艾滋病病毒的女性建立了研究关系，她们在研究课题进行的过程中哭过、笑过，并重新审视了自己的生活。这些女性迫切希望她们的故事被讲述出来，这促使 Lather 和 Smithies 出版了她们早期的著作——*Troubling the Angels*（1997）。

如何定位你自己和你的文本诠释是另一种定位方法——文本定位（Madison，2005）。参与者给人的印象是单一的，或许是受压迫的、无能为力的受害者吗？你的诠释有时会有些专断吗？它会浪漫化，并可能导致你忽视"根深蒂固的矛盾、具体的象征意义和令人不安的问题"（Madison，2005，p. 126）吗？自反性立场包括诚实和公开地定位你的主观性、身份以及研究所涉及的定位，并反思它们是如何与研究参与者以及你的观察和诠释进行互动的。自反性立场包括在整个研究过程中对调查进行批判性思考，思考研究本身如何成为研究者、参与者、环境以及所有与其相关的事物之间互动的产物。对于一些人来说，这可能意味着去思考研究的可信性，以及如何使其变得更加可信。

5.3.3　可信度

> 他告诉我："你必须学会与大家在一起，学会坐下来聆听。"
>
> （Stoller，1989，p.128）

质性研究者倾向于谈论研究项目的可信度（trustworthiness），而不是它的效度（validity）。处于研究前沿的 Lincoln 和 Guba（1985）指出，与实证研究相关的效度标准不适合诠释性调查。相反，他们提出了一些获得研究可信度的策略，并提出可信性、可转移性、可靠性和可证实性等构念来帮助评估研究的可信度。这些构念平行于定量研究（内部效度、可靠性和概括性），但是不同的研究目的应采用不同的策略。正如在第 2 章中简要描述的一些建议策略，包括：长期参与；持续观察；三角验证或采用多种方法、寻找多个研究地点和/或受访者；负面案例分析；向同行和上司汇报情况，由组员检查收集的数据和做出的诠释；充分描述；进行主观性的监测；审计及追踪数据和理论。你可以找到许多关于这些策略的描述（Lincoln & Guba，1985；Maxwell，2013；Patton，2002），以及批判、扩展和增强它们的讨论（Eisenhart，2006；Guba & Lincoln，1989）。

当研究新手及其所在的机构试图定义"好"与"差"的质性研究时，可信度策略能够为此提供一些判断标准。同大多数标准一样，即便满足了每一条标准也无法确保成为一个"好的"或者"有用的"研究，但引入可信度策略，更有可能避免使研究仅仅成为一个奇闻轶事。Hollway 和 Jefferson（2000）提出了四个有助于将可信性策略与自反性的其他方面结合起来的问题："你注意到了什么？你为什么注意到了你所注意到的？你怎样诠释你所注意到的信息？你怎么知道你的诠释是'正确'的？"（p.55）本节的重点是前三个问题，关于第四个问题的讨论可参见第 7 章。

你注意到了什么？ 这个问题暗示了，当你注意到一件事时，就不会注意到其他的事情了。采用多种方法收集数据和访谈不止一种类型的受访者

（三角验证）有助于在一个问题上产生更为复杂的观点并注意到更多的信息。在研究设计和后续的数据收集期间，问自己如下问题：我见到了谁？我没有见到谁？我很少见到谁？我要去哪里？我不去哪里？我很少去哪里？谁与我有特殊的关系？这些关系如何影响我所看到的现象以及我对现象的诠释？有什么可以提供新见解的数据收集方法是我没有采用的？

持续地、有意识地寻找否定案例（negative cases）——那些不支持一般模式的案例，有助于你发现你可能会错过或忽略的观点。当你收集和分析数据时，就会开始看到模式。当受访者告诉你的一些事情似乎可以证实你几乎已经确定的某一个模式时，你会感到很兴奋。尽管如此，向自己提问仍然是很重要的："好吧，我所看到的情况是这样的，但有没有这种情况未出现或者出现了完全不同情况的例子？"当你试图理解与异常情况相关的不同条件时，这样的搜索可以为你提供思考问题的新途径。

深入且丰富的描述性注释有助于你注意到更多，并让你意识到你所注意到的东西。然后，深度描述（通过观察和对受访者言论的描述）能够让读者理解你所提出主张的基础。理想的情况下，你通过提供充分的深度描述，让读者看到一种以不同方式诠释事情的方法。深度描述是基于在该领域的长期参与（在你研究的场所花足够的时间）和持续观察（随着时间的推移，聚焦于与研究最相关的要素）。简短的和一次性的观察不会得出深度描述。Lawrence-Lightfoot（1997c）指出，研究者的任务是"通过在情境中揭示行动和思想的细节，来捕捉行动者的经验和观点的本质与共鸣"（p. 12）。质性研究者旨在通过足够的细节和描述让读者能从作品中找到与他们自己生活的共鸣，或者培养他们对他人的生活产生同理心和新的理解，而不是以概括社会行为为目标。

你为什么注意到了你所注意到的？ 这个问题表明你需要反思你的主观性和在研究情境中的定位。反思你的理论观点、价值观和承诺是如何引导你以特定的方式行事和做出诠释的。你注意到的事物是如何被主体间性或研究情境和研究参与者对你的反应塑造的？研究参与者想让你看到的是什么？为什么？

你也可以跟同行和上司就你初始的想法及诠释进行讨论（同行间汇报）。与研究参与者一起核查你的诠释（成员检查）。争取获得别人的帮助，并鼓励他们尽情分享与你不同的观点。

你怎样诠释你所注意到的信息？ 时间是诠释信息的一个重要方面。长期参与和持续观察对你的诠释至关重要。Lincoln 和 Guba（1985）说，"如果长期参与提供了广度，那么持续观察则提供了深度"（p. 304）。长时间观察、参与、交流和建立一个好的关系会使数据变得更加真实、可信。

当你关注自己的主观性，并不断地质疑自己的假设时，你可能会意识到你将自己的身份和社会地位（例如工薪阶层、异性恋者）投射到他人身上的时刻。然后你将准备去聆听不同的观点，并从不同的角度对你的所见所闻进行诠释。

转换效度。然而，你可能会想通过不同的途径来解决可信性和严谨性的问题，而不是像先前的讨论所描述的那样。一些批判主义和后现代主义研究者表明，学者们应该关注转换效度（transformational validity）而不是可信度策略。其核心在于，转换效度提出了调查是否"推动了社会议程或者提供了文化批评"的问题（Schwandt, 2007, p. 311）。Eisenhart（2006）提出了四种转换效度的方法：

1. 解构（deconstruction）。研究者要更加深入地研究他们自身的主观性和偏见，分析其背景和议程，这些议程包括他们怎样"根据众所周知的修辞手法、政治、制度和纪律规范"来撰写他们的作品（p. 577）。

2. 道德承诺（moral commitments）。研究者仅仅做那些他们能够做出道德承诺的研究，即达到一种"纠正特定的社会错误"（p. 577）的目的，并且他们很清楚这些承诺。

3. 多重视角（multiple perspectives）。后现代主义者"认为研究者的陈述并不比其他任何人的更准确、真实或全面"（p. 578）。因此，应该通过多重视角来处理研究中的问题，这就意味着"最终的陈述由许多不同的人来构建"（p. 578）。

4. 政治行动的催化剂（catalyst for political action）。尽管实证主义和诠释主义研究者重视可信的陈述主要是因为它有助于理解社会现象，而批判主义和后现代主义研究者重视可信的陈述则主要是因为它"有潜力给读者留下印象，并能成为政治行动的催化剂，从而可以使受压迫群体受益"（p. 578）。

就像先前描述的那样，转换效度并不能替代使研究保持严谨性和可信度的需求，但它确实促使你超越研究过程，对你所提议的研究目的和结果提出疑问。这些都是需要考虑的重要问题。

5.3.4　自反性提问

Patton（2002）制作了题为"自反性提问：三角验证调查"（p. 66）的表格。该表格列举了研究者能够问他们自己、研究参与者抑或是读者的很多自反性问题。表 5-1 是对 Patton 的表格的借鉴和扩展。

表 5-1 中的问题是你可能想在田野日志中解决的问题的指南。最有可能的情况是，无论是你还是你的最终报告的读者都不想探究每个问题的答案。然而，你至少需要为你做出的决策提供背景，使读者能够更好地理解和质疑你所做的诠释。你需要清楚地表明自己的理论观点和信仰体系，以及它们如何与你所做的诠释关联起来。自反性还将挑战你了解对方的能力。也许更可行的目标是发现研究过程中的多重自我，并将其与你的诠释关联起来。正如 Emerson、Fretz 和 Shaw（1995）所述，"民族志学者发现了什么（what）与他是如何（how）发现的，在本质上是相互关联的"（p. 11）。

表 5-1　有助于提高自反性的问题

研究者	研究参与者	读者
• 我拥有什么样的哲学信仰来做研究，以及它们如何引导我做这方面的研究？	• 他们如何理解他们所知道的？	• 他们如何理解我传达给他们的？
• 我的何种自身经历将我带入这个主题？	• 是什么塑造了他们的世界观？	• 他们给我的陈述带来什么样的观点？
• 什么样的价值观和经历塑造了我的观点及研究决策？	• 他们怎样看待我？为什么？我是怎么知道的？	• 他们怎样看待我？基于什么？
• 在研究中每个特定的人是如何被选择的？	• 他们讲述关于我的什么故事？	• 我怎样看待他们？
• 为什么我形成了我所使用的特定的访谈问题？	• 他们告诉别人研究过程中的什么故事？	• 这些看法如何影响我说什么和我怎么说？
• 为什么我要在我所观察的地方观察？	• 他们对我所写的东西会有什么反应？	
• 我与研究参与者发展了何种关系？为什么是这样的关系？		
• 我渴望什么样的关系？其目的是什么？		
• 重要的分析主题是什么？为什么是这些主题？		
• 当我分析和诠释数据时，哪些才是我选中的？哪些是我选择忽略的？为什么？		
• 我认为自己知道什么？我是怎么知道的？		
• 我用什么样的形式分享自己的观点？		
• 我在文档里写下了多少内容？在这样做的时候，我是如何展示自我的？		
• 我如何利用我所学到的知识？		
• 我选择的结果是什么？		

5.3.5 那又如何？

为什么这么多关注点都聚焦于田野关系和自反性？如果你只是想好好做研究呢？为什么要陷入某些人所说的钻牛角尖的状态呢？孟加拉国的研究者 Sultana（2007）在水资源管理的田野工作中指出，"我不认为反思自己的关系结构是自我沉迷，这是在思考一个人是如何嵌入权力关系的网络中，以及是如何影响方法、诠释和知识的产生的"（p.376）。自反性思维方式有助于理解你的个人特征、价值观和在研究情境中与他人互动的方式，从而影响你选择的方法论、你采用的方法以及你所做的诠释。自反性迫使你更多地思考你想要与研究参与者达成的关系。它可以帮助你利用个人的激情和力量，同时更好地理解知识产生的方式是共同构建的，并且是片面的。最终，对研究的个人维度的思考和批判性参与将导致更多的伦理工作，这也是第 6 章的主题。

推荐阅读

Lincoln, Y., & Guba, E. (1985). *Naturalistic inquiry.* Beverly Hills, CA: Sage.

Pillow, W. (2003). Confession, catharsis, or cure? Rethinking the uses of reflexivity as methodological power in qualitative research. *International Journal of Qualitative Studies in Education*, 16 (2), 175 – 196.

练习

1. 反思在你的研究中最佳的研究关系的性质。这种关系对发展和维护和谐有什么意义？对发展和维护信任又有什么意义？

2. 在你的田野日志里以自传体的形式写几页关于研究课题的内容。深入思考：在所有可能的研究问题中，你为什么选择这个研究问题？针对该问题会访谈出什么内容？

3. 在做田野工作时，阅读民族志是一种很好的拓展思维的方式。在这项活动中，将学生分为四个或五个组，每个组阅读不同的民族志，并讨论研究的某个特定方面（你也可以做定期的课堂报告）。例如，你可能让一个讨论组关注作者如何结合观察和访谈进行文本记录，另一个讨论组的主题则是民族志的整体组织。根据本章的内容，思考研究者在研究中如何进行自我定位。对于作者你了解到了什么？对于田野关系你学到了什么？你想知道其他哪些问题？为什么？

第 6 章

伦理：

思考什么是"正确"的

进入质性研究方法学习的第二阶段，学生们意识到试错在他们最难忘的经验教训中的重要作用。Ernie不禁思考："是否可以通过试错来学习科研伦理？"随着伦理意识的日益增强，学生们开始深入思考伦理困境，并探究研究所带来的意料之外的结果。

学生们认识到对伦理的关心贯穿于质性研究的设计、思路和讨论等各个方面。伦理并非达到大学伦理委员会或其他科研审核者的要求后就可以忽视的问题，亦非"关键时刻的明哲保身"（Cassell & Jacobs，1987，p.1）。对伦理的关心是与你每天和研究参与者及数据的互动密不可分的。

研究目的本身就可以被看作伦理问题，一些研究声称其本身就是符合伦理的，并提出一些主张，包括必须超越对未来有所贡献的"希望"以及掩饰"当下对权力和人类需求的滥用"（Christians，2000，p.144）。毛利学者、活动家Tuhiwai Smith（1999）观察发现，"研究历来有利于研究者以及社会中占主导地位群体的知识体系"（p.176），他认为在伦理层面，应该与研究参与者持续讨论研究目的和研究过程。因此，我们可以认为主题选择和方法设计都可以被当作伦理问题。研究内容、研究设计都与研究者在研究目的及研究本质方面的哲学和伦理立场密切相关。

当然，伦理问题并不是质性研究所特有的。伦理的行为准则产生于医学及其他侵入性研究领域。然而，不同的认识论体系呈现出不同的伦理关注点（Lincoln，1990；Scott，1996）。后实证主义研究聚焦于将研究者和研究对象区隔开来，而诠释主义研究则注重于研究者与研究参与者之间的持续互动，在互动过程中产生一系列伦理问题。尽管如此，研究者与研究参与者之间的区隔并不会导致研究的伦理水平的提升。诚然，由于可能将他人客观化，中立和非互动的立场本身就可以被理解为是一种伦理问题。不过，在质性研究中，田野关系的亲密性引发了一些潜在的伦理问题，这也是质性研究中伦理问题通常的讨论焦点。

本章介绍科研伦理规范的产生情境，讲述其产生的目的，并聚焦于研究者和研究参与者关系所引发的伦理问题。本章并非讨论所有形式的科研伦理问题，例如伪造研究结果或在发表时未署上合作者的名字。同前面几章一样，本章也很难明确界定研究行为的"正确"与"错误"。而在此提出问题的目的在于，提醒你注意那些需要关注和提前预防的方面，从而避免"事后诸葛亮"。

6.1 尊重、善行和公正

纳粹集中营和核武器打破了科学与生俱来的为普罗大众造福的形象（Diener & Crandall，1978）。20 世纪 70 年代，美国的一些对研究对象造成生理伤害的医学研究（例如塔斯基吉梅毒研究）和至少带来心理上的痛苦的社会学研究（例如米尔格伦服从实验），促使一些专业组织和学术机构纷纷制定了各自的伦理准则。1979 年，美国保护生物医学和行为研究人类受试者国家委员会发布了《贝尔蒙报告》（*Belmont Report*）。该报告提出了涉及人类研究的三个伦理准则：尊重，善行，公正。

第一，尊重准则强调了人们应该在自愿和知情的情况下参与研究，并且保护那些没有自主选择权的研究参与者（*Belmont Report*，1979）。尽管知情和自愿无法阻止研究结果的滥用，也无法在研究者和受试者之间创造一种平等关系，但这确实赋予受试者对于自身是否参与研究的控制权。

第二，善行准则是"建立在两个（不一致的）基本准则上的义务：无害，将可能的益处最大化并将可能的伤害最小化"（Strike，2006，p. 69）。善行准则发展的部分原因在于侵入性医学研究和药物试验。当应用于质性研究时，善行准则聚焦于确保访谈者不去问一些敏感的、可能导致不良情绪的问题，以及保护参与者的隐私权，以便他们的言行以及访谈者的记录不会给他们带来伤害。

《贝尔蒙报告》的第三个准则——公正——聚焦于研究收益和责任的公正分担。它"特别强调避免这样的情况，即在研究中，弱势群体被作为主要造福他人的研究的对象，或者受益人群的范围要比被选择的研究对象大得多"（Strike，2006，p. 69）。换言之，像塔斯基吉梅毒实验这样的研究不会再发生了。该研究跨度长达40年，其中，研究对象的选择基于种族（非洲裔美国人）、阶层（亚拉巴马州的贫穷佃农）和性别（男性）。这项关于梅毒的研究目的在于记录病毒随着时间推移的变化情况，其是为了"更大的利益"，却是以牺牲参加研究但并不了解研究目的的参与者的利益为代价的。当人们发现盘尼西林是治疗梅毒的有效药物时，研究参与者却并未被告知治愈方法，也未得到治疗。

接下来将讨论如何在质性研究中应用尊重、善行和公正准则，以及随之而产生的困境。

6.1.1　尊重准则：知情和自愿

大部分质性研究者认同潜在的研究参与者应该了解研究目的、程序和分享研究结果的预期方式，并且应该自愿参与。这听起来简单可行，然而，质性研究的演化性及情境本质使得知情和自愿在以下三个方面变得复杂起来。

首先，质性研究者质疑书面许可形式在某些情境下的适用性。当涉及一些敏感话题（例如犯罪、性行为、吸毒）时，考虑到书面形式的同意书会危及个人安全，因此伦理委员会接受口头许可。然而通常情况下，伦理委员会还是要求签订正式的同意书。美国的参与者往往熟悉并乐于在大多数心理学和教育学以及一些涉及儿童的研究中使用同意书。然而在一些跨文化的情境中，同意书被看作"官僚主义"追踪体系的一部分。因为签字可能会伴有权利的损失，所以许多曾被压迫、统治和殖民的人不信任书面文档，尤其是那些需要签名的书面文档，这是可以理解的。

Van den Hoonaard 和 Van den Hoonaard（2013）建议，质性研究者与其准备同意书迫使研究参与者去签字，不如准备关于研究项目和承诺的信息清单（并且由研究者签署）发给研究参与者。"因为做出承诺的是研究者。"（p.53）当研究变成合作时，对合作、积极协助和共同治理的需求会超过对知情同意的需求（Diener & Crandall，1978；Wax，1982）。事实上，在质性研究中，与是否签署同意书相比，合作和伙伴关系可能与许可的伦理评估更相关。

其次，质性研究（尤其是在纵贯研究中）计划的改变，使得在研究初期所提出的一次性许可标准产生潜在的问题。Margaret Mead 曾经说过，"人类学研究没有研究对象。我们在相互尊重的氛围中与信息提供者共事"（转引自 Diener & Crandall，1978，p.52）。尽管 Mead 的陈述表达了理想化的情况，但随着研究者和研究参与者彼此在尊重、兴趣和接受程度上的提高或降低，田野关系也会持续变化。随着关系的发展，研究者也许会以他们希望的方式（也或许不是他们最初期望的方式）受邀参加，例如被邀请去参加私人聚会或者打高尔夫球。随着关系的发展，研究者或许也会希望研究新的话题，在不同的场所进行观察，或者引入收集数据的其他方式方法。因此在质性研究中，许可是一个持续的过程，但是"在大部分情况下，如果必须通过正式的许可程序，可能会令参与者感到十分困惑或者觉得过于正式和严格"（Van den Hoonaard & Van den Hoonaard，2013，p.35）。你应该准备好让参与者对研究目的和过程中的任何变化保持知情，并且请求他们同意你继续进行研究。

最后，质性研究项目经常涉及对参与者的观察。那么，这是不是意味着你所观察的每个人都必须同意你所进行的观察？设想你对社区学校中家长参与方面的问题感兴趣，并且你的研究得到了当地学校、学校董事会以及家长委员会的支持。你可以参加一场高中足球赛并将其作为研究的一部分，在赛场上匆匆记下工作日志以及与家长互动的内容。比赛是公共性的活动，尽管不受知情同意条款的约束，但你也会注意到周围一些人警觉的目光。一些研究者认为在公共场所的观察是被允许的，因为在公共场所，人们通常在观察别人的同时也被别人观察。相应地，社会科学家应该具有观察他人的权利。但也有相反的观点认为，当这种观察被系统化地记录和分析时，便不再是普通的观察，而可能会侵犯隐私权。在下一次家长会中，当你拿出笔记本时，发现有一些你之前没见过的家长也参加了这次会议，在这种情况下你应该怎么办？你是否需要问"我可以做笔记吗？"来不断吸引别人对你以及你正在进行的研究的注意？

知情即意味着你应该对潜在的参与者公开必需的信息，以确保他们能够做出关于是否参与研究的明智决定。然而在质性研究中这样做是很难的，因为在研究开始阶段你也许不会完全清楚你想要寻找什么、在谁那里寻找，或者可能存在的风险。"研究者经常处于复杂的情况中"，Erickson（1986）指出，"因此需要对研究情境展开民族志研究，以预测可能涉及的风险和责任范围"（p.141）。

6.1.2　善行准则：隐私

> 实实在在地认识我们自己！我已经记下好几条实现自我的最佳途径。
>
> （Scheper-Hughes，2001，p. xix）

在善行准则方面，伦理委员会关注潜在的身体和情感伤害风险，并且寻找保护参与者隐私的方式。对于质性研究而言，研究者特别强调对参与者隐私的保护，并对可能引发情感伤害的访谈问题进行评估。也就是说，当参与者允许观察和访谈时，研究者需要说明如何保护他们的隐私，保证匿名性，并且不会对他们的情绪造成困扰。

正如知情同意一样，在质性研究中，隐私问题并不总是明确的。Diener 和 Crandall（1978）描述了一个通过调查及观察垃圾袋中的物品，来研究生活在亚利桑那州图森市不同街区的人关于购买、丢弃和浪费的行为。研究结果表明，相比高收入人群，穷人浪费的食物较少；在饮酒方面，个人自我报告的饮酒量和从垃圾袋中发现的结果之间存在显著差异。虽然垃圾袋中的物品并未与某个特定的家庭联系在一起，但是被检查的垃圾袋里通常有带有他们名字的信封。那么这样的研究是否侵犯了他人的隐私权？

在数据收集阶段，不要和任何人讨论你的所见所闻，以这种方式来表示对研究参与者隐私和保密性的尊重。当校长问你从她们学校的教师那里学到了什么时，你应该如何回答呢？或许可以用如下的话来回答：

> 能和贵校的教师们交谈我实在很高兴，他们对自己的工作和我的调研都很尊重，给了我很大的帮助。现在讨论我可以利用现有信息得出什么结论还为时尚早，但是有一些问题已经有眉目了，如果有机会和您讨论那就再好不过了，请问您有时间吗？

这样的回答不牵涉特定的个人，而是对整个群体的讨论，因此你既尊重了校长的兴趣，又不违背对教师们做出的任何承诺。类似这样的讨论必须在无条件地保护教师们的隐私和校长对你的研究结果的兴趣之间取得平衡。

在撰写研究报告时，你需要尊重数据收集和分析后的隐私及保密性。你可以用化名，并且适时改变或删减那些可能会指向特定参与者的描述性特征。但在一些情况下，虚构的名字也不一定能保护到参与者，正如两个经常被引用的例子中所描述的那样：West 1945 年的著作 *Plainville, U. S. A.*；以及 Vidich 和 Bensman 1968 年的著作 *Small Town in Mass Society*。尽管书中用了化名，但读者还是很容易通过对特征和位置的描述识别出那些城镇，而且城镇中的居民也很容易通过书中对个人的描述识别出他们自己。在这两个案例中，研究参与者都为对其城镇和居民的描述所困扰。Scheper-Hughes（2001）评论道，"长期以来对我们的社区和被调查者进行的匿名做法，只是愚弄了少数人，且没有保护任何人，也许只是拯救了人类学家而已"（p. 12）。类似地，Plummer（1983）也观察到，尽管"保密似乎是传记研究所必需的，但通常是不可能实现的"（p. 142）。他引用了几个例子：在 Shaw（1930/1966）最初的研究结束 50 年之后，研究参与者 Jack Roller 被锁定并再次被访谈；在一个月的"侦察"工作之后，一个记者追查出了 Oscar Lewis 的著作 *The Children of Sanchez*（1963）。

这些例子说明了保护隐私和不带来伤害之间的关联。尽管研究过程也许不会造成伤害，但研究结果的公布却可能会带来伤害。在发表研究结果的过程中，研究者需要考虑到研究报告对个人和社区的潜在影响。如果关于个人的特定信息被泄露，会不会给当事人带来痛苦？如果收集的关于社区的信息被发布，会不会影响该社区的名誉和社会地位？即使受访者也倾向于认同社区中存在一些让人不喜欢的地方，研究者是否应该将信息公开？在质性研究中，田野关系和对这种关系的责任应该成为比仅保护隐私更重要的伦理标准。Scheper-Hughes（2001）回顾了匿名的使用是如何使我们"忘记了我们有必要在写作中对人类学的研究对象给予同等程度的尊重、同理心和友善，就像我们与他们面对面时所给予的一样"（p. 12–13）。

尽管关于隐私保护的担忧合情合理，研究者们还是需要处理拒绝匿名的问题。Jacobs（1987）举了这样的例子：一位人类学家撰写了美拉尼西亚群岛上一个社区的研究报告，她通过匿名的方式隐去了村民和他们的具体方位。三年后，她回到那个社区，给那些最乐于提供帮助的人分发了一些她的书，并请求进行深入的研究。当地人喜欢那本书，并觉得里面的描述很恰当，但是他们告诉她，村庄和个人的名字都写错了，并要求她在下一本书中写得准确一些。

在另一个拒绝匿名的案例中，一位研究应用医药的人类学家在一个城市的非洲裔美国人社区工作了三年。在她发表文章之前，她请社区成员阅读，并请他们给予评论和批评。他们称赞了她的作品，但是对城镇、健康中心以及"努力提高人们的医疗保健水平"（转引自 Jacobs，1987，p.26）的人的名字进行匿名处理提出了质疑。这位人类学家解释了隐私惯例的原因以及公开名字可能会导致的伤害。最后，在共同协商后，她略去了健康中心的真实名称和位置，但是在脚注中列出了工作人员的名字。

强调隐私本身也许反映了一种西方式的偏见。在一些国家，比如坦桑尼亚，普遍认可研究项目中受访者的名字在附录中出现的做法，并且认为"偏离这一程序将被看作令人困惑的或者傲慢的"（Ryen，2007，p.221）。支持这一观点的论据是"匿名的斗篷"（cloak of anonymity；Van den Hoonaard & Van den Hoonaard，2013，p.34）是为研究者服务的。它将注意力集中到研究者身上，使得他们的主张不容易受到质疑。正如 Gubrium 和 Harper（2013）所观察到的那样，学者和政策制定者试图通过演讲及公开出版物的形式在公共领域以知识生产者的身份出现。为什么他们能够这样做，而"研究参与者的名字和面孔却被期望屏蔽掉"？……这种期望是如何持续隐藏或压制其声音的呢？（p.51）显然，关于这个困境不存在任何答案。如果研究涉及研究参与者和当权者冲突的敏感问题，则必须谨慎对待隐私和匿名问题。但是在合作研究和行为研究中，隐私问题就没有那么重要了。

6.1.3 隐私、许可和网络

> 有人会认为我们进入了一个目睹隐私终结的时代。
>
> （Van den Hoonaard & Van den Hoonaard，2013，p.125）

互联网使得从广泛的人群中收集数据、与研究参与者分享解释和接受反馈变得相对容易起来。然而，研究者以计算机为媒介进行沟通的方式，通常面临与许可和隐私相关的伦理问题（Mann & Stewart，2000；Robson &

Robson, 2002)。

这就存在一个问题：情境既不是隐私的也不是公开的，而是一个介于隐私和公开之间的连续体（Elm, 2009）。例如，如果你要观察一个在线社区，那么它应该被当作一个不受"知情同意"原则约束的公共场所吗？如果你在公共聊天室里或者博客上提出问题，是否需要在得到许可之后再将所得到的反馈作为数据使用呢？如果你决定声明你是在做研究并请求得到许可去使用帖子中的信息，那么你又将采取什么行动（由于参与者可能是分散且不断变化的）？

在网络沟通中承诺保密也是很困难的，尤其是对于聊天群和其他社交媒体平台的使用者而言。你可以在公开出版物的行文中使用匿名，但那不一定能够保护被引用者的身份。例如，如果你对自闭症儿童的父母的观点和策略感兴趣，并且找到了一个特别活跃的博客，你也许会为了你的报告而从博客中选取一些对比鲜明的话语。你可以对每一个你引用过的博主使用化名，但是那些博主的名字仍然可以通过搜索你引用的话语找到。在一些网络群体中，参与者选择匿名，然而"即使在封闭的圈子外部提及绰号也等于背叛了信任，因此应该把它当作真名对待"（Van den Hoonaard & Van den Hoonaard, 2013, p. 64）。

在特定的网络群体之外不使用群体中的绰号是逐渐被认可的伦理准则之一。在进行社会科学研究时，如果在你的研究中利用了网络和社交媒体网站，那么你既需要注意伦理准则，也需要注意由在线社区建立的行为准则或网络礼仪（Robson & Robson, 2002）。计算机社会责任专家联盟（Computer Professionals for Social Responsibility, CPSR）制定了一套隐私指南，其中包括需要让个人了解任何个人信息的收集情况以及使用这些信息的方式。网络研究者协会（Association of Internet Researchers, 2012）也为网络研究制定了伦理指南。

技术日新月异，网络环境变化多端，这使得关于网络使用的伦理问题和指南不断演变。例如，一些质性数据分析软件不是在电脑硬件驱动上存储数据和项目文件，而是将其存储于网络云端。这种存储方式丢失数据的风险比电脑崩溃或被盗窃所产生的风险更低，但是它也带来了新的问题，就是在未经授权的情况下获取数据。随着研究各个方面的数据在网络上存档，观察笔记、访谈录音以及其他可以通过网络广泛获得的数据不断增加，产生新的隐私和许可问题的潜在风险也大大提升了。当前使用研究数据可能会获得同意，但对于参与者永远不会再见面的人在不可知的未来使用数据，是否可以获得同意？这些困惑使得研究者不仅要仔细考虑伦理准则，还要认真思考在特定研究情境下，参与者当前和未来的伦理决策（Baym & Markham，2009）。

隐私、许可和可视化研究。可视化研究形式的产生引发了对隐私和许可的另外一些伦理思考。Mitchell（2011）举了这样一个例子：她和研究生进行一项基于社区的可视化研究，在这个社区中，孩子们被要求拍摄"感觉安全"和"感觉不安全"的照片。一个11岁的孩子拍摄了一张名为"一双拖鞋"的照片，并解释说她继父用这双拖鞋打她，让她感到很害怕。Mitchell（2011）描述了这种情况的复杂性：

> 一方面，如果照片（无论拍摄者是否署名）出现在当地的摄影展中，就会暴露女孩继父的行为，如果被她的继父看到，也许会使她在家里处于易受伤害的境地。另一方面，照片增大了女孩获得保护的可能性。（p. 28）

为了保护隐私，研究者通常选择聚焦于场所或手工制品的照片，而不是人的照片来进行报告或展示。但即便是这样的选择也可能产生问题，正如在上面那个例子中我们所看到的。

在"照片之声"或基于社区的可视化研究中，社区成员是影像的制造者。这意味着每个参与者都需要了解与摄影作品的制作和使用相关的伦理问题。在为从事可视化基础研究的参与者准备的工作坊中也包含了关于伦理问题的讲座。为了在工作坊中引出与照片相关的伦理问题，Gubrium 和 Harper（2013）提出了一些问题，诸如"接近某个人并拍摄照片的可行方式是什么？""你应该在其他人不知道的情况下（为了研究）而拍摄他们的照片吗？"以及"对于你来说，什么时候拍摄照片是危险的？"（p. 52）。如果社区想要以它们自己的规则参与到可视化研究中（其中一些规则是文化方面或基于情境的），那么对这些问题以及其他问题的讨论就变得重要了。对任何利用照片进行思考的研究者来说，无论他们是否参与基于社区的可视化研究，这些都是很好的问题。

无论何时使用照片，研究者都必须在同意书中明确照片可能会出现的地方（学位论文、期刊文章、网站、会议报告等）。他们也必须询问摄影师是否要将他们的名字和照片关联在一起，并要被告知这种方式可能产生的危险和好处。可视化数据的使用是存在一定风险的；不过，也可以通过为参与者提供帮助或者以互惠的形式使用数据。例如，Schaeffer（1975）获得了拍摄牙买加人日常生活的许可。他为参与者设置观看时段，如果他们愿意，还可以邀请他们的家人和朋友一起观看。这些观看时段开始流行起来，成为讨论、共享、互相学习的载体。Banks（2007）将研究者的文字和照片或视频进行了对比：

> 我猜想，作为学术研究项目的研究对象，很少有人会乐于收到一份经过同行评审的专业学术论文的副本，更不用说主动要求作者提供副本了；相反，在可视化研究项目中被拍摄和录像的人大都很乐于接受副本，还有一些人确实很积极地去索要副本。（p. 10）

随着图像拍摄和传播技术的迅速变革（例如智能手机、平板电脑、社交媒体网站），对可视化研究相关的伦理问题进行规划并不容易。然而，现在很多论文、书籍章节和职业道德标准都在尝试解决可视化研究的伦理问题。例如，你可以在国家研究方法中心（National Centre for Research Methods）的网站上下载 *Visual Ethics：Ethical Issues in Visual Research*（Wiles et al., 2008)这本书。如果你正在进行的研究涉及可视化部分, 书中的同意书和照片复制权的示例会对你有所帮助。Mitchell 的文章"Doing Visual Research"(2011)也提供了在基于社区的可视化研究中使用同意书的例子。

6.1.4 公正准则: 弱势群体、互惠作用和陈述

在《贝尔蒙报告》中, 公正主要是通过强调确保公平地选择研究参与者、对弱势群体给予特别关照, 以及能够在个体和社会层面分享利益及分担负担的程序来体现的。这意味着研究对象不应该总是从同一群人中选择, 尤其当研究结果往往有利于一个群体而不是另一个群体, 或者研究对于参与者来说风险特别大, 而绝大多数人都可能获益时, 就如同药物试验和医疗实验一样。例如, 如果药物试验是通过一群男性大学生样本进行的, 那么产生的新知识——建议的剂量、用药方式以及可能的副作用——相比女性和老人, 对年轻男性可能更适用。这个案例也许就没有符合研究的公正准则。

对弱势群体给予特别关注是公正准则的另一部分。联邦指南列出了一些潜在的弱势研究群体, 包括儿童、未成年人、智力障碍者、囚犯、老年人、绝症患者、有色人种和少数民族等。这项规定旨在保护那些也许无法给出知情同意或很容易感到被胁迫或被迫同意的人群。包括潜在弱势群体的研究提案往往要经过伦理委员会的全面审查, 以评估需要哪些保障措施以及这些措施是否已经到位。

尽管联邦指南和伦理委员会将特定群体归类为弱势群体, 目的是保护他们在研究中免受刻板印象或虐待伤害, 但给一整群人贴上弱势的标签还是有问题的。正如许多人所指出的那样, 这会进一步强化对群体的刻板印象, 比如那些不愿被贴上残疾(disabled)或有生理缺陷(handicapped)标签的人。Van den Hoonaard 和 Van den Hoonaard (2013) 认为, 人们并没有那么脆弱, 但是"人们生活在使他们变得脆弱的环境中"(p.85), 而这些环境应该成为研究的焦点。

对弱势群体的分类导致让他们参与研究变得更加困难。也就是说, 分

类本身就是一个悖论。质性研究的贡献之一是给予那些沉默且被忽视和统治的群体以尊重及话语权。很多长期以来处于沉默状态的群体，正是那些被贴上弱势标签的群体。这些标签使他们继续保持沉默，使研究者更难去观察、接触、采访他们并分享他们的故事。这些规则名为"保护"特定群体，实际上是将他们排除在外，并且保证处于主导地位群体的话语权完整。

《贝尔蒙报告》为满足实证研究中对伦理准则的实际需求，确立了尊重、善行和公正的准则。正如上面所说，即使经过慎重思考，这些准则有时也难以被整合到其他的研究范式中。同样，强调公正选择对于一个并不想得到普适结果的研究来说也并不合适。一般而言，质性研究者要多角度反思公正问题，而不仅仅是监督参与者的选择和实施保护特定群体的程序。考虑互惠的形式和陈述的影响，是在质性研究中实现公正的两种方式。

互惠。当人们对研究者公开他们的生活时——投入时间、分享亲密故事、频繁地让研究者参与他们的公开和私人活动——质性研究者通常会对这其中的收获感到喜悦，同时也为自己无以回报而感到困扰。在加勒比地区的研究中，我这样反思：

> 如果人类学家的写作成果对数据收集对象及其所在社区的利益有限，那么这就是在进行"文化偷窃"，也被称为"数据出口"（data exportation）或"学术帝国主义"（academic imperialism）（Hamnett & Porter, 1983, p.65），这个过程让人想起过去的考古学家把石头、陶器和黄金制品从异国他乡带回自己家乡进行分析及展示。欠研究对象什么是一个问题。贸易条款是否比玻璃球更多？（Glesne, 1985, p.55-60）

在后实证主义研究中，互惠被定义为对研究对象所花费的时间支付的金钱报酬。尽管质性研究中的参与者有时也会获得报酬，但并不是惯例。通过金钱体现的互惠由于时间的延长和关系本质的演变而变得复杂起来。质性研究者找到各种各样的互惠形式，但是他们的付出与收获是否等价常常难以判定。

在判断互惠的恰当性时，等价也许是一个错误的标准。你能为那些让你在教室后面待上几个小时的教师和每周都前来接受访谈的护士做什么呢？准确地说，他们的时间对你来说是无价的。你能通过什么途径让你的研究参与者得到对他们来说无价的东西呢？也许不能。Glazer（1982）将互惠定义为"恩惠和承诺的交换，构建相互认同和对社区的感知"（p.50）。你可以陪伴午餐值班教师，帮助研究参与者到花园除草，或者去当地的扶轮社（rotary club）并参与交谈，以表明自己并不是一个冷漠的局外人。你可以为受访者买咖啡或午餐，为所观察学校的教师休息室提供零食，在进行一系列访谈和观察后送上感谢信。你通常需要考虑的是感谢的方式——认识到他们花费的时间、给予的配合以及其言论的重要性，并感谢他们对你提供的支持。

访谈过程本身就提供了互惠的机会。如果你的问题涉及对受访者而言非常重要的问题，那么受访者会认可自己的角色，并且发现自己作为信息提供者是有用的。通过反思和回答你提出的问题，受访者也许可以更好地理解他们自己和组织的某些方面。

研究者和参与者的关系越亲密，义务、期望就越具体，互惠实现的可能性就越大。例如，Cassell（1987）讲述了一位人类学家的故事。她在最初连续几个夏天的田野工作中，以美国西南部一对夫妇的孙女的身份被这个家庭接受。他们的子女和配偶都把她当作家人看待。有一年夏天，当这位人类学家回到此前的研究地点时，她了解到她的"祖父"出现了衰老的迹象，酗酒，还产生了幻觉。老人的孩子和配偶在她到达不久后就离开了，他们说自己已经照顾了他一整年，现在该轮到她了。尽管对老人的照顾需要花费全天的时间，而且这位人类学家计划的研究工作还没有完成，但她觉得自己别无选择，只能尊重她"临时亲属"的身份。而且，她也觉得自己更像是这个家庭的一部分。第二年夏天，她把在情感和教育方面都有问题的侄子带在身边，在与他相处的过程中，"亲戚"们帮了不少忙。在另一个例子中，传记作家 Rosengarten（1985）记述了他与 Ned Cobb 的合作以及双方互惠的形式，"Ned Cobb 的家人之所以同意帮我的忙，除了我们之间的感情，还有一个特殊的原因——我与 Ned 的合作重新唤起了他的求生意志"（p. 113）。

互惠可以有多种形式。图为一个学生正在帮助英国国家信托基金的成员清理沿海地区的非原生植被。思考在你的工作中达成互惠的形式。

做质性研究的过程有助于提高期望值。研究者在社区或组织中花费大量时间询问问题和意愿时，会引出参与者们不满或渴望的声音。他们的工作可能会鼓励人们期待有人最终能解决他们的困境。如果你计划只是记录并发布你所了解到的内容，那么你必须在研究的整个过程中明确这一点。然而，通过书面和口头上的报告，质性研究者可以通过揭露不公正、斗争和痛苦来体现互惠。互惠也可以包括对共享出版物版税的明确安排。在研究的呈现和传播中所涉及的伦理问题是下一部分的主题。

陈述。1982 年，Nancy Scheper-Hughes 基于在爱尔兰乡村的田野工作出版了 *Saints, Scholars, and Schizophrenics* 一书。20 世纪 90 年代末，她的出版商决定出版该书的二十周年纪念版。这个决定为 Scheper-Hughes 提供了一个回访她曾进行田野工作的社区的机会。她的回访"比预期中的更短、更痛苦"（Scheper-Hughes, 2001, p. xiii）。在 2001 版的序言、前言和后记中，

Scheper-Hughes 戏剧性地讲述了她的故事，充满了对伦理困境以及她本可以做却未做的事的反思。总的来说，Scheper-Hughes 并不被欢迎回到这个村庄，因为她在书中的陈述忽略了对村庄优势和村民优点的描述。或许是迟到的救赎，在这本书 2001 年的版本中，Scheper-Hughes 写下了她原本可以说却未曾说过的话，并且反思了她在陈述中所采取的立场。最后，她问道："我们常常以批判的眼光去审视人际关系、制度和组织中隐含的矛盾及悖论，而这究竟有利于谁或者是为了谁的利益？"（Scheper-Hughes，2001，p. xvii）

Scheper-Hughes 的工作例证了与研究的写作及发表相关的伦理问题。值得注意的是，我们分享的只是片面陈述，并且通常是我们做出的选择之一。这并不能讲述故事的全貌或呈现一个问题的所有观点。我们有责任严谨地工作，对我们所陈述的内容深思熟虑，考虑并尊重我们笔下所陈述的人的感受和观点。Scheper-Hughes 的反思也强调了在出版前与研究参与者分享并获得其反馈的重要性，并且，在可能的情况下，与研究参与者展开更广泛和深入的合作。

在另一个例子中，Finch（1984）在发表其在托儿所（亲子园）研究中收集到的数据时遇到了困境。她发现，工人阶级女性和中产阶级女性的育儿观念存在很大的差异：

> 我担心这个例子会被用来论证工人阶级女性的能力不足以抚育孩子这一观点。此外，我不愿意再进一步伤害那些生活处境比我差的女性，事实上，有那么一段时间，我觉得自己无法再写托儿所（亲子园）方面研究的任何内容了。(p. 84)

Finch 通过区分女性所处的结构性社会地位及相应的经验，来解决她自己遇到的困境。这种处理方式使她认识到，女性成功地适应其生活的各种结构性特征丝毫不会改变她们所在社会本质上的剥削性质（p. 84）。因此，她描述了工人阶级女性的育儿实践，使她们在一个不公平和不平等的社会中获得支持。Finch 并未忽略或修改数据，也没有通过解释去消除她所发现的差异。她的伦理敏感性促使她理性地分析自己所得到的数据，并将结果情境化，于是这两组女性的行为就是基于其不同的生活现状所产生的。直面伦理困境，得到有效的解释。

以巧妙的方式（例如戏剧、短篇故事、诗歌和视频）呈现研究，有时也可以作为互惠的一种形式。与学术出版物相比，在艺术的表现形式中，参与者的言语和影像更有机会创作出来并被研究者看到。然而，这种方法又会造成其他伦理困境。例如，观看在公开场合表演的关于其家庭成员的戏剧，对受访者来说可能是相当痛苦的，因为他们的故事被当成素材了。艺术研究者采用的一个通用准则是，艺术品在公之于众之前应先让受访者阅读、观察、评论或参与创作，一起讨论艺术品是否陈述了他们生活的某些方面。第 9 章会更详细地讨论艺术型研究的陈述。

可视化研究如何在观察者中引起不同的反应？图中 Gauguin 的作品产生了共鸣还是距离？它是否强化了特定的刻板印象或使你重新看待一些事情？它是否采用了伦理、种族、性别、阶层划分的文化符号？是谁的文化符号？这些都是伦理问题。

Paul Gauguin（法国人，1848—1903），*Nave Nave Fenua*，1884/1885 年，原版为油画，后被其子 Pola Gauguin 于 1921 年进行木刻印刷，现由 Rosenwald 收藏于国家美术馆

6.2 伦理准则

20世纪70年代，美国政府在所有接受联邦基金资助进行人类学研究的高校中设立了机构审查委员会（IRB）。IRB的职责就是审查所有向该机构申请进行的涉及人类学的研究，确保研究参与者受到保护以及合乎伦理的对待。其他国家也建立了类似的组织（例如，英国的大学伦理委员会、澳大利亚的人类研究伦理委员会以及加拿大的科研伦理委员会）。IRB审查申请者的研究计划时，根据尊重、善行、公正的准则，设定了以下五项指导方针：

1. 研究对象必须掌握充分的信息以决定是否参与某项研究。
2. 研究对象必须能够随时退出研究，并免除罚金。
3. 必须消除研究对象任何不必要的风险。
4. 研究应对研究对象或者社会有益，最好是对二者都有益，其益处必须大于潜在的风险。
5. 只有合格的研究者才能进行实验。

除了IRB，一些专业组织在其所属学科内，创建并不断更新专门针对其学科研究和专业行为的伦理准则。以美国为例，你可以在网上搜索到由美国社会学协会、美国咨询协会、美国心理协会、美国专业新闻工作者协会制定的伦理准则和行为规范。各伦理准则体系之间的相似之处有很多，具体差别则体现在各个协会的工作、价值观以及聚焦点上。例如，美国人类学协会（American Anthropological Association，AAA）制定的伦理准则专门解决了民族志学者所面临的特定问题。

美国人类学协会的伦理准则经历数次迭代，最新版于2012年由协会成员修订并审议通过。下面的专栏节选自最新版的13页的声明，重点强调了研究者对于研究涉及的人和动物所承担的责任。美国人类学协会的伦理准则包括研究者对奖学金、公众、雇员、学生和培训对象以及实践应用工作的指导责任。尽管许多准则具有普遍性和开放性，但它们仍为田野工作的反思和在需要深思熟虑做出决策的领域培养敏感性提供了一个框架。

美国人类学协会的伦理准则节选

1. 在任何人类学研究开展之前，必须保证"不伤害"……每位研究者都要考虑该项研究可能通过哪些方式造成伤害。人类学家应该设法避免的最严重的伤害是对尊严、身体和物质福利的伤害，在对弱势群体进行研究时更应如此。人类学家也应该……谨慎地权衡潜在结果和研究产生的偶然性影响，当与其他责任产生冲突时，这项首要义务可以取代探索新知识的目标，并可以决定项目终止或暂停。

2. 公开和坦诚地对待你的研究。人类学家应该清晰和坦诚地对待其研究的目的、方法、结果以及赞助者……像知情同意那样，透明化也是一个过程，既包括在研究开始前做出原则性决定，又包括在整个过程中鼓励参与、约定和公开辩论。人类学家同时还有伦理义务去考虑其研究的潜在影响，以及其研究结果的交流和传播产生的影响……在决定是否开展研究之前，与合作者和参与者就数据所有权、使用权和结果宣传方面进行明确协商是很有必要的。

3. 获取知情同意书和必要的许可……知情同意书至少要包括向潜在的研究参与者分享研究的目标、方法、资金来源或赞助者、预期结果、预期影响，以及研究参与者的权利和责任。它还必须包括保密和信用制度。研究者必须向研究参与者介绍可能产生的影响，并且明确指出，在尽最大努力之后，仍有可能泄密，或者结果可能与预期不同。在研究中，当研究变化会直接影响到研究参与者时，人类学家必须重新修订和协商同意书的内容……知情同意书并不一定意味着或者要求特定的书写或签名格式，重要的是内容和质量，而不是格式。

4. 权衡合作者和受影响方的伦理职责。人类学家必须权衡对研究参与者、学生、专业同事、雇主和资助者等的相互竞争的伦理职责，同时要认识到对研究参与者的责任通常是最主要的。

5. 使你的研究成果容易获得。人类学家的研究成果应该被及时传播。重要的是要记住，这些结果可能不明确，也可能会有多种解释，并容易受到不同和非预期用途的影响。在某些情况下，应当设置一些限制条件来保护研究参与者或他们的文化遗产，以及（或者）有形或无形的文化产权或知识产权。

6. 保护并保存你的记录。研究者有责任采用适当的方法，以确保田野日志、录音、样品和其他原始数据以及研究参与者身份的安全性及保密性。关于保存研究材料的伦理决策，必须在维持数据完整性的义务和保护研究参与者及其社区在未来免受伤害的责任之间进行权衡。

资料来源：www.aaanet.org/profdev/ethics。

一些专业化组织机构一直努力使它们的哲学假设明确成为其伦理准则的一部分。例如，新西兰社会学协会的伦理准则和其他协会一样，侧重于研究、教学、出版和职业操守的伦理问题。然而，该准则对其伦理准则的政治和社会背景进行了批判性的定位。例如，它包括如下明确声明："社会是多元的、矛盾的和冲突的，而且很难证明世界上存在一个单一的、没有冲突的'大同社会'。""社会学家应该认识到研究不是中立的，他们也应该明确自己认识论的假设。""社会学家研究的是社会问题和课题，而不是人本身，在研究的过程中人不应该被当作研究对象。"（Sociological Association of Aotearoa，2012）你可能会发现，在本国或其他国家寻找你所研究领域专业协会的伦理准则，有助于你思考研究课题中有关伦理方面的问题。

根据当今伦理准则的底线，20 世纪 50 年代到 60 年代的一些研究永远不会被允许。那些研究大多是基于弱势群体展开的；在某些情况下，研究结果只服务于那些身居高位的人（Punch，1986）。伦理准则有助于减少这种情况的发生。尽管如此，一些研究者还是发现，伦理准则也可以保护有权势的人。例如，Wilkins（1979，p.109）指出，当局几乎不会关注囚犯的权利问题，除非有人想对监狱进行研究。实际上，当局可以打着保护研究对象的幌子来保护自己，因为它们往往要求出具一份明确的同意书来层层筛选研究者，以转移其对敏感问题的研究（Galliher，1982）。

科研伦理准则也可能存在文化偏见，Lipson（1994）指出，西方国家的伦理准则注重对个人和个人权利的尊重，而"在其他很多文化中，'人权'是基于一个人所在的部落、社会群体或者村庄来定义的"（p.341）。她用其对阿富汗难民进行的研究来举例说明很多人"并不认为自己是拥有个人权利和自主权的个体，而是作为家庭成员而存在的"（p.342）。因为世界上大多数人都是从群体角度而非个体角度去思考和行动的。Howitt 和 Stevens（2005）认为，非本土的研究者有伦理义务取得超越 IRB 准则的，以当地社区为基础的正式或非正式的研究协议，并深入社区"确定适当的研究目的和问题，探索知识的恰当方法（特定的文化，适当的方法），以合理的方式对研究成果和知识进行共享"（p. 38）。

考虑到跨文化研究的困境，美国人类学协会提出疑问，即如果其也信奉文化相对主义（cultural relativism），那么它是否拥有道德权威来制定伦理准则？也就是说，如果不同文化的伦理准则都是平等的，那么美国人类学协会是如何为开展研究制定伦理准则的？经过讨论，该协会得出的结论是，虽然文化相对主义是理解文化体系的一个重要立场，但这并不意味着研究者必须赞同研究参与者所有的风俗习惯。例如，虽然奴隶制通常被认为是错误的，但是在一些地方仍然存在，且值得研究。该协会成员最终一致认为，伦理准则的制定对田野研究者具有重要的指导意义。这种伦理准则或许会阻碍某些类型的研究，或许会存在文化偏见，但这并不是摒弃伦理准则的理由，而是表明在质性研究中，伦理标准会随着研究视角的提升和参与程度的提高而不断演变。

6.3 研究者角色和伦理困境

本节主要探讨伦理问题与不同研究者角色的结合方式，以及这种结合方式如何在田野研究中发挥作用。某些角色对研究者来说是折磨；某些角色对研究者而言很有吸引力，但从数据收集的角度来说却很令人困扰。这些角色包括剥削者、改革者、支持者和朋友，每个角色都具有不同的伦理困境。

6.3.1 剥削者

Esperanza 向我讲述了她的故事，让我帮她偷渡出境。就像墨西哥的农村劳动者向美国输出劳动力以换取石油一样，Esperanza 仅仅为了出境，便向我讲述了她的故事……问题是我能否在不变成带她出境的

"蛇头"的情况下，扮演她文学经纪人的角色，让她在能力有限的情况下以其他方式出境。

(Behar, 1993, p. 234)

当你沉浸于研究之中，开始为知识不断丰富而欢喜时，剥削或利用研究参与者的问题便会浮现出来。你会心存感激，但也可能会因得到太多却付出很少而感到羞愧。我们需要认真对待这个问题，很多研究者作为不请自来的局外人，进入某一群体，挖掘其语言和行为的原始数据，然后退出，把这些数据加工处理成他们自己或同事的研究成果，同时获得地位、声誉以及出版物的版税，研究参与者却仍默默无名（Plummer, 1983）。研究者可能会用涓滴效应的承诺来为他们的行为辩护，例如"通过把这些告诉其他专家（如特殊教育者、护士、社会工作者），我们能够帮助与你处境相同的人"。

剥削涉及权力和控制的问题，如果不参与合作或者行为研究项目，你如何知道自己是否"利用了"研究参与者？当 Mitzi 开始对无家可归的母亲开展关于其孩子就学问题的访谈时，她苦苦思索该如何回报她们。Dick 在开始研究的第一年，觉得他是在利用自己所有的亲戚、熟人和朋友来收集数据。Mitzi 和 Dick 提出了一个关于利用他人和互惠的难题。他们俩都在为自己的论文而忙碌，并且都感觉自己获取的超过付出的，而且事实可能的确如此。有人可能会问："他们以什么方式回报社会？"Mitzi 和 Dick 以尊重的态度对待受访者，这是符合伦理的。他们仔细倾听，确保自己能明白受访者的话，这也是符合伦理的。Mitzi 在做社会服务工作，Dick 则从事公共教育事业。他们都准备把自己所学的知识运用到工作中，并与他人分享。这是符合伦理的。他们都没有向研究参与者承诺解决他们的问题，而是倾听他们的故事，并决心让他们的声音能够被更多人听到。这就是符合伦理的。

如果伦理的标准是帮助信息提供者分析并且解决困难，那么许多研究注定永远不会开始。但是，当你正在对边缘化和被压迫群体进行调查时，就需要认真对待剥削问题。思考如何让你的研究告别剥削，并且能够服务与你一起工作的人。毛利学者 Linda Tuhiwai Smith 在她的 "Decolonizing Methodologies"（1999）一文中，提出了一系列关于研究项目的思考，包括"谁来规定研究课题？""这项研究对哪些人而言是值得研究的和相关的？是谁这样说的？""这个群体能从这项研究中获得什么知识？""这项研究会带来哪些好的结果？""研究对谁负责？"（p. 173）。试着结合你的研究项目来回答这些问题。如果答案清楚地表明所有决策都是你做的，并且你获益最大，那么你就应该开始认真考虑如何改进你的研究设计了。

6.3.2 干预者/改革者

不同于研究者主观想避免但最终可能会成为的剥削者角色，干预者/改革者的角色是研究者主观决定想要成为的角色。研究者在做研究的过程中，经常会获得一些信息，这些信息如果被分享出去，会对一些人造成潜在的危险。例如，在对加勒比地区的年轻农民进行访谈时，我意外地了解到非法种植和销售大麻的情况。正如 Peshkin（Glesne & Peshkin, 1992）在一项研究中对学生进行访谈时，就成了危险信息的知情者：

> 你知道那种街头小店，对吗？不知道？天哪，他们卖酒给任何人，任何人！我和我的朋友去那里买薯片，那个站在柜台后面的家伙说："你们喝酒吗？我会卖给你们一些冰镇的酒，不用担心，我不会告诉你们的父母。要一些吗？"（p. 114）

还有另外一个例子，Nancy 在动物园中进行观察和访谈，随着得到的信息越来越多，她开始越来越担心某些动物遭受残忍的虐待，并且对如何处理这些信息感到烦恼。当研究参与者信任你时，你总能获得对信息的知情特权，但同时也要承担相应的责任——这些信息往好了说是有问题的，往坏了说是危险的。

你的伦理困境在于如何处理危险的信息。我们应该为研究参与者保密到何种程度？如果你了解到违法行为，是否应该揭露？在前面的例子中，如果研究者告知有关部门他们所获得的（研究参与者的）信息，那么可能就会伤害到这些人，也会妨碍他们在当地的下一步研究，甚至会妨碍后续的研究项目。这些研究者不会干预研究参与者，也不会和其他人讨论。坚持保密往往是最好的策略（Ball, 1985；Fine & Sandstrom, 1988）。如果披露信息会伤害到某些研究参与者，你需要决定是忽略掉这些信息，还是间接引用或者终止研究，并尝试纠正那些你认为不公平或者错误的行为。

在 Knowing Children（1988）一书中，Fine 和 Sandstrom 讨论了青春期前的孩子，认为他们"不仅会在不知不觉中实施危险的行为，而且还会故意实施挑战由成人制定规则的行为"（p. 55）。随着研究者和孩子们之间的信任增加，孩子们的言语和行为可能会使研究者陷入伦理困境之中。例如，一个孩子可能表现得像个小恶霸或者说出带有性别歧视的言论。Fine 和 Sandstrom 总结道，"必须允许孩子实施某些行为，说出某些话，即便这会令研究者感到痛心。甚至，在某些情况下，研究者必须支持或至少默许那些令人痛心的行为"（p. 55）。

然而，问题是在你基于预料之外的信息进行干预之前，如何感知到情况"错误"或"危险"的程度？例如，作为研究者，你怀疑一个孩子正在遭受精神虐待，如果你的工作让你能够接触到那些在街角商店买酒的学生，你是否会有不同的反应？难道后者不也是一种精神虐待吗？虽然特定的专业协会能给出清晰的责任界限，但是在有责任去干预和有义务继续保护隐私之间，并没有很明显的界限。

判断往往是结合情境因素和个人冲动做出的。然而，一些防范措施会有助于避免陷入这类困境之中。Laurie 是一名护士，她在一家医院开展了研究。她担心如果在研究过程中发现了医院的不当行为，她该怎么办。最终，在一次质性研究方法课上，她和同伴讨论了她的担忧。通过认真地综合考虑各种情况下的假设，同伴们鼓励她去与她的主管以及她观察和访谈的医护人员见面，询问他们关于如果她观察到了不当行为该如何处理的建议。

在研究过程中，建立支持小组来讨论这种担忧和困境是很有用的。一些研究者在他们的研究设计中组建了专家小组。学生论文委员会有可能起到这个作用，但是专家小组和学生论文委员会并不一定知道应该如何处理在质性研究中出现的伦理问题。在理想情况下，研究者的支持群体尽管可能涉及不同的主题，但都为相似的方法论问题所困扰。同样，在理想情况下，研究者能够和研究参与者中的骨干建立足够的信任，这样他们就能主动地讨论潜在的伦理问题和接下来要采取的行动。

6.3.3 支持者

支持者和干预者一样，也会在研究中发现的一些问题上表明自己的立场。但与试图在研究范畴内改变一些事情的干预者和改革者不同，支持者拥护一项事业。当 Lynne 对大学管理者进行访谈时，她想成为一名支持者：

> 我一直问自己，我的研究能在多大程度上提高大学的管理水平。当我认为自己是这一过程的参与者，与管理者们的讨论到目前为止可能已经达成共识，或者提出了一些好的期望时，这种感觉被放大了几分。虽然我研究的目的是理解而不是"解决"，可是一个人怎么能在接近那么糟糕的情况后，又一走了之呢？我不断地问自己："我应该为他们提供解决办法或者至少给他们一些安慰吗？"答案是否定的，但是随后我又不断地问自己同样的问题，可能是因为我不喜欢自己的答案。

Lynne 的研究加深了她对所研究的管理者境遇的关心。支持可以采取多种方式，其中，报告和发表是最容易的。Lynne 需要评估这些方式是否满足她的要求，或者是否还有其他既能被管理者接受又在她的能力范围内的方式。她很好地表达了质性研究者选择做批判性、协作或参与式行为研究的动机。她可以选择以这样的状态与管理者进行进一步的合作。

6.3.4 朋友

正如第 4 章所讨论的，研究者往往和研究参与者建立友好的关系，在某些情况下，这种关系就是友谊。但无论是友谊还是友好的关系，都会导致伦理困境。相比研究者角色，你可能在作为朋友的角色时会更容易获得私密的信息。那么你应该把这些信息作为研究数据吗？Hansen 对丹麦人生活的探索就是以私人友谊作为信息来源的渠道。Hansen（1976）表达了她对既是研究者又是朋友的双重身份感到不适应，"一些私密的信息是我以朋友的身份得到的，然而，我同时也是一位人类学家，我听到的或者观察到的一切都会潜在地影响我对丹麦人互动动态的理解"（p. 127）。在这里，Hansen 讲述了一位女士告诉她的私密故事：

> 那天晚些时候，我会在她不知情的情况下，以人类学家的身份独自一人记录下这次谈话。我作为调查者的角色把这次谈话转换成"数据"，如果她知道我是以两种身份在倾听，而不只是作为朋友，她还会如此坦率地谈论这件事和其他更私密的话题吗？(p. 129)

随着数据收集工作的继续，Hansen 越来越不知道自己应该如何保护受访者的隐私，她也面临着伦理困境，公布结果即使不会破坏友谊，也可能会让她的朋友感到不安。

Hansen 需要知道她的书稿中是否真的需要包含她的朋友告诉她的所有内容。如果把一些可能引起麻烦的内容去掉，她的论述还成立吗？这些内容能以"不太麻烦"的方式被展现出来吗？最后，我们应该让我们的朋友来进行判断吗——把我们的作品呈现给他们，让他们进行最优选择？

在 Busier 等（1997）的文章 "Intimacy in Research" 中，作者认为亲密关系能成为一种"理解途径"（p. 165），但是也承载着责任和注意事项，包括反思这种关系的性质和影响，分析关系中权力的作用，并要协调关系伦理。在关系伦理中，"这些伦理行为的起源、权力不在于规则和义务，而在于我们对他人的爱和尊重"（Flinders，1992，p. 106）。在那些受欢迎的友谊关系中，基于信任、相互关心和协作意识的关系伦理，才是我们研究的核心。

6.4　没有简单的解决办法

就其本质而言，伦理困境没有简单的解决办法。研究者们仍在争论是否应该研究某些情境或主题，如果应该，又该如何研究。他们质疑田野工作是否必然具有欺骗性，他们对田野工作中因为疏忽而失真的部分争论不休。他们提出了在研究中使用和滥用权力的伦理问题，尤其是对经济贫困者和弱势群体。另外，他们还质疑准则和规范是否能够明确塑造研究伦理，实际上，很多质性研究者在其研究进行过程中对伦理与研究关系的思考已经超出了 IRB 的规章制度。对意愿、对研究者的角色和关系，以及对政治影响的持续思考都是其中的一部分。伦理准则必然能够指导你的行为，但是你的研究有多符合伦理准则取决于研究过程中你与研究参与者持续的沟通和互动。这个问题并非研究者自己说了算的。

在某种程度上，IRB 和其他伦理部门设定准则所基于的伦理哲学基础，已经受到一种新的社会伦理——"社群主义"（communitarianism）——的挑战。社群主义被描述为"以群体、平等、民主、批判、关怀、参与、行动和社会正义为本"（Lincoln & Denzin，2008，p. 542），这种伦理倡导"一种民主、互惠、有来有往的立场"（p. 543）。不同于功利主义伦理努力创建伦理判断的中立原则，社群主义观点呼吁建立一种根植于人类关系、关怀和社会历史背景的伦理。Strike（2006）指出，要"采取社群主义的方法""研究者就是要依据社群目标检查他们的行为"。社群主义还要求关注那些为社群服务的机构和做法的福利，因此，它需要的不仅仅是个体研究者以正直的态度进行他们自己的研究（p. 72）。

虽然 Patricia Martin 和我并没有像社群主义伦理那样构建我们的想法，但当我们各自在墨西哥瓦哈卡从事独立研究时，我们分享了这样的伦理思想：当讨论我们的研究时，我们发现彼此都关注瓦哈卡社会的三个重要理念——社区、公共自主权和好客。我们观察到瓦哈卡的文化价值观指导着人们的行为和交往方式。谈话间，我们开始反思，这些理念是如何作为伦理框架服务于我们特定的研究流程和一般的质性研究的（Martin & Glesne, 2002）。

在好客方面，我们开始讨论该如何回应瓦哈卡各个社区的人对我们的盛情款待。即使在节日里，我们也会被邀请到他们家里，坐在上座吃饭，并获得普遍认可。在我们日常的田野工作中，真诚地参加更多的互惠活动（提供食物，共享时光，特别是减轻任务导向）无疑是对好客更好的回应。随着我们把好客视作研究的伦理框架，我们开始从不同的角度看待我们之前对研究关系中权力作用的关注，以及使研究过程更加横向化的努力。好客的视角使我们相互关怀、富有同情心、慷慨解囊，不再试图去平衡关系中的权力。好客让我们看到关系中的各个方面，包括并超越权力上的不平等，它还要求我们作为研究者要以热情友好的方式行事。Tuhiwai Smith（1999）对新西兰毛利人社区的伦理研究支持了这种伦理观点，其中包括要"与他人分享或招待他人，要慷慨""不要践踏人们的基本权利和义务""不要炫耀你的知识"（p. 120）。

和社群主义伦理相似，"关系伦理"（relational ethics）强调相互尊重、维护尊严，以及研究者和所研究的社区之间的关联。基于关怀伦理（an ethics of care），这一立场往往成为协作和参与式行为研究的一部分。"关怀伦理强调人们伦理上的相互依存关系。"（Rossman & Rallis, 2012, p. 70）随着研究者对涉及权力和不公正问题的伦理立场日益激进，研究中出现了更多的伦理问题。我们必须要问："采取激进立场的依据是什么？研究者对谁负责？怎么负责？"从事社会科学研究的我们对批判、研究和了解的多元化方式敞开怀抱，我们应该锻造出一种新的伦理构建方式，使它能够聚焦于具体情境、参与者及其相互关系。

推荐阅读

Christians, C.（2011）. Ethics and politics in qualitative research. In N. Denzin & Y. Lincoln（Eds.）, *The landscape of qualitative research*（4th ed., pp. 61-80）. Thousand Oaks, CA：Sage.

Hammersley, M., & Traianou, A.（2012）. *Ethics in qualitative research：Controversies and contexts*. Thousand Oaks, CA：Sage.

练习

1. 选择下列伦理困境中的一个（单独一人或者团队合作），思考：如果你是研究者，该怎么做？

a. 你正在对一群患有厌食症的女大学生进行访谈，但由于校园生活，她们的厌食症不再发作了。你要在连续两个学期内安排每位参与者进行至少五次访谈。寒假刚结束，在第三次对一位参与者进行访谈时，由于她的体重下降和她的一些话，你怀疑她的厌食症复发了。当你问她的健康状况，她回答说感觉很好时，你会做什么？

b. 你正在撰写一位受人尊敬的大学校长的传记。你大部分访谈的对象都是这位校长，他对于你提出的撰写传记的一些请求，包括分享他发展期的经历等深表赞同。你阅读了与他有关的所有出版物，并且对他的家庭成员和一些重要的同事进行了访谈。在这个过程中，你发现了一些可能对他不利的，或者至少可以说是关于他私生活的一些不好的信息。你会做什么？

c. 你正在调查一个小城市的难民安置项目，重点关注教育和社区参与问题。通过在该项目中建立的关系和志愿服务时间的推进，你开始了解到一位早期移民貌似在对难民进行利益剥削。他对那些本应由安置项目提供的服务和信息收费。即便如此，人们还是去找他而不是通过安置项目来满足自己的需求。你想要保护新难民免受剥削，并且揭发那位早期移民的行为，但是你也担心，也许你并不完全了解这件事背后的文化背景。你会做什么？

2. 以小组的形式，查找一个特定学科或协会的伦理准则（每个小组要选择不一样的）。这些准则是如何反映各种研究范式的（例如，后实证主义、诠释主义、批判主义）？以大的团队的形式，讨论这些准则之间的不同和相似性。

这里有一些机构可供参考，可以通过网络搜索它们的伦理准则信息：

美国人类学协会（American Anthropology Association）

美国心理学会（American Psychological Association）

美国社会学协会（American Sociological Association）

美国民俗学会（American Folklore Society）

互联网研究者协会（Association of Internet Researchers）

英国教育研究协会（British Educational Research Association）

英国社会学协会（British Sociological Association）

职业记者协会（Society of Professional Journalists）

3. 反思你所在的领域研究过程中可能出现的潜在伦理问题，你会做什么来使问题最小化？在面对伦理问题时，你将会怎么做？请至少和一位同学进行讨论。

第 7 章

探寻背后的故事：
数据分析

该做的事不能再拖了。我已经在家待了三个星期了,为了逃避编码,我给自己找了很多事情来做。我整理了文件,做了研究设计,并重新进行了整理,以便能够快速摊开堆叠的资料并把它们都整理好。我一直在阅读和思考,还把我在11月写的计划书拿了出来。在田野调查的最后几个月里,我往计划书中放了几张便签,上面记录了一些偶然的灵感,提醒我必须修改原定的章节结构。今天,我想我只要把暂定的章节结构打印出来一张贴在墙上就好(顺便再把编码这件事推迟一点?)。我开始打字了,呃,我发现了什么?全错了,跟我所想的完全对不上!这个发现让我感觉被当头一击。我试图把那些章节再整理一下,但并不管用。所以索性直接把那些我在睡觉、开车、准备逾越节食物……时所想到的主题写下来。就从这一步开始吧。

(Pugach 的私人信件,1994年3月31日)

数据分析需要对你所看到、听到和读到的全部东西进行整理,这样你才能有所发现,并弄清楚自己经历了什么。你可以对数据进行描述和比较,也可以对数据做出说明。把你的故事和其他的故事关联起来,可能还会提出假设或者建立理论。然而,如何做到这些?方法是多种多样的。例如,语言学传统侧重于词语和对话,将"文本本身视为分析的对象"(Ryan & Bernard,2000,p.769)。为了充分理解数据,就可能会用到诸如正式的叙事分析、话语分析或者语言分析等方法。而具有社会学传统的研究者们将"文本作为理解人类行为的窗口"（Ryan & Bernard，2000，p.769），采用主题分析法，对数据进行编码和分离，以进行进一步的分析、描述和诠释。主题分析法在民族志中应用广泛，是本章重点介绍的内容，同时，本章也会介绍其他的一些数据分析方法作为对比。

7.1 多种数据分析方法

采用哪种数据分析方法取决于你的方法论、研究目的、数据收集方式等。本章不会介绍全部的数据分析方法，而是选择性地通过四种方法来介绍数据分析方法为什么各有不同以及有哪些不同。多读那些能与你产生共鸣的数据分析方法以及通用的数据分析方法。本节将首先介绍主题分析，这也是本部分的重点内容，随后介绍起源于语言学的对话分析、将语言学和社会学结合起来的叙事分析，以及起源于社会学的符号学。

7.1.1 主题分析

主题分析（thematic analysis）——寻找主题和模式——被广泛应用于人类学、教育学及其他质性研究中。主题分析中一个非常重要的步骤是将数据按编码或标签分类，然后再以各种方式对编码的数据块进行分析。例如，你可以对某个案例的数据用同一种方式进行编码，然后看看这些数据如何随着时间的推移而变化，或者看看这些数据与其他因素的关系（如事件之间的关系）如何变化。你也可以"探究编码所代表的类别或者主题观点如何因案例而异"（Gibbs，2007，p.48）。案例可能涉及不同的事件、情境、研究参与者或政策。通过比较可以识别特定主题的模式。主题分析是为了了解某种社会现象的过程以及人们对此现象的认知、价值观和信仰，从而对这种社会现象进行更细致的了解。一些研究者，比如那些采用扎根理论方法论（grounded theory methodology）的人会通过探寻主题和模式来建构理论。

寻找模式时更关注文化和情境的统一、人们通常在做什么、和谁互动等方面。主题分析虽然是为了寻找模式，却并不为此设定标准。主题分析的优势在于，当你试图找出矛盾和区别时，它有助于揭示潜在的复杂性并解释其与一般模式有什么区别、为什么会有区别。后面会对主题分析再进行详细介绍。

7.1.2 对话分析

如果你的研究旨在探索如何通过自然发生的对话进行沟通和协商，那么对话分析（conversation analysis）是一种非常有力的分析方法：

> 对话分析研究对话参与者在日常对话中所进行的各种活动。这包括参与者在对话中如何应对重复和中断，如何处理各种问题（比如倾听和理解方面的问题），以及对话是怎样开始和结束的。（Bloor & Wood，2006，p.39）

例如，对话分析可以用于医院为提升患者安全性而实施的一个跨专业团队合作项目的研究。研究者可以采用对话分析来报告项目的进展情况，重点关注医生、护士、技术人员和助理之间是如何针对患者进行对话的，这种对话传递了什么样的含义。

对话分析所研究的数据往往来自日常对话的录音，而非访谈。研究者关注的是对话中的细节——从话语间的停顿到某些字词上的重音，在转录时采用各种符号记录下这些非语言的细节。对话分析是由一种诠释主义研究——称之为民族志方法论（ethnomethodology）——发展而来的。这种方法关注的是人们如何理解日常生活，以及如何完成那些人们习以为常的诸如"信任、赞同、协商"之类的互动（Schwandt，2007，p.98）。通常，视频影像会作为数据收集工具来记录一些日常生活，研究者会对视频进行逐帧研究和分析。

7.1.3 叙事分析

如果你的研究是为了理解参与者如何从经历中构建意义，以及（或者）他们是如何叙述或讲述这些经历的，那么你就会想了解叙事分析策略。叙事分析（narrative analysis）往往是为了"探索叙事结构或特定事件的具体经历，比如婚姻破裂或是找到改变人生的关键；经历的（社会/医疗）过程；或是参与的特别项目"（Grbich，2013，p. 216）。收集数据时可以直接对现场进行录音或录像，也可以进行访谈。如果是进行访谈，那么访谈者的问题通常是比较宽泛的开放性问题，比如"告诉我关于……"并且在受访者回答时尽量不打断他们。相较于把这些故事细分成主题和模式，叙事分析过程更关注故事本身及故事的讲述。

比如，在一项关于"痛失孩子的母亲如何接受孩子的死亡"的研究项目中，研究者就可以对数据采用社会语言学的或社会文化的叙事分析方法。二者结合使用会更好。社会文化的叙事分析方法聚焦于对叙述内容的仔细阅读。例如，如果你对失去孩子的女性进行访谈，就要把访谈的转录稿一读再读，并记下每个故事中包含的事件、所表达的感受和反应、每个女性对自己故事的理解，以及所有的说明（Gibbs，2007）。然后你会比较她们的叙述，注意相似和不同的事件以及意义的构建。你也会努力把这些叙述嵌入或关联到讲述者的文化和政治背景中去。

社会语言学的叙事分析关注的是讲述故事的语言和修辞手法。你可能会通过故事如何开始讲述、如何结束以及中间部分是什么来分析她们的故事。你可能会考虑故事的戏剧风格。故事通常会呈现出一种或多种戏剧风格：悲伤、讽刺、浪漫或幽默（Gibbs，2007）。如果叙述者们的所有故事都或多或少地呈现相同的戏剧风格，那你就要思考访谈的这组女性为什么会出现这样的情况了。如果故事的结构截然不同，你也要反思，并找出原因。

Gubrium 和 Holstein（2009）提出，人们的叙述常常带有"不同的情节结构和主题"，却经常被忽略，"除非研究者一开始就知道包含了哪些结构"（p. 69）。叙事分析者着眼于受访者如何将经历和环境联系在一起以构建意义，同时也意识到环境并不能决定故事的讲述方式或意义。

Gubrium 和 Holstein（2009）借鉴了社会学传统，强调叙事时需要超越文本本身。分析者必须考虑到叙述者所处的环境是如何影响叙述内容和叙述方式的。由谁提问来引出故事？故事为什么会有所保留？例如，在我为美国国会退伍军人项目进行的访谈中，我父亲告诉我的关于他参加第二次世界大战的故事，很可能与他在 2008 年退伍军人节那天和其他参加第二次世界大战的老兵在华盛顿聚会上所说的不同。对情境的观察对于定位和诠释故事很重要。Gubrium 和 Holstein（2009）把"叙事民族志"（narrative ethnography）描述为"一种在表达和交流过程中对环境、角色和行为进行细致观察的分析方法。这种方法需要直接的观察，并密切关注故事的形成"（p. 22）。

社会科学各学科的研究者都会用到叙事分析方法，不过通常是出于不同的目的。正如 Bloor 和 Wood（2006）所说的那样，"语言学家可能研究故事的内在结构，心理学家可能关注回忆和总结故事的过程，而人类学家可能会跨文化地看待故事的功能"（p. 119）。

7.1.4 符号学

符号学（semiotics）起源于语言学和通信科学，意在理解人们怎样通过标志和符号进行沟通。符号学不太关注参与者感觉到了什么或者相信什么，而更多地关注这种信念或想法是怎样在脑海中产生的。例如，在美国，为什么长途汽车旅行被当作一种可能有危险的旅行方式？为什么认为贴着"有机"标签的食物更好？为什么经济发展经常被看作进步的标志？符号学分析适合研究文化信仰体系或某些特定种类的信息（比如身份）怎样被传递的问题。

符号学关注的是所有包含信息的东西，可以是明显使用了信息传递符号的书面和口头文字，也可以是一顶红色的帽子、一个穿孔的舌头或一袋玉米粉蒸肉，每一个都可以在语境中有具体的含义。要想成为一个符号，必须要有能够承载信息的信号物（红帽子），以及所传递的信息（红帽协会的会员）。符号学分析关注的是符号是如何在特定语境中创造或产生意义的。

一个完整的符号系统便形成了社会代码（social code）。"符号学旨在揭示超越表面意义或浅层描述的东西，并阐明隐含的意义。"（Madison，2012，p.76）它不仅关注符号代表了什么，而且关注符号在特殊的文化背景中的含义。例如，一名大学生对校园内的学生群体进行了符号学分析。她通过访谈来了解学生们关于如何对自己和他人进行分组的看法，但她的大部分工作是对学生们的观察——观察他们的穿着、装饰物和互动行为。她特别感兴趣的是，一些学生群体使用特殊的标志和符号，分别用不同的方式与群组内和群组外的学生进行沟通。

符号学分析可以分析视觉符号（例如某些颜色的使用）、语言符号（某些字词的使用），以及声音符号（声音的使用，如语调）。符号学分析关注谁是信息的发送者，谁是预期的接收者；关注沟通的结构以及结构所包含的信息。符号学还可能关注二元对立，也就是说，如果说一种饼干是"有机的"，就意味着其他没有这个标签的饼干都不是有机的。最后，符号学分析还关注编码或构造以及连接符号时不言而喻的规则和惯例，并关注编码如何随着时间的推移而改变。

在研究符号是如何相互关联以构建意义的过程中，Roland Barthes 和其他人研究了意识形态及权力制度，提出了将某些符号变得"自然"（即事物本来的或应该存在的样子）的方法，然后再通过操纵这些符号维护当权者的利益。给符号赋予明确的含义，这一举动的背后隐藏着各种各样的动机（可能是希望维持现状，也可能是引诱别人购买产品）。

为了总结本节介绍的各种分析方法，我来打一个比方。想想纤维艺术家 Caroline Manheimer 是怎么把织物碎片——她的数据——拼接到一起的。就像主题分析一样，她可能根据不同的类别属性（比如大小、颜色、形状）把她的织物碎片分成组（编码），然后再按照颜色或形状拼接出新的样式。在这个过程中，她可能把一些碎片分成小块（拆分编码），或者把几片整合到一起（汇总编码），然后再进行重组，创作出艺术布贴 *Wanderings*。在 *Uniform Series #15* 中，Manheimer 所用的方法更类似于叙事分析，她用布编织了一个关于生活的故事，天主教学校的校服就是这个故事中象征性的叙事主线。布的碎片（数据）构成一个整体，故事（叙事）才引人注目。

研究目的和研究问题不仅会影响数据的生成，还会影响对数据的理解。因为本书的大部分内容都是关于民族志方法的，它有助于你理解某些问题、群体或组织的社会文化，所以本章的剩余部分会详细介绍主题分析的全过程。

Caroline Manheimer, *Wanderings*, 2003 年，艺术布贴（Tim Barnwell 拍摄）

Caroline Manheimer, 2008 年, *Uniform Series #15*, 艺术布贴（Tim Barnwell 拍摄）

7.2 主题分析：早期资料分析

与在数据收集完成后再单独进行数据分析相比，如果你能在数据收集过程中就不断地反思和整理，并努力挖掘数据背后的含义，那么你的研究会更中肯，并且可能会更深入。边收集数据边分析可以让你的研究不断聚焦并成形，这也是分析工作的一部分。O'Reilly（2005）举例说明了她在研究英国人移民到西班牙的问题时，是如何边收集数据边分析数据的：

> 我注意到当两个英国人碰面时，他们常常会亲吻对方的脸颊，就像传统的西班牙人那样。但是，我从未把它们记在我的田野笔记里，因为我觉得这并不重要，直到我意识到这种情况实在太普遍了。于是我开始仔细观察。……我注意到只有英国移民者才会这样做，游客并不会这样，而当有游客在时，移民者们更有可能这样做。接着我开始注意到，有游客在时，英国移民者在相互交谈时偶尔会使用西班牙语。这让我开始思考移民者和游客之间的关系，在那之前我更关注英国人和西班牙人之间的关系。这之后的田野工作中，我开始仔细分析移民者和游客之间的关系，以及他们的行为和对彼此的态度，这些事我一旦离开这里就没办法再做了。我开始对笔记和收集的数据进行分类，给它们加上新的标题——"游客/移民者关系"，并且发现了许多我之前没有注意到的新现象。（p. 187）

就像 O'Reilly 说的那样，当你还在收集数据时就要开始分析了，以便充分利用田野工作的各种可能性。写备忘录和每月报告，管理你的数据，以及应用初步的编码方案，会有助于你发现新灵感和新问题，开始学习和追踪收到的数据。

7.2.1 写备忘录

备忘录（memo）最初指的是扎根理论研究中的一种特殊的记录过程（Glaser & Strauss, 1967）。该术语目前在质性研究中被广泛使用，用来指草草记下的反思性思考。写备忘录或记反思性的田野日志可以拓展你的思维；不管想法多么稚嫩或以何种形式出现，一有什么想法就立刻写下来，这样你就开始了分析过程。备忘录给了你产生新思想和新观点的自由空间。研究生 Jackie 说："我想到什么，就把它写下来。想法可能会忘，但写下来的东西不会丢。以后会有助于我思考。"

在整个研究过程中，你要努力对新观点和新想法保持开放的态度。另一个研究生 Gordon 说："当我在做其他事情时，会产生一些新想法和处理数据的新方法。最可能的是在开车去上课的那一大段路途中，或是在冗长无聊的会议上，我的思想放空时。"当这些分析想法产生时要及时捕捉。在车上放一台录音机可能会有帮助，这样无论在哪，是白天还是晚上，你都可以把它们记下来（如果这样做安全的话）。

不要只是去等待想法出现。定期坐下来写写备忘录。你可能会想要思考一下研究问题，写下解决问题的方式，或者提出新的问题。写下你看到了哪些模式。如果这些模式看起来特别整齐划一，那么就想想谁可能会有不同的观点，并对他们进行访谈。对任何模式都要考虑例外情况。记住，你在找的是多样化的观点，而不仅仅是对这部分人的行为、信仰和价值观进行概括。你发现的模式有什么反例吗？什么时候会出现？为什么会出现？如果你不断地思考你所学的东西，这些早期的分析想法也可以指导你进行下一步的观察或者帮你找到下一组受访者和访谈问题。

下面是我在七家学术性的艺术博物馆进行田野调查时，在编码之前写的分析性备忘录。我知道我需要面对大学/学院文化、政治和经济挑战等多领域的主题。我坐下来写下这些主题（没有按特定的顺序）中让我印象深刻的东西。写这份备忘录让我认识到如何进一步分类或组织数据，它让我再回到数据中进行进一步的研究。例如，一所学校的历史和文化是如何与特定机构对艺术及艺术博物馆的看法联系在一起的。

分析性备忘录示例[*]

我想我需要写些关于大学政治和经济挑战的东西。这些我并不能完全理解，但是它们对于那些处于边缘甚至核心地位的大学文化博物馆来说非常重要。博物馆改变了那些来过这的人的生活，改变了他们创造和冥想的方式……这些改变可以作为政治和经济学部分的补充。

那么，对我而言最突出的事是什么呢？

1. 向学院（大学）观众开放和向社区开放这两者之间并不像一开始看起来的那么不同。

2. 在一所学校里，支持艺术的历史和文化是极其重要的。

3. 关注博物馆的使命、让更多的人参与、具有筹集资金的能力，这样的领导者是至关重要的。

4. 艺术和艺术博物馆能够以创造性及吸引人的方式应用于多个学科。

5. 艺术博物馆可以通过不同的方法来处理交叉学科/多学科/跨学科的问题——主要是通过课程和展览。

6. 博物馆是学生学徒式学习的活跃场所。他们做的事情通常只能由馆长或登记员来完成。他们在这里学习研究技能、查阅档案、探索文化背景和历史。他们还学习如何通过展览、标签、文本、网站和工作表来展示与交流他们的研究成果。

7. 博物馆是工作的资源库，是学生获得助教奖学金和学分的地方。博物馆的人并非全都从事艺术史或摄影艺术工作。一些来自其他学科的人也会"爱上"博物馆工作。

8. 艺术博物馆和教育部门间有很强的关联性。博物馆可能是一个使学生们在参观时可以观察并练习与K-12互动的地方。博物馆可能是一个教（带领）学生们进行艺术活动实践的论坛，从而与孩子和他们的家庭联系起来。博物馆是一个学习的实验室。

9. 如果一家博物馆"风靡"全校，那它就更可能收到校友捐赠。这要追溯到该机构的文化上。

10. 行政支持和信仰很重要。经费削减是真实存在的。如果管理者没有看到艺术博物馆的力量和潜力，就会缩减它的预算。这可能意味着一些结构调整——博物馆和谁结盟？向谁报告？员工总数是怎么确定的？博物馆能自己决定吗？学院（大学）在校园以外的服务宗旨是什么？博物馆如何扮演好自己的角色？

除了自己的备忘录，对委员会成员、家人和朋友或基金资助机构做月度报告也是对工作进展进行的一种系统性检查，以明确下一步应该做什么。

---

[*] 该备忘录是在 Samuel H. Kress 基金会赞助的学术性的艺术博物馆研究的田野调查中写的。

田野报告要简明扼要，这样才不会成为你写作和读者阅读的负担。我写的诸如"3p：Progress（进步），Problems（问题），Plans（计划）"那样的标题可以帮你简要地回顾并现实可行地计划你的工作。通过反思研究过程和收集的数据，你会产生新问题、新想法，有时还会产生新的研究方法。报告也是和其他感兴趣的人沟通研究进展的方法，让他们了解研究内容和研究方法，并有机会参与进来。

写作有助于你思考你的研究、新问题和新关系。在你开始撰写手稿的初稿之前，你已经有许多写在纸上的想法了。这些评论和想法被写在田野日志或备忘录上，日后数据归档之后，它们能帮助你把数据连接起来。

7.2.2 保持适当的控制

> 当人类学家、社会学家和别人谈论田野数据的"丰富性"时，这可能是在形容他们所收集和存储的信息的庞大及复杂。
>
> （Dicks, Mason, Coffey, & Atkinson, 2005, p.2）

在研究期间积累的大量数据——笔记、照片、电子文件、马尼拉文件和文档——可能会让你不知所措。虽然你确实需要丰富的数据（fat data），但它们的数量之大也真的很惊人。唯一不变的是，你收集到的数据总会比你需要的多。如果没有好好整理，那么它们的存在就会导致你拖延，无法集中进行分析。在数据收集过程中坚持进行数据整理可以确保你能从数据中持续地学习，还能分散通常与把数据转录成电子文件相关的繁重任务。Gordon 基于自己的经验建议道：

> 每次进行访谈和观察之后，我就会把笔记转录到电脑上。我发现有相当多的数据因保存形式的问题而无法随时使用。我不得不在三个月后再回到把笔记输入电脑的工作上，因为我发现那部分不太容易读取的数据也很难使用。这真是一件苦差事啊。

要坚持把访谈、观察日志、田野日志以及备忘录转录成电子文件，归档、创建新文档并重组文档。在这个过程中，你自始至终都在反思所学的东西。开发适当的表格记下数据收集的日期、地点、时长，访谈或观察的人，访谈转录，等等（见表 7-1）。这样不仅可以记录你的进展，还可以记录你的不足，因为你可以清楚地看到你把时间花在了哪里，花在了谁身上，还需要做些什么。

表 7-1 访谈记录表格示例

编号	访谈日期	受访者	转录	时长	角色	学科	备注
18	2014.08.04	C. Perez	2014.10.14	1.5	教师	数学	—
19	2014.09.04	D. Brown	2014.10.04	0.5	行政人员	—	迟到；未完成
20	2014.09.04	M. Levine	2014.04.20	1.0	教师	历史	—

在你收集数据时，你的归档系统会变得越来越复杂。一开始你可能会按一般类别比如访谈问题、人物、地点去整理文档。这些文件夹能帮你追踪早期需要的信息。但随着数据和经验的增多，你就要针对调查的社会过程建立相对详细的文档。你可以在文档里做阅读笔记，以及记录你自己的分析思考和观察。在初期，你还可能会按主题，如标题、引言、结论和引文等进行归档。

每个文档都有各自的用途。例如，标题文档记录了你的叙述主题可能是关于什么内容的（Peshkin, 1985）。尽管你的研究项目已经有了明确的焦点（来源于你的研究计划），但是你并不知道在焦点包含的不同可能性中如何选择。边收集数据边想题目也是尝试不同研究重点的一种方法，这些尝试最后可能都用得上。总体来说，拟定题目可以帮你弄清楚你在做什么，尽管最直接的办法可能是在明确焦点后集中进行数据收集。简而言之，找题目是一种诠释的行为。标题抓住了你认为与你的研究密切相关的东西，但是当你对研究前景的认识发生改变时，标题也会改变。

与引言和结论有关的文档引导你了解研究的开头和结尾。无论你给引言和结论章节取什么特别的名字，都要在引言中提供必要的情境、背景和概念。在结论部分，要通过总结，或者至少是诠释数据的含义来结尾，即使这意味着会提出更多的问题或阐明多种观点，而不是提供答案。对开头和结尾的思考永远不嫌早，当你忙于收集数据时，准备这些章节似乎还是一个遥远的梦。理想情况下，这些文档的存在会提醒你在研究过程中可能会错过的东西。它们会激发你的想法（正如你的标题一样），可能会被用在即将发表的文章中。然而，在完成这篇文章之前，你都无法知道哪一部分会被保留下来。

引文文档包含阅读材料的片段，这些片段可以起到相关文献的作用。最后，它们将被分类运用到各章节中，一些引文可被作为题词而用于章节的开头，因为它们可以告诉读者这个章节的关键点。其他引文则是前辈们在你有新发现时为你提供的权威性内容。通过灵活多样地使用引文，你会发现你是言之有据的。引文文档如同其他文档一样，旨在提醒我们阅读时应该问一问：这些内容对我的研究有什么影响？

文档帮助你存储和整理你自己及其他人的想法。数据分析就是根据你越来越复杂的判断来组织数据的过程，也就是发现意义并进行诠释的过程，由此来学习如何塑造你的研究，最重要的是要清楚你正处于学习阶段；它会提醒你，在资料分析上每一分的努力，都可以提升你进一步分析的能力。

7.2.3 初步分类

这一经历给"丰富的数据"一词赋予了全新的含义。我甚至无法想象去阅读所有的东西，但我知道我需要。然后进行编码吗？当你正在书写时，事件仍然在社区中演化，并且你也无法忽略它……所以你并没有真正地停止收集资料，不是吗？你仅仅是开始编码和写作而已。

（Pugach 的私人信件）

当 Marleen Pugach 写这封信时，她仍在研究现场，并且意识到她需要开始整理数据了，而第一步就是将数据分组。这样你就形成了一个初步的编码方案，具体细节将在下一节中讨论。例如，你可以考虑在田野工作中如何进行案例分类（人、学校、博物馆，等等）（Pelto，2013）。这样做有助于识别案例相似和不同的模式，还会频繁地迫使你去思考是否要增加访谈问题或访谈对象。例如，当我在圣文森特工作时，我开始对我访谈的这些年轻人进行归类，比如传统主义者、变革推动者，以及那些选择以某种方式脱离社会的人。我对变革推动者特别感兴趣，并且试图找出是什么使他们在生活中充满热情，或者至少决心有所作为。这种认识使我增加了新的访谈问题和符合变革推动者分类的访谈对象。

在另一个例子中，通过观察一所农村学校的董事会会议并对其成员进行访谈，Cindy 开始了她的预试验研究。在 15 个小时的数据收集之后，她决定看看通过对现有数据的编码她能发现什么。因此，她做出了一个新的研究陈述：

> 我最初的问题陈述非常宽泛，很难处理。编码和整理编码的过程帮我确定了一种新的问题陈述方式，这使我专注于探讨学校董事会控制的两个主要领域：财政和素质教育。

为你的研究划定一个边界很难。社交无法划分成齐整的、孤立的单元。Gordon 反思了他的工作："我发现自己不断转移到新的方向，坚持最初的问题陈述（但已做出修正）是富有意志力的行为。"为了完成项目，你必须建立边界。但是，边界的建立要基于你对数据及其可能性的认识。把你的问题陈述和暂且拟定的标题贴到工位的上方，可能有助于提醒你接下来要做的工作。Cindy 利用计算机程序将（已修正的）问题陈述打印出来，贴在办公桌上方的墙上。当她抬起头来思考或反思时，这条标语将指引她的工作。

制作一部时长为半个小时的优秀纪录片需要大量的胶卷。与纪录片类似，质性数据的收集也会超量。你收集的远比使用的要多，因为你无法精确地定义你的研究，不能追求一条狭窄的研究路线。质性调查的开放性意味着你要获得比你最初预想的更多的资料。你需要做大量的选择和分类工作——一种有点机械化但更需要诠释性的工作，因为每当你决定忽略一个与研究无关的数据或者把它放到另外一个地方时，你都是在做判断。

在某一时刻，你停止了数据收集，或者至少不再专注于数据收集的工作。判断什么时候应该停止是非常困难的。可能是在你收集完所有和这个主题相关的数据时——没有新的情况可以观察，没有新的人可以访谈，没有新的文件可以阅读。不过这样的情况是非常少的。也许你停止数据收集是因为你已经达到了理论饱和（Glaser & Strauss, 1967）。这就意味着继续检查数据来源是多余的，已有的数据已经充分且完整了。但是，识别理论饱和是需要智慧的。即便从所有的受访者那里听到相同的事情，也有可能是因为你对受访者的选择太有限或数量太少，所以无法产生不同的观点。通常，数据收集工作是在不太理想的情况下结束的：钱用完了或到了截止日期。试着制订不会完全耗尽你的金钱、时间或精力的研究计划，这样你就能获得完整而充分的数据。

7.3 进入编码矿山

在收集数据的前期，往往能获得丰富的故事。被这些故事打动，你会不断讲述和重复它们。你甚至可以让它们承载超过其价值的重要的项目目标。把故事、观察和文档整合到一起更加困难。你不需要停止讲故事，但是在进行主题分析时，你必须把这些故事联系起来：得到了什么启发？观察和访谈形成了什么主题及模式？编码有助于回答这些问题。

在收集了大部分数据以后，就到了专注于编码和分析的时候了。即使你可能已经有了一个分类方案，也还是需要关注分类。你要做好进入"编码矿山"的准备。这项工作既有点单调又令人兴奋。因为它使你面前的成堆数据文件具备了呈现形式和可能的意义。Marleen描述了在分析编码过程中常伴有的矛盾心理：

> 我即将完成第一部分对教师的转录记录的编码并开始学生的部分。这可能意味着有一些新的编码……因为这是一个新的群体。我希望编码簿能承受住这个压力。其中最困难的一件事莫过于接受主题编码工

作竟耗时长达数个月。当我母亲问我完成了没有时，我知道她根本不了解。（私人信件，1994 年 5 月 3 日）

7.3.1 什么是编码？

在质性研究中使用的编码（coding）一词会使那些熟悉这个词及其在定量研究中的用法的人感到困惑，因为在定量研究中，简短的开放式回答是以计数为目的进行分类的。质性研究者不是通过编码来计数，而是通过编码来识别主题、模式和过程，进行对比和建构理论解释。相比于"编码"，一些质性研究者更倾向于"索引"这个术语，但是正如 Saldaña（2009）所说，"编码不仅是一个标签，也是一种连接"（p.8）。编码通过少量的数据连接思想和行动。索引不能传递连接的意义。究竟用什么词并不重要，只要你意识到质性研究和定量研究中的编码是出于不同的目的。

编码是一个对所收集的适用于你的研究目的的数据碎片（如观察日志、访谈转录、备忘录、文件和相关文献笔记）进行分类、定义、再定义、再分类的渐进性过程。通过把体现相同表述或理论观点的碎片数据整合为以编码标记的数据块，你将开始创建主题性组织框架。

正如 Saldaña（2009）所描述的那样，质性研究编码"通常是一个单词或者一个短句，它可以象征性地为一部分语言或可视化数据赋予总结性、显著性、本质捕捉性和/或唤起性的属性"（p.3）。Saldaña 将书名和编码相提并论，"就像书名代表和抓住了一本书或一部电影或一首诗的主要内容及本质一样，编码代表和抓住了数据的主要内容及本质"（p.3）。请注意，编码是一个单词或者一个短语，而不是数字/字母组合或者代表短语的一组字母，比如老师在美术作业中使用的 T-AHW。Saldaña（2009）指出，缩写"会使解码过程变得比分析过程更加烦琐"（p.18）。我深有同感。所以，请写下你的编码语句。

一个来自扎根理论研究的关于创造编码语言的有效建议：考虑用动名词（动词后面加 ing）。动名词促使你考虑过程和行动，如反抗权威

(resisting authority)、寻求关注(seeking attention)、努力成为改良者(striving to be do-gooders)。比起用描述性名词进行分类［如学生(students)、老师(teachers)、管理员(administrators)］，动名词（过程）更有利于进行有用和有趣的数据分析。

7.3.2 编码方法

你怎么知道使用什么样的编码、用什么样的编码标记？集中精力阅读和思考摆在你面前的文字将是一种非常有效的方法。首先，快速阅读你的所有数据，准备好笔记本、备忘录和可能的编码语言，你会注意到一些相同的话题一遍又一遍地出现。不必惊讶，因为你的研究课题至少在一定程度上指导着你的观察，并且你的访谈问题在一定程度上指导着访谈脚本。然而，你会观察到人们以既相似又不同的方式来讨论同一个话题并表达不同的观点。要对这些相似和不同之处进行编码。当你重新熟悉数据时，记录行动、观点、过程、价值观等在你看来很突出的东西。

然后，拿出几份访谈转录或进行田野观察，试着一行一行地编码。即使你试着抛开你的假设和理论框架，那些观点也会想方设法归入你的编码之中。这是意料之中的。你要避免预先设定一套编码然后把它强加到你的数据上。逐行进行编码有助于你沉浸在数据中，并且发现它们表明了什么概念。随着一行一行地阅读，你要在空白处简短地记下可能的编码并尝试对它们进行抽象化，从数据中稍稍地"抽离出来"。例如，你的田野笔记里有一行写着：Wilson夫人让学生们坐到座位上，并且停止喧哗。然后她坐了下来，静静地坐了至少三分钟，教室才安静下来。这些话可以编码成"Wilson夫人要求安静"。然而，如果把编码抽象为"控制学生""维持秩序"或者其他内容，这些编码可能会更好地为你服务，这取决于你的研究目的。关键在于，你的编码是一个活动分类，而被编码的片段是其中一个例子。

Saldaña（2009）提出"触摸测试"（The Touch Test），作为"一种从主题到概念、从现实到抽象、从特殊到一般的策略"（p.187）。如果你能触摸到被编码的部分，例如文身，那么问问自己："文身属于什么不可触摸的、更大的概念、现象或过程?"可能是装饰或者人体艺术，或者根据研究背景做出陈述。Saldaña 的触摸测试的目的是帮助你找出编码数据所包含的概念。

逐行编码是起步的一种方式，但是你并不需要对每一部分数据都这样编码。Saldaña 的书 The Coding Manual for Qualitative Research（2009）讨论了大量的编码方式，我在这一节中引用了很多。正如 Saldaña 所强调的，这些方法或者编码的方式"并不是离散的……而是可以'混合和匹配使用的'"（p.47）。虽然本章提到了其中一些方法，但我还是推荐你们阅读 Saldaña 的著作。

范畴或分类编码是一种有用的编码方法。它来自 Spradley（1979）对认知人类学的研究，这种方法试图获知参与者对其文化的某些方面是如何讨论和分类的。可能会出现特定类型的访谈问题，因为研究者可能已经要求受访者详细说明关于研究主题方面的方法（手段）、类型（包含/排除）、步骤（顺序）等。采用这种方法编码时，你不需要问这些具体的问题，而是要对你所掌握的数据提出问题，这些问题会帮助你对受访者讨论的或你观察到的类型、原因、结果、态度、策略进行分类。在上面的例子中，Wilson 夫人的要求和随后的等待可以被看作控制学生的一种策略。对这些进行编码可以使你去寻找 Wilson 夫人使用的其他类型的控制策略，以及其他老师使用的控制策略。

分类编码可以帮助你发现人类语言和行为的模式。"控制"成为各种动作和语言的编码类别。正如 Saldaña（2009）所强调的，"当你在编码数据中寻找模式并对它们进行分类时，你需要了解有时你能将事情分组不一定是因为它们完全相似或者非常相似，还有可能是因为它们存在一些共同之处——尽管矛盾的是，这种共同之处包含了差异"（p.6）。例如，教师对于控制学生的态度和行为可能有很大的不同，但都能被编码为"控制的类型"。

另一种编码方法依据的是参与者谈论他们的生活、社区、组织等时使用的语言，被称为内生编码或者本地编码。这些术语可能是特别丰富多彩的，或者是隐喻，或者与惯常用法截然不同。例如，在博物馆研究中，我开始对参与者用来描述学术性的艺术博物馆的隐喻进行记录和编码：博物馆像"一块宝石""一笔财富""一个图书馆""一个思想的大熔炉",等等。在做这项工作时,我开始从隐喻中发现模式。例如,"宝石"和"财富"经常在一个地方使用,但在另一个地方却没有。然后,我开始思考(并记在备忘录中),不同艺术博物馆的不同隐喻暗含不同的期望和不同类型的互动。

另一种需考虑的编码类型是情感编码。"情感编码标记着参与者回忆和/或经历的情感,或者研究者对于参与者情感的推断。"(Saldaña,2009,p.86)这样的编码与研究中特定的行为和表现相关联。Saldaña(2009)以离婚和离婚过程中不同阶段的情感为例进行了研究。

当你分析数据时,记得将这些和其他编码方式混合使用。这样有助于你深入研究编码的过程,并且找到最适合你和你的研究目的的方法。

7.3.3 制作编码簿

对几份访谈转录文本和观察日志进行编码之后,列出你所用的编码。你能将它们分成大类和小类吗?有些编码看起来几乎一样,可以组合起来吗?是否有编码涵盖太多,应该被分成两个或多个编码?你可能会发现几个主编码下面出现了相同的子编码。这可能表明某个主题贯穿着整个研究。看它在其他的大标题中是否存在。如果不存在,那它应该在其中吗?

重新修订编码方案后,在之前已经编码的文档里试试新的编码方案是否适用。之后再根据需要对其进行修订,然后在其他转录文档和别的观察日志中试一试。添加了哪些新的编码?在判断是否需要为其编码时要宽松一些,不要过早地设定什么相关、什么不相关,从而错过从田野工作中学习的任何机会。像这样反复多次直到不再大幅地增加编码。要知道,继续编码时,你可能会增加更多内容——那就返回文本的前面部分寻找该编码的其他表达方式。

当对你的编码感到满意时,制作一个编码簿。为每一个主编码留一个单独的页面。在主编码下面,列出每一个子编码(和次子编码)以及每一个编码的解释。写下这些解释可以使你避免遇到 Gibbs(2007)所说的"定义漂移",它是指你早期和后期编码的材料在含义上有所区别。例如,在我研究瓦哈卡的年轻人时,"反抗"是我早期的编码之一。我把它定义为表明不赞同政府的法规或政策的言论或者行动。随着工作的开展,对"反抗"这一编码类别的应用变得复杂起来,并且开始与另一个被我称为"维持原住民自治"的编码类别重叠。我不得不重新思考"反抗"这一编码和它的定义。

编码簿是高度个人化的,这意味着它要适合你;对其他人而言它无须清晰也无须有用。尽管每个人的数据分析过程都可能有共同的特征和共同的目的,但最终仍然是独一无二的。没有绝对"正确"的编码方案存在。你的编码方案会体现在你的手稿中。你的手稿的意义,它有多有用,读起来有多好,很大程度上取决于你的数据分析。当你出现了一些新的想法时,如果你的编码过程没有产生任何豁然开朗或兴奋的时刻,那它可能还不是一个好的编码方案。

表 7-2 是一个编码示例,来自对学术性的艺术博物馆的研究,由 Samuel H. Kress 基金会赞助。"首次编码"那一列展示了我访谈后编制的第一代编码。用这种方式对几次访谈进行编码之后,我对编码进行了分类和再分类。制作编码簿后,我对访谈进行了重新编码,如"后续编码"一列所示。这个访谈摘录衍生出的概念可以分成三个主编码类别:合作、让人们"进门"和在课程中运用艺术。

表 7-2 编码示例

对体育教员的访谈记录	首次编码	后续编码
我们与图书馆、教育学院合作创建学习社区。	跨学科工作	合作 (a) 跨学科
我的宗旨是,我们能给学生介绍的人越多,他们在寻求帮助时就会感到越自在。我们第一次去博物馆是在一个周一,当天它是不对外开放的。绝大多数的学生从未来过博物馆。我们去了打印室和博物馆的图书馆,讨论了如何在这些空间行动,以及如何利用这些空间。	介绍学生去艺术博物馆 (a) 获得帮助 (b) 学习利用新的空间	让人们"进门" (a) 学生

(续表)

对体育教员的访谈记录	首次编码	后续编码
周二，我们在导游的帮助下参观了博物馆，然后分成几个小组，每组坐在一件艺术品前，对其进行讨论，然后将讨论的内容提交给大组。周三，我们让学生们自由参观，四处看看，找到他们感兴趣的东西，并且记下关于它的笔记。	参观 谈论/思考艺术	在课程中运用艺术 (a) 观察艺术，练习技巧
博物馆的工作人员真让人难以置信。大概有10~12名工作人员与学生交谈并且向他们提供帮助。	和博物馆的工作人员互动	合作 (b) 教师/博物馆工作人员合作教学
学生们回家，就这件艺术品写下150字的文章，我们称之为《艺术一分钟》。他们要求学生们从几个不同的来源找到与这件艺术品有关的一个有趣的事实。	艺术任务	在课程中运用艺术 (b) 研究
我们邀请了教练和博物馆的工作人员。每个学生站在他观察的艺术品前，朗读他写的《艺术一分钟》。对于他们要上的演讲课程和作为运动员来说，这是一次很好的锻炼。	邀请其他人进入博物馆与其他学科连接	让人们"进门" (b) 教师/工作人员

7.3.4 使用编码

Saldaña（2009）将使用编码的过程称为编码工作的"第二轮"，旨在理解编码之间的关系并发展主题和推动理论的组织。他所描述的其中一项技术是"编织编码"，在这项技术中，先把所有的编码排列好，然后写下几个句子，用所有的编码词去表达你感知到的模式和类别。然后，用这些编码写下不同的句子，促使自己超越最初的思维方式，思考条目之间可能如何相互关联。

实际操作数据也有利于感知关系、相互作用关系和模式。复制编码数据，分割编码块，根据编码进行分组，将具有相同编码的所有数据装订或夹在一起。给每一堆数据贴上带有编码名称的便签。正如计算机辅助之前所做的那样，这一过程能帮助你发现一些编码块比其他编码块大得多，可能需要细分，而其他更薄的编码块可能需要以某种方式进行整合。除了考虑拆分或者整合编码类别，Saldaña（2009）建议你用各种各样的方式对类别堆进行实体排列，对每一种排列进行分析性评论。你开始时可能会按编码块的厚度进行排列，继而会以更加复杂的方式去"暗示一个影响和作用的过程"（p. 188）。

在第二轮编码工作中，你的编码是你继续"寻找模式，进行比较，产生解释和构建模型"的起点（Gibbs，2007，p. 78）。你的编码建造了一个关系类别框架。例如，你可能将一堆数据编码为"一门必修科学课程的结果"。当你仔细阅读这一大堆编码数据时，你会注意到最近聘用的教师利用科学课程的方式与在学校工作多年的教师有所不同。然后，你开始从别的编码块中寻找新、老教师之间可能存在的差异。你会开始发现一些之前没有用过的组织材料可能适合的方式。

除了分析编码数据之间的关系，它还有助于查找哪些内容没有以某种方式说明或论证。哪些事情似乎是理所当然的或者根本没有被讨论过？你能就这些话题或者观点（如种族、性别和阶级）为什么会被无视提出问题吗？正如 Gibbs（2007）所说的：

> 有许多低劣的学生研究和已发表的研究的例子……仅把从数据中发现的每一个主题描述或总结简单地组织起来……你需要超越这一点。重新检查数据并找出那些所说的或者所做的事情背后所蕴含的东西。（p. 145）

编码、分类和寻找主题的过程，也是你用数据思考、反思你所学、建立新的联系、获得新的见解以及设想最终的报告将如何呈现的过程。让我们再看一遍 Marleen 所说的话：

> 我现在有一本规范的编码簿，里面有一些主编码和子编码……我已经看到，在编码过程中，当你完成越来越多的分析时，它们是如何扩增、缩减然后再扩增的。我也意识到，你从来没有真正地处在一个纯粹的编码模式下。这是一个非常奇怪的动态过程。你发现自己处于

一个似乎非常技术化的过程中——括括号、定位子编码、翻阅页面，然后你发现自己需要进行一些叙述来锚定一套自己以前没有的想法，或确定一种考虑事情的新方式。对我来说，一个很好的例子就是教师们如何谈论自己的语言学习能力……这些对话似乎比我以前还在 Havens（现在的官方化名）时想象的更重要。它们有自己的节奏，一种我以前所不知道的节奏。此时我意识到事情进展得很顺利（私人信件，1994 年 5 月 3 日）。

数据转换的艺术在于将一般的组织任务与深思熟虑的诠释结合在一起。一定要记下那些顿悟的时刻。Saldaña（2009）指出，"你个人对于整个计划（之前/之中）的书面思考，是一个提出问题、分解问题、建立连接、构建战略、解决问题、生成答案、超越数据的启发式过程"（p. 32）。不管是在研究的哪个阶段，你都要把田野日志本放在手边。

经过几个小时的田野工作，Andrea 第一次进行了编码/分析的过程，并进行了反思。在她的描述中，你可以看到自己的努力、成就和感悟。

我第一次尝试编码时，脑海里有一个生动的比喻——像是在"编码矿山"。开始的过程确实很像准备潜入一个矿井之中。一想到要陷入黑暗、寒冷的深渊一样的访谈和数不清的记录中，我就退缩了。也许，在混乱不清的数据中，我无法理清它的任何含义。也许，经过七个月的收集，我在"编码矿山"中找不到智慧的黄金。也许，像矿工一样，为了深入理解我的笔记和田野日志，我需要进行更充分的准备。

因此，我有意识地采取了一系列的回避策略，这使我在阳光下飞快地度过了下一个星期。我完成了最后三盒磁带的转录。我备份了我的磁盘。我重新整理了我的文件。我考虑的是更多地审视我以前的想法。我在柴炉里生了一堆火以抵挡我骨子里不断感觉到的寒意。

终于，这一天到了。我无法再拖延了；的确，我等了这么久，真是太失职了。我打开第一期的访谈笔记，就像 Tolkien 笔下的 Bilbo Baggins 进入怪物 Gollum 的洞穴一样。我必须找回珍贵的"戒指"，再也不要回到教室或者 Gandolf 教授那里。我将访谈笔记打开，放在新的、色彩鲜艳的编码簿旁边。

在未知的探索中，预期远远超出了事件本身。三页的编码在我笔下从第一次访谈中被提取了出来。它们是熟悉的单词，在纸上、磁带中重复出现的单词，在我整个学习过程中，它们都在我的脑海里。如同戴着戒指的霍比特人一样，我沉浸在访谈之中。

在最初的大量编码之后，每次访谈都只在列表上增加了少许编码，这着实令人感到欣慰。我感觉这个列表将是可用的。第二次访谈只增加了一页的新编码，第三次访谈则只增加了半页。在那之后，每一次访谈都会产生一个新的编码，通常是对之前的编码进行说明或澄清。在完成之前，那些令人困惑的词语就开始在我的脑海里自动组织起来了。我翻到干净的一页，开始记下伞式短语以收集子编码。

我不再像宾夕法尼亚的那些矿工那样害怕我的工作。我也不再是只有一枚珍贵戒指的霍比特人。现在的我是坐在从我的访谈中挖出的宝山上的烟雾龙。然而，它们在我脚下是散乱且难以解释的。所以我今天的任务是整理我的宝藏，让我在前进之前知道自己拥有什么。这项任务相对容易些，因为在编码时我已经做了一些笔记。我开始把我的编码分成更广泛的类别。它们整齐地摞在一起，只有少数例外。在我与从事研究的同事交流之前，它们被暂时搁置一旁。终于不用再面对那可能危及生命的矿井了。我还有很多真正的工作要做，但我已经不再有那种害怕考试通不过的焦虑感了。

7.4　展示数据

Miles 和 Huberman（1994）创建了一个在质性分析工作中用于数据展示的综合文本。他们将数据展示描述为"有组织的信息集合，可以从中得出结论并采取行动"。就像"人如其食"一样，他们声称，"你的数据展示一定程度上代表了你的调查"（Miles & Huberman，1994，p.11）。矩阵、图表、流程图和其他种类的可视化展示有助于理解数据的意义，也有助于揭示需要更多数据的空白或区域。因此，数据展示可以是质性调查的另一个持续性特征。你可能会发现，从创建研究陈述到最后撰写研究报告的整个过程中，可视化展示都很有用。

数据展示有助于识别研究中的概念、过程和关系。Miles 和 Huberman（1994）建议用图表来表示某些风险，比如单箭头表示潜在的因果关系。这样能够促使你对正在研究的社会现象进行理论化。图 7-1 是由 Penny Bishop（1998，p.171）所做的主题数据展示的例子。她绘制了这张图，作为帮助自己理解和呈现主要概念的一种方式，这些概念来自她对中学里有效的合作伙伴团队的调查。

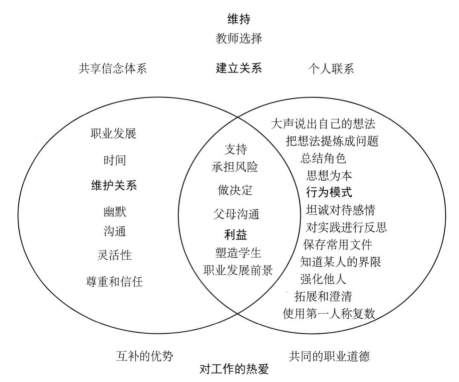

图 7-1 合作伙伴团队的关系研究

资料来源：P. Bishop（1998）. *Portraits of Partnership: The Relational Work of Effective Middle Level Partner Teachers*（Unpublished doctoral dissertation）. University of Vermont, Burlington。

数据展示提供了工作某方面的框架。正如从卫星观测地球，能看到地质结构的总体模式和人类对结构的适应一样，数据展示有助于你在研究中看到一个整体的模式，而不会迷失在细节中。

通过数据展示分析数据时，可以尝试多种形式。表格可以提供细节，柱状图和折线图可以更生动地描述模式。如果你要根据时间对两个或两个以上的群体进行比较，折线图是特别有用的。使用诸如"+"和"0"这样的符号，比数字矩阵更有助于你发现模式。例如，如果要在6所农村学校调查有效教育的感知制约因素，在一轮访谈之后，你可以制作一个类似于表7-3那样的表格。

表7-3　6所农村学校有效教育制约因素的矩阵示例

学校	税收基数	与社区沟通	州政策	对信息的访问权	对专家的访问权
1	0	+	+	0	0
2	+	0	+	+	+
3	+	0	+	0	0
4	0	+	+	+	+
5	+	0	+	+	+
6	0	+	+	+	+

注："+"表示被学校员工看作一个制约因素，"0"表示不被学校员工看作一个制约因素。

有了这个表格，你就可以利用对每个乡村小镇和学校的了解，寻找模式，并开始设想发生了什么。你会注意到，学校2、3和5都认为它们的税收基数是一个问题，而与社区之间的沟通不是。学校1、4和6则正好相反。回到你的数据中，你会试图找出可能的原因。虽然社区的大小差不多，但你会注意到，学校1、4和6所在的社区里有相当大比例的人是最近几年搬到该地区的外来人口。学校2、3和5所在的社区却不是这样。你可能会推测，新来的人给城镇带来了更多的资金，随之而来的是学校管理决策的冲突。在考虑对信息的访问权和对专家的访问权这两个类别的反应模式的可能原因时，你可能会想，距该州最大城市的距离是否会使反应模式产生差异。开发一个新的矩阵来表达你的想法，如表7-4所示。建立矩阵的工作有助于你提出新的访谈问题、不同的调查对象或地点、所需的信息或文件，以及理解已经收集的数据。

表 7-4　6 所农村学校有效教育制约因素的数据模型和研究设想的矩阵示例

学校	税收基数	与社区沟通	对信息的访问权	对专家的访问权
本地的/城市附近（3）	+	0	0	0
本地的/远离城市（2, 5）	+	0	+	+
混合的/城市附近（1）	0	+	0	0
混合的/远离城市（4, 6）	0	+	+	+

注："+"表示被学校员工看作一个制约因素，"0"表示不被学校员工看作一个制约因素。

本章前面介绍了分类编码。分类法适合用来展示通过访谈得出的认知领域或个体分类方案。例如，Janet Davis（1988）调查了八年级学生对"认知领域的分类"，并将其称为"孩子们在学校做的事情"。通过访谈，她发现主要的类别包括欺负其他孩子、坐在教室里、对老师友好以及调皮。Janet Davis 继续调查子类别，如"学生对老师友好的所有方式"。她接着探索次子类别，如"学生如何获得老师的喜爱"。这些类别、子类别和次子类别可以通过分类图表来表示，就像生物课上用到的那样（见图 7-2）。

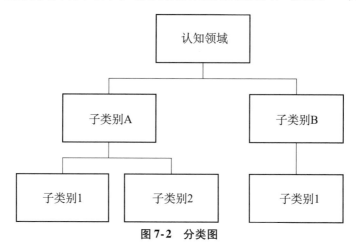

图 7-2　分类图

另一个例子是，一个学生调查了就读于佛蒙特大学的本科生的类型，并对其进行了分类。访谈者发现，她的受访者包括预科生、朋克一族、外州人、佛蒙特人、爱吃麦片的人、爱玩《鱿鱼小英雄》游戏的人、书呆子、聪明人、知识分子和运动员。其中许多类别都有子类别，如标准的和进阶的爱吃麦片的人，积极的和消极的运动员。这些信息形成了一张分类图（见图7-3），有助于调查者知道她还需要从受访者那里了解这一认知领域的哪些东西。她需要开始询问，例如，"聪明人"是不是属于"知识分子"，或是反过来，抑或是互斥的类别，当她有了更好的理解时，她会修改分类。最终，分类展示可以作为一种有用的可视化工具，用于最终报告中对该领域的讨论。

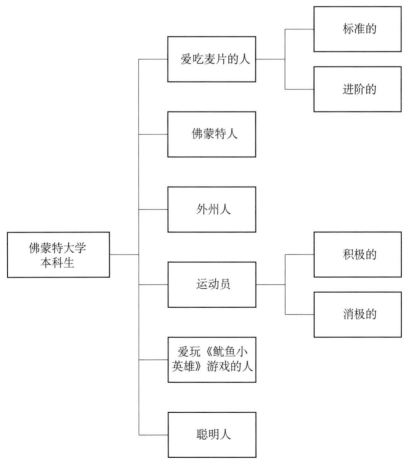

图 7-3　佛蒙特大学本科生类别领域的部分分类

数学对于确定观点或行为的模式非常有用。关于数学的应用，Agar（1980）评论道，"我最喜欢的一句俏皮话是，当人类学家给页码编号时，发生的事就是数学人类学"（p.132）。言归正传，简单的频率统计有助于识别模式。正如 Guest、MacQueen 和 Namey（2012）所指出的，"单是频率本身并不能告诉你某一个给定的主题对回答特定研究问题的重要性，但是它给出了这个样本中参与者的回答方式的大致轮廓"（p.137）。

创建矩阵特别有助于通过频率数据识别模式。它们有助于你发现组合编码类别的方法，并且可能扩展它们，或者寻找你以前没有考虑的方面或关系。例如，假设你一直在调查加勒比海农村的年轻人对农业的态度。通过对85人的访谈（其中25人在城镇工作，50人从事农业劳动，10人生活在农村但不从事农业劳动），对于"年轻人对种地持什么态度"这个问题，你得到了多种答案。第一次的频率分布（见表7-5）表明，年轻人对农业劳动不太感兴趣。然而，通过倾听访谈和重新阅读访谈笔记，你感觉这种态度与土地所有权有关。你回到你的访谈并重新进行频率统计，把每个受访者和土地的关系考虑进去。这一次的频率分布显示，对农业的态度和土地所有权之间存在明确的模式（见表7-6）。这些数字有助于形成一个更具体的对农业态度的假设。

表7-5 对种地的态度的频率分布

	积极态度	消极态度
城镇雇员	4	21
农业工作者	21	29
其他农村人口	0	10

表 7-6　不同土地所有权状况下，受访者对种地的态度的频率分布

	积极态度	消极态度
没有土地可耕种	0	25
农业劳动者	0	13
耕种家庭土地	5	5
共享收成和租金	2	17
免租金耕种	10	0
耕种自己的土地	8	0

7.5　质性数据分析软件

质性数据分析软件（qualitative data analysis software，QDAS）自 20 世纪 80 年代中期的民族志和 Nud*ist 软件出现以来发生了巨大的改变，这些软件不断变化，有了更多的选项和步骤。软件最初是为了帮助编码、分类和检索编码数据而设计的。对于复印所有笔记、手工编码、剪切并粘贴到卡片上，再通过操纵卡片来分类的时代来说，这是一大进步。有了 QDAS，你仍然需要编码，并将其分配到所有的数据中，然后再下载到 QDAS 程序中。一旦你下载了（可能不止一次，因为你会重新编码），你就可以用 QDAS 快速检索编码的数据块。然后，你可以读取所有类似的编码片段，进一步合并或拆分编码。软件可以创建可视化的编码层次（主编码、子编码、次子编码），并允许你操纵这些编码，压缩、扩展和重新编码，以获得最佳效果。你可以在编码内部或编码间建立联系。例如，你可以选择一个编码块，看看如果按特定的受访者特征（如性别、年龄、种族或地理位置）进一步排序，会出现什么模式。电脑的运算效率允许你在更大程度上进一步进行分类和尝试。

QDAS 也可以进行各种类型的搜索，如"特定编码在哪里同时出现、重叠、按顺序出现或彼此邻近"（Saldaña，2009）。这些搜索可能会显示出不

易察觉的关系或模式。QDAS 可以协助创建表格、聚类、树状图或分类图，有助于你从资料中开发理论命题。有些用户坚称 QDAS 软件更为严密，因为它们更容易显示负面情况和那些编码块没有出现的容易被忽视的地方（Seale，2002）。软件还可以促使你小心地处理你的数据，如果没有它的提示，你可能无法做到这一点。

目前的 QDAS 软件一般都具有类似的功能。它们可以管理大量的数据；编码，排序，根据选择的编码检索数据，探索编码之间的关系，并构建理论命题；并且以多种方式展示数据。它们还可以将文本之外的数据形式（如视频和声音文件）整合到这些进程中。

如果你决定使用 QDAS，那么就需要研究一下选择哪个程序。它的成本是多少？你能负担得起多少？你所在的大学是否已拥有某个特定程序的用户许可证（这样你就不用购买了）？它与你的电脑兼容吗？你需要花多长时间去学习使用它（你有时间吗）？某个程序的外观和步骤比别的程序对你更有吸引力吗？你可以到网站上下载演示文件来尝试多个程序，在萨里大学主办的计算机辅助质性数据分析（CAQDAS）网络项目的网站上阅读对 QDAS 程序的评论，或访问质性讨论组网站，询问其他人在与你相似的项目中发现的有用软件。一些 QDAS 程序的名称包括 ATLAS.ti、The Ethnograph、HyperRESEARCH、MAXQDA、NVivo、QDA MIner 和 Qualrus 等。Guest 等（2012）谈道，"研究者设计的……用于质性数据分析的软件程序的数量在不断增加，提供了各种各样的选择，同时也令人眼花缭乱"（p.217）。

尽管 QDAS 十分强大，但这些程序仍然只是一个工具而已。有些人不熟悉 QDAS，认为合适的软件能够从数据中提取和使用研究编码，并生成主题。事实并不是这样的，你仍然是决策者和诠释者。你需要熟悉数据，这样才能知道该让软件做什么。就像进行访谈或记录田野日志一样，计算机程序的有效性取决于操作者的技能。

你应该试着在你的研究中使用 QDAS 吗？Gibbs（2007）回答道："没有必要一定要用软件。在 20 世纪的大部分时间里，那些做质性分析的研究者都没有或者不能使用软件。大多数经典的质性研究是没有电子设备辅助的。"此外，QDAS 可能并不适合你分析数据的方法。例如，你可能想更多地采用叙事分析方法，而不是专注于把数据分为主题和模式的方法。专注于编码和操控离散的数据会导致你忽略数据生成的情境。此外，学习如何使用该软件所花的时间可能会使该软件所具有的所有优势黯然失色，特别是当数据库不是很大，且仅有少数参与者时。当你做决定时，请记住这些忠告。如果你正在做一个有很多受访者的大型项目，并且想进行主题分析，那么 QDAS 可能是有用的。如果你要做口述史研究，且只有少量受访者，或者要创造性地展示数据（见第 9 章），那么编码和检索程序可能就不是一个正确的选择了。你选择用来分析数据的方式需要符合你的研究问题、方法论、数据集和理论倾向。

总之，计算机是一种工具，它可使研究者的工作不那么乏味，并且更快捷、更准确、更全面。然而，它并不能替代研究者。研究者决定将什么输入计算机，要求它做什么，以及如何使用程序的操作结果。QDAS 所提供的结果有多好，取决于你投入其中的数据、想法和关注的程度。

7.6 建立联系

> 如果你不能向一个酒保解释你的理论，那它很可能就没那么好。
> （天体物理学家 Ernest Rutherford，转引自 Roorbach，1998，p. 53）

质性研究者采用编码、数据展示以及软件程序等技术来帮助对数据进行组织、分类，并发现其中的模式。但是他们仍然必须找到建立和呈现联系的方式，这些联系才是最终对他们自己和读者有意义的。Wolcott 在他的 *Transforming Qualitative Data*（1994）一书中将描述、分析和诠释作为三种数据转换（或者说从组织到意义的转换）的方式进行讨论。描述包括接近原始记录的数据。你可以通过大量使用田野日志和访谈转录，让这些数据"为它们自己发声"（p.10）。这一方法通过叙事（选择和描绘与研究目的相一致的细节）回答了"这里发生了什么"（p.12）这样一个问题。

Furney（1997）研究了几所公立小学中特殊教育改革的实施。她将描述贯穿于整个文本中，以此来表达跨案例分析的各个方面。下面的例子来自对指导支持团队（Instructional Support Team, IST）会议的观察：

> Andy 和 Danielle 在腿上摆好午餐托盘（不知为何，学校食堂里的热狗、苹果酱以及温牛奶的味道从未改变），他们描述了过去一周在 Kevin 身上发生的真实的事。他们告诉我们，Kevin 因为语言运用得好而获得了多少分，最近他在一次电脑游戏中赢了一个同学，以及他们和 Kevin 如何在操场上解决了一个问题。Kevin 描述了他最近去镇上的伍尔沃斯商店的经历。他和他的朋友 George 在过道里仔细研究，想办法用 Kevin 赚到的钱给学校老师的房间重新安装汽水机。（p.97）

Furney 的叙述包括精心挑选的细节，以使读者置身于学校 IST 会议的情境中。

Wolcott（1994）把分析描述为第二类数据转换。在 Wolcott 看来，分析是对研究中的关键因素及其相互关系的识别。这种方法通常以一种系统化的方式来扩展描述。它需要识别出基本特征以及这些特征相互作用的方式。编码方案、数据展示、与标准比较以及其他识别模式化规律的手段，在分析这一数据转换类别时都是有用的。在这里使用分析这一术语有点让人摸不着头脑，因为研究者（包括我自己）通常把描述、发现模式以及诠释而不是数据转换称为数据分析。尽管如此，Wolcott（1994）的讨论对于思考如何在数据之间建立联系还是很有用的。

Furney（1997）的研究提供了许多分析的例子（如 Wolcott 所描述的）：

> 三所学校 IST 的发展引发了一些有趣的观点。一方面，在最初和后

续的访谈中,三所学校的校长都谈到了自然形成的合作型结构的积极作用,这似乎减少了对更加正式的 IST 结构的需要。另一方面,他们又认为,随着时间的推移,他们的 IST 有了更正式的版本,这是必要的,也是积极的。(p.142)

对于校长对 IST 的看法的这种考虑从描述转向了识别数据中的模式或者趋势。

诠释是 Wolcott(1994)提出的数据转换的第三种方法。他指出,当研究者"超越事实数据和谨慎分析,并且开始探究它们是由什么组成的"(p.36)时,诠释就产生了。他讨论了数据诠释的若干策略,包括运用理论来提供结构,与个人经验相结合,探索数据呈现的替代方式。

Furney(1997)的研究也为这种数据转换方法提供了一个例子:

简单来说,在对《230 号法案》的研究中,这些学校帮助我证实了我的想法,即关心学生应该成为教育的中心目标,并引导其努力改变……在将学生置于学校改革议程的中心时,产生的一系列相关的变化是显而易见的。关心学生意味着提升社会正义以及处理多样性的问题……把关心放到学校的中心位置,也需要建立一种既有远见又有参与性的领导方式,并且创造一种责任分担的意识以及对待变化的开放态度。(pp.174-175)

在这个例子中,Furney 超越了描述和分析,探讨了关心的框架。正如她断言的那样,关心是教育的中心目标,她对她的发现进行了诠释。

请注意,在上述例子中,Furney 把她的意见与其研究中的学校联系了起来。许多文章指出,不能用质性研究概括所研究的群体和环境之外的情况。举例来说,或许你的研究包括对 10 位白人教师和 10 位非洲裔美国教师的访谈及观察,并且通过数据分析,你发现了他们对于自身经历的不同认知模式,而这些模式是按照肤色分组的。作为研究工作的结果,你可以提出假设,假设更多的人可能会发生什么,但你不能说"白人教师经历了 x,而非洲裔美国教师经历了 y"。然而，你可以说，"如此这般"是你研究中的模式。不过，你要弄清楚你的判断来自的人群，而且越精确越好。把 3/10 改为 33% 对于质性研究工作来说既没有意义也不合适。记住，你的目的是阐明可能的范围，并且把你的数据转化为有用的形式，以传达你的发现。

在 *Doing and Writing Qualitative Research*（2002）这本书中，Holliday 介绍了一张图，题为"从数据到文本"（p. 100）。在这张图中，数据从"混乱现实的合理化部分"转换到"数据的主题化组织"，再到"数据分析部分或者章节的文本"。这张图描绘了数据与"现实"的距离。对于一些人来说，远离现实是有问题的。他们认为，数据应该尽可能以自然的状态呈现。不管你选择去做什么类型的分析（或做多少分析），任何形式的数据都早已远离它们所来自的社会现实，并与之有所区别。几乎没有读者对阅读研究项目的大量原始数据感兴趣。分析使数据变得可理解和可接近，是研究者工作中很重要的一部分。数据转换是产生可信结果的前奏，这些结果能够对数据进行描述并与之建立联系，有助于更好地理解，或者至少更明智地提问。下面我们将要转入对诠释的可信度和局限性的介绍。

7.7 可信度和局限性

通过研究产生的词汇、描述和思想本身并不具有内在意义，是分析和诠释使它们有了意义。正如 Tomas Schram（2006）所说，"你的诠释对这种意义的传达总是可以商榷的，也是不完整的。最终，问题在于你的观点在别人看来有多可信以及如何令人信服地说明它们的重要性"（p. 13）。在一篇关于 *Let Us Now Praise Famous Men* 一书的作者 James Agee 的文章中，John Hersey（1988）用 Burroughs 女士的一句话进行了总结（Burroughs 女士是 Agee 的书中来自佃户家庭的一位女士）："我把书带回家并且全部看了一遍。看完之后我把书还给她，说道，'好吧，里面的一切都是真的。他们在里面所写的都是真的'"（p. 74）。当 Agee 得知 Burroughs 女士肯定了他对其生活的诠释时，一定会很高兴。你希望你的诠释是可信的，在你的研究生涯中得到 Burroughs 女士的肯定，也得到你的同事和其他人的肯定，他们可能会用一系列方式使用你可信的结果：描述、确认、扩展、提问和告知。

7.7.1 你如何知道你的诠释是"正确"的？

正如反复被提及的那样，不存在一种绝对正确的方式来诠释你的数据。数据分析是一种诠释行为。你可以通过几个步骤来使你的诠释可信。再看一下第 5 章关于可信度的讨论，并就你对问题的分析再次提问：你注意到了什么？你为什么会注意到这些？你怎么诠释你所注意到的？Hollway 和 Jefferson（2000）又增加了一个问题："你怎么能知道你的诠释是'正确'的？"（p. 55）

关于第四个问题，建议询问他人来获取其对你的诠释的看法，并提供反馈。与研究参与者分享诠释过程，将此作为成员检查的一种形式。获得研究参与者对你工作草案的反馈是很耗时的，但这样做可以验证你确实已经反映了他们的观点，可以告诉你那些如果发表会因个人和政治原因而可能有问题的部分，可以帮助你形成新的想法和诠释。

有时会认为成员检查意味着每一份转录都必须返给每位受访者进行审查。Van den Hoonaard 和 Van den Hoonaard（2013）批判了这样做的有效性：成员检查转录稿会占用访谈参与者更多的时间；书面语不同于口头语，访谈参与者可能会发现他们的访谈稿很奇怪，也很令人尴尬；"成员检查会在无意中向访谈参与者歪曲研究，因为研究是关于一系列访谈整体的，研究者要通过从访谈中挑选材料来寻找模式"（p. 109）。让受访者去回顾多页的转录稿会给他们一种印象，即他们说的大部分话语都将出现在最后的报告中。考虑分享报告的草稿或者草稿中某人的话出现的部分，而不是转录稿。询问他们你是否正确理解了他们的回答，并且在报告中以一种有用的方式进行了诠释。随后，询问他们对你目前所写的东西是否有其他的一些诠释或建议。

当 Penny 把她的参与者观察日志编制成一份有效的中级合作小组的"日常生活记录"时,她与团队成员分享了初稿。他们反思了描述的准确性,以及自己以前没有意识到的行为模式。Penny 在她的田野日志中写道:

> 我很高兴借此机会与 Liza 和 Hope 分享我的文字。他们真的帮我找到了自信,因为以他们的标准来看,我所表达的对他们相关工作的看法是准确的。我认为他们也从中得到了一些东西,因为他们饶有兴致地注意到,他们倾向于用问题来表达观点,无意识地轮换促进了课堂讨论,他们对担忧表示警惕,并且完成了彼此的命题。

通过分享工作草案,研究者和被研究者可能都会在对调查的核心现象的诠释中得到成长。

为了帮助你进行诠释,不要忘记朋友和同事通过同行评审提供的宝贵帮助。让他们来处理你的部分数据——形成编码、应用你的编码,或诠释田野笔记以拓展你的视野。Lincoln 和 Guba(1985)建议招募一个局外人来审核田野笔记、后续分析和诠释。对于撰写专题论文和学位论文的学生来说,委员会成员就是你研究逻辑的审查者。我让学生们保留了笔记本,作为所有的数据、田野笔记以及数据收集和分析技术的副本,并按照本书附录 B 所描述的详细目录进行列表。这本田野工作笔记作为审计追踪的一种方式,展示了各种版本的研究问题、访谈问题、编码方案等。进行审计追踪背后的理念是,你可以向任何质疑你如何得出这一结论的人展示你田野工作的数据和步骤。发展这种内容丰富的笔记不仅使田野工作审计变得容易,也强化了一种有助于数据管理的组织流程。

但是请记住,你已经向研究参与者承诺要保密,并且不希望公开你的审计追踪,即使所有人的名字都变了。最有可能的情况是,大多数人不会对你编码的访谈稿和观察记录这些厚厚的文件感兴趣。然而委员会成员可能会坚持。如果你有边工作边整理的习惯,那么向他们展示就很容易了。

"你怎么能知道你的诠释是正确的"也是一个令人迷惑的问题。正确的诠释并不存在。任何一种社会互动都可以用多种框架来考察，包括那些你还没有建立概念性理解的框架。这个问题促使你去思考你用来诠释你所注意到的东西的理论。从多个框架（理论三角验证）进行分析工作可以扩展你的诠释，提出新的问题，并且突出任何一种分析框架和诠释的不全面。揭示多种诠释使得质性工作特别迷人并具有潜在作用，因为你开始以新的方式来理解，并帮助别人也这样做。

7.7.2 边界和局限性

处理数据可信度的其中一步就是要意识到你研究的边界和局限性。调查的界限或范围清楚地确定了研究边界。这包括说明你没有做什么，比如你没有回顾的可能相关的文献（以及为什么没有回顾）；研究中没有包括的可能有用的人群（以及为什么没有包括）；没有使用的合理预期的研究方法——比如观察（以及为什么没有使用）。没有哪项研究可以做所有的事。边界描述了你为什么划定了你的界限。比如，在撰写学术性的艺术博物馆的研究报告（Glesne, 2013）时，我在引言中划定了边界，如下所示：

> 这项研究并不能解决所有与学术性的艺术博物馆相关的问题。例如，它并没有聚焦于展览的开发和利用、藏品的保护、技术的使用、对未来的战略规划，以及为什么有些学生和老师不使用博物馆，等等。相反，我们试图描述示范性的学术性艺术博物馆对使用它们的人的总体影响。我们确定了四个研究问题。(pp. 11–12)

与你能选择和进行一定控制的边界相反，局限性是指那些在某种程度上限制研究的方面，但是超出了你的控制或只能在事后才意识到。你的责任是在这种情况下尽可能做到最好。详细说明限制条件有助于读者理解数据的本质。讨论哪些文件没办法得到，哪些人员没办法接近，或者哪些地方不能去，讨论你对地点或者受访者的选择有什么特别之处，这可以以一种特殊的方式帮你阐明令人感兴趣的现象。时间如何限制了你的工作或者你的数据分析步骤？你不需要在局限性部分指出研究中所有可以改进的地方，每项研究都有多种办法使其变得更好；相反，你最好把研究局限性的描述作为设定情境的一部分。局限性与社会研究中的局部认知状态是一致的，阐明你的局限性有助于读者了解他们应该怎样阅读和理解你的作品。你也可以讨论边界和局限性，以便在已完成工作的基础上提出对未来研究的建议。

7.8 思考

> 在雅基语（Yaqui）中，kia polove 就是对"事物"没有欲望的意思。对于一个非竞争性的公共社会来说，没有"贫穷"这个概念。雅基人只有在与白人或者墨西哥人打交道时，才会被认为是穷人。
>
> （Véa，1993，p. 31）

公共汽车在弯弯曲曲的盘山公路上行驶了 8 个小时之后，我和我的朋友 Patricia 到达了欧特拉（Hautla）——一个沿着瓦哈卡北部山脊延伸的村庄。我们到这里旅行是想从各自的研究项目中休息一下，并且我们两人都是第一次来这里。第二天，我们沿着山路漫步，看到一层层锯齿状的山脉。当我们返回小镇时，天几乎黑了，已经过了瓦哈卡咖啡馆正常提供便餐的时间。我们非常饿，最后终于找到一家网吧，在那里我们可以买到瓦哈卡热巧克力，泡沫很多，很浓稠，还有玉米饼。

网吧的主人接过菜单，送来我们点的食物，并问他是否可以和我们一起坐下来。在谈话中，我们得知他是当地高中的校长。我无法把我的研究抛在脑后，开始形成一个问题。我很好奇和我一起工作的年轻人是如何以某种方式参与改善社区环境的，我请他描述一下欧特拉的年轻人对待环境的态度。他停顿了一下，然后回答说："我们这里不怎么谈论环境，而是谈论和谐（harmony）。"他接着把"和谐"描述为所有事物，包括那些看不见的事物之间的联系。每一块田野、每一棵树、每一块石头、每一条河流都有一个守护者。传统上，人们在砍掉一棵树或者搬动一块石头之前，都会先向守护者献祭，意识到可能会冒犯某些"存在"并要为此承担后果。

他的话——"我们这里并不怎么谈论环境，而是谈论和谐"——打破了我假定的分类。虽然我之前听人们讨论过自然精神，虽然我在书中读到过"和谐"在瓦哈卡的重要性，虽然一个萨满曾向我展示过我的"守护神"或者自然盟友，但是我仍然把我所读到的、听到的及经历过的按照西方的习惯进行归类，即人类、动物、环境、宗教/精神等。校长的那句话打破了我的分类，它们混合在一起，使我的观点变得模糊起来。我知道自己还没有像许多瓦哈卡人那样完全理解"和谐"这一概念，但我对自己的感知误区有了更好的认识。尽管我继续回到了旧的分类，但我知道它们是"人为的"。我看到并感觉到了不一样的东西。

分类的过程既是数据分析的一个优势也是它的一个问题。我们分类的目的是理解事物，帮助我们看到社会互动中的模式。我们需要分类来产生预感、形成假设和理论。尽管我们可能会寻找"本土语言"，有意识地试图理解他人大脑中的分组，但无法完全摆脱我们已经社会化的类别。然而，当我们开始重新将世界归类到非我们自己的类别时，我认为民族志的工作是非常有用的。作为质性研究者，我们经常说自己想要从多个视角进行研究，却很少质疑表达这些视角的框架。这样做拓展了我们体验生活的视野，同时更充分地说明知识是如何在社会中建构的，并且它的力量总是被片面地描述或诠释。

推荐阅读

Bazeley, P. (2013). *Qualitative data analysis: Practical strategies.* Thousand Oaks, CA: Sage.

Gibbs, G. (2007). *Analyzing qualitative data.* Thousand Oaks, CA：Sage.

Grbich, C. (2013). *Qualitative data analysis* (2nd ed.). Thousand Oaks, CA：Sage.

Saldaña, J. (2009). *The coding manual for qualitative researchers.* Thousand Oaks, CA：Sage.

Wolcott, H. (1994). *Transforming qualitative data：Description, analysis, and interpretation.* Thousand Oaks, CA：Sage.

练习

课堂练习

1. Saldaña 的 *The Coding Manual for Qualitative Researchers* 一书中包含了编码和分析练习（Saldaña, 2009, pp. 193 – 195）。下面的三个例子来自他的书，我们对原书内容在一定程度上进行了总结和改写。

a. **我们带着什么**。作为一项课堂活动，把你的背包、钱包或者公文包里的东西都拿出来。以某种方式对所有的东西进行分组，给每一组物品确定一个类别名称。之后，看看你是否可以从另外的角度重组它们。是否存在一种分组方法比另一种更有分析意义？这些类别说明了关于你的什么？

b. **我们如何通过模式创建秩序**。这是一个和同学一起进行的活动。你们可以待在教室里，或者分成小组去附近寻找不同的场所，带上你的笔记本和笔。在指定的时间（比如 20 分钟）内，在场地里四处走走，记下你能观察到的所有模式。比如，墙壁瓷砖或者地板是否存在一种模式？座位安排或者窗户间距的模式如何？在记录了尽可能多的模式之后，把你的清单分成不同的类别，这样你就有了一个"模式的模式"（Saldaña, 2009, p. 194），比如装饰型模式，或者功能型模式，或者组织型模式。为每一个较大的模式类别撰写一个"编码簿"，用一两句描述型的句子表明这个类别对你而言意味着什么，以及它打算包括/排除什么。

c. **我们的衣服说了什么**。下一次课，与班上的同学一起穿着 T 恤衫上课。在课上，带着笔记本和笔，在每个人周围闲逛，记录每个人 T 恤上的信息。创建用于分类信息的编码列表，例如，你可能会寻找属性编码（attribute code）（Saldaña，2009，p. 194）并从商标中收集数据。面料成分是什么？这件 T 恤是在哪生产的？怎样护理（洗涤和甩干）？你也可以关注尺寸编码（magnitude code）（Saldaña，2009，p. 194），寻找 T 恤的尺寸信息。尺寸是如何标注的？使用了什么符号（字母还是数字）？寻找现实的（in vivo）编码（Saldaña，2009，p. 194）。T 恤上的文字表达了什么或者图像比喻了什么？你可以根据 T 恤传达的信息将 T 恤和穿它们的人分成几个不同的组吗？这样的分类如何赋予每一组特殊的价值观、态度或者关注度？

2. Duncan Waite（2011）给出了一个建议，正如一篇刊载于 *Qualitative Inquiry* 的文章中提到的那样，他在质性研究课程中使用了一副扑克牌。你们每个人都拿到一副提前打乱顺序的扑克牌，包括大小王和其他牌。每个人独立地对扑克牌进行分类，不要相互交流。把这些牌当成需要整理的一组数据。分类完成之后，记下其他同学对扑克牌的分类方式。之后把你的牌用一种不同的方式进行分类，同样也不要相互交流。根据 Waite 的说法，第二次分类通常比第一次更有创造力。分享你这样分类的原因。这个解释可以带来对隐性理论（tacit theory）的讨论，即关于扑克牌分类的常识性概念（相同花色或者相同数字的牌放在一起）；以及一些人可能会使用的显性理论（explicit theory）（根据家人和朋友的电话号码来分类）。讨论如何处理异常值（大小王，说明牌），以及如何诠释不同的数据。

3. 回到第 2 章和第 4 章的课堂研究练习。带上访谈转录，为班级访谈创建一本编码簿。从小组开始，对主编码和次级编码达成一致意见。之后，在整个班级中观察每一个小组编码的方式，讨论每一种编码方式可能讲述的不同的典型故事。然后，就班级编码方案达成一致。最后，用这个班级编码方案对你的访谈进行编码。

4. 采用上述实践练习中的编码访谈。按主编码对其进行切割和分类。将全班分成几个小组，每个小组得到一个或者多个主编码的数据。随后每个小组处理其编码数据：按照次级编码分类，可能拆分或合并编码，寻找模式、关系和进一步的分类。记录分析结果。保留这些编码数据块进行后续的练习。

个人练习

1. 现在你已经对主题分析有了一个整体的认识，考虑设计一个与你所选主题相同的研究但使用不同的方法论或理论框架（例如，现象学、对话分析、叙事分析、符号学或者批判性话语分析）。仔细研读另一种方法，考虑下列每一项与你现在设计的研究有何不同：研究目的、研究问题、数据收集方法和分析步骤。

2. 还记得研究陈述阶段你创建的研究示意图吗？不要看它，结合对观察、访谈以及其他数据的理解，画出你的研究示意图。对比两张示意图，在你的田野日志中，反思关于这个主题你学到了什么，并记下仍存在的差距和问题。

3. 最有可能的情况是，你还没有收集到所有的预试验数据（获得访问权、安排日程及收集数据的过程比你想象中的要长）。尽管如此，你还是可以从现有的数据入手，试着用它们来创建你自己的编码簿。

第 8 章

撰写你的故事：
写出质性数据

一个人希望自己的案例可以触动其他人。但是如何将这件事与他人联系起来？我认为不是通过计算，也不是通过假设我、我的父亲或者 Harry Crosby 都有牙疼的痛苦，事实上，我发现存在一个"意识的普遍状态"。一个人可能仅仅知道没有事物是单独存在的，并希望那是一个奇特的故事——每个真实的故事都是奇特的——一些事情将以神奇的方式应用、关联起来，引起共鸣，触动一个主和弦。

(Pachter, 1981, p. 72)

我们为什么要撰写报告？当然，当你作为研究者签上你的名字时，这份研究报告就是你所期望的一部分。可能你们中的一些人写这份报告是因为你们不得不这么做，但是我猜想你们中的大多数都有更多的打算。写作是不容易的，由小时到天，由天到月，有时甚至到年，你仍然在修改原稿。为什么要花这么多的时间来阅读、研究、写作、修改？在基础层面上，你有想要分享的观察结果、见解及经验。但是，你为什么想要分享它们呢？那些自我怀疑的唠叨声都在低声说："这些以前都被研究过，你说的内容没有任何新意。你凭什么认为自己的内容值得表达？"但是，当你屏蔽掉这些声音，开始写作时，你知道你的内心想要与其他人建立联系，让他们以不同的方式思考或以不同的方式行动。简而言之，正如 Mary Pipher（2007）

给她的书命名的那样，你可能正在为改变世界而写作，如果真是如此，那么你的作品就需要被阅读。为了使你的作品被阅读，你需要投入其中。幸运的是，不同的人会为不同的写作风格所吸引，但无论风格如何，每一部被阅读的作品都是经过作者深思熟虑地遣词造句、谋篇布局而创作出来的。好的作品可以使想法具体化，激发想象和对可能的憧憬。

在质性调查中，研究者精心组织、分析的数据最终会以一定的作品形式呈现出来。它将整个研究过程中发展起来的想法联系在一起，并在学术期刊上呈现出来。写作行为本身可以激发新的思想与联系。写作为你和其他人通过研究努力所获得的意义构建了一个空间。作为作者，你致力于持续构建思想架构，包括从你分析过的数据中选择一个"故事"进行讲述，并创造出你认为最能表达你的观点的文学形式。这对一些人（无论研究者的构建更像是一位从计划中体现愿景的建筑师，还是一位随着时间的推移使愿景从直觉、感觉和情感中浮现出来的画家）来说也许是很重要的问题，但是并不需要解决。对许多人来说，构思一篇文章很可能是计划与直觉的某种结合。本章涉及直觉，但是侧重于写作策略和可能的形式与风格。不过，撰写研究报告首先是基于陈述的讨论。

8.1　陈述的难题

在质性调查中，知识的前后关联属性和语言在意义创造上的作用已经成为思考及对话的一个焦点。Marcus 和 Fischer（1999）指出了表征危机，特别是：①研究报告与叙述者、研究者是如何密不可分的；②作者选择的语言如何暗示特定的价值观；③文本性报告是如何被塑造及润色的。正如接下来的章节所要讨论的那样，这些观点影响了质性研究写作中的变化。这些观点也为研究陈述的创意形式开拓了空间——这是下一章讨论的一个主题。

8.1.1 故事与叙述者

> 我们撰写自己的故事,但仅仅是作为合著者。
>
> (Welch,1994,p. 41)

研究者总是会向朋友和同事讲述关于研究关系、戏剧性的田野事件和日复一日的苦差事的故事,但是在过去,他们通常会在书面报告中省略这些故事。他们通常也会忽略掉对主观性以及他们在研究现场与人互动的反思。甚至,研究者会倾向于这样表达他们对自己研究的权威性——"事实就是如此"(Van Maanen,1988)。这有时也被称为"文学现实主义"。

随着质性研究者对于自反性的强调,他们现在也会质疑社会科学和人类自我是如何实现"共同创造"的(Richardson,2000)。从这个角度来看,你对自己研究的认识——反映在你的诠释中——是与对自身的认识交织在一起的。因此,作者越来越多地把自己写进其研究报告中,认识到他们一直身处其中,参与意义的构建。然而,作者在多大程度上反思自己和他们的工作,以及他们如何将自己融入文章中,其程度和风格各不相同。

一篇文章(整篇或一部分)可能采用 Van Maanen(1998)所称的"忏悔故事"的形式。在"忏悔故事"中,观点不是研究现场的受访者或其他人的,而是田野工作者的。"忏悔的故事"的作者经常将自己描述为常犯错误的人。

Rebecca 写了一个关于她早期探索青春期女孩友情的"忏悔故事"。故事的字里行间传递出她在田野调查中安全感的缺乏以及天真:

> 我走到女孩们要求的那排桌子的前面,放下书包。从包里取出我的资料,犹豫着该如何开始。"嗨,大家好,我叫 Rebecca,我在这里想告诉你们一些关于我的研究的事情,这是你们已经同意参与其中的研究。"所有的女孩都沉默地盯着我,有一些甚至面露恐惧之色。我坐在我身后的桌子上,摆出一副希望能把自己的权威地位降到最低的姿态。

在相互介绍之后，Rebecca 对完成自己的第一个研究"行为"感到欣慰。尽管气氛有些尴尬，但她还是鼓励那些女孩开口说话。她离开时对即将到来的一切感到兴奋。

Linden（1993）声称，"田野工作中的忏悔比比皆是，但是对于其他文化与文化他者的行为如何作用于田野工作者的自反性描述却很少"（p.9）。自反性描述要求的不仅仅是有关研究问题和成就的个人故事，还需要考虑研究者的立场，以及研究者如何影响田野工作和田野关系或被其影响。就像 Linden 在 *Making Stories*, *Making Selves*: *Feminist Reflections on the Holocaust*（1993）一书中所举的例子：

> 写这本书使我自己不断走向更本质、更内在的地方。我一遍又一遍地审视大屠杀在我作为犹太人的意识中的印象。我的自我反思成为我研究中不可或缺的一部分，与我最初计划撰写"有关"大屠杀幸存者的书密不可分。这一过程转变了我的犹太人身份，这本书也讲述了这个故事。（p.2）

在书中，Linden 向大家展现了她自己的记忆、家庭故事，以及随着大屠杀幸存者的叙述而不断形成的身份认同感。

在 *Translated Woman*（1993）一书中，Behar 讲述了自己与 Esperanza 之间的社会经济阶层差异（Esperanza 是与 Behar 共同从事研究工作数年的一名墨西哥妇女）。Behar 在书中还透露了她成长过程中的家庭生活细节，她认为这些对她的研究诠释是有影响的。后来，经过反思，她也讨论了关于描写自己的家庭所产生的影响。Behar 的母亲对于曝光家人的"脏衣服"感到生气，问道："如果你必须经过 Esperanza 的允许才能写出关于她的文章，那么你为什么在写我们的时候没有征得我们的同意呢？"（Behar, 1995, p.72）因为我们是关系生物（relational beings），所以在写作中有曝光他人生活的风险，这使你无论是撰写主题报告还是撰写自传式民族志都要格外谨慎。

将自己嵌入报告中的另一个潜在危险就是，将研究作为一种自我疗愈，或者对自己的关注与对他人的关注一样多。戏谑地说就是自恋，一些人表现为关注自己比关注自己周围的世界更多。作为一名研究者，你与你的研究确实密不可分，然而，在你的报告中关于你自己应该写什么、写多少，仍然是一个值得考虑的问题。正如 Goodall（2008）所主张的，融入你的观点至关重要的是"你怎样对待它们？它们能做什么？它们有什么约束？这些细节如何使你的研究更可信、更有趣？"（p.25）

8.1.2 研究者的语言

> 无论现实如何，除了真实存在的，我们对它的感觉不可避免地出现在我们谈论它的方式中。
>
> （Geertz，1995，p.18）

意义比词语的定义更为复杂。你选定的语言——无论是清晰的和连贯的、烦冗的和复杂的、变式的和正式的还是个性化的和令人回味的——除你想表达的意见之外，还讲述了一个故事。例如，研究者在报告中更多地使用"utilize"和"finalize"等以"ize"结尾的词语，而不是使用"use""finish"等较短的术语。正如 Strunk 和 White（1979）提醒我们的：通过研究者用词的选择，可以看出其学术主张的风格，不过，真正好的作者并非必然如此。

另举一个例子。在撰写本书的过程中，我想要以一种研究新手可以接受的方式撰写，使用清晰、有表现力的语言和引人入胜的实例。但是，我的语言选择产生了什么意义？这些文字传达的是什么信息？确切地说，我简化了很多也忽略了很多。我掩饰了历史的促进因素和社会哲学。我这样做并不是因为它们不重要，而是因为我的首要目的是欢迎你们这些新的质性研究者。我相信你们会继续阅读、讨论和发现研究视角与方法的多样性及复杂性。然而，在这样做的同时，我是在邀请你们踏上一段看似有趣、有吸引力的冒险旅程，而没有正确地警告你们所有的隐蔽脉络和路径吗？

如果你们中的一些人读到这本书并且认为你们现在已经知道了关于成为质性研究者的一切,那么我是在鼓励"劣质科学"吗?我不想欺骗或提供一种错误的认识,但因为我选择的语言,这两种情况都有可能出现。

Richardson（2000）声称,"语言不会'反映'社会现实,但是会产生意义,创造社会现实"（p. 928）。例如,被动句、不以人做主语的句子（"这项研究是由……"）传达了一种客观性,研究者和他们的行为（兴奋、担忧）消失了。另外一个例子,回到对于我撰写本书所进行的讨论,以及我使用清晰的、易被接受的语言的意图上。Lather（1996）指出,"平实的语言"可以暗示"词语与世界之间的镜像关系"（p. 527）。她主张为了跳出我们"理所当然"的思维,我们有时需要阅读并且不能仅进行简单的理解。Tsing（1993）以一个类似的观点,将其民族志的写作策略称为"多重游击战术,难以推翻的理论和故事……其中的好奇心不会被一致性压倒"（pp. 32 - 33）。本质上,Lather 和 Tsing 推动我反思本书中的语言使用问题,而我也呼吁你这么做,并且不仅仅是对本书,也包括对你自己的作品。

8.1.3 描绘与诠释

> 真实发生的才是生活……讲述的生活（生活史）是一个故事,它受讲述的文化习俗和社会环境的影响。
>
> （Bruner,1984,p. 7）

讲述的生活是对已有生活的重新呈现,真实的生活和讲述的生活是不一样的。更确切地说,讲述或撰写的故事总是对他人生活的一种诠释,也是质性研究者力争进行的一种诠释。

多年来,现实主义故事（Van Maanen,1998）是民族志陈述的主要形式。作者详细记录了研究对象的生活细节,采用经过仔细编辑的语言来描述参与者的观点。然而,研究者即使没有在全部文本中缺席,也在大量的作品中没有体现出来,而是采取一种"诠释万能"（Van Maanen,1998,p. 51）

的立场，以假设真实的生活和讲述的生活几乎相同的方式传达观察及访谈的结果。换句话说，这种陈述的生活看起来是忠实于真实生活的。

在1967年出版的 *Tally's Corner* 一书中，Liebow 探索了20世纪60年代早期在华盛顿特区的泰利街角闲逛的街角男人的生活。在附录中，Liebow 谈到自己的社会背景以及阶级和种族问题（他是白种人，街角男人都是非洲裔美国人）。然而，Liebow（1967）在书中主要展示了他自己的所见所闻，以及与他进行交谈之人的话语，大体转述如下：

> 街角男人缺乏工作承诺的一个关键因素是他们对工作的总体价值。在他看来，街角男人对一份工作的价值并不比其所处的社会中其他人的价值低。他通过雇主愿意支付多少薪资来了解这份工作的社会价值。从真正意义上来说，他在每一个发薪日都用美元和美分计算整个社会赋予这份工作的价值。（p. 57）

Liebow 的报告是清晰的、描述性的、吸引人的。在对一批城市中的非洲裔美国男人以及他们与工作、女人、孩子、朋友之间关系的描写中，他毫无疑问地使读者产生了"这就是真实情况"的感觉。

你如何展现他人是很重要的。20世纪70年代，Edward Said 在对抗现实主义故事和其他调查报告的中立性方面颇具影响力。例如，他主张，将参与者描述成"异国的"或"落后者"的研究者往往假定自己是有特权的调查者，他们可以直接对人进行分类，并且在这个过程中，他们使那些被描述的人保持沉默、客体化，受到控制（Dicks et al., 2005）。语言的使用如何被赋予价值被继续作为研究陈述的讨论焦点。

放弃一个权威的立场意味着你不能再自称知道一切，但从我的角度来看，你能宣称自己知道一些事情。然而，你的知识还是片面的，处于特定的历史理解语境中（Richardson，2000）。你的理解是不完整的，但这并不意味着它不重要，也不意味着你抛弃了方法论的纪律性和严谨性。然而，你可能想要尝试不同的陈述形式或者更加明确你作为研究故事共同创作者的角色。在继续阅读本章时你要谨记表征危机的情境。

8.2 接近研究写作的思维模式

当我们读完一个好的民族志研究时,熟练的合理化已经使起初看似陌生的事情变得熟悉起来,同时也使我们疏远了原以为熟知的事物——我们自己。

(Shweder,1986,p.38)

一位女士让我对她在另外一所大学里完成的研究工作进行审查并提供反馈。她准备了一些访谈问题(既有开放式的也有封闭式的),并且制定了对全国各地的管理人员进行访谈的日程安排,但她还没有收集到任何数据。尽管如此,她已经编辑了将近两百页的文档,它们被分为五章:绪论、文献综述、研究方法、研究发现、总结与建议。她完成了前三章以及最后两章的大部分内容,为百分比和适用的短语留出了空白位置,一旦数据收集上来即可完成。

我不知道人们用这种方式写了多少论文和研究报告,希望不多。因为他们没有公正地对待数据,从而失去了对那些数据的诠释。他们既不尊重受访者的时间和投入,也没有对作者分析与创造品质的呼吁做出响应。他们没有成功地变陌生为熟悉,也没有成功地使我们与自己疏远。

这一节提出三种思维模式:艺术家、翻译者/诠释者和改革者,它们对你开始写作时进行假设会有所帮助。

8.3 艺术家

为了使数据有意义,作者使用了在一定程度上常规且机械化的技术程序,但是优秀的质性研究写作者也是富有创造性的艺术家。Zinsser 在其编

写的 *Extraordinary Lives*（1986）一书中主张：

> （研究）仅是研究。所有事实都被整理过，所有文档都被研究过，所有地方都被参观过，所有幸存者都被访谈过，之后该干什么呢？这些事实加起来到底是什么？生活到底意味着什么？这是六位传记作者的核心问题，他们在研究中一次次地质疑这些问题，这正是手艺向艺术的跨越。(pp. 17-18)

写作的"手艺"涉及作者写文章时运用到的策略和程序。呈现的形式和风格需要艺术情感，这似乎涉及纪律性和创造性的融合。作为艺术家，质性研究者进入混乱的地界，在那里有些人可能会把他们当作记者、小说家，或者更糟糕的。作为艺术家，他们在事件和人之间寻找富有想象力的联系，对这些联系进行富有想象力的描写，并对这些描写进行富有想象力的诠释。他们做这些不仅仅是为了使其作品变得更容易理解，也是为了使他们一直努力了解的真相获得正义的伸张。第9章将重点关注这些艺术呈现。

8.3.1 翻译者/诠释者

> 我们构建了一个真理，但并不是唯一的真理。我们描绘现实，但并不复制它。
>
> (Goodall, 2008, p. 23)

民族志学者有时被描述成文化翻译者。研究者的工作是去了解他人的世界，然后将其生活行为的文本"翻译"成有意义的描述。尽管翻译者的比喻暗示着要努力表现意义的细微差别，但它也可以暗示研究者是一个客观的中间人物，而不是一个观点和个性会影响描述的人。正如前面所讨论的，质性研究工作者是诠释者，他们利用自己的经验、知识、理论倾向和收集到的数据对具体过程和情况做出自己的理解。作为翻译者，他们不认为自己是了解议题"事实"的权威人士，而是意义的建构者，他们从自己的生活与这些研究参与者的生活互动中寻找意义。Shweder（1986）解释道，

"民族志起源于一个民族的经历,你必须对其进行充分的观察。然而,一种文化绝不可能简化为我们所看到的那么简单,你不能仅靠观察来得到民族志的事实"(p. 38)。他把文化比作一个黑洞,你"只能通过推理和猜测进行了解"(p. 38)。推理和猜测是诠释过程的重要支撑,在仔细收集、分析数据的基础上,对一件事与另一件事的关系做出推论。

这种诠释意义上的翻译有助于研究者与读者从不同的角度去认识新事物。在 Michaels 的小说 Fugitive Pieces (1996) 中,在主人公还是一个小男孩时,他目睹了家人在纳粹德国被杀害。直到很久以后,他搬到加拿大学习英语,才开始谈论这件事。把这些事件翻译成他们的母语使得他能够去探索究竟发生了什么,对他或者其他人的生活意味着什么。当小说家和诗人们对自己的作品所揭示的内容感到惊讶时,他们意识到其努力是有意义的。就像 Michaels 书中的人物,质性研究者寻求以更惊人和有意义的方式来翻译他们所见、所闻及所经历的事情。

8.3.2 改革者

改革者的角色——并不必然在重塑者的意义上而是在催化教育者的意义上——是许多质性研究者所追求的。当他人读到你的故事时,你想让他们认同或者成为该类问题、压迫、烦恼、快乐和梦想的见证者。通过以自己的经验反思他人的生活,读者们在人类互动的某些方面获得了新的见解和观点,也许,他们还会付诸行动。通过理解他人进而认识自我的过程是你很好地完成质性研究所获得的礼物。Shweder (1986) 将民族志等同于"知识魔法",他主张"当被迫站在另一个人的角度看问题时,我们会自我抽离。我们超越了自我,在一个短暂的时刻会怀疑自己是谁"(p. 38)。

为了使你的工作有助于改革的经验,在撰写工作报告时,对于有意义的数据你需要同时运用严谨的程序和艺术性的创造力。Goodall (2008) 指出,"故事的力量在于它能改变生活,并且不只是你的生活,还包括其他人的生活"(p. 13)。本章将重新讨论这种可能性,但是首先要集中关注写作的规范性程序。

8.4 写作策略

> 撰写研究报告就像制作枫糖浆。四十加仑的汁液煮沸成一加仑的糖浆。我有四十加仑的数据要精简为一加仑的"A级"描述和诠释。现在，我的糖浆还有点儿稀。
>
> （Sandi，佛蒙特大学学生）

8.4.1 开始写作

大多数人都可以找到许多借口来推迟写作。我们要多读、多看、多讨论；我们必须重新编码、重新分析；不可避免地，我们不得不通过拖地板、打电话等任何事情来避免坐下来开始写作。那些一生之中大部分时间都在写作的人在开始写作时也会感到焦虑，这或许会让我们感到一些安慰。在 *Bird by Bird* 一书中，小说家 Anne Lamott 将她脑海里出现的分散她写作注意力的声音描述为女妖。她提醒我们，我们不能把作品放在一起写。更确切地说，"这是一种坚持、信念、努力的问题。所以你不妨先开始去做"(p.7)。当新手作家在拖延时（在拖延的过程中延长焦虑），那些有经验的作家一直在创作。正如葡萄牙谚语所说的，"无风时，划船"。

写作和数据分析一样，在质性研究过程中并不是一个离散的步骤。理想情况下，在数据收集与数据分析阶段，你自始至终都在写作，这并非不切实际。早在你开始一个你可以称之为"写作"的工作阶段之前，你就已经在写作了。在一个研究项目开始时，意识到它将在单词、句子、段落、页面和章节中达到高潮是有用的。虽然达到这个高潮可能是漫长的，但它终将达到。你看到、听到、并记录；分析、诠释、再记录；你要认识到这终将与你的期望相吻合，并转化为可以被阅读的句子。如果你遵循这个建议，你将拥有田野日志和研究备忘录文件，以及在许多可利用的段落中都包含的成熟的思想。

然而，当你在写作上付出的努力比任何事情都多时，你的写作时代就到来了。在此之前，研究者们通常以各种方式表现出强烈的焦虑感，这被佛蒙特州的一个学生研究小组贴上了"写作者沼泽地带"的标签，他们将其隐晦地比喻为会不断出现的泥潭、沼泽和缓慢溺水期。准备写作的研究者在整理和重新整理数据、试图组织思想时，不喜欢搭理别人，并且容易发脾气。Woods（1986）提到写作的"痛阈"，他强调研究者一定是受虐狂，他们对看起来已经很棒的观点不断地进行返工直到论文发表，在这个过程中他们一直面对痛苦直至受到伤害。他将写作者感受到的痛苦与其他领域的艺术家感受到的痛苦进行类比，并鼓励他们将焦虑看成"与其他事情一样，都是对自我的考验"（p. 171）。

写作是一个孤独的过程。当你写人与社会发展过程的文章时，却反常地将自己抽离人群所在的世界。这种隔阂作用于两个方面。首先，你需要独处，因为你需要时间专注于写作。Woods（1985）指出，"研究可能有助于教学，但反过来却不适用"（p. 88）。因为帮助别人使你无法专注于自己的工作，那些"在职"时还要写论文或其他研究报告的学者可能会同意，大多数写作者最好每天留出较长的时间进行写作。

其次，隔阂的作用在于将你与研究地点相分离。这个距离将有助于你从另外一个视角看待写作，这个视角比特定情境更为全局化：

> 如果一个人不与他的研究参与者保持一定的距离，就会面临无法剔除数据、筛选数据以及重新获取数据的危险。当被要求评论和批评一部电影或一本小说时，一个"身在其中"的人能做的无非是复述情节。未能保持距离的民族志学者很容易掉入一个陷阱之中，脱离连贯主题或分析框架讲述"发生了什么"。（Hammersley & Atkinson, 1983, pp. 212–213）

因此，写作者们退出来，沉浸在研究的数据和思考中，期望赋予他们所观察到、听到、读到的东西以形式和意义。

下面的这些策略有助于你解决写作开始时产生的焦虑与疏离感：

1. 制订一个与实际的最后期限相匹配的长期计划。在重点数据分析和写作上投入与数据收集一样多甚至比它更多的时间。你需要时间好好修饰你的数据和语言，与研究参与者和同事一起分享草稿，并反复修改草稿。同样，你也需要时间去平衡你制订研究计划时的投入和数据的产出。

2. 制订一个短期计划。找到你写作过程中最有灵感的时刻。如果可能的话，每天要有三到四个小时、每周要有四到五天的时间写作，可以的话就延长写作时间。一些有较多灵活时间的写作者往往制订每天要完成的论文页数计划，而非写作时间计划。除非你除了写作没有别的事要做，否则，每天写五页（两倍行距）是合理的数量。

3. 留出一个写作的空间，避免被中断或打扰。只要一进入这个空间，就不要打电话、收邮件或者阅读，只埋头于写作。

4. 做好在其他时间、地点写作的准备。许多白天的时间变得碎片化，存在大量短暂的非生产性时间。随身携带一个笔记本（或平板电脑），并且保持开放的态度接受与你的项目相关的想法。无论是在一个无聊的会议中，还是乘坐公交车回家，抑或是在做其他事情，当你的想法突然出现时立刻记下来。Murray（1986）提出利用碎片时间来列表、做笔记、画图表，搜寻需要引用的内容，草拟框架，草拟标题和关键段落。

5. 从编辑昨天的写作文本开始。写作者在开始写作之前往往需要一个准备阶段。许多人发现，编辑前一天的写作文本有助于他们更好地进入新一天的工作，保持写作流程的连续性，并产生更好的草稿。从编辑前一天的写作文本开始，不仅可以让你知道今天从哪里开始，也能让你修改最初写作时觉得似乎很清楚但之后很短的时间内就变得模糊的内容。

6. 当你卡住的时候，大声朗读你的作品。朗读能揭示出作品的节奏、韵律和基调，并帮你形成接下来的思想和文字。

7. 当你卡住的时候，继续写下去。不要关心语法、连贯性和逻辑性。通过继续写下去来激发思路和想法，之后再关注形式和风格。这样有助于获得"初稿心态"（first-draft mentality）：你允许自己不关心写作时的外在形式。你用这种方式写，知道自己以后会修改，也会弄清楚哪些地方可能会混乱。你用这种方式写，将体会到写出一份低质量的草稿，比过早关注文本的形式和风格而裹足不前要好。写作最大的障碍是对早期的草稿，特别是第一稿持有不恰当的高标准。标准太高会直接让写作者瘫倒在写作的道路上。最好先拿出一份无论质量如何的草稿，相信通过修改可以产生有条理、有风格和有价值的文章。

保持与同伴交流的态度可以促进语言的流畅性。正如 Murray（1986）所建议的：

> 我被必须说出真相的想法麻痹了——像摩西（Moses）那样；当我意识到自己所要做的就是猜测、质疑、争论、创建一个模型、确定立场、定义问题、进行观察、提出解决方案、说明与我的同伴进行书面对话的可能性时，我开始着手写作。（p. 147）

书面对话的思想是很容易被扩展的。通过选择你认识的一个人，例如朋友、亲戚、同事或者研究伙伴，在脑海中和那个人一起写作。

8. 即便书面对话失败，也不要低估对话的力量。与另外一个人一起讨论"我在这一部分真正想说的是……"通常将使你解开症结。

9. 建立或加入一个写作小组。这种互动不仅可以为你提供持续的反馈，还有助于确立固定的最后期限。正如你在安排自己的短期或长期日程一样，没有什么比你必须对其他人负责更能帮助你在最后期限之前完成任务的了。

10. 最后，沉浸在经典的民族志和质性研究中，就像沉浸在小说、诗歌和其他伟大的文学作品中一样。阅读提供了模型和灵感的来源。Murray（1986）建议，"广泛而深入地阅读"（p. 149）。

一旦你开始写作，就要坚持下去。精心组织的文档和成堆的笔记是质性研究者撰写文本的素材。随着你"要做的"部分在数量上不断减少，你就有了取得进展的迹象。

8.4.2 坚持写作

在 Berly Markham（1942/1983）关于进步的概念里，"词发展到想法—想法发展成观念—观念演变为行为。这个变化过程是缓慢的，而当下却是一个在明天要走的路途中游荡的懒散旅行者"（p.154）。你不应该一直等到自己清楚地知道想法、观念及词语是什么时才开始写作。写作"有助于人们产生、发展、组织、修正、批判和记住自己的观点"（Fulwiler，1985，p.23）。当你在进行主题分析，或者以引用一个受访者的话为例时，另一个例子经常会灵光一闪。在写作时，你会发现数据间关联的新方式。英国历史学家 Steven Runciman（Plante，1986）强调了写作在想法形成过程中的重要作用，"当我写作时，我是在处理一些一直展现给我的东西。当我试着用语言表达时，我才会有所领悟"（p.78）。写作有助于发展想法和观点，发现你知道的以及其他你需要知道的东西。最好尽早开始写作。

新西兰的毛利族学生，在写作的过程中形成自己的观点和思想。

虽然你可能在一个整体的组织计划下开始写作，但写作的行为也有可能会重塑计划、整理碎片、归纳章节或增加其他内容。例如，Peshkin在为他的一本书重新安排结构的过程中称：

> 最近的一次进展——一个很大的突破——是本书第五章作为一整章被降级变成第一章的一部分。"今日小镇"这一章在我看来更适合放在第一章作为介绍性的内容。所以，当我整理笔记时，我想到的是章节的一小部分而不是一个完整的章节。由于这么想，我舍弃了很多原来放在"今日小镇"部分的数据。也就是说，我能少写很多内容，从而期待很快进入真正的第五章，即第四章"教育史"完成后的"当今教育"一章。我的章节大纲越来越清晰，它是在我完成所有编码之后制定的，它只在我准备写新的章节之前有效。然后，根据已经完成的章节，我可以知道新的内容是否适合作为下一章的内容，或者是否适合在其他地方作为一个章节，或作为某一章的一部分，或毫无用处。

（私人笔记，1988年5月24日）

写作是对研究信息和分析思想进行持续不断的组织及改编的过程。当你开始写作时，那些被你仔细地分类成分离的数据集的数据位（data bits）看起来将会有所不同。它们不再是同构的，很可能需要被分类成次级数据集以构成文章的小段落。例如，假设你有关于新任校长"解决冲突"这一研究的主要编码。在"解决冲突"下，你用先前的技术方法对数据进行进一步的分类，如"开会""利用幽默""把事情交给别人""无视现状"。现在，假设在"把事情交给别人"的下一级数据集里，通过阅读和思考访谈数据，你意识到新任校长有时会把预算冲突转移给学校董事会，而把人事冲突转移给人事主管。你的零散数据也可以被相应地加以安排。为了写好数据，你要连续地、逐步地整理和考虑数据之间的关系。通过这个过程，你的数据将变得更井然有序。当然，顺序也是灵活的。它会随着你在写作时产生的想法而持续变化。

在这个阶段，你也会参与到筛选数据的分析过程中，从你收集的数据中筛选出可以应用到文章中的数据。Wolcott（2009）将此过程描述为摆脱数据陈述的"痛苦的任务"（p. 16），"我们的想法是发现本质，并以充分的上下文情境揭示它，而不是深陷于试图包括所有可能的描述的执念之中"（p. 39）。事实上，"在创作一本专著或一部视觉纪录片时，你最好的行动指标可能不是其呈现的东西，而是那些被废弃的东西"（Plath，1990，p. 374）。让你的团队成员描述他们读过的最乏味的质性研究论文。最有可能的情况是，他们描述的论文是作者感到有必要以列表的形式插入其收集到的每一条引证，却极少去分析或解释。

Kvale（1996，pp. 266-267）提供了报告访谈语录的八项指南。我在此强调其中三点：①在任何描述性或分析性章节中，所引用的内容都不应超过文本的一半；②所引用的内容应该保持简短，一般不超过半页；③研究者应该清楚地诠释所引用的内容，以阐述他们的观点。这些并不是一成不变的规则。例如，整个章节可能主要是经受访者编辑过的文字。然而，作为指导，它们可能帮助你放弃一些数据。对每一部分提出质疑："这一点证据推动故事发展了吗？"（Plath，1990，p. 376）

写作的组织程序比写一份关于所做所学的线性报告更容易讨论。你的文章承载着你对所见所闻的诠释和看法，机械式的写作方式绝不会存在于任何有意义的写作中。写作的组织程序有助于你发挥洞察力，在你最意想不到的时候帮助你建立联系并提供视角，让棘手的问题得以解决。在此之后重新审视你的作品也将对你的写作有所帮助。

8.5 草稿与修订

你的作品在经过大量的修改后才能成为高质量的手稿。手稿的初稿就像是一块只经过粗略加工的木雕。为了使之成为艺术作品，雕刻者仔细地继续塑造形式、雕琢细节、磨平粗糙的棱角，并对整个作品进行打磨和抛光。在后续的修改稿中作者要对文字做同样的事。

完成初稿后，你需要阅读全文以检查其整体的连贯性，然后对内容进行必要的增删或变动。在读第二遍时，要更关注你的理论和描述的清晰性。要通过反复阅读，使你的作品简洁紧凑、语言得体、生动形象（Jeske，1984）；通过删除冗余的语句来使结构紧凑、内容简洁；再次雕琢被动陈述并且用准确生动的词语强化语言表述；利用明喻、暗喻、生动的描写手法使作品生动形象。除此之外，语法、拼写和标点符号方面也要经历这样一个修改完善的过程。著名小说家Stephen King在高中时期曾寄出一份手稿给一个编辑，而后他收到了一个他自称后来一直注意遵守的公式："第二稿＝第一稿-10%"（King，2000，p.222）。在删减手稿的10%的过程中，你是在不断压缩、打磨和润色。

阅读过程中不要忽视子标题的作用。子标题对于作者和读者均有益处。浏览子标题以检查每一章节中各个部分的先后顺序。将所有子标题单独列在一页上，再次考虑它们的最佳顺序。对之前尚未命名的部分进行命名，虽然未命名的部分对你来说很容易辨别顺序（因为你熟悉你写的这些内容），但是对于读者而言情形就大不相同了。比如，如果在长达38页的内容中只有两个子标题，就说明你的文章中有太多内容没有划分结构。最后，再次检查每个部分中各个段落的内容和顺序。

工匠们有时会有助手帮助其完成某些阶段的工作。同样，质性研究者的同事、同伴和参与研究的人员在完善最终作品上也发挥着至关重要的作用。让这些人对你的诠释、观点和表达方式做出回应，并且在手稿的撰写过程中为这部分内容预留出时间。要选择那些你足够熟悉且能够诚实和直接地做出回应的人。在我读研究生时，FAT数据组（由Alan Peshkin组织）就扮演着这个角色。我学着编辑同伴和教授的作品（通过这种方式，更好地写出自己的作品），并且评估他们的观点对我的作品的帮助。最初，看到返回的手稿上密密麻麻且潦草的标记和评论时,我感到害怕。但是很快,我发觉如果一篇论文只得到很少的意见,那么我会有一种被轻视的感觉,就好像读者不重视这篇论文,没有花足够的时间予以评论一样。当他人需要你给出反馈意见时,要认真对待你的评审工作。如果你幸运地得到其他人的反馈意见,那么就要认真思考他们的意见。King(2000)在将小说稿件投递给出版商之前,会先寄给六七个朋友看,以得到反馈意见。他给出了以下建议:"如果读你的作品的每个人都认为它有问题,那么它就是有问题,并且你最好去处理和解决它们。"(p. 217)

Leonardo da Vinci(意大利,1452—1519),*Ginevra de'Benci*,1474/1478 年,Atlsa Mellon Bruce 基金管理机构,国家美术馆

Sara Lawrence-Lightfoot 和 Jessica Hoffmann Davis(1997)将质性研究称作"写照"工作,在这个过程中,他们尝试模糊"美学和经验主义的界限以捕捉人类经验与组织生活的复杂性、动态性及微妙性"(p. xv)。如果你已经尝试绘画,思考你是如何在一段时间内以不同的方式看待周围的世界,注意观察纹理和色彩的变化、光线的转变和人的眼睛背后隐藏的情感。思考艺术家们为了以视觉的形式传达他们的诠释而做出的决策。质性研究者试图对某些人类经验达到一种类似的深刻理解,但更多的是对其中文化和内在本质的理解,并且以类似的方式呈现出来,使之对他人有意义。

8.6 文本:风格问题

8.6.1 文本组织的多样性

Marleen Pugach 用了一年的时间撰写一所学校的民族志,这所学校位于美国和墨西哥边境接壤处的一个城镇之中。在考虑文本结构的问题时,Marleen 反复思考如何从多种讲述故事的方式中建构数据框架：

> 在我看来，这就好比制作一部电影……你需要利用绵延数英里的胶卷记录下值得尊重的东西。我需要这些材料——我的手稿、田野日志、剪报和文档，以便让我能够想出怎样合理地充分利用这些材料，然后将其组织在一个我建构的有意义的框架内。具有挑战性甚至可怕的事情……是建构框架。当然，手稿和其他资料记录着这个故事，但事实上是我在描述这个故事和这些数据资料，尽管这些数据资料是故事的核心，用来为框架服务。这并不是说这个框架是无中生有的，也不是说它产生于我丰富的想象力，而是指它的主观性主要来自我的思想。数据资料和自我观点之间的平衡是这项任务的关键所在，难道不是吗？我们通过提醒人们不要过快地"结合"其分类，以便使故事从数据中"涌现"出来，来掩饰这一点。但是在某种程度上，这些都是在不够诚恳地描述一个极其微妙的过程——写一个真实的故事，一个前后一致的故事，一个忠于数据并且对当地人和从未来过这里的读者都有意义的故事。作为研究者，你去过那里。在如何构建你拥有的数据方面，你本人起着非常关键的作用。这是一项极其困难的工作。（私人信件，1994）

为你的数据建构框架是一项困难的工作，并且正如 Marleen 所说，并非只是你的数据表明了什么问题，而是你和你的数据诠释了什么问题。在数据分析的过程中，开始考虑报告的框架是一个好主意。考虑你正在学习什么，如何将对学习内容的诠释传递给其他人。在你完成分析过程之前就这样做可以促使你对你的分析类别进行不同的思考。你还需要考虑你的目标读者以及他们想要阅读哪些种类的报告。Goodall（2008，p.37）建议利用以下四个问题来协助完成框架的建构工作：你的故事的独特之处在哪里？讲述它的目的是什么？哪些人最有可能成为潜在的读者，以及吸引他们的是什么？怎样把这个故事和学术对话联系起来？记录这些问题的答案有助于你从所有可以描写的版本中选出那个你应该写的故事。

一些民族志的惯例可能有助于塑造文章的组织结构。一些作者在整篇文章中采用一个基本策略，另一些作者在每一章或者不同章节的不同部分均运用不同的策略。你要根据你必须表达的内容做出决策。为了帮助你做出这样的决策，请阅读各种各样的民族志、研究报告和期刊论文，观察其他作者在作品中使用的技巧和格式，因为你写作的过程中也会用到。关于文章组织有如下七个策略可以参考。下面介绍的技巧并不是组织你的文章的唯一方法，但一定可以作为参考。

主题式。根据主旨或主题组织文章可能是最常用的技巧。研究者会为探究式的概念做出预分类表，进行命名（或者制作生动的标签），然后一个接一个地探讨，对描述性的细节加以说明。例如，为了组织一个关于质性研究与道德文化的讨论，Martin 和 Glesne（2002）使用了"社区""自治"和"热情好客"这些主题词。这些主题词在我们与瓦哈卡州民众的交谈中，以及我们阅读的文献中都经常出现。在文章中，我们用这些词作为标题，描述了这些概念在与我们一起工作的人心目中的意义及其用法，提供了来自不同研究项目的示例，然后思考每一个概念如何为调查实践提供信息。

自然史。自然史方法是印象派故事的典型代表（Van Maanen，1988）。这种文章重新创造了田野工作过程，以及研究者对于调查、联系和学习的看法。通过这种写作技巧，作者能够刻画出人物、地点以及与研究者互动的感觉。

年表。年表技巧"遵循着被调研的环境或主体的某些特征，如'发展循环''道德生涯'或者'时间表'"（Hammersley & Atkinson，1983，p. 217）。如果时间的消逝对一项研究是至关重要的，那么年表技巧是非常合适的。例如，Peshkin 的书 *The Imperfect Union*（1982a）记载了在关闭一个村庄仅存的一所学校的问题上村庄和学校董事会之间所发生的斗争。

变焦镜头。这种写作技巧涉及缩小和放大写作焦点。作者从描述田野细节和引用转向理论上的抽象概念，反之亦然。就像一个变焦镜头，文章包含了一般性的不同层次。Spradley（1979）提倡这种写作技巧，并且识别了陈述的六个层次，他认为这六个层次的陈述应该成为民族志撰写的一部分。这些层次涵盖了从一般性陈述到具体事件的陈述。Spradley 表示，作者应该在各个层次间来回转换。仅仅在更一般的层次上进行写作而没有实例作为理论陈述的基础，将会是枯燥和乏味的。相反，在更具体的层次上展开的作品读起来可能很有趣，但是它们又没有分析数据的社会文化和政治意义。这些层次与第 7 章 Wolcott（1994）对于数据转换的讨论相似。

因此，众多民族志作品的撰写惯例是以一个描述性的小插曲作为开头，这个小插曲通常来源于田野日志和受访者的话语，吸引读者进入文章和介绍主题，然后通过各个层次概括性的话语缩小范围。质性研究的新手倾向于关注访谈中的感知价值，而不愿意在观察上花费时间。在描写这个小插曲时，你才会充分重视投入观察和田野日志中的时间价值。它们对于提供具体事件写作所需的细节是非常宝贵的。

叙事。从根本上说，研究中的叙事技巧是指以故事的形式和叙述者的口吻来呈现数据。例如，在访谈记录的混合与整合方面，Teran（2002）组织了一次对墨西哥学者和社会活动家 Custavo Esteva 的访谈，并将访谈时间压缩至数小时以内。尽管 Teran 在其中间歇性地嵌入了自己的诠释或者分析评论，但是，在本质上，他论文中的一章只是对 Esteva 的话语的有序再现。下面的例子是以 Esteva 的话语开始的，Teran（2002）为连续叙事设置了组织架构：

> 尽管 40 年来我一直试图压制我对祖母的记忆，但毋庸置疑的是，她依然留在我的潜意识里，并且影响着我的工作方向。是她让我和印第安人一起在坎普工作，把自己当成一个农夫。但是很长一段时间

内，我并没有意识到这一点。我所说的压制我对祖母的记忆，并不是指我对她有不好的回忆……这些年来，我压制的是生活在她的世界中的可能性。我否认她是一个萨波特克印第安人，因为土著世界被视为一个苦难、贫穷和落后的世界，是一个为了给现代世界腾出空间而不得不被抛下的世界。我压制的是将祖母的世界作为自己生活道路的可能性，尽管从中我可以获得塑造自己生活的灵感。40年后我才开始从另一个视角来看待这些回忆。它们为我打开了一个不同的世界，一个似乎更属于我的世界。在那个世界里我再次"遇到"了我的本源，犹如一场记忆中的"邂逅"。

　　Esteva在去往他祖母故乡的旅途中收获了一系列的经历，这些经历最终带给他一种生活方式和一系列的优越感，一些不同于他接受的教育所施加给他的西方思维模式。在西班牙语中，"encuentro"或者"encounter"和"desencuentro"是相反的，desencuentro的字面意思是指"disencounter"（未遇见）或一个预期的会面或事件未实现。desencuentro可以被理解为一个转折点，在这种情形下，一个预期要实现的目标或梦想破碎了，一个戏剧性的新方向出现了。Esteva的故事揭示了三个关键的邂逅和结果的转折：上帝、马克思和土著根源。（pp. 59-60）

叙述与诠释的分离。另外一个组织技巧是分离叙事和理论诠释，如Willis所撰写的 *Learning to Labor*（1977）。他首先通过大量的描述、对话、事件和互动的叙述来吸引读者。然后通过对数据进行详细的分析来应用和发展理论，他的写作风格也会随之发生显著的变化。一个类似的技巧是分层阐述，即从描述性的、叙事性的部分直接转换到相关理论的模块、分析或者自反性的阐述上。通常，在分层阐述的过程中，当文章风格发生变化时，会以一排4个或5个星号进行分隔，表明这种转换。

合并。合并也有助于研究数据的组织和呈现。通过分析一些人的访谈和观察数据，Ashton 和 Webb（1986）根据参与者应对手头问题的方式将他们分成了几类。然后，他们将每个类别的访谈和观察数据结合起来，创建合并的角色，从不同的角度展示研究故事。正如 Wolcott 在他的 *The Man in the Principal's Office*（1973）一书中所做的那样，研究者花费了几个月的时间来追踪几个人，最后有可能会将其观察到的行为合并为每个参与者的"典型的一天"。

数据展示。表格或图形等资料展示方式虽然不是整体的组织架构模式，但是可以介绍或者总结文章中讨论到的类别或方面。表 8-1 改编自我在加勒比地区的研究工作，该表列举了一种说明类别或主题的方式，这是我对受访者关于对孩子的期望的话语进行分析后得出的。一些作者将数据展示作为其文章的附加部分，并将材料压缩成一个表格，该表格提供了另一种与数据互动的方式。

表 8-1　主题分类和解释性回答的示例

职业期望分类	解释性的回答	受访者数量
好工作（经济上的或他们自己满意的）	能够让他们满意和快乐的任何职业	10
他们自己做主	我不想替我的孩子做出选择	10
教育第一	他们现在最应该接受进一步的教育	6
不同于我的生活	我想要扶养他长大，使他不用像我一样奔波，具有开放的心态，自在地学习，不用撒谎或糊弄任何人	4

这些各种各样的组织数据的方法表明，创作质性研究论文是没有规律或诀窍可循的。无论采用哪种写作策略，民族志通常都是对研究数据、分析报告和公开资料的整合。重点是要整体性地分析数据资料并构建意义，而不是将信息划分为"文献综述""数据分析""研究发现"等几个部分或章节。表 8-2 中的文献来自瓦哈卡州的一篇关于合作研究的文章的编辑版本，是整合田野笔记、访谈记录和文献来源的示例（Glesne，2003，pp. 207–208）。

表 8-2　田野笔记、访谈和其他数据源的整合

文本	组织方法	数据源
前面的例子表明，尽管年轻人要努力计划或展开一个生活项目（完成使命），但是总体上他们会考虑这个项目如何使村庄受益。我花了一段时间才认识到这一点。起初，我想知道他们的关注点与美国社区中小企业有何不同，然后我在田野笔记中写下了下面的感想：	自然史	
令我吃惊的是，所有的访谈都有一种资本主义倾向。获得收入难道不是年轻人最关心的事吗？主要的问题难道不是获得资金来启动项目吗？……当我询问我的核心研究者时，他们耐心地倾听并且回答说他们的工作最终是关于自治权的，……主要的问题并不是挣钱，而是要有一个生活项目，……这个项目可以维持社区中的生活，从而能够使社区自治。		田野笔记
经过一番讨论之后，我开始注意到"自治"这个词在访谈和对话中出现得如此频繁。通过调查，我才更加深刻地意识到自治意味着"我们"而不是"我"，"我们"的含义首先是指家庭，然后是社区。接下来一个年轻人的陈述强调了职责的意义，职责是社区自治概念中的一部分，也是理念的一部分，理念是指自治是人们创造并努力发展的东西：		访谈和对话
有些年轻人不知道自主权的含义。他们依赖父母，而他们的父母为政府工作，因此他们没有自主权。对于我们来说，自治是做你想做的事，这些事将有益于你和你的社区、你的国家……		访谈
当我听到这些年轻人对他们之间关系和工作性质的表述时，我开始理解自治是社区的一种生活品质……Bonfil Batalla（1996）将墨西哥民族国家建设的历史描述为一个"去印第安"的过程。社区自治已经提供了一种传统习俗和价值观的维持以及再生的方法，并抵制去印第安化的过程。当今世界中，这种冒险不仅可以保护传统，而且可以缓解由民族国家和全球化造成的压力。	减少素材	文献

8.6.2 写作风格的规范

正如你的作品的整体形式一样，塑造风格没有绝对的真理可循。通常情况下，最接近的方法就是将创作好作品的准则运用到你的质性研究写作中。温习语法规则，再次阅读 The Elements of Style（Strunk & White, 1979），或者 Eats, Shoots & Leaves（Truss, 2003）。

创作好作品的如下准则似乎特别适用于质性研究写作。根据这些准则，我看到了学生论文和质性研究文章的提升空间。

造句生动。化被动为主动，避免使用"它是"（it is）和"这有"（there are）的结构。把"在两家不同的医院历时七个月时间的数据收集工作被完成了"表述为"我在两家医院用七个月的时间来收集数据"。正如 Strunk 和 White（1979）所主张的，"一个表达更有力量的句子通常比较简短。因此，简洁是活力的副产品"（p. 19）。

怎样设置读者的角色？ 确保"我们""你们""这个人"和"人们"没有被交替使用，比如接下来这个句子："当我们在撰写研究报告时，人们需要仔细阅读和编辑他们的作品，否则就会使你的作品令人费解以至于没有人能够读懂。"

通读手稿并格外注意动词的时态。在同一个段落中，你将表述从现在时转换为过去时了吗？一般情况下，你选择的时态应该是贯穿全文的。

如果你用一个分词短语作为句子的开头，那么确保它是这个句子的主语。Strunk 和 White（1979）提供了一个违反此规则的精彩实例，"由于破旧不堪，因此我能以很便宜的价格买下这所房子"（p. 14）。

当造句具有相似的表达手法时，可以考虑使用"并列结构"。接下来的句子致力于将每一个描述性短语改成并列结构的："研究中，多动症儿童在学校通常受到课后留校的处罚，老师们给他们更低的分数，兄弟姐妹们认为他们很讨厌，并且他们通常知道事物的工作原理。"（通常，研究中的多动症儿童会受到课后留校的处罚，得到更低的分数，知道事物的工作原理，并且被兄弟姐妹们认为是"令人讨厌的"。）

让想象出的形象具体化。使用描述性的词语。再次回到 Strunk 和 White（1979）的作品，请注意下面两个句子的区别：

> 因为他得到了应有的奖励，所以非常满意。
>
> 他把钱装进口袋时咧嘴笑了。

写作者们乐于建议新手去展示而不是讲述。与其说出你了解的事情是有趣的或重要的，不如以一种方式写下来，让读者自己去发掘有趣或重要的信息。

避免行话陷阱。"使用行话是摆出精通、熟悉热门和有影响力事物架势的一种方式。但是，在民族志学的圈子里，不止一个热门和有影响力的群体随着时间的流逝变成了冷门和无力的群体。"（Van Maanen，1988，p. 28）

避免赘述。例如，"归因于这样一个事实，他很少阅读或利用教育研究成果，人们对于他是不是负责管理这个学校的合适人选产生了质疑"，这个句子最好写成"因为他很少使用研究成果，所以一些人对他担任校长一职存在质疑"。

研究者表示，受过训练的人很少会以被动或命令的语言风格撰写报告，如果有的话，你们中的一些人会因为放弃老习惯而感到困惑。即使学生们在写作中发现了乐趣，当他们致力于质性研究写作时，还是会被以前不必问的问题弄得手足无措。以下是一些常见的问题。我提供了一些想法作为答案，这些想法涉及本章前面的部分或者本书前面的章节讨论过的要点。事实上，许多因素都可能会影响到答案，包括监督委员会的期望、资助机构的要求、作者的理论倾向和研究方法以及研究者愿意承担风险的程度。

问题：用"我"恰当吗？

答案：以第一人称单数进行写作是被普遍接受的，并且符合质性研究的特点。文本中出现"我"反映出你在研究情境中的存在。"我"

的出现表明你的文章并不是一个空洞的阐述，不会因为省略具有特定研究经历并在这段经历中与其他人一起生活的人的情况而被认为不客观。避免突兀的"我"，指的是"看看我的情况"这种表达，因为在你讲述的故事中你自己通常并不是第一位的。使用"我"在某种意义上是说明你在场，作者和读者都应该记住这个事实。

问题：在描述和分析我的所见所闻时，我也要评价自己的经历吗？

答案：Strouse（1988）在谈到关于 Alice James 的传记作品时说，"鼓足勇气提出自己的观点真的就是这本书的全部内容"（p.190）。你的作品是诠释性的，伪装只会愚弄你自己而不是其他人。尽管如此，诠释主义研究的目的是增进理解，而不是做出判断。发现错误和发现意义之间可能只存在一个细微的界限。这个界限是值得重视的。从参与者的角度讲述这个故事——很可能你会有许多版本要讲述，其中通常包括他们对一个项目或政策的优点和价值的评价。然而，不要用数据讲述一个你事先就想讲述的故事。

问题：在撰写论文或学术演讲稿的过程中，我一定要遵循传统的问题陈述、文献综述、研究方法、研究发现和结论这样的写作格式吗？

答案：进行质性研究的学生都有一个指导教师和评审委员会，他们的意见可以为学生的写作设定指导方针和正统观念。然而，质性研究没有传统的写作格式。遵循任何特定的章节安排都取决于你和评审委员会协商的结果，并且协商应该尽早进行。在我看来，传统的学术演讲稿格式既不符合质性研究的开放性，也不符合描述性、诠释性写作所能做出的贡献。

问题：在引述参与者的话时，我应该引用我的访谈笔记吗？如果要引用，该怎么做？

答案：我并不要求这样做，但是评审委员会可能会坚持要你这样做。除了审核检查，在广大读者无法看到你的访谈笔记的情况下，进行这样的引用似乎是毫无意义的。除此之外，这种引用还会影响文章的流畅性。但是，如果你用了超文本或超媒体来记录研究，就可以在文本中提供访谈录音转录文本或访谈录音的链接。

问题：如果在引用中，受访者使用了人名或地名，我要将其改为匿名的吗？如果要改的话，我要用括号或者其他方式表明这个名字已经被修改了吗？还有，我应该用受访者的名字、首字母还是化名？

答案：如果在引用中使用受访者、某个人或地方的名字会违背匿名的承诺，那么答案就很清楚了：要用化名。可以在论文的开头用一句话或一个脚注来说明在必要的情况下更改人名或地名的意图。在此之后，我认为没有必要再特别说明为保持匿名而做的更改了。关于首字母的使用，我同意 Emerson、Fretz 和 Shaw（1995）的观点，"这个最小化的身份证明使性别非常难记，达不到引起共鸣的效果，并且也很难让读者在其他引用中辨别出这个人来"（p. 194）。

问题：在引用某人的话时，我应该保留像"嗯""你知道"以及其他无意识的口头禅吗？

答案：让你的方法论方法和研究目的成为你的指南。如果你做的是对话分析或者其他形式的叙事分析，那么这样的话语可能是数据中很重要的一部分。然而，如果你对模式的文化认知感兴趣，那么这些语言模式的贡献就很小。在引用时，你可能想要尽可能地保留这样的声音或词语来表现话语的完整性，但是注意不要过多以至于使说话的人感到尴尬或挑战读者的耐心。

问题：如果一个人在研究中起着主要作用并且有着独一无二的中心地位（例如学校的校长或院长），该如何确保他的保密性和匿名性？

答案："当完全的保密性和匿名性无法得到保证时，在某种程度上，这个问题就转化为一种持续的沟通和协定。"（Johnson, 1982, p. 85）这是一个敏感的问题。你可能会因为无法安全地隐藏这个人的身份而感到描述格外受限。我的建议是，一开始先说清你想要说的内容。然后想象你就是那个人，重读你写的内容，并进行恰当的校正。最后，寄一份副本给当事人，根据他的反应获取线索。

问题：当一个人、一个项目或一个地点能被研究参与者或其他当地人辨认出来时，你应该怎样描述和报告对那个人、那个项目或那个地点不好的态度？

答案：首先，你要确认是否有必要报告关于可辨认的人或地方的负面信息。对学术的承诺并不是为你提供通行证，让你去伤害那些允许你接触到其言行的人。当你试着努力了解社会现象的复杂性时，你很有可能会发现研究参与者只是像你一样的普通人——既不是圣人也不是罪人。传记作家 Nagel（1988）给出了一个好的建议，"描写他人的生活是一个可怕的任务。因此要怀揣一种温和的心态来进行，这种心态来自知晓研究对象和作者都有人类必死命运的弱点"（p. 115）。描绘脆弱与人性，既不要利用你自己的幕后动机掩饰它，也不要通过给它镀金（伤或诋毁）来遮盖它。当然，如果你的研究有明确的评价部分，并且该部分是经过协商获得许可的一部分，那么负面结果就展现出了另外一种观点。

问题：如果访谈中的一个引用与我的几个主题都很契合，我能够在手稿中重复使用吗？

答案：Emerson、Fretz 和 Shaw（1995）给出了很好的建议，"在最终文本的几个章节简单地复制田野笔记的内容是没有用的，因为读者很快就会厌倦这些不必要的重复，民族志学者要避免同一个田野笔记片段被使用一次以上"（p. 192）。

问题：我应该以一系列的建议来结束我的报告吗？如果涉及的是应用研究领域，我是否应遵循规范性？

答案：有用性需求是可以理解的，也是可取的。然而，有用的成果并非总是采用规范的格式，问问自己：我是以规范性为目的设计自己的研究吗？如果是，那就按照规范进行；如果不是，那么尽管这些规范很有趣，它们还是要被挪用到其他目的的研究上。当这些规范无法被整合到你的设计中时，专注于这些规范只会与研究计划相差得越来越远。

这一系列的问题和答案可以解决在研究过程中出现的实际困惑。这些是次要的考虑因素，而承诺则是更重要的：尽可能以最佳方式获得数据；有内容可说——这是一个分析和想象力的问题；要写好，并且还要修改，修改，再修改。

8.6.3 开头和结尾

无论一篇文章的实质性部分是怎样组织的，它通常都包括引言和结尾。引言一般是阐述文章或者手稿的写作目的，提出研究问题，介绍问题的研究背景，并且启示下文。由于作者直到写完文章才能确切地知道下文是什么，因此，引言通常是最后写的。不同于引言需要最后写，手稿最初的起点——题目——最好在整个写作过程中写好、重复考量并且不断修改。它要从本质上传达手稿的主要内容。题目也是读者（或者出版商）最先看到的东西，并且在它所传达的内容基础上，读者会选择继续阅读或者停止阅读。

结尾应该给出一个结论，但不同于总结。总结是重申已有的内容；结论是推导出进一步的内容："所以……"结论要引发思考并且超越之前描述的实质性内容。Wolcott（2009）强调了结论部分的重要性。他告诫读者"识别并且抵制诱惑，不要写出引人注目但是不切题的结论，或者将研究中还没有被彻底解决的问题作为结论"（p. 114）。不要试图将一切都编织成平滑的、易于理解的内容，Wolcott 建议作者自己和读者处于这样一种状态——"思考和琢磨那些困扰你的根本问题"（p. 115）。

注意安排时间来完成开头和结尾——事实上比你预想的时间要更多。回顾你已经写完的内容可以为完成这部分做准备。回顾你的研究问题，这样就可以确保解决所有的问题，并且注意你未能预料到的新问题。最后，继续考虑这些问题：我对所研究的内容是否完全公正？我的描写是否足以让读者理解我为研究问题所做的贡献？

完成这些部分和章节之后，通读一遍。检查你在文章结尾是否完成了在开头提出的要做的事情。你提出的所有问题都讨论过了吗？如果没有，原因是什么？你开篇为读者呈现的期望会在后续章节中证实，在最后一章达到高潮。

最后，注意如何结束你的报告，直到读者读到的最后一句话。Delamont（1992）分析了一些民族志和其他质性研究的结尾。她发现，有些文章实现了学术"本质"的陈述，另一些展望了下一个项目，还有一些最具新闻风格的文章通常以一位研究参与者的话语作为结尾。我从我的书架上取下我最喜欢的几本民族志书籍，用 Munoz、Tsing 和 Myerhoff 的话来结束本章的内容。

学术本质的示例："合作意味着一起承担探索那些有所收获的地方时的风险——悬而未决的和令人不安的前沿，未完成的身份故事就发生在那里。"（Munoz，1995，p. 257）

展望未来的示例："在不断变化和有限的意义框架内，Uma Adang 的诗歌对印度尼西亚人和外国人都有意义。这不是亘古不变的真理，而是所有创造性成果的力量。如今我们重读并创作，是为了汲取这一文化遗产并且超越它。"（Tsing，1993，p. 301）

与一位已逝的被调查者的虚拟对话："我还是不知道希伯来语、阿拉姆语、意第绪语、托拉语或塔木德语。我也不知道祈祷文，无法点燃火把或者在森林中找到去那个地方的路。但是现在已经有人向我讲述过这些事情，这可能就足够了。"（Myerhoff，1979，p. 272）

推荐阅读

Goodall, H. L., Jr. (2008). *Writing qualitative inquiry: Self, stories, and academic life.* Walnut Creek, CA: Left Coast Press.

Lamott, A. (1995). *Bird by bird: Some instructions on writing and life.* New York, NY:

Pantheon Books.

Lichtman, M.（Ed.）.（2011）. *Understanding and evaluating qualitative educational research.* Thousand Oaks, CA: Sage.

Wolcott, H.（2009）. *Writing up qualitative research*（3rd ed.）. Thousand Oaks, CA: Sage.

Zinsser, W.（1988）. *Writing to learn: How to write and think clearly about any subject at all.* New York, NY: Harper & Row.

练习

1. 回到研究实践练习（上一次提及是在第 7 章）。在从事数据分析的同一个小组中，开始撰写小组报告中你负责的部分。这项练习的目的是练习做决策：如何表达主题、模式和进行描述？用什么作为支持的证据？哪个受访者的话要保留而哪个要删除？在你的个人研究（或者在实际的团队项目）中，你需要充分熟悉所有的数据以及它们之间的整体关系。然而，在这项练习中，你只需要处理你那部分数据。

2. 在每组都完成相应部分的书面报告后，请为合并报告确定一个看起来合乎逻辑的顺序。然后，一组接一组地阅读这份"课堂报告"。讨论不同小组报告数据的方式。

3. 以个人或小组的形式，寻找能够反映出不同方法论方法（比如民族志、扎根理论、叙事研究、现象学）的质性研究论文。比较、对比数据的呈现方式和写作风格。这些文章如何帮助你以不同的方式思考自己的写作、采用的方法、包括什么、排除什么、想做什么？[对这项练习格外有帮助的文献是 Marilyn Lichtman 的一本书：*Understanding and Evaluating Qualitative Educational Research*（2011），其中包含了各种研究期刊上的文章以及 Lichtman 的评论和建议。]

第 9 章
即兴创作世界之歌：
艺术型研究

我们的知识是置于情境中的，且必须与情境相关联。整理与创造同时发生：我们称它们的协作为"知识"。我们的头脑是一把蓝色的吉他，我们用它即兴创作世界之歌。

(Dillard, 1982, p. 56)

在响堂山石窟[1]展览上，芝加哥大学艺术博物馆展览了民族志和考古学的实地调查录像，作为对石窟的现代朝圣。一位来自奥伯林的音乐教授带着他的学生到校艺术博物馆欣赏有关风景的画作，并让每个学生选择一件艺术作品进行研究，然后基于作品所带来的灵感创作一首乐曲。在这个"流派模糊"的时代（Geertz, 1983/2000），来自不同学科的技能和知识创造性地结合在一起，产生新颖的见解以及新的学习和探究的方法。

过去，社会科学家通常希望自己被认为是科学的而非艺术的。因为科学是真实和客观的，所以社会科学家使用他认为客观、精确、中立且非隐喻的语言（Richardson, 1990; Stewart, 1989）。当时，世界之歌只能以报告的形式呈现，却无法被吟唱。有些人类学家为文学期刊撰写诗歌和短篇小说，另外一些人出版田野回忆录（通常使用笔名），他们通常不会在民族志著作中直接

---

[1] 响堂山石窟坐落于河北省邯郸市峰峰矿区，开凿于北齐时代，现存石窟16座、摩崖造像450余龛。——译者注

讨论自己的实地体验、个人反思和诗歌作品（Bruner，1993）。

随着研究范式、相关理论和哲学的转变，方法论也在发生变化，产生了许多探索社会和世界的新方法。这些新方法产生了新的见解、欣赏和承诺。社会政治和意识形态的转变促进了对研究范式的批判及其转变。例如，20世纪六七十年代的民权运动、女权主义运动以及批判教育学将研究所关注的重点转移到了女权、种族以及被边缘化和被压迫的人的问题上来，而这些问题是实证研究所忽视的。由于诠释性范式具有启发和呈现以前被忽视的观点的潜力，因此在学院内得到越来越多的认可，并且质性研究课程被扩展到大学的授课中。

Schuster，Massimo（摄影师），2012 年，*Big Mother Earth Puppet*，佛蒙特州格洛弗

民主化运动期间，参与式行为研究在拉丁美洲兴起且被广泛应用，在世界的其他地方也有较小程度的开展。巴西学者 Paulo Freier 创建了一个超出对话和谈的大众戏剧论坛，以此教育和帮助受压迫群体参与政治活动。受到 Freire 的启发，Augusto Boal（2006）撰写了有关被压迫者剧场的书，并举办了研讨会。"通过对计划变更的讨论、对动作的指导以及在戏剧中对不同解决方案的尝试，他使观众可以部分参与到戏剧的表演中。"（Leavy，2009，p. 165）伴随着"具有政治意味的'仪式'，如守夜、吟唱圣歌、把

示威者绑在建筑物的柱子上、燃烧国旗和胸罩以及穿着戏剧服装",戏剧表演进入了美国的政治领域(Gergen & Gergen,2012,p. 34)。1975—1998年间,面包和木偶剧院(Bread and Puppet Theater)每年都会在佛蒙特州东北部的一个农场里进行"复活的马戏团"演出。成千上万的人聚集在一起参加参与式政治舞台剧,该舞台剧包括从气候到暴政等多样化的主题。这些都是使普通民众参与到探究其自身生活以及塑造其体验的宏观话语体系中的一种艺术形式。

不久以后,参与式的表演及创造性的表述风格逐渐被运用到学术界。首先在会议报告中,然后在发表的论文中,学者们开始用故事、诗歌、戏剧甚至舞蹈的形式来演绎他们的研究。早期,学者们关注的重点是展示,即研究成果如何被塑造成一部戏剧、一首诗歌或者一幅油画。在20世纪90年代的大部分时间里,这些具有代表性的实践被称为是实验性或替代性的,这些标签"将传统的民族志实践重新定义为标准及公认的、被接受的、首选的、经过实践检验并代表质性研究的模式"(Richardson,2000,p. 930)。但是,那些将艺术与自身研究相结合的学者意识到,他们的作品不仅仅是一种代表性的实践或者将研究成果转化为艺术形式的方式,而且是用一种艺术的方式来塑造认知和展现形式。这种研究者近来通过创造性、艺术性的形式来处理和呈现其作品的方式被称作艺术型研究。

"艺术型研究曾经是——现在也是——一种利用艺术提供的思维和表现形式更好地理解世界,并通过这种理解扩展思维的尝试。"(Barone & Eisner,2012,p. xi)艺术型研究的一个主要方面是其对意外事物的开放性及包容性。正如Barone和Eisner(2012)所描述的,有效的艺术型研究应包括认真仔细的调研,能够将研究发现转化为"基于审美形态而具象化的美学实体",以及"当替代性地重新体验设计时,对作品中的不平衡的感知"(p. 20)。不论是故事、诗歌还是油画,这些艺术形式都表达出了科学研究所承载的含义及意义。不同于传统的科研报告,艺术型的表现方式意在吸引观众的移情和情感参与。

研究方法上的创新不仅与意识形态的转变息息相关,而且与技术的创新紧密关联。艺术型研究尤其受惠于最新的科学技术,比如互联网、数码相机、声音文件以及 Photoshop 图像处理软件等(Leavy,2009)。除了通过期刊和书籍对研究进行传播,艺术型研究的学者还会利用其他的一些渠道,比如画廊和剧院。

如果一项研究的目的不仅是让他人能分析性地理解一个人或一群人的社会情境,而且能让人深刻地体会到这种生活的某些方面,那么此时,艺术型研究就尤为有价值。因此,艺术型研究尤其"适用于通过交流差异、多样性及偏见等经验信息进行识别的研究"(Leavy,2009,p.13)。它可以用来支持那些"由于其种族、民族、性别、性取向、国籍、宗教信仰、残疾或其他因素而被边缘化的人的屈从的观点"(Leavy,2009,p.13)。艺术型研究还可以作为"唤醒民众的批判意识和增强其意识的方式"(Leavy,2009,p.13)。因此,艺术型研究有助于社会公平和变动性问题的研究。

相似的表现,不同的含义:在这两张照片中,表现形式是相似的。每个人物——Oaxaca Triqui 村庄教堂里的 Virgen de Guadalupe、一个来自村庄的女人和一个局外人(本书的作者,图中未显示出来)——都穿着传统的自头部套穿的连衣裙。然而,这些表象背后的内涵是不同的,连同形式、表示的内容也各不相同。艺术型研究的意义由形式和内容共同阐释,两者都是必需的,不能彼此分离。

9.1 从事艺术型研究的原因

> 如果我们学会以类似画家绘画的方式进行阅读和写作,那么我们也许能够更好地理解他人的散文创作,我们的书籍也能够成为针对人类与人类行为的一种研究。
>
> (Stoller,1989,p.40)

进行艺术型研究就如同熟知多种语言。尽管你的目的是想让别人理解你的观点,但如果你只会几个短语,就无法使用第二语言进行交流。要想精于艺术型研究,就需要精通你所选择的艺术形式,理想情况下既要训练又要实践。那么,为什么一些人会在整个研究项目中或者在其中一部分满足艺术形式这项额外的要求呢?我给出了五个理由。本节将对这五个理由一一进行讨论。有效的艺术型研究:

1. 是一种与众不同的认知方法,不仅有助于我们了解如何认知,还有助于我们了解对什么产生认知。
2. 给人以惊喜,经常会打破先前对社会的认知从而引发进一步的质疑。
3. 吸引了超越学术界的更为广泛的受众。
4. 既有趣又具有政治色彩。通过从他人的处境和位置感受事情某些方面的方式来传达信息。可以促使人们去解决社会问题和杜绝不公正现象。
5. 满足了研究者创造性地、有意义地参与世界的渴望。

第一,艺术型研究提供了多种方式来帮助我们了解如何认知以及对什么产生认知。正如 Barone 和 Eisner(2012)所陈述的,"它解决了复杂的且往往很微妙的相互作用,并且……以一种使其引人注目的方式呈现出这些互动的图像"(p.3)。当带着创作戏剧的目的去收集和分析数据时,你和他们的互动与你做主题分析时是不同的。当你把访谈者说的话看作一系列独白或者是不同的受访者之间以及与观众之间的对话时,你会以不同的方式听到受访者所说的话。你会注意到之前曾被忽略的某些联系和冲突。你可以感受到他们的迟疑和激情。然后你试图传递这些不和谐的声音、沉默、欢笑及悲伤，伴随着具有表现力的行为。当你把这件事做好时，那些阅读或者（更好的是）观看这些戏剧的人会比阅读类似主题学术报告的人获得更长久的记忆。

第二，艺术型研究在给研究者和观众带来惊喜的过程中，也伴随着不平衡。无论什么艺术形式，当艺术家看到作品暗示着完成甚至尚未完成时的那一幕时，惊喜就会出现。即使涉及黑暗和令人不安的主题，这种惊喜也会给艺术家带来一丝喜悦，因为他知道这是在以一种新的方式传达某种意义。Bill Jones 的编舞就做到了这一点，他"使人们看到了残疾人动作中的美"（Gergen & Gergen，2012，p.29）。这种新的方式可能令人不安，因为它可能会说服读者或者作品的感知者（包括艺术家自己）从不同的角度重新审视这个世界，以崭新的眼光看待这个世界，从而对单一的、传统的观点提出质疑（Barone & Eisner，2012，p.16）。

第三，有效的艺术型研究能够吸引学术界以外的人，因为它并不是以特定学科或者理论界公认的术语撰写的技术性很强的报告。通常，对话是这种参与的一部分，尤其是在以表演为基础的艺术形式（比如戏剧、诗歌朗诵、摄影或者绘画展览）下。与观众进行对话或许也是表演的一部分，就像经常发生在民族志戏剧之后的互动，或者可能以更加非正式的形式出现，例如几个人站在研究型绘画前的交流。这样，观众不仅仅是研究成果的被动接受者，还可以通过他们自己的感知、经验和情感参与到研究中来。

第四，艺术型研究有助于解决政治问题，并使人们朝着社会正义的方向发展。Barone 和 Eisner（2012）声称，艺术家和艺术研究者的创作可以使他人以间接的方式重新体验世界，从而重新引导关于社会现象的对话（p.20）。这种间接性的体验可以产生一种同理心和同情，并产生去解决那些显而易见的、可感知到的不公平与偏见的行动。

第五，艺术型研究满足了人类内心深处的创造性需求，它是一种可以让人忘却时间和自我的工作，比仅仅停留在头脑中的工作更有意义。下面我用我如何将研究与诗歌结合起来的故事来讲述这种创造性需求：

> 14 年来，我先后成为一名硕士、博士，最后获得终身教职。一些长期被忽视或搁置的其他需求突然显现出来并迫切需要得到关注。在搬到一个叫作哥斯达黎加的偏远小村庄的十天后，我掉进了一个洞里，左膝盖韧带的软骨撕裂，我拄着自制的拐杖一瘸一拐地走了一个月才好。在那段时间里，为了找到一种媒介来挖掘和表达与灵魂的某种联系，我在日记本上写下了大量的文章，每一页都记载了我对更多创造力的渴望。
>
> 第二年，在我对 Doña Juana 女士进行访谈期间，我曾参加过几次诗歌写作的研讨会和课程……虽然在我访谈 Doña Juana 时并没有打算尝试诗意转录（索引），但当我收到转录文件时，我知道自己不能错过这次机会。在那段时间里我非常专注于诗歌，诗歌创作的念头占据了我的全部。我对诗歌的投入与我对创造性研究的兴趣相伴相生。对我来说，这是一种将"非此即彼"的观点重塑为"两者兼有"的观点、将二分思维重塑为更加发散性思维的方式。这是从不假思索地在布满尘土的路上闲逛到本不该运动却拄着拐杖来回游荡的转变。（Glesne，1997，p. 205）

在稍后的章节中我们将会讲到我在将研究与诗歌相结合的过程中发生的事情。从本质上来讲，艺术型研究将精神、想象力及希望融入我们的工作中。正如 Bruner（1986）所陈述的，"正是在富含情感的表演中，我们才能重新体验、重新经历、重新创造、重新讲述、重新建构、重新塑造我们的文化"（p. 11）。

总之，艺术型研究既具有启发性又具有挑战性，对于研究参与者、研究受众及研究者本身都具有非常深远的意义。下一部分我们将介绍几种不同类型的艺术型研究实例，以及研究者是如何开展这类工作的。

9.2 艺术型研究的方法

> 知识不仅以不同的形式出现，其创造形式也有所不同。
>
> （Eisner，2008，p.5）

如前文所述，艺术型研究并不局限于表现形式，在一些使用自传式民族志等方法的研究中，艺术型研究过程会贯穿整个研究，从研究问题的提出到研究结果的呈现。其他的研究项目可能更类似于传统的质性研究方法，其艺术性主要在数据分析与描述过程中体现。但是，在研究早期就尝试使用艺术性研究技巧是非常有帮助的。例如，如果你在进行一个调查项目时，认定自己想要创作一部民族志戏剧，那么你所设计的访谈问题很可能会与你计划进行主题分析时略有不同。当创作民族志戏剧时，你会更专注于人们的对话以及他们使用什么词语来支持或质疑他人。当撰写短篇小说时，你可能会更关注你的现场观测笔记、写作背景与动作描述以及研究参与者的语言。当以戏剧、诗歌或者叙事的形式编写资料时，你会阅读、重读、分析并诠释你的资料，但是你对它们的看法和排列方式会随着形式的变化而变化，并在此过程中强调不同的问题。同样的资料可以陈述略有不同的故事——这是一种有点令人不安却又令人着迷的领悟。

接下来的部分我们重点介绍戏剧、诗歌、自传式民族志、小说以及可视化等艺术型研究的方法。我们举了几个例子以鼓励你思考和尝试不同的形式。一些研究经验在某种特定的形式或者特殊的艺术技巧下可能会被更好地表达出来，但前提假设是你非常熟悉和精通各种表达风格以及艺术训练。目前，我鼓励大家熟悉这些形式，不停地思考什么样的表达方式可以让你和读者充分了解研究参与者、作为研究者的你以及你所要表达的含义。在这个过程中，你可能会发现自己有一种想要参与到诗歌、戏剧或舞蹈工作坊中的冲动。

9.2.1 民族志戏剧

> 如果我们置身于他人的语言模式，并进入他人的话语体系中，我们就能发现他的个性，并发自内心地体验那种个性。
>
> （A. D. Smith, 1993, p. xxvii）

在通过戏剧性的描述来表述资料时，研究者将访谈记录改编成对话，将观察笔记或文档改编成场景和舞台背景。尽管编辑许可被用来构造场景或暗示那些不一定在一起的人之间的对话，但这些叙述通常是真实的。将数据戏剧化被称为民族志戏剧、表演民族志、表演社会科学、民族表演、读者剧场等。

对于想要戏剧性地描绘数据的新手来说，创建读者剧场并在其中进行表演可能是一个良好的开端。读者剧场是指"将一段文章或者主题间相互关联的不同片段在舞台上展现出来"（Donmoyer & Yennie-Donmoyer, 1995, p. 406）。主讲人们不表演，而是单独朗读（有时也会一起朗读）文本片段。舞台布置非常简单，通常包括一些椅子或者凳子以及几个小道具。角色很少离开舞台，但是，他们在表述完内容后，会退到后面或者转身背对观众。下面的几行文字节选自 Pam Kay 的读者剧场剧本——*Whose Child Is This?*（1997, p. 15）。演员表中包括家长 Nancy、老师 Carol 以及研究者 Pam。

Pam（面向观众）：我们举行第二次家长-教师行为研讨会。Carol 来得晚了一点，她有些不安。

Nancy 和 Carol 面对面，Carol 气愤地对着 Nancy 说话。

Carol：在 Doug 早晨去学校前，你为什么不给他吃药？

Nancy（安静地）：我们的药已经吃完了，我本来准备周五去找 Dave 医生，但是他一周都不在。

Carol（仍然很生气）：医务室的护士打电话问药剂师，药剂师说你们应该还剩 12 天的量！

Nancy：好吧，确实已经没有了。

Carol 与 Nancy 转身背对着观众。

Kay 的作品探讨了家长与老师之间对于孩子情绪和行为问题所经历的紧张体验。剧本的材料来源于一个案例研究，该案例研究是关于防止重度情绪紊乱的多方位调查的一部分。Kay 通过与家长 Nancy 和老师 Carol 的个人访谈、她的团队会议的田野笔记、Carol 与 Nancy 保存的笔记、该项目所雇用的家长联络人所保存的田野笔记来收集资料，并通过对这些资料进行整理来创作她的剧本。Carol 与 Nancy 的台词是从数据中逐字摘录的。Pam 用自己的声音做旁白并担任舞台导演，以提供解说和过渡。

Saldaña（2011）将表现（representation）标记为戏剧性和表演性以加以区分。他认为一部作品只有在被呈现或表演出来时才具有表演性，并且用"ethnodrama"一词来指代剧本，用"ethnotheatre"一词来指代"戏剧或者媒介产品的工艺和艺术技巧"（p. 12）。民族志戏剧是一个强调紧张、冲突以及不同观点的很好的媒介。民族志戏剧的创作需要对访谈中所谈论的内容以及通过查阅期刊所做的笔记有一个特殊的思考方式。除了模式和主题，你还必须找到故事主体或者"情节内事件的进展"（Saldaña, 2005, p. 15）。你要考虑呈现戏剧最合适的方式。你是需要一个人物以独白的方式讲述故事还是许多人物以对话的方式讲述？故事情节中的表演有哪些？匹配这些表演的场景又有哪些？资料分析是戏剧制作中故事情节、动作以及场景必不可少的重要组成部分。你需要在不改变原文所表达的意思的基础上简化你的手抄本、田野笔记、分类账以及其他文档的内容。你要选择那些最具戏剧性影响的东西。你也需要思考你想使用什么样的道具、服装、灯光以及技术。Saldaña 建议道，"少即是多"（2005, p. 28）。不需要试图搭建场景，只需要放映一个特定场景的幻灯片即可。例如，McCall（2000）用农场景观的幻灯片作为戏剧的背景，该戏剧是基于与中西部农场的 52 个女性农民的访谈而创作的。

一些民族志戏剧家倾向于"保留受访者原有的精确语言"（Saldaña，2011，p.17），以保持文本的原貌。另一些人则通过剪切和粘贴选择的部分使文本更加简洁和美观来改写剧本。表9-1显示了Saldaña（2005，p.21）是如何在他的民族志戏剧 Maybe Someday, If I'm Famous... 中对访谈中的一段独白进行简化的。然而，有些戏剧家在他们自身的研究或经历、记忆的启发下，用自己的语言来撰写剧本。比如，Mary Gergen（Gergen & Gergen，2012）在她的作品 Women as Spectacle, or Facing Off: Cavorting with Carnival Knowledge 中加入了后现代的观点、女权主义理论以及她自身的经历。她戏谑的、富有挑战性的、辛酸的剧本描述了一个美国老年女性的独白。

表9-1 民族志戏剧的制作

Johnny Saldaña 对 Barry 的访谈	民族志戏剧的独白
Barry：我记得去看演出时的场景。我记得后来访谈的过程中，我们坐在草地上，探讨我们对演出的感受以及对纵向研究的看法。我记得经常有实习生坐在教室的后面，看我们表演话剧。 Johnny：你记得哪些演出？ Barry：我记得有很多儿童剧。（儿童剧是当地专业的巡回演出剧团为小观众演出的戏剧） Johnny：还记得一些具体的剧目或场景吗？ Barry：我记得 Clarissa's Closet，因为我去年表演过，所以觉得特别有趣。我当时就在想：这就是儿童剧表演。我还记得一个以东方为背景的场景，有面具，我也不太了解，好像是关于旅行的一些事情。 Johnny：还有其他场景吗？ Barry：我记得他们在演出后出来谢幕，然后跟我们交谈。他们非常有活力，而且是原始的活力……他们在回答问题，并且他们似乎在那里玩得很开心。我想那是我第一次决定要做一个演员。所以，我体会到了一些，那是一种非常奇妙的感觉。在那里充满了能量，你可以感受到，那是从他们身上散发出来的，并且只是从那个演出中散发出来的。这仅仅是一场对一帮孩子的演出，然而它仍然是一场演出。你能理解吗？就是在那个时候，我第一次开始思考：嗯，这就是我想要做的事情。	Barry：我记得我看过那些演出，有许多儿童剧，我记得演出结束后他们出来谢幕，然后跟我们交谈。他们是如此具有活力。他们在回答问题，并且似乎在那里玩得很开心。我想那是我第一次决定要做一个演员。那是一种非常奇妙的感觉。就是在那个时候，我第一次开始思考：嗯，这就是我想要做的事情。

资料来源：J. Saldaña（2005）. *Ethnodrama: An Anthology of Reality Theatre*. Walnut Creek, CA: AltaMira Press, p.21。

Johnny Saldaña 编写的书 *Ethnodrama：An Anthology of Reality Theatre*（2005）提供了九种对资料进行戏剧化描述的方法示例。里面有一个例子，Jose Casas 对访谈记录进行分析并创作出一部名为"14"（*14*，2005）的民族志戏剧。他以在亚利桑那州边界发生的 14 个人的死亡事件作为自己的出发点。这部民族志戏剧以一系列独白的形式表演，Casas 在每位受访者说话的开头都会放映幻灯片，上面列出了受访者的姓名、职业以及家乡。有些作品是用西班牙语表演的。他以战略性的方式将这些独白并列在一起，比如，把一个女人和陌生人一起跨越边境的故事与一位年迈的牧场主做出声明的场景放在一起。这位牧场主宣称，"听着！在白天的时候我不会向任何东西开火，但是到了晚上，情况就会完全不同了"（Casas，2005，p.52）。还有另外一个例子，Chapman、Swedberg 和 Sykes 基于对男同性恋、女同性恋以及性少数教师的访谈创作了一部民族志戏剧——*Wearing the Secret Out*（2005）。他们把自己写的民族志戏剧作为一个论坛，以引起大家对同性恋恐惧症和异性恋主义的讨论。

特别是健康和社会服务方面的专家已经将民族志戏剧作为呈现研究的一种方式。他们有时与受访者一起合作演出，使得这种戏剧既信息丰富且具有启发性，又常常是宣泄性的。"民族志戏剧表演让精神病患者、性虐待或强奸的受害者、药物滥用的受害者以及整形手术的受害者与医疗专业人员和学者合作，通过戏剧化的设计来探究和检验由他们内心向外看的世界是什么样子的。"（Morgan，Mienczakowski，& Smith，2001，p.164）Mienczakowski 对于可在多种剧场空间表演的民族志戏剧的创作特别积极。他声称他的目的是"创造一个具有解放和教育潜质的为公众发声的民族志形式"（Mienczakowski，1995，p.364）。通过为研究参与者提供一个论坛，让其告诉其他人他们的健康问题、是否酗酒或患有精神分裂。

著名的剧作家还创造了民族志剧场的形式。Anna Deavere Smith 在 20 世纪 90 年代因其撰写和表演的剧情纪录片而出名，这些纪录片是基于她对布鲁克林高地暴乱（*Fires in the Mirror*）以及洛杉矶暴乱（*Twilight: Los Angeles 1992*）相关人员的访谈资料所创作的。① Eve Ensler 的作品 *The Vagina Monologues* 对女性的暴力问题提出了抗议，这一抗议自 1998 年以来成为每年情人节的重要活动。该戏剧是根据 Ensler（2001）对全世界二百多名女性的访谈资料所创作的。

民族志戏剧不论是以表演的形式还是以阅读的形式呈现出来，都能够通过并置研究参与者的声音，来从多重视角解释一个现象的复杂性。可以确定的是，研究者（写作者）通过对剧本的塑造和构建，使读者可以更加充分地理解该戏剧想要表达的意思，比如说一个具有情感和行为问题的孩子的父母及老师是什么样的。正如 Saldaña（2005）所陈述的，"民族志剧场通过其角色参与揭示了一种鲜活的文化，如果成功，则有助于观众了解他们周围的世界以及生活在这个世界中的样子"（p.14）。

9.2.2 诗论

诗歌与质性研究是一种很好的搭配。Leggo（2008）将诗歌描述为一个文本空间的形成过程，该空间纳入并创造了认识世界和融入世界的多种方式（p.167）。如同许多将研究与戏剧相结合的名称一样，研究型诗歌也有很多的代称，包括诗歌调查、诗意转录、民族志诗论、表演型诗歌以及说明性诗歌。正如那些构建民族志戏剧的人一样，进行研究型诗歌创作的作者通过与受访者的谈话和/或由作者自身观察、经历及思考所得到的材料，来创作他们的诗歌或诗歌作品。诗歌也可以用来传递研究者对于一些事件以及研究中的某些方面的情感反应（Leavy，2009）。

这一部分所介绍的例子就是我所指的诗意转录②，即研究者从受访者的语言中塑造出诗歌式的作品（Glesne，1997；Richardson，2000，2002）。这些

---

① 可以观看 Anna Deavere Smith 的表演。访问 TED 网站搜索 Anna Deavere Smith。
② 这部分节选自我的文章 "That Rare Feeling: Re-presenting Research through Poetic Transcription"，1997 年发表于 *Qualitative Inquiry*。

作品通常也被称作重拼诗（Butler-Kisber，2002）。在诗歌中，作者渴望能够抓住受访者所说的话、所表达的情感以及其说话节奏的本质。这个过程包括语言的简化，同时阐明思想的整体性及其相互之间的关联。当诗歌的创作来源于访谈笔记时，研究者会密切关注相关材料，斟酌每一个字，并思考它们的意思、说话者的意图以及该阐述能够延伸的更深远的含义。通过塑造受访者的语言陈述，研究者创造了第三种声音，它既不是受访者的陈述也不是研究者的陈述，而是两者的结合。第三种声音消除了观察者与被观察者之间分离的现象，并且阐明了所有的研究诠释都是由这两部分共同塑造的。

表 9-2 展示了我如何将访谈记录创作为诗意转录的部分过程，该记录是关于我同波多黎各的教育家 Doña Juana 女士进行的十个多小时访谈的内容。左列是部分实际的访谈记录，右列从版本 1 开始，按照时间顺序对文字记录进行了诗意的渲染。其他相关部分也是按照这样的时间顺序呈现的。然后，我开始缩减语句并打乱其排列顺序，最后创作出一首重拼诗，见右列的版本 2。

表 9-2 诗意转录的创作

访谈记录	诗歌化的叙述
C：如果我让你用一个比喻来形容作为教授的自己，你会把自己比喻成什么？一些我问过的人回答说会把自己比喻成一座桥，然后告诉了我其中的原因。那你会把自己比喻成什么呢？ J：我要成为一只飞翔的小鸟。 C：一只飞翔的小鸟，告诉我，为什么你要做飞翔的小鸟呢？ J：因为我想要行动得更加迅速。 C：嗯，能够跨越更广泛的领域。 J：是的，是的。 C：你是指哪一种鸟呢？还是任何一种鸟？ J：任何一种鸟都可以，我不想说明是哪种鸟，因为有些鸟是具有破坏性的。 C：是指什么？ J：是破坏性的，它们搞破坏，我不想……	版本 1：说话顺序及语言不变的转录版本。 我将会是一只飞翔的小鸟。 因为我想要行动得更加迅速。 所以我能看得更远，看到一切。 我希望我可以用上帝的眼睛来看整个世界，把力量给那些需要的人。 版本 2：借鉴访谈记录的其他部分，根据原文扩充更多的信息（更加充分地利用原文的信息）。 我是一只飞翔的小鸟， 飞得很快，看得很远， 用上帝的眼睛看这个世界， 从树梢上看。

(续表)

访谈记录	诗歌化的叙述
C：是的，你不想成为它们中的一员。你只是一只飞得快的小鸟。 J：那些飞得快的，可以站在树枝上遥望。所以我可以很快地看到。 C：看得更远，看到一切。 I：一切。 J：所以你能看到我吗？ C：我能，我可以看到你，一只飞翔的小鸟。 J：我希望自己可以用上帝的眼睛来看整个世界。 C：用什么的眼睛？ J：用上帝——那个可以给予力量的圣灵——的眼睛。 C：那个可以给予力量的？力量？ J：是的，给那些需要的人。	农民多么辛苦， 从烟草田里， 清除绿色的蠕虫， 把他们的孩子送到学校， 让他们不要受自己曾经受过的苦。 在城市里， 学生们在晚上学习， 所以他们住在学校里。 教育是真正的大学。 所以我来学习， 寻找帮助他们的方法， 我在大学里很忙碌， 有那么多的工作要做。 但大学并不是一座岛屿。 我是一只飞翔的小鸟， 飞得很快，看得很远， 所以我可以给予力量， 所以我可以难得地感受到自己的作用。

资料来源：C. Glesne（1997）. That rare feeling: Re-presenting research through poetic transcription. *Qualitative Inquiry*, 3(2), 202–221。

Katie Furney（1997）收集了小学生们对自己学校的描述，从而创作了一篇诗意转录，最终形成了受访者声音的汇编。有时，她改变时态和代词，在每节的开头增加几行，赋予文章一定的结构，并用连词将个别学生的相似评论连在一起；否则，这些话语就是那些学生所讲的样子。Furney 正在对一所有着较好声誉的学校进行实地调研。她说，"当我处理学生们的话语时，能感受到老师和管理人员的共鸣。我可以听到一些谈话：关于参与、友爱关系、积极学习的学生以及感到被接受和被珍视的学生。我听到了一种自我价值感：那种来自被照顾的自我价值感"（pp. 119–120）。Furney 的诗意转录（1997, p. 120）描述了一所学生、家长和教育工作者都引以为傲的学校。

学校很有趣——而且你也会学到很多
我爱我的学校,因为它很酷,
并且在这里我有很多的朋友。
我有很多的朋友可以共度时光,
并且他们也很爱我们的学校。
如果你没有上学,
就不会了解通过上学了解到的东西。
如果你上了学,
就会学到你之前从来不知道的知识。

老师会经常倾听你所说的话,
他们从不会忽略你,
会让你表达你自己的感受。
他们会让你选择你自己喜欢的书籍,
选择你自己喜欢的阅读与写作主题。
他们帮我们阅读和拼写,
并且帮我们总结所学到的知识。

在你需要帮助的时候:
如果你安静地举起手,问一个问题,
老师通常会帮你找到正确的答案。
我们的老师会帮我们解决我们的问题——我们可以跟老师交流。

我们的老师懂得倾听并尊重我们的隐私。
你不会整天坐在那里,

你需要做事。
我喜欢自己动手，
比如，
在电脑上做数学题，
通过电脑帮助其他孩子，
打扫教室、表演、下课、休息，
都是我的任务。

有些事情并不是那么好：
我们永远没有足够的时间去完成自己的计划，
或者学数学、阅读、学艺术、学音乐以及泡图书馆。
永远没有充足的食物，
或者吃午饭的时间。
饮水器里的水应该更凉一些，
我讨厌陷入麻烦之中，
不希望和女朋友分手。

如果我可以改变一些的话，
我应该会制订更多的计划，
花更多的时间上数学和科学课，
在学校待更长的时间完成我的作业。
我想要拥有更大的图书馆以及更多的书，
并且
给我的老师们一个更大的盥洗室。
我想要更多的家庭作业。
（但我其实并不想要！）
我想要一个更大的操场，从事更多的体育活动，拥有更长的课间休息时间。
我们每天应该拥有更多的食物、时间，
我想让他们在墙上涂另一种颜色的油漆——
也许是砖色的。

孩子们应该管理学校！
我们应该每天都了解太空知识，
我们会观看 *Powor Ranger* 的视频，
每天中午吃比萨。
所有的孩子都可以在学校外面捡拾废弃物，
并因此获得报酬。

我喜欢学校——
我通常喜欢我所有的老师，
他们喜欢我原本的样子，
我也喜欢这样。
这是所非常棒的学校，
人们应该待在这样的学校里并且变得很酷。

Carolyn Mears 找到了一种记录的方法，是受发生在科伦拜恩高中里的一个悲剧的启发，那是她儿子作为科伦拜恩高中学生亲身经历的创伤。为了将该研究建立在生活经验的基础上并为她的发现提供一个背景基础，她采用了一种诗意转录的方式来表达该研究中家长的情感以及他们不同的反应。该方法因对质性研究的贡献，在 2006 年获得了美国教育研究协会的认可，其成功应用使得 Mears 撰写了一个方法教程来描述她的转录过程。由于这种方法提供了一种连接的方式、一种能够更深入地理解具有隐喻含义的经验"社区"的方式和方法（Mears，2009，p.9），因此 Mears 把它称作"途径"。她的书中提供了很多关于如何将访谈资料处理成精致的描述性作品的有用的建议和例子，比如下面这个关于 Lillian 的例子（Mears, 2009, pp. 197–198）。下面只转载了一部较长作品的开始部分：

4月20日……
午餐时间到了，我正要从沃兹沃斯下来。
突然间，
三辆警车飞驰而过——
相距大约 6 英尺的距离。
吓死我了——我心想，
我的天哪，出事了。
肯定与高中生有关。
你知道孩子们在车里有多疯狂。
这一直是我最担心的问题。

我决定去趟学校，
看看到底发生了什么。
街道都被封锁了。
我看见孩子们在奔跑。
其中一人说，里面有人在向人群射击。
那里有人死了。
我往家里跑——
不到一英里的距离——
Jenny 还好吗？
我回到了家，
她的车在车道上。
我度过了如此恐怖的几分钟，

我是如此幸运，
从利伍德到家里。

Jenny 在。
其他女孩——
她的同学们也在。
在 Jenny 的高中生涯中，她没有翻开过一本书。
她不学习。

她们一起吃午饭——
去购物中心吃。
她们回到这儿来看电视，
把一个男孩留在学校里。
他走进图书馆去学习，
然后被枪击中了。

资料来源：C. Mears（2009）. *Interviewing for education and social science research：The gateway approach*. New York，NY：Palgrave Macmillan。

Faulkner（2009）说，"'诗人们'把档案记载的、历史的、访谈研究的内容作为诗歌创作的基础，其原因是各种各样的，包括渴望使用和创造一个个人以外的声音，想要探索个人与历史的交汇，希望扮演'诗人档案保管员'或活动家的角色，以诗歌作为反抗的一种方式"（p. 36）。当我开始处理那些关于 Doña Juana 女士的访谈记录时，除了想将她的语言用诗歌的形式表达出来，并没有其他的想法。然而，这个过程让我了解了波多黎各的社会文化和历史背景。每当我处理 Doña Juana 的访谈记录以创作诗歌化的作品时，我就想要更好地了解她所叙述的政治和历史背景，然后将这些背景融入诗意转录中。在其中一篇诗意转录中，我以 Doña Juana 先后的职业生涯为开端，但是，在末尾部分，我用诗意的手法叙述了与西班牙、美国对岛屿的控制及其教育方法相关的事情，其中，教育方法是以 Doña Juana 和她的家庭所发生的事件为例的。尽管你在开始的时候有一系列的意图，但当你的诗歌进行到某个阶段时，你才能体会到这个过程已经开始起作用了。

Laurel Richardson（1994a；2000；2002）创作诗歌并做出了关于诗歌的陈述。她还给那些开始从事该领域工作的人提供了好的建议：多参加诗歌写作的课程和研讨会，阅读诗歌，倾听诗歌，"修正，修正，再修正"（2002，p.882）。Richardson（2002，p.882）使我们想起了：

行列的

中断

并不意味着

诗歌的

创作

Richardson 还讨论了比喻和隐喻语言的使用——这是强调的要点。由抽象和普通的语言塑造成的诗意化表述永远也达不到具体的观察、想象以及隐喻的效果，田野日志的详细描述以及访谈中深层次的经验式提问具有重要的意义。

你的诗歌研究可能达到也可能没有达到一首好诗的艺术感觉。别担心，诗人常常保留较大的"取舍余地"，他们会定期修改自己的作品，直到文字、韵律以及感觉相互协调、相互交融。如果你们中的某些人被作诗的想法吓到了，那就尝试撰写研究型诗歌，将其作为用于分析的中间作品而不是终稿。撰写诗意转录的过程可以帮助身为写作者和民族志学者的你将注意力聚焦于事情的本质，并且帮助你把原本不会被放在一起的事项和概念并置在一起。诗意转录就像戏剧一样允许你让"整理和创造同时发生"（Dillard，1982，p. 56）。这样的做法会给你带来新的见解和不同的视角。

诗意转录在很大程度上依赖于其他人的语言，然后再经过研究者不断的删减、再删减，就像 Behar（1993）所描述的她对埃斯佩兰萨历史的研究，仅仅是"为了拼凑成一段新的描述"（p. 19）。相反，自传式民族志叙述（下一部分讨论的话题）解除（或减轻）了写作者代替别人发声的负担（Richardson，2000）。然而，自传式民族志写作与诗歌创作是一样的，因为二者都能"将感情推向捕捉社会现实高涨时刻的最前沿，就好像将社会置于放大镜下"（Leavy，2009，p. 64）。

9.2.3 自传式民族志

> 我努力做的每一项理论工作都是基于我自身的经验。
>
> （Foucault，转引自 Rajchman，1988，p. 108）

在第 1 章中我们介绍了自传式民族志。通过民族志技巧，研究者们深入探索对于自我的陈述，然后可能会通过自我陈述的分析进行反思，加大对关于社会文化背景主流观点的讨论和质疑。自传式民族志是一种很有价值的方法，可以用来探索个人遭受压迫和社会耻辱的经历，例如种族主义、性别歧视或同性恋恐惧症；探索创伤，如虐待、疾病和意外事故；探索生活历程，如母亲或深爱的人去世。自传式民族志写作可能是一部较长作品中的一部分或一个章节，也可以代表研究本身。

Ellis（2009）这样说道，"作为一名自传式民族志学者，我既是作者也是故事中的焦点，既是那个讲述者又是那个亲历者，既是观察者又是被观察者，既是创造者又是被创造者"（p. 13）。自传式民族志是一种对于自身的研究，通过广泛地回忆过去的事件来收集数据，通过对过去事件的写作和对社会文化背景中的情绪和反应的反思来收集数据。可能还会访谈其他人，以及寻找文档资料来帮助记忆（Ellis，Adams，& Bochner，2011）。这个过程是以艺术为基础的，因为讲述倾向于采用文学的技巧来戏剧性地叙述故事以及伴随的情感经历，以使读者无论从感官上还是分析的角度都能感受到这些经历并了解个人的状态（悲伤、耻辱，等等）。因此，自传式民族志学者试图"使一种文化特征被内部人和外部人都熟悉"（Ellis, Adams, & Bochner, 2011, p. 4）。

Tillmann-Healy 和 Kiesinger（2001）在对暴食症的探索中将自传式民族志与叙事民族志相结合。首先，每个人都以自传的形式描述了自己与暴食症的斗争；然后，她们互相访谈彼此的经历，并以传记体形式写下彼此的体验；最后，她们对彼此的作品做出回应。关于她们的工作，她们说，"我们在研究过程中，用心和用脑是一样多的"（p. 103）。紧张的情感性工作并没有随着数据的收集而停止，而是完全成为写作的一部分。自传体写作的一个优势是它能够"增强自我意识，从而促进自反性"（Leavy, 2009, p. 40），但这种形式的写作并不是没有风险。正如你可能想到的那样，在一项研究中，你会探索一种个人创伤，甚至一种顿悟，"自传式民族志需要研究者使自身变得脆弱"（Leavy, 2009, p. 40）。那些私人的东西被公开，受到公开的评论，有时甚至是批判。

关于自传式民族志写作的例子，我借鉴了 Jacob Diaz 和 Saberal Bates Oates 的学位论文的写作。Jacob Diaz（2004）是墨西哥裔美国人，他是家里第一代上大学并获得博士学位的人。在他的论文中，他通过追溯自己以前的经历，探讨了墨西哥裔美国人所经历的身份发展、种族歧视以及高等教育的问题。Diaz 阐述了自传式民族志的写作使他能够解决多个群体中的身份变化问题（p. 9）。其中包括与"自身的自我厌恶、性别歧视、同性恋歧视、愚昧以及关于成功的先入之见"做斗争（p. 14）。正如他所说的，他必须"把这些想法写在纸上，让大家都能看到"（p. 14）。这的确是一个易受伤害的工作。下面的内容节选自他论文的第二个章节，"在学校作为一名墨西哥人……美国人……墨西哥裔美国人"：

> 每天，我们这些"磁力"小子都会在下午 2：40 坐上公交车，并

趁着这一个半小时的车程打盹或睡觉。我永远不会忘记的众多时刻之一，就是看着从我们的新学校到我们社区非常明显的过渡。我们一起从北公园修剪整齐的草坪中穿过，经过几个老社区，穿越城镇工业区，最后停在我们社区：罗米塔村（小山丘上的一个村庄）。我认为它是一个美丽的社区，但是与我每天上学路过的地方完全不同。我总是非常高兴地回家，在家里我会感到很舒服。

在整个上学期间，我察觉到了许多微妙的差别。课程及资源获取方式的差别对我来说非常明显，甚至那里的人也在很多方面有所不同。我在那里结交了新的朋友，让我吃惊的是他们中的一些人似乎经常会有5美元的午餐费。每天早晨，妈妈要么给我打包三明治、薯条和一小塑料杯果汁，要么当她想给我惊喜时，会从钱包里拿出75美分让我用来买午餐。我总是喜欢在学校里吃午餐，因为那样我就可以和其他孩子一样，不会因为我带的午餐而被嘲笑了。

这些差别现在对我来说比那时更为突出。那时，我相信它是一个可以给我提供更好教育的地方。但是，当我六年级毕业并且有机会进入好的初中时，我急忙拒绝了。我恳求妈妈让我去基勒中学上学，因为我厌烦了每天坐公交车去上学的日子。再三思量之后，我认为我还是想跟我们社区的小伙伴们在一起。我再也不想感到不自在了。(p. 28)

通过Diaz的个人叙述，有着不同生活经历的读者能够找到一种方式，不仅可以理解Diaz的经历，而且可以感受到这些经历的方方面面。

Bates Oates是一名高等教育管理人员，在南方的一所大学攻读博士学位。他向我们提供了另一个值得回味的例子，这个例子也是聚焦于身份、种族和教育的。Oates（2014）建议将自传式民族志与访谈研究相结合，且反思了自传式民族志在情感上的困难程度：

自从开始这个研究项目，回忆和发现在情感上就是痛苦的，而且影响深远。然而，正是这样的情感推动了这一进程。(p. 7)

Oates（2014）计划探究她自身以及那些毕业于传统黑人学院和大学（HBCUs）的白人女性教育者的故事。她的研究问题包括探索生活经历是如何影响身份及种族意识的。她想知道是什么塑造了她和白人女性在毕业后愿意教所有学生的意愿。传统黑人学院和大学在她们社会正义感的培养以及为教导不同种族的、贫困的儿童所做的准备上起了什么作用？

以下是Oates（2014）的自传式民族志作品的一些摘录：

> 我是一个带有民权色彩的孩子。我爸爸在弗吉尼亚社区中是很活跃的，他是一名教育的提倡者，代表那些被称作"黑人"的男人和女人对种族主义及歧视提出抗议。我的教父，也是我爸爸最好的朋友，是全国有色人种协进会（NAACP）法律救济主任。Martin Luther King于1968年4月4日在亚拉巴马州的伯明翰市被杀害。16年以后，我的父亲进了监狱。那天清晨，他被白人警察带回家。第二天，我们在家门前的台阶上发现了他冰冷的身体，他的眼睛永远地闭上了。我被告知不要质疑任何东西，最好保持沉默并且牢记所发生的事情。我也那样做了。(p.1)

* * * * *

> "有色人种"是我在阅读任何书籍之前就已经接触过的一个标签。作为一个年幼的孩子，我看见一个十字架在田野里燃烧。尽管我同学的父亲命令我们躺在车厢底板上，但我还是窥探到了一切，看到了一个手脚都在燃烧的黑人被挂在树上……
>
> 1989年，我在北卡罗来纳州农村的一所学校担任校长。当我到达学校时，我从办公室的窗户里看到了一个燃烧的十字架。看门人告诉我最好保持沉默，出于恐惧，我按他说的做了，我担心如果自己说了什么，接下来会发生意想不到的事情。(p.2)

* * * * *

> 从幼儿园一直到在传统黑人学院和大学的四年，我从未去过一所

黑人与白人兼收的学校……我所希望的是和我自己的同胞、自己种族的人一起工作。我从未想过在黑人与白人兼收的教室里工作或者教书，以前也从未看到过这种场面。我从未想过教白人孩子。我从未想过在成为一个黑人的同时，还要看到和理解我的白人学生、他们的白人父母以及与我一起肩并肩工作的白人老师……那时我没有意识到我看到的所有东西都会影响我成为一个什么样的人、我在世界上的身份和地位，以及我作为一个给白人学生上课的老师的身份。(p.5)

Oates 的故事说明了她的自传式民族志经历对其研究的必要性。试想一下，如果她有关传统黑人学院和大学、身份认同、教学及社会正义的研究中忽略了自己的故事，将会失去什么。

9.2.4 小说

Barbara Tedlock（2000）告诉我们，民族志小说或短篇小说不是一个新的、后现代的发明。1890 年，Adolf Bandelier 出版了 *The Delight Makers*（1890/1971）——关于普韦布洛印第安人的一本小说。更广为人知的是 Oliver La Farge 1929 年出版的小说 *Laughing Boy*——是基于他与纳瓦霍人在一起的经历写成的。自从这个学科开始发展，人类学家和其他社会科学家就一直在撰写诗歌、故事以及戏剧。然而，这些创造性的作品常常被列到学术以外。后来，它们逐渐被认可为做研究的一种方式。

在民族志戏剧和研究型诗歌中，作者以艺术的形式呈现他们的作品，但内容一般都很接近原始资料。那些创作自传式民族志和其他非小说类作品的研究者可能会用一些文学技巧，例如倒叙、特征描述、对话、内心独白以及动作描写，等等，但是他们仍然会保持与原始资料的接近。然而，在民族志短篇故事或小说中，研究者就倾向于将民族志的见解和理解与自己的想象及文学技巧相结合，来阐述一个好故事。这并不是一些社会学家的特殊做法。它是许多小说写作者在撰写作品时做的工作：他们将自己沉浸在研究中，以此作为他们写作的基础。他们可能会到故事中所涉及的不同国家去观察和描绘那里的场景及背景，然后对广泛的人群进行大量的访谈。然而，研究型小说或短篇小说写作的目的与那些小说家的目的是不同的，它们的目的常常是作者意图的不同迭代，其意图在于传达认知、提出问题、挑战假设以及使先前的解释复杂化。

Drinkers, Drummers, and Decent Folk: Ethnographic Narratives of Village Trinidad（1989）是 John Stewart 基于在特立尼达的实地调查资料推出的一系列民族志短篇小说。Stewart 指出，把他的研究写成短篇小说可以让他专注于"人类学的本质"：

> 在外部民族志中，大多数民族志学者关注的核心点是其所基于的目标领域、社会和文化结构而不是人。在内部人类学中，人们如何塑造这种结构、他们如何操作和管理以及如何为这种结构所控制，成为其关注的焦点。（p. 13）

Stewart 将他的作品写成虚构的短篇小说，通过聚焦特定人物的行为和困境来刻画社会及文化结构的复杂性，这些都是他通过虚构的技巧发展起来的。研究者发现，小说的使用特别有利于高效地探究机构和权力之间错综复杂的关系。Leavy（2009）举了性产业研究中的一个例子，在那个例子中，"研究者可能会发现，回答者所说的内容、他们观察到的内容以及文章所阐述的内容是相互分离的"。通过运用虚构技巧，技艺娴熟的研究者可以通过创造情节和角色来说明分离的原因，并且提供"一种强调人生阅历复杂层面的方式"（p. 47）。

因此，把你的研究的各个方面写成小说，无论是否形成一个好故事，它都可以成为一个有用的分析工具。这样做有助于你理解人们的观点、身份、社会文化结构间相互交错的复杂方式。正如 Leavy（2009）所描述的，小说能够使"研究者在新的环境下重新审视他们的发现，这样有利于对理论和其他见解的加工或完善"（p. 46）。

在佛蒙特大学攻读博士学位期间，Phil Smith 试图理解那些有发育缺陷的残疾人生活中的权力与控制问题。Smith 将他的研究创造性地撰写为短篇小说，并将这些小说写进他的学位论文中。下面是摘自"Food Truck's Party Hat"（1999）的部分内容：

> 他又一次看着我，咧嘴笑了，晃动着他的脑袋。事实上，他的整个身体都在不断晃动，从未完全停止过。他身体的某些部分总是超越身体的其他部分，甚至超越自己的身体，不停地移动、移动，向前移动，敲击，摇摆，滑行，总是在做连续无缝、永不停息、使其无法停止甚至无法入睡的动作。"男孩子用水壶，"他笑着说，眉毛扬了起来，问了一个问题。
>
> 现在，没有人知道 Food Truck 这个短语的由来，也没有人知道 Food Truck 这个名字是他对自己的称呼。他在兰登培训学校——人们常常把那些被称作傻瓜、智障的人关在这个地方——已经生活了四十多年。还记得那些话吗？在学校的成长经历中，课堂上坐在你旁边的孩子总是在做一些愚蠢的事情，弄掉铅笔，然后踩上去，弄断它，此时，你就会弯下身子，用那个老太太（管她叫什么名字呢）听不到的声音低声说："真是个笨蛋！"但是你的声音大小刚好能够让周围的孩子都听见且大笑不止。"你真是个白痴！"你咧开嘴笑了，这是你几周以来讲过的最有趣的事情，你因为自己说的笑话而开怀大笑。我说过很多次了，如果我的哥哥进我的房间不敲门，或者弄坏我的飞机模型，或者未经我的同意就看我的科幻小说，我就会骂他。"你这个白痴！"我生气地说。这是我知道的称呼他最糟糕的方式。那时我还不认识 Food Truck。
>
> Food Truck 成长中的大多数时间都在兰登培训学校。他小时候和父母一起生活，后来他们就再也没有照顾过他了。我认为，或者如他的家庭医生所说——就像当时很多人做的那样——"好吧，你知道的，你确实应该把他送去兰登培训学校，在那里和他的同类在一起，他会更开心"。所以在他还是小男孩的时候，他就生活在兰登培训学校，那就是他全部的生活，以及他所了解的所有事情。现在他离开那里已经

有四五年了，他们所有人都走了。（pp. 79-80）

民族志小说激发作者和读者认真地思考关于塑造与虚构之间的界限、讲述的目的，以及研究者/作者的意图。如果作者的意图在于阐述意识和感觉，复杂的情感，生活日常的困境，以及结构、权力和机构复杂的结合方式，那么民族志短篇小说就会成为探索那个世界的有效工具。

9.2.5 可视化（索引）

尽管写作是从事艺术型研究的主要形式，但一些研究者还是会采用可视化的艺术形式，比如绘画（Clark, 1999；Clark/Keefe, 2002；Sullivan, 2008）和摄影（Mitchell & Allnutt, 2008），以及其他艺术形式，比如舞蹈（Blumenfeld-Jones, 2008）和音乐。本小节举了一些简短的例子。你可能还想重温一下第3章关于电影和摄影记录的讨论。

Clark/Keefe（2014）介绍了她作为可视化艺术家/研究者的工作，"由探讨奠定散文逻辑推理的必要性等行为引发的感知与反响产生了无数以一种动画和可视化形式呈现的难以驾驭（但相关）的漏洞"（p. 111）。作为一位艺术家，首先，Clark/Keefe 通过绘画来探究艺术型研究，其中，绘画是整合其论文数据的一种方式（Clark, 1999），该数据是她从对出身背景为工人阶级且在其家庭中是第一代上大学的女性研究者的调查中获得的。最近，她一直在从事她所称的"身体摄影"（somatography）的研究，她用这个术语来表示通过身体行为来关注思想和数据的物质性。在她自己的例子中，这种身体行为就是可视化艺术和创造性写作的组合，正如她在本书封面[1]上的形象所展示的那样。

Clementina 的图像及其诠释性叙述是摘自 Clark/Keefe 的论文。她对所访谈的女性进行了案例研究。当处理每个女性访谈对象的话语时，她拿起画笔，将这些女性的语言"合成"为一幅画，这个过程反过来使她能够更

---

[1] 指英文版原书封面。——译者注

第9章 即兴创作世界之歌：艺术型研究

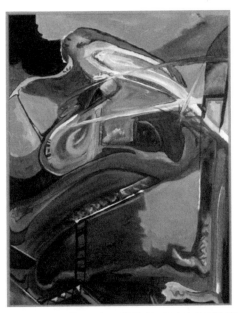

Kelly Clark/Keefe, *Clementina*, 1999 年, 画布上的丙烯酸颜料

加深刻地思考她们话语中的情感本质。这个例子来自她关于 Clementina 的一个作品。Clementina 由母亲抚养长大，母亲依靠夜班服务员的工作抚养了四个孩子。15 岁时，Clementina 决定不再遵循父母那样的方式生活（p.69）。Clark（1999）称：

> 我认为她的传记描写应该反映出动态的感觉。似乎任何具有人物形象的元素都应该漂浮在大海上，大海有确定的边界，也不那么线性，越模糊的界限则表示差异越大。一个"H"骄傲地斜倚在她身后的小山上，这种形象的比喻契合了她自己"好莱坞式"的感觉，这种感觉来自她关于英雄好汉、巾帼英雄、榜样、艺术家和教育家形成的力量的感觉、思考及想象。红色的头发（像她母亲的）将被黑色的头发（像她自己的）衬托着。头发披在她的肩上……互补颜色的搭配反映出沙漠和大海将会以一种坚实（而不是分散）的、迂回的移动方式吸引受众的目光。这将反映出她认识自我、认识世界的方式，以及她与所有

生命音乐及其创造者和谐相处的精神联系。（pp. 72–73）

在这个例子中，就像其他创造性的陈述一样，作品的精髓（正如艺术家所理解的那样）都以具体的、简要的方式呈现出来（Blumenfeld-Jones，1995，p. 392）。这些艺术形式用一种不同的声音取代学术评论，这种声音试图告知、震撼、煽动和激发比学术界更广泛的受众，并与其进行交流。

展览有时可以被认为是一种通过艺术思考来展示研究的论坛。"理解我们的过去，塑造我们的未来"展览就是其中的一个例子，它的焦点在于通过图像、文字与声音记录来展示切罗基族的语言、文化和历史。2013—2014年，在档案保管员、馆长以及博物馆教育工作者 Anna Fariello 等的推动下，由切罗基族人、库洛雅人和北卡罗来纳州西部附近区域的人组成的团队尝试创办一个展览，主要基于切罗基族人的视角来刻画切罗基族的历史。尽管切罗基族的语言一开始并不是研究计划的一部分，然而它却成为整个过程的关键。项目团队在早期就意识到他们需要从切罗基族的语言开始，然后将其译为英文，而不是其他语言。所以，工作团队开始对以切罗基语为母语的人进行访谈，然后将其话语译为英文。由访谈资料、历史资料、档案照片以及最新的消息和图片组成的资料被区分为各个主题，比如"欧洲奇遇""语言的复兴"。经过持续的筛选排除过程，特定的语录、照片以及描述被从各专题分组中摘取出来并陈列在展板上。在"一个没有围墙的博物馆"理念的指引下，15 个展板被安装在三联折叠屏风看台上，分别在学校、图书馆、社区中心以及北卡罗来纳州西部的其他公共区域进行展示，用来教育大众，唤醒大家对切罗基族历史、文化的认识和自豪感。

Leavy（2009）阐述道，"艺术的反抗潜力现在正为社会研究者所利用，他们日益致力于取消陈规陋习、倾听边缘化群体的心声以及从事能够推动社会变革的研究"（p. 256）。特别地，意象与视觉艺术形式在调查中占据了特殊的位置。在第 3 章和第 6 章中讨论的影像发声或以社区为基础的可视化研究在

第 9 章　即兴创作世界之歌：艺术型研究 | 349

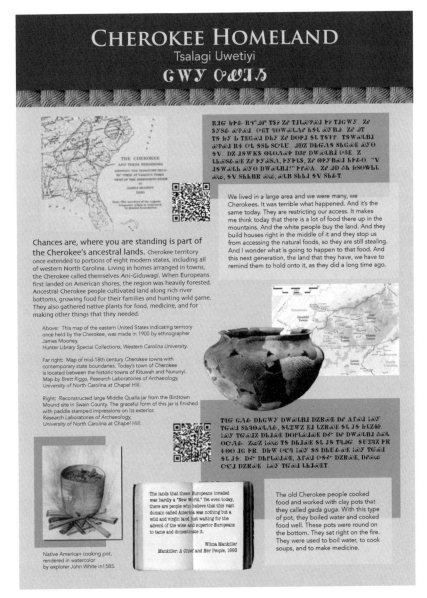

Cherokee Homeland 是描述切诺基历史和文化的 15 个展板中的一个。这个名为"理解我们的过去，塑造我们的未来"的展览由博物馆和图书馆服务协会共同资助，并且是由东部切罗基印第安人、西南社区大学、切罗基中央学校和西卡罗来纳大学合作建立的。

Cherokee Homeland，2014 年，展板（Anna Fariello，摄影师和策展人）

这个方面具有重要的影响。用摄影来表达边缘化群体的心声并推动社会变革的另一个例子来自 Jonathan Treat 的作品。Jonathan Trent 是一个在墨西哥南部居住、工作的教育家和激进分子，他参与了几个面临大规模采矿项目风险或受其影响的社区，例如瓦哈卡的土著社区圣何塞德尔普罗格雷索的活动。Treat（2012，2013）通过语言和照片记录了圣何塞德尔普罗格雷索的人与加拿大所拥有的金银矿项目进行斗争的过程，该项目承诺将稀缺的水资源转移到矿井中。2012 年，有两名社区捍卫者被杀，他们的死亡被视为矿井反抗持续不断的暴力镇压的历史事件中的一部分。Treat 的社区论坛采用了摄影展的形式，例如下面展示的照片，不仅记录和传达了社区与外界进行斗争的过程，还作为一种广为接受的教育手段使得其他规划矿井项目的村落中的人了解矿井项目给社区带来的健康、环境、社会和文化方面的危险，就像圣何塞德尔普罗格雷索社区一样。许多墨西哥社区都有手工采矿的传统，但它们在大型采矿项目上缺乏经验。了解这些项目所带来的破坏性影响，使得人们有机会对自己的领土、社区和家庭的福祉进行思考，并做出明智的决定。

纪念反矿运动领袖在圣何塞德尔普罗格雷索被暗杀一周年，在福尔图纳银矿前的展览。

Jonathan Treat（摄影师），2013 年

对采矿说"不",瓦哈卡中央山谷一个社区的地区论坛的展览。

Jonathan Treat(摄影师),2013 年

9.3 负责任和承担风险

> 莫拉图斯人说,当上帝发放圣书(Holy Book)时,莫拉图斯人的祖先把它吃掉了,以确保内心的灵感以及实际上未阐明的手稿。
>
> (Tsing,1993,p.245)

9.3.1 负责任

Leavy(2009)描述了"艺术如何吸引人们的注意,留下持久的印象……一件视觉艺术作品可以让人们驻足,使他们看到一些不同的东西;一部戏剧可以唤起一系列的情感,使观众痛哭和欢笑"。Leavy 说,并不是每一件艺术作品都可以引起这种反应,但即便不会,"它可能仍然会以一种美学上有趣的方式传达某个重要的故事或者一系列重要的意义"(p.255)。然而,Agar(1995)提醒道,这些不同的研究表达方式可能造成形式重于内容:

> 作为一种增强意识的概念，文本性早已过时了。但是，我认为将文本性作为民族志的主要关注焦点是错误的……只将其转为新的文本形式，而不关注基础的研究过程，是一种严重的民族志错误。(pp. 128-129)

同样，Eisner（1997）也提出警告，"如果可以的话，我们需要确保自己不是在用新颖和灵巧来代替本质"（p.9）。这种担忧促使研究者试图制定一套标准来评估艺术型研究。这样做是非常困难的，正如 Barone 和 Eisner（2012）所说，"比如，有效处理视觉艺术的能力与处理音乐的能力是不一样的。每种表达方式都有它自己的要求并需严格遵守"（p.62）。

在艺术型研究中（Barone & Eisner, 2012；Faulkner, 2009；Gergen & Gargen, 2012；Saldaña, 2011），评价艺术型研究工作的五个标准脱颖而出，即研究：

1. 是艺术的，因为工艺的存在是显而易见的。
2. 是具有启发性的，能够形成具体化的体验。
3. 能够抓住社会问题的精髓，或者是具有重要社会意义的。
4. 以新的方式引出对某个现象的发现、惊奇或感知。
5. 与当地社区进行交流，并且能够有所行动或进行转换。

为艺术型研究设定标准意味着将研究以及艺术形式的采用和质量考虑在内。然而，形式和内容是不能分开的。正如 Saldaña（2011）所声明的，"我们的使命是关于物质与风格、形式与感觉、研究与艺术的"（p.203）。

就像学习一种新的语言一样，你可以通过学习、实践和坚持使自己能够比较顺畅地进行艺术型研究。如果你在可以获得支持和技术反馈的课堂及研讨会上熟悉写诗的技巧，阅读很多诗并进行诗歌创作，你的研究型诗歌（绘画、戏剧等）将在美学上更有成就。实际上，有些教师要求学生在从事艺术型研究之前，必须学习过或已经通过同行评审的展览、表演、展示其艺术形式的出版物证明他们的能力（Piirto, 2002）。

学者们应重视这些警告性的断言，艺术型研究既需要调查方法也需要艺术方法方面的技巧。我也鼓励你尝试运用多种形式并且拓展有关表达方式的技能。只要你熟悉不同类型的艺术型研究和表达方式，就能找到与你以及你的研究思想产生共鸣的观点。如果你还不太熟悉某种艺术形式，可能会发现自己需要参加研讨会、参加课程、徜徉在图书馆全新的领域里。与艺术的互动看起来像是研究征途上的一条弯路，但是它可以丰富你的生活，可以让你用一种新的、令人激动的方式来感知和传达你的研究。

还要记住，尝试艺术型研究的方法既是一个过程也是一项成果，也许更倾向于一个过程。这些方法帮助你以不同的方式来处理你的材料，并让你从研究者的角度来反思你的实践。经过一个学期的强调创造性实践的资料分析与写作课程，我问学生们，通过以更具创造性的方式与自己的作品进行互动，他们对于自己的研究以及自己有什么收获。他们都倾向于类似这个学生的回答："这门课使我了解了自己的感受以及与他人的关系，这是从其他形式的研究中获取不到的。它还促使我去思考之前已经完成的和现在可能正在进行的事情。"尤其是，他们的回答表明了，进行艺术型研究是一种自由的体验，它能触及情感，并且鼓励更加开阔的分析视角。关于学生们自身学到了什么，他们通常会谈到与写作有关的事情，正如另一个学生的回答，在经过一个学期的以各种创造性方式进行起草和改写工作之后，他说："我认识到，对我来说，我的作品写起来将会更有趣；而对读者来说，它们读起来将会更有趣。"

9.3.2 承担风险

出于对表征危机的回应，研究者们陷入了许多新的讨论中。对描述他人权利的质疑导致了对研究目的以及研究者对其所研究社区的义务与责任的重新审视。一些研究者将注意力放在历史的、哲学的或者理论的研究上，而不是参与到田野工作中。其他研究者将注意力转移到了自己身上，用其自身经历作为论点来反映社会。然而，还有一些研究者则努力探寻如何进行社会科学的田野工作，以及如何以揭示他们部分的、不完整的及特定状态下的认知的方式来分享"发现"。考虑到其写作的目标人物和最终目的，许多研究者试图让研究参与者和学术团体以外的其他人也可以接触到他们的作品。这样做意味着可以用一种其他人想要阅读、观看或者倾听的表达方式进行创作，并且在此过程中，大家可以从研究中感受和学到一些东西。

创造性的形式和文本策略可以为研究者提供一些对传统报告评论予以反驳的选择：它们是权威的；它们是枯燥的或者是对应于特殊目标群体的；它们不能激发情感和感受；它们忽略了研究者的作用；它们忽视了政治。Ellis强烈要求，"承担风险，写作既要用心也要用脑"（Bochner & Ellis，1996，p. 42）。通过艺术型研究，研究者试图以开放的态度来看待媒介是如何作为信息的一部分的。不同的媒介使你可以去陈述（观看）想要描绘的生活中的不同事物。

推荐阅读

Barone, T. and Eisner, E. W.（2012）. *Arts based research*. Thousand Oaks, CA：Sage.

Ellis, C.（2004）. *The ethnographic I：A methodological novel about autoethnography*. Walnut Creek, CA：AltaMira.

Ellis, C.（2009）. *Revision：Autoethnographic reflections on life and work*. Walnut Creek, CA：Left Coast Press.

Knowles, J. G., & Cole, A. L.（Eds.）.（2008）. *Handbook of the ARTS in qualitative research*. Thousand Oaks, CA：Sage.

Leavy, P.（2009）. *Method meets art：Arts-based research practice*. New York, NY：Guilford Press.

Saldaña, J.（2011）. *Ethnotheatre：Research from page to stage*. Walnut Creek, CA：Left Coast Press.

练习①

1. 通过撰写一篇短篇自传式民族志对你的研究主题的某些方面进行探究,在该民族志中你要使用来源于你自身生活的戏剧性的回忆和形象,将你的研究置于个人和社会的背景下。通过这项练习,认真思考你从研究主题、研究参与者(尽管他们可能并没有出现在你的故事里)那里以及你自己身上学到了什么。

2. 处理某个受访者的访谈记录。只使用受访者的遣词造句以及说话的节奏。思考你在进行诗意转录的过程中,从研究主题、受访者那里以及你自己身上学到了什么。

3. 根据多个受访者的访谈记录以及观察笔记的内容创作一部民族志戏剧。在把你的资料整合成戏剧的过程中,思考你从研究主题、受访者那里以及你自己身上学到了什么。

---

① Laurel Richardson(2000)在"Writing: A Method of Inquiry"一章(发表于 *Handbook of Qualitative Research*)中阐述了一系列的写作实践,其中就包括在这里提到的那些变量。

第 10 章

继续探索

学着在一个与此前截然不同的世界中生存，在当下，使你可以探求你所相信的，撰写你所认可的。

（Geertz，1995，p.133）

2万年至4万年前，澳大利亚的土著居民就已经开始在岩石墙壁上绘画了。长久以来，人们一直在观察并记录他们生活的方方面面。可以肯定的是，人们所记录的内容、这样做的原因、记录工具与方式以及记录内容的用途，始终都在变化，而且还将不断变化。本书的目的是介绍当前的研究者和学者通过质性研究诠释生活现象的一些方法。

本书首先介绍了与质性研究相关的哲学和方法论，然后聚焦于提出研究问题与研究设计，随后关注到使用观察与访谈等民族志方法进行数据收集。接下来，在田野关系与伦理的章节中指出了质性研究所面临的顾虑、争议与困境。数据分析部分重点介绍了编码和专题组织，同时也介绍了一些处理数据的其他方法。有关写作的章节则提供了结构化文本的策略、入门指南以及坚持写作的建议。最后，艺术型研究一章扩展了对研究意义的思考，并强调了"为谁研究"的问题。撰写本书的目的是通过举例、反思与建议，帮助你选择属于自己的研究道路，并在这个过程中激励你。最后一章介绍了研究过程及结果的各种应用方法。

几千年来,人们一直在观察和记录他们周围的环境、希望和梦想。观察和记录的形式及方法可能会改变,但这一过程仍在继续。

澳大利亚卡卡杜国家公园乌比尔的岩石艺术绘画(Jane Amundsen,摄影师,2013 年)

10.1 成为质性研究者

> 某种程度上你已经全身心地投入——不仅是出于个人原因,而且是为了真正地知晓正在发生什么。你越投入于一个领域,你所能看到的内在联系就越多。
>
> (学生引用自 Wilson,1989,p. 137)

如果你在阅读本书的同时正在进行初步的研究,你将会对研究主题和如何成为一名合格的质性研究者有更深刻的认识,或许也会对二者产生更多的疑问。我相信你会与 Geertz（1995）一样提出这样的问题：什么样的研究是你认为"总体上是可信的"？我希望在你的清单中的另一个问题是关于主题和过程的：在什么样的研究中可以"全身心地投入"？

质性研究者需要全神贯注。研究者会发现他们的生活正在被他们所从事的寻求理解和关联的工作消耗着。自我承诺、信任和时间都是获得丰富数据和有效解释的关键要素，但很少有研究者能预料到他们所从事研究工作的严苛程度。例如，Toni 开始着手对实习医师的妻子进行关于其自我认知的访谈。6 个月后，她发现：

> 这个项目已经开始变得比我预想中大得多了！它无处不在。当我们关注女权主义方法论时，我们甚至在社会心理学午餐研讨会时也在讨论它。它几乎出现在我所有的读物中，出现在我参加的会议中，也出现在我与他人的谈话中……我的大脑中有如此多的想法，以至于我都没有时间去认真思考……这个项目几乎消耗了我全部的时间。

另外一个学生赞同道："几天前我参加了一次会议并且为我的研究做了许多笔记，但会议的主题几乎与我的项目无关。"尽管你们中的大多数人的生活很可能无法很好地适应质性研究对研究者个人关注度的这种需求，然而，当你发现你的问题无处不在时，你可以确信你正在取得进展。

从事质性研究是孤独的。即便你可以在研究室与你的同事、朋友和研究合作者讨论你的工作，但你仍然需要独自将所有碎片拼接起来并寻找完整的意义。当你致力于"写下你或多或少所认可的句子"时，你是孤独的（Geertz，1995，p.133）。Toni 回顾她工作的孤独感时说：

> 谈到孤独，我在很多时候都能感受到。有时，在做与数据相关的工作时，感觉自己要被这种情绪全部淹没了。有时，当我谈到这个（实习医生妻子的生活）时也会感到孤独，因为人们有时看起来很不安，似乎我谈到了不应该谈论的关于医药或健康的问题。此外，我也在好奇当那些女性看到这些时会做何反应……以及我对她们的反应又

会做何反应。

正如 Toni 所述，质性研究会强化自我怀疑。你担心人们不愿意与你谈话或是让你观察。你怀疑自己是否问了正确的问题。你忽然对你收集的大量笔记和电子文件是否真的说明了什么感到怀疑；即使这些记录真的说明了什么，你又会怀疑自己是否把这些数据以正确的方式组合到了一起。你还会担心你所发现的并不是你想要的。

你并不很清楚你的研究要经历多少个充满困惑和挫折的阶段。在一个关于过渡型社区学校的研究数据中，Carlton 感叹道："我不确定是数据迷惑了我还是我弄乱了数据。"在研究过程中这两种情况都会发生。可以肯定的是，研究需要的是勇气和正直。

这些不连续的、不"合适"的、令人不安的碎片实际上可能为你的研究提供更多有意义的启示。你可能需要学习与困惑相伴，或者欢迎它进入你的生活——把它看作神秘且待解开的谜题。Bateson（1984）在她的父母（Margaret Mead 和 Gregory Batson）的研究中认识到了这一点：

> Margaret 和 Gregory 形成了一种研究模式，他们带着某种预期去收集观察数据，不管这些数据在开始时是如何庞杂以及看起来多么令人迷惑，当事物开始"有意义"并被理解时，这些数据就会被识别出来。在寻求这一"豁然开朗"的时刻的过程中，他们需要区分其所寻求的文化一致性观点与个人回应的观点。（p. 163）

所谓的"理解"包括站在研究参与者的角度思考，但并不仅限于此，还包括获得自我与他人的共同认知。

尽管研究过程通常是令人激动并充满意义的，但同样也是令人疲倦的。当研究者努力理解数据的意义时最为疲倦。Tina 写道：

> 当访谈结束时我感觉非常疲倦。语音转录让这种疲倦达到顶峰。我记得在语音转录的过程中，我整晚只能在电脑前睡几分钟，我觉得

自己永远也转录不到最后一页了。但是第二天，不知是什么驱使着我又开始工作了。

尽管你有时会在电脑前睡着，但你也会有顿悟的时刻（即使没有深深的满足感）。Holly 描述撰写研究报告的过程对她的意义时说："把我的想法转变为文字不仅让我反思我是谁以及我努力成为什么样的人，也让我与读者产生了关联——他们通过印刷的页面与我产生了一种关联。"

下面我就开始讨论出版以及其他与研究成果相关的问题。

10.2　质性研究的应用

> 研究的实际意义并不仅仅取决于甚至主要取决于发掘对独立问题"技术性的"解决办法，更主要的是构建新的视角及看待问题的新方式。
>
> （Giddens，1995，p. 277）

当老师们研究新生如何适应中学生活时，当母亲们描述其家庭的过去时，或者当学生们对学校的餐饮服务有所质疑时，他们都有理由进行相关研究。研究的实际应用随着研究者及其各式各样研究的变化而变化。当人们谈到应用研究时，通常指的是应用最终的报告或手稿，即研究的产出。然而接下来要讨论的是，研究的过程也同样有其应用价值。

10.2.1　以文字和其他形式呈现研究的可能性

研究手稿或者文本可以带你去你从未有机会去过的地方，带你领略其他文化以及你母文化的独特方面。研究手稿有助于你采用新的视角，从不同的角度看问题，并且重新检验你自己的理论架构。文本资料可以帮助引导读者挑战刻板印象和此前的假设。它们可以为政策变动提供路径，并阐明要采取的步骤。总之，研究手稿能够比较并补充关于人类的思想及其互动（索引）本质的各类理论。

诠释性调研意味着对其他人的生活有更多的了解，或者在民族志研究中，通过建立与他人生活的联系而更深入地探究自己的生活。你对他人生活的解读通常是一种诠释。Barone（1990a）指出，"质性研究的文字……与其说是工具不如说是场景。更准确地说，是让读者参与文本重建、解构的场景"（p. 306）。如果你把文本看作工具，那么你就更容易把它当成事实来接受，从而忽略了在研究过程中所出现的细节与问题，包括研究者的个人立场和研究设计的局限性。

在读别人的研究成果时，不要把他们的研究发现当成一个绝对的真理，而要把研究手稿看作一个能够用来思考你周围世界的机会。同时想象别人在读你的文字时也在做同样的事情。一位英语老师说，"一个好故事的优点就在于它的开放性——你、我或者任何人在读它时都可以领略到这一点，并且为了各自的目的而使用它"（Coles，1989，p. 47）。一份好的质性研究报告同样也是如此。它鼓励你将分析和描述与你自己的经验进行对比，而且如果可能的话，你可以基于你自己的详细情况进行不同的思考。

Lorna 正在从事一项关于将有特殊需要的儿童纳入公立学校课堂的研究。在分析和撰写报告的过程中，她把她的文章作为一种吸引其他人的手段，即使不是所有的问题都能得到"解决"：

> 我留下了如此多还未解决的问题。在克制住删除我论文的后半部分的冲动后，我打开了当天的《纽约时报》。我被一个患有艾滋病的单身母亲为她的孩子寻找"新妈妈"的文章吸引住了。在泪水中，我意识到这是一个质性研究的案例。其研究力度和深度都很明显。作者也留下了很多没有回答的问题。

观察、聆听和记录是一种见证的方式，使研究者注意到别人的成功或者困境。Scheper-Hughes（1992）将这种文本描述为一个机会，它为那些被压制的人提供见证和发声的机会，或为"通常被认为没有历史的人"（p. 29）提供历史：

这种被称作参与者观察的方式总能让民族志研究者进入一个他可能完全不想进入的生活空间，一旦进入，他们就不知道如何抽离出来，除非通过合作吸引他人参与到见证行动中来。（p. xii）

见证为交谈、对话和系统的改变奠定了基础。正如 Geertz（1988）观察到的，"无论民族志文本在未来有什么用途（如果真有的话），它都将构建跨越民族、宗族、阶级、性别、语言、种族等社会界限的对话"（p. 147）。基于边缘化群体立场的研究会发现那些主流群体从未考虑过的问题，可以转变那些看起来理所当然的概念框架（Harding，1998）。

质性研究文本同样有助于学术理论的发展和个人追求的实现。也就是说，在同行评审的期刊上发表文章有助于你获得职位或者终身教职，这是因为它表明你重视分享你的思想和见解，以及他人认为你的作品是值得读的。这些出版物可能也同样有助于假设的提出、理论的发展以及实际问题解决方案的生成。Toni 关于实习医生妻子的研究拓展出了一个诠释自我在与他人关系中的发展的理论。对研究参与者和其他实习医生的妻子来说，他的描述性故事可以作为一种支持和增强意识的方式。正如很多的研究文本一样，她的研究成果具有个人的、理论的和实践层面的应用价值。

毫无疑问，无数的报告被遗忘在办公室书架的角落里，而不是成为可被传承与转化的学术成果，尽管研究报告确实已经改变了生活。Willis（1977）在英格兰的研究使人们关注反抗在工人阶级家庭中的男孩的学校内外生活中的作用问题。Gilligan（1993）关于女性道德发展问题的研究为探索人类发展中已经形成的性别偏见奠定了基础。这些研究不是没有任何问题的，但是这些研究及其他的一些研究仍然对我们如何感知世界以及与世界互动做出了贡献。

会议展示。在学术会议上展示你的研究是有助于论文发表的一个有效步骤。在会议上你可以得到他人对你的观点与证据的反馈。如果你抽出时间精心准备一份讲稿，并且基于它认真准备和练习演讲或艺术型展示，你可能会被听众中的某一位成员邀请或被推荐给某个刊物（经常会这样）。更有可能的是，你将会见到与你有相似兴趣并且能够扩展你的同道圈子的人，他们被你和你的作品吸引，或许，还能成为你的读者。认真听取别人的会议报告可能会使你进入新的理论中，你可能会重新考虑自己作品的多个方面。此外，在地区性和全国性的学术会议上，你通常有机会认识编辑和出版商，讨论未来可能的项目，表达你的想法。

你可以从参加地区性会议入手，因为它不像有数千人参加的全国性会议那么令人生畏。会议通常有一个或几个明确的主题。你应该根据会议指南提交论文，并尽可能把你的研究与会议的主题联系起来。很多会议都有关于报告的几个不同的分类。你可以提交一篇独立撰写的论文，或者与几位同事合作提交一份专题报告的纲要，抑或是一篇海报展示性论文。与撰写独著的论文相比，组织一次专题讨论需要更多的协调和计划，但与你认识的人一起发言比单独发言更有趣（也不那么令人紧张）。

关注你所在领域的区域性或全国性会议的信息可以让你知道应该何时以及向哪里投稿。美国人类学协会（American Anthropology Association）、美国护理协会（American Association of Nursing）、美国教育研究协会（American Educational Research Association）、美国社会学协会（American Sociological Association）都是国家级学会。或者，你可能更倾向于参加其中聚焦于质性研究的会议。例如，每年在伊利诺伊大学举办的国际质性研究大会（ICQI），在加拿大埃德蒙顿的阿尔伯塔大学举办的质性健康研究会议（QHR）和国际质性方法论研究会议（IIQM），此外，还有每年在不同地点举办的民族志和质性研究会议（EQRC）。关于这些会议的信息都可以在网上查到。

一旦你的论文被接受，你就要用充分的时间做准备。很多年前，我开始追踪记录，我要听多少次报告才能听到一个吸引我并且能激发我的想法和兴趣的。很显然，这并不是一个科学研究，但结果显示，在听到一个很吸引人的报告之前，需要先忍受五次无聊的报告。论文的观点并不一定令人生厌，但演讲方式却未能传达这些观点。也许你也有同样的经历。报告人1拿出他的论文开始宣读，一页又一页，几乎不抬眼看听众。报告人2多花了5分钟的时间来调整他的演示文稿，并且照着上面的每个要点读了一遍。当你看到第7页时她还停留在第3页。报告人3从未预演过他的演讲，当会议主持人提示他还剩1分钟时，他敷衍地说了一下论文，跳到了新的一页，以极快的速度读了出来，并且忽略了主持人提示他时间已到的信号。当他最后结束并坐下时，他已经占用了下一位报告人的时间。努力不要成为上述例子中的人。

Edwards（2012，pp. 24−37）对于在会议上发言给出了一些有用的建议，包括：为你的演讲做好计划；讲而不是读；站立并且保持眼神接触；充分地练习。我们每分钟能说100个英文单词。因此，如果你有15分钟的时间进行汇报，你最多可以讲完6页双倍行距打印的报告纸（但不要"读"这6页的内容，而是要把它们作为辅助你讲述报告的纲要）。你的任务是在一个有限的时间段内选择听众们感兴趣的内容，而不是将全部内容强加给他们。如果你引起了听众们的兴趣，他们会在进行讨论的时间段问你问题，你也有机会说更多，或者他们在会后会向你索要关于你论文的副本。就像演员进行舞台排练一样，你也要彩排你的演讲，练习并且计时，根据需要进行修改。然后再次在同事或者朋友面前练习并且再次计时。征求他们的意见并且按需进行调整。如果你是与同事一起准备一次专题报告，那么可以提前彩排一下，给彼此提出建议，考虑以某一个特定的顺序展示论文是否更有意义，并讨论在整个演示过程中如何更好地整合成彼此衔接的汇报。

海报论文通常并不能得到与论文汇报相同的正式认可，但也是一个与其他研究者进行交流的良好方式。通常，你会被要求在一个特定的地点和时间，带着你的海报向其他参会者展示一段时间。论文海报对于具有可视化数据（例如图表、照片或者创造性的表现形式）的汇报者来说是一个很好的形式。不要让你的海报充满太多让人难以阅读的文字,而是要为那些感兴趣的人制作一份传单。海报上要有你的名字和电子邮件地址,这样当别人想要跟进时可以很容易地联系到你。关于论文海报展示的更多建议,可以参考 Trainor 的 *Creating and Presenting an Academic Poster*(2012)。

期刊发表。许多社会科学期刊会根据不同的研究方法来审核和录用文章(见表10-1),而一些期刊则限定于特定的研究方法。例如,*International Journal of Qualitative Studies in Education*(QSE)和 *Qualitative Inquiry*(QI)刊发诠释主义、批判理论、后结构范式的质性研究,包括艺术型研究(索引)。*Visual Studies* 和 *Visual Anthropology Review* 专门刊发基于图像的研究并且欢迎与摄影有关的文章。通过同行评审、开放性期刊从而在网上发表你的作品的机会也在不断增加。你可以查询一下 *Forum:Qualitative Social Research*(位于德国柏林),或者是 *LEARNingLandscapes*(位于加拿大蒙特利尔的麦吉尔大学)。

表 10-1　一些刊发质性研究论文的期刊

American Educational Research Journal	*Media, Culture and Society*
Anthropology and Humanism Quarterly	*Narrative Inquiry*
Criminal Justice Policy and Review	*Nursing Research*
Educational Studies	*Qualitative Health Research*
Feminist Studies	*Qualitative Inquiry*
Field Studies	*Qualitative Social Work*
Forum:Qualitative Social Review(在线,多语种)	*Qualitative Sociology*
	Qualitative Studies in Psychology
Human Organization	*Signs:Journal of Women in Culture and Society*
International Journal of Qualitative Studies in Education	*Sociological Perspectives*
International Review of Sport Sociology	*Sociological Quarterly*
International Sociology	*Studies in Symbolic Interaction*

（续表）

Journal of Contemporary Ethnography	Teaching Sociology
Journal of Creative Inquiry	Text and Performance Quarterly
Journal of Marriage and the Family	Visual Anthropology Review
Journal of Social and Behavioral Sciences	Visual Studies
LEARNingLandscapes（在线）	Western Journal of Nursing

在一个期刊上发表论文需要时间和毅力。首先要找到一个与你的研究兴趣和写作风格匹配的期刊。你可以在图书馆和网上浏览期刊上发表的文章种类，阅读期刊的目标说明和提交指南（通常在扉页或前几页上）。Goodall（2008）提供了许多关于发表的有用的指南。他关于论文发表的第一个忠告是"遵守你所选择的出版机构的出版规范"（p.104）。这意味着，如果期刊的风格和格式说明为"25~30页，双倍行距"，你就不能因你认为你想表达的内容是如此重要而要求编辑放弃规则，或者认为他们会给你时间编辑后再采用，从而提交35页的论文。这多出的5页可能意味着你的稿件将不会被审阅。每个期刊的要求不同，所以要仔细阅读，遵从这些要求，并使你的稿件尽可能地写好并做好发表的准备。之后，满怀期待地等待几个月后发表。

大多数期刊都会把其收到的投稿发送给2~4个"盲审"专家，这意味着评审专家收到的是没有作者名字的论文。他们解决期刊编辑提出的一系列问题，还可能给出额外的意见和建议。评审专家是没有报酬的，但他们通常都会认真对待这份工作，经常会给出好几页的建议。编辑审读评审专家的意见，从以下三个决定中选取关于你的论文是否适合发表的决定：①编辑后发表；②根据评审专家的意见修改并重新提交；③拒绝发表。

如果你收到的是最后一种答复，也不要泄气。有可能是你的论文并不适合这个期刊。认真考虑期刊给出的建议，修改你的论文，然后发送给另一个期刊。然而，如果你收到的是修改并重新提交的建议，那么就按照对方说的那样去做。如果你根据评审专家的意见进行修改，那么你的论文就有可能会被接受。不要指望一个期刊的编辑做出回应："我们认为你的文章像现在这样就很好。"评审专家似乎总能提出使论文更好的建议。即使你可能觉得无法忍受重读自己的文章，更不用说返工了，但如果你花时间修改的话，论文会变得更好，也更有可能发表。

合作可能会使这个过程更可行。考虑与一个对相似主题感兴趣的同事合作撰写，或与一个或多个研究参与者合作。合作是质性研究过程的一个特点，你需要与各种各样的学者持续地互动。然而，在社会科学中，写作和发表过程通常是独立完成的。虽然合作撰写是极具挑战性的，但它也可以使写作过程更愉快，并且使论文更加细致和完善。

专著出版。无论你在你的研究、分析和写作上投入了多少精力，出版一本专著都不是很容易的事。正如 Caro（2012）所观察到的，"一个好的博士学位论文的题目并不一定会成为一个好的图书主题"（p.49）。Caro 建议，在决定把你的论文转化成专著之前，你要找出"5~10本与你论文的研究主题非常相关的书"，以及"试着列出一份你的专著可以提供给读者而这些书却未涉及的内容的清单"（p.49）。如果你还是想要出版专著，那么希望你仔细回顾耗费了你学术生涯大量时间的那份文稿。实际上最有可能的情况是，你需要为了一个更广的受众群体而重新进行结构的调整和修改。

你还需要寻找一家出版商。就从看看是谁出版了与你要写的主题相类似的这5~10本书开始。它们的网站上会包含提交图书出版计划的相关指南。花时间起草一份仔细且周密的图书出版计划。正如 Goodall（2008）所指出的，"你的论文可能只有四五个委员会成员看，但是你的书面对的却是成千上万的读者"（p.128）。

10.2.2　研究过程的应用

> 讲故事这一行为的力量是非常强大的。我终于找到了一些可以支撑我完成论文的东西。
>
> （佛蒙特大学学生）

研究文本对于距离研究地点数千英里外的人来说可能也是有用的，但与之不同，研究过程的有用性或适用性可能仅限于研究参与者。然而，这并没有降低它对于推动实践、评估、政策和理解的重要性及贡献。

除非是被邀请参加别人的基金资助项目，否则，你一般都是在自己的专业或应用学科（例如，特殊教育、护理、社会工作、领导力教育等）范围内做研究。当你进行研究时，一定可以学到能够提升实践的东西。作为一个具有将近二十年临床护理经验的人，Dorothy 说她已经知道"审慎的'继续说下去'和深思性的'嗯'的价值所在"。尽管如此，在她关于委托机构照看亲人的研究进行的过程中，她发现受访者"似乎渴望有人倾听他们的故事"。她开放式、探索性的问题设计能够让受访者说出他们自己的故事。她说："对于一些人而言，我可能是第一个倾听他们心声的护理专业人士。"与作为一名护理人员相比，作为一名研究者的 Dorothy 对她的当事人有了更多的了解。Dorothy 意识到她的当事人愿意有一个深入讨论难题的机会，于是她计划对他们进行更长的、更具探索性的访谈。类似地，Aamodt（1989）探讨了用质性访谈方法为其提供具有针对性且有效的护理。

Dorothy 也反思了在质性研究中参与者观察的过程如何拓展了她对护理过程中进行观察的潜在有用性的认知。

> 像倾听一样，记录观察结果对护理来说是很自然的事情。对微妙细节的注意在对患者的综合评价过程中是非常重要的。然而，在护理过程中，能够观察的领域是被明确规定的。我知道通过观察呼吸的频率和深度、指甲和黏膜的颜色，能让我形成对肺功能的判断。但是，我需要记录什么样的具体观察才能最终理解一个家庭是如何做出决策的呢？姿势、积极程度、疲惫的外表会是有用的信息吗？我现在在考虑我平常看到的东西。我描述了一个儿子对他生病住院的父亲感到无能为力时显露出的明显担忧的神色。

通过进行质性研究，Dorothy 学到了与护理实践相关的技能和知识。同样，其他学科的实践者兼研究者们也学到了帮助他们进行实践和项目评估以及形成政策的技能与知识。

质性研究的参与者通常都会学到与调查行为相关的内容。访谈和观察过程也能促使参与者更多地反思他们生活的方方面面。在参与者导向的研究及越来越多的传统调研中，研究的目的是以某种形式帮助参与者或者他们所在的社区。这些调查主要聚焦于参与者们所关心的问题，试图寻找特定的、本土化的解决方案。参与者们也可能是联合研究者，并且也学到了研究技能和看待或改变他们生活的新方法，或者获得了改变他们生活的机会。例如，佛蒙特州贫穷且居住在偏远农村的妇女在"倾听伙伴"团队中获得与处于相似境况的妇女进行定期谈话、合作解决问题的机会后，开始寻求以一种不同的方式生活；她们通过这个学习圈子建立的关系减少了她们的孤立感（Belenky，Bond，& Weinstock，1997）。在这类研究中，研究过程与研究结果同样（甚至更）重要。

获得技能与自我学习。Charlie 说："我碰壁了，关于课堂，我一页纸的东西也写不出来了。我们都很累——我在那儿很累，让我在那儿她也很累。"Charlie 正在进行一个多年级的课堂研究。他一直在观察这些班级；对孩子、家长和学校的人事部门进行访谈；与老师们在紧张的会议上讨论他的想法。在经历了短暂的休息之后，他回到了课堂上并且受到老师和孩子们的欢迎；同时，他也学到了一些关于研究过程的要点。Charlie 开始设计不同类型的短休：反思型的休息能够让他对他的工作进行复盘；绝对的休息让他从研究者的角色中完全脱离出来，也让他的研究参与者们从研究者（无论多么受欢迎）的干扰中得以喘息。

研究行为让你了解作为研究者的自己。你可能以你认真聆听并提出探索性的问题为傲，但是你也意识到你并非像被期望的那样会观察。你可能需要找到更好的方法来记录观察，管理好自己的时间，这样访谈才能被更好地转录。除了帮助你了解作为研究者的自己，你还可能更全面地剖析自我。Jill 反思道："通过观察是什么问题引起我们的兴趣，以及我们问了哪些问题，我们可以更好地理解对于我们来说什么是重要的和有意义的。"你的研究是自传式的，因为你的一些个人视角会通过你选择的题目和方法反映出来。认清你的兴趣所在能让你对你的核心价值和信念有更好的理解；反过来，这种理解也能为你未来的研究工作提供方向。

在一门为期两学期的课程中，学生们设计并进行了初步研究，一名研究生从中观察到，"人们可以通过质性研究学到其他研究学不到的东西"，我同意这一点。基于我的观察，通过质性研究，学生们可以学到以下几点：

1. 认识到记录日志和描述性、分析性的笔记对于产生想法、做出诠释、反思自我以及撰写报告和论文的有用性。

2. 带着好奇心去观察，并不急于进行预判，至少要避免偏见。

3. 聆听他人并且加入谈话之中，也就是努力理解其他人的观点，从别人的立场出发提出问题或予以评论，而不是在他人正在讲话时基于固定视角予以评论或反驳。

4. 感知信念、态度和社会互动的内在复杂性，学会理解自身以及其他人如何在不同的情境与矛盾中生活。

5. 重视日常经验和知识，而并非总是把专家和已发表的成果作为权威。

在一个为期两个学期的墨西哥本科生国际教育比较研究项目快结束时，Eve Krassner 在她的一篇论文中详细介绍了这种质性学习。其中的部分内容如下：

> 全球和区域通常被认为是完全相互排斥的。一个人要么让自己服从主导范式，要么完全生活在它们之外。例如，传统的治疗方法深受西方医学的质疑。受过教育的医生感到有资格去轻视那些缺乏"适当的"培训的传统治疗师，并质疑其方案的有效性。Josephina 是一位从圣克拉拉毕业的医师，她讲述了一个非常不同的情况。她描述了她与"现代"医生之间相互信任和理解的关系，她称之为"工作交流"。她

会与医院的医生分享她的知识，他们也会反过来为她提供她本来没有机会得到的培训。想象她为穿着白大褂的医生在她简陋的家里进行演示，或者想象他们用熏香和点燃的煤炭来了解病人的精神状况而不是用冰冷的工具来测量血压，这些都是很奇妙的。我们也很高兴地看到，Josephina 对他们提供给她的资源充满了感激之情，他们也乐意接受 Josephina 给他们不了解的过程带来新的视野。她的故事说明在充满对抗的地方也存在合作。

如果说我与这些社区的经历向我展示了任何关于墨西哥社会的本质，那就是它可以以多种形式和功能存在于多个层面……墨西哥是世界上较富裕的国家，是美国的第二大石油供应国。世界上最富有的人是墨西哥人，他们的成功得益于经济政策改革，但同样的立法也导致社会经济不平等。墨西哥也饱受腐败和暴力的摧残。它也是一个歌颂并培养共同体的国家。风俗习惯带来了多元化而不是分裂，其标志是合作而非竞争。家人们的合作使传统得以延续。有些人可能外迁，但那些离开的儿女还会经常回来。这两个相互冲突的系统使得墨西哥同时遭受着第一和第三世界国家所存在的健康问题的困扰，在努力创造公平竞争环境的同时遭受社会分化的折磨，在工业私有化的同时也要承认 80% 的土地是集体所有的。我想从这段经历中找出我从 Curandera Josephina 那里学到的东西。找到连接沟壑的桥梁是可能的。

成为一名质性研究者所必备的技能和态度对于培养优秀的学者来说尤为重要，而更具同情心和好奇心的人将更能与那些同自己生活截然不同的人建立起重要的关系。通过向别人敞开心扉，你可以学到这些。你会感受到别人的痛苦、努力和他们的欢笑，你开始能够以新的方式感知这个世界。你与他人建立联系，并为进一步复杂多样的互动打下基础，这些互动或多或少会对他人的生活产生影响。你也可以重新审视自己的价值观，并且根据你所学到的来决定对你的生活做出何种改变。

创建深化的关系。Terry Tafoya（1989）作为一名美国本土的人类学家，讲述了一个关于郊狼经历了一系列事故后最终失去双眼的故事。在小老鼠给了郊狼一只她的小眼睛之前，郊狼是完全看不到东西的。后来，水牛给了郊狼一只他的大眼睛，但郊狼却不知道如何平衡地使用这两只眼睛。Tafoya 为她的读者写下了这样的寓言，"要成为一个完整的人（也可以说，要成为一只完整的郊狼），必须学习来回往复地转变视角，不仅仅是小老鼠和水牛还包括鹰、熊、美洲豹以及传说中的其他任何动物的视角"（p. 32）。

研究者们也需要通过不同的视角来看（听、感觉）。传统的研究行为通常会遇到很多问题，因为这一过程中研究者的定位通常是设计者、意义建构者和故事讲述者。研究者永远也无法同时通过所有的视角来"看"，从而获取对任何人都适用的知识。Tierney（2000）回顾了他如何批评那些追求"记录更广范围的独立个体——包括美国土著、同性恋者以及其他人"的研究者，以及"我们这些处在边界上的人的传统文本的缺失"（p. 457）。他后续指出，研究者并非不能研究"其他人"，而是"应当以全面解构其研究对象的性质为前提，并产出一份文本资料，以让读者了解作者/叙述者/演讲者如何构建了这一充满矛盾的个体或群体"（p. 548）。

团队关系（无论是合作研究者、个体研究者，还是参与者，抑或是一个班级）相对于专题讨论而言，能够为成员的学习和成长带来更大的帮助。

质性研究者的工作强调复杂性而不是规范性，强调是什么有助于多元化的而非狭窄的视野。走出孤独的研究者模式并进入对话模式有助于推进这一过程。通过对话和相互学习，我们更容易看到并检查我们所依赖的视角。在对话中，我们所做的"不是去为了赢或者说服，而是从不同的视角出发进行探索"（Panikkar，1995，p. 172）。这一过程并不试图将一个概念简化为共同的理解或发展一个所有参与者都认同的新概念；相反，正如 Vashon（1995）所指出的，这种对话意味着我们"在分歧中存在和谐"（p. 72）。

生活中的许多真理都是并存的。这并不是说一个真理和另一个真理一样好，而是说我们需要意识到世界上并存着许多事实。研究者的目标不是消除相互矛盾的真相，而是对多元的事实真相达成新的、更深的、更复杂的理解。

通过对话与合作研究，我们分享自己的想法、创建关系，与他人一起行动而不是"研究"或"关注"他们。通过一起行动，我们可能会开始设定行动框架，自然地形成"分歧中的和谐"。正如 Tsing（1997）所说的，"我们需要一个框架去展示多文化联盟为何不会过滤、滥用或者扭曲原始事实，而是代表所有理论在构建时所经历的创造性的偶发事件"（p. 253）。

10.3 结语

一位自然主义者说，"你可以一辈子只爱一种风景，而它仍会有你未知的一面"（Wilson，1989，p. 18）。无论研究的是玻利维亚的一个村庄，还是美国中西部地区的基督教学校，抑或是佛蒙特州农村学区的监管问题，你永远不会完全明白所有的一切，但是你会知道接下来要观察什么，有什么新问题可以提出，这些又对你和他人有什么意义。正如 Lorna 在反思她的试点项目时所说的：

> 当我回过头来看最初的目标时，我相信我有了一些微小的进步。

不仅是对内容的理解，还学习了如何进行质性研究。我觉得我打开了门，偷偷看了里面。（这是一个巨大的房间！）有如此多的未知可以去探索，这如此令人恐慌又如此迷人，我有些不知所措。我还记得我的老师说的："你不停地工作、工作、工作……然后才能有所收获。"我想她的意思是每一个微小的进步都很重要。

每一步都将有助于理解。Scheper-Hughes（1992）呼吁"足够好"的民族志实践，接受"理解通常是片面的"这一事实。然而，我们应尽可能"利用手中有限的资源来做到最好——我们仔细地、投入地、有同理心地进行聆听和观察"（p.28）。

质性研究是这样一种研究，它通向别人的生活、你的行为准则、你的实践以及你自己。你无法确定你会在哪里结束，但你总是被研究推动着前行。Andrea 谈及她工作时的话语里饱含着执着、同情和尊重：

> 有如此多我想要去了解的事情。我觉得每次访谈都是交给我的一颗玫瑰花蕾。我把它们带回家，移植，它们开始开花，每个花瓣都是一个新的想法或一个更深层次的理解。有三朵美丽的花在我的一只手上绽放，另一只手上的还待盛开。

真正的研究永远不会结束；相反，它会为下一个研究指明道路。

推荐阅读

Caro, S.（2009）. *How to publish your PhD: A practical guide for the humanities and social science*. London, UK: Sage.

Denzin, N., & Giardina, M.（Eds.）.（2009）. *Qualitative inquiry and social justice*. Walnut Creek, CA: Left Coast Press.

Miller, J. E., & Schmid, O.（Eds）.（2012）. *How to get published in anthropology: A guide for students and young professionals*. Lanham, MD: AltaMira Press.

练习

1. 仔细思考你的研究可能存在的意义。它会以何种方式对理论、政策和/或实践产生影响？写出你的想法。

2. 完成你的思考之后，回到你的研究陈述、研究设计和访谈问题上来。你将会做什么修改？

3. 制订一份研究计划并沿着调查的方向持续推进。

附录 A 几种质性研究方法介绍

A.1 叙事研究

叙事研究 通常是指聚焦于人们讲述自己生活故事的研究性程序。有多种方法符合这种研究范畴，主要包括传记、口述历史、档案、个人叙事和叙事分析。"所有这些方法都是基于这一观念，即人类通过故事来感知自己的生活。"（Hatch, 2002, p.28）因此，在叙事研究中，参与者对有关其经历的叙述才是焦点。为此，叙事研究者往往利用与民族志研究者相同的数据来源，比如访谈、个人信函或日记以及其他文档和档案文件。虽然叙事研究在范围上比民族志研究小，但其研究者也利用参与式观察的方法来记录语境设置的细节并更好地解释受访者的意思。然而，正如 Sara Lawrence-Lightfoot 和 Jessica Hoffmann Davis（1997）所描述的那样，"人像写照"是一个长期且传统的实地调研过程，其间，研究者既要观察参与者，又要与他们进行互动，以便找到"中心故事"，并结合情境进行"复杂且精细的描述"（p.12）。

优秀的叙事研究成果阐明了人的独特性、困境和复杂性，能够引发读者进行自我反思，并将自身的情况和问题带入故事中，"我们重新讲述自己，或许也开始改变我们被嵌入其中的制度的、社会的和文化的叙事"（Clandinin, 2013, p.34）。叙事研究者可能在一段时间内对同一个人进行多次访谈（Behar, 1993; Shostak, 1981）。这种方式有时被用于作为讨论整个文化或群体的途径。例如，美国伊利诺伊大学人类学教授 Oscar Lewis（1963）在墨西哥的研究趋向于通过聚焦一个家庭成员的生活来描绘文化

(Tedlock，2000)。有时，生活故事更多地被用于阐明人们对特定历史事件的认知及其影响。这就像 Linden (1993) 针对妇女对大屠杀的反应所做的研究一样。在其他案例中，叙事研究聚焦于传记的小片段、特定视角、互动或者关键事件。比如，是什么塑造了艺术家的创造性生活，或者是什么促成了积极分子身份的形成 (参见 Batesen，1990; Myerhoff，1979)。

叙事研究者运用的一些分析工具可能和民族志学者的一样，但他们倾向于用更全面和具体的方法来开展研究。Clandinin (2013) 聚焦于线索而不是主题进行区分，并讨论了分析和写作应如何遵循"在个人的叙事记录里，随着时间和地点贯穿或交织的特殊故事主线"(p.132)。研究者对将传记理论与社会学理论连接到一起的兴趣导致了其他叙事分析技巧的产生。不论对于自然发生的交谈还是访谈，这些技巧都将叙事作为文本。这些谈话文本被记录下来并用于分析它们是如何被讲述的（开始、中间、结尾、情节、修辞、停顿、谈话中的重叠、言语的细微差别等），以及它们对叙述者所处的社会生活和文化的反映 (参见 Gubrium and Holstein，*Analyzing Narrative Reality*，2009)。

证词是一种可以被归类为批判性研究范式的叙事研究形式。证词在很大程度上发展于拉丁美洲，用来讲述社会边缘化或压迫的故事。它不同于研究生活史的传统程序，因为证词是由证言者提出的，目的是"希望他的生活故事能够促使读者与证言者所处的群体采取一致行动"(Tierney，2000，p.540)，例如，可以参见 Barrios de Chungara 和 Viezzer (1978) 的 *Let Me Speak! Testimony of Domitila, a Woman of the Boliviau Mines*。

Davies 和 Gannon (2006) 的 *Doing Collective Brography* 更多的是基于后结构主义的叙事研究的一个例子。在 Foucault 和其他人的理论的指导下，六七位参与者"共同参与了一个特定的主题，谈论自己与这个主题相关的记忆"(p.3)。通常在为期一周的研讨会期间，通过谈话、聆听和书写的过程，这个小组力求从"可见、可触摸、可倾听、具有构成效应的主流话语"

中"检验论述和实践如何作用于我们",以及"开启改变我们自己和论述历程的可能性"(Davies & Gannon,2006,p.5)。

A.2 扎根理论

哥伦比亚大学的两位学者 Barney Glaser 和 Anselm Strauss(1967)被誉为扎根理论研究的奠基者。后来,Strauss 和 Corbin(1998)以及 Charmaz(2002)扩展了他们的研究。扎根理论本身并不是一个理论,而是一种以数据为基础发展理论的方法论。这种研究方法的目的是"说明概念范畴之间的关系以及详细地阐明理论关系涌现、改变或维持的条件"(Charmaz,2002,p.675)。扎根理论研究涉及数据收集和分析的详细程序。这些程序包括为了形成关于社会现象的理论而进行的连续数据抽样、编码、分类和比较。最简单地说,扎根理论研究者收集关于主题的数据(通过访谈和观察);分析数据以划分概念范畴,将这些概念范畴串联为探索性理论,而后收集更多的数据来验证该探索性理论的适用程度。这一过程随着研究不断引入新的数据以进一步发展概念范畴和修正理论而重复且持续进行。这个构建中的理论需要对不同的情境和人进行理论上的抽样,以比较和对照该理论的不同方面。扎根理论研究者运用很多民族志学者的研究工具来收集数据,但不同的是,他们在选择案例、编码、比较和测试、涌现概念等方面有其特定的方法。

扎根理论将社会科学研究从逻辑经验主义中剥离出来,并在学术界多数认同定量研究方法的时期对质性研究给予了支持。起源于扎根理论的术语、概念和程序(例如持续的案例比较、理论抽样或数据饱和)被采用其他方法的研究者频繁使用。然而,这里出现了一个问题,即当研究者使用扎根理论或发展扎根理论时,却很少使用这些术语了,这是因为它们对具有逻辑经验主义倾向的委员会成员或审稿人没有吸引力。在用扎根理论进行研究之前,需要对它有更多的了解。入门书籍包括 Glaser 和 Strauss 的 *The Discovery of Ground Theory*(1967)、Glaser 的 *Theoretical Sensitivity*(1978)、以及 Strauss 和 Corbin 的 *Basics of Qualitative Research: Techniques and Practice for Developing Grounded Theory*（1998）。

A.3 案例研究

案例研究在不同的学科里具有不同的含义。在哈佛商学院，案例研究被创建为商业课程课堂讨论的教学工具。在质性研究中，"案例研究"这一术语是指对一个案例的深入研究，但"案例"这个词的含义各不相同，从一个人到一个村庄，或从一个事件到一套程序，比如某个特定项目的实施。其共同之处在于，每个人、每个村庄、每个事件、每套程序，都是一个有界的、带有工作部件的集成系统（Stake，1995）。然而，将事物定义为"有界的"标准仍然是模棱两可的，由研究者决定什么将被包括在边界之内，什么不被包括在边界之内。无论如何定义，对案例的研究都倾向于进行深入的通常是纵向的检查，通过参与者观察、深入访谈、文档收集和分析收集数据。评论倾向于描述性的和整体性的，而不是主题性的，尽管多案例比较的模式通常更有助于构建模式。

Stake（2000，p.437）区分了三种类型的案例研究：内生性案例研究、工具性案例研究和多案例研究。内生性案例研究有助于更好地理解特殊的案例，比如一个被诊断为注意力欠缺/多动症（ADHD）的特殊儿童。工具性案例研究被认为是通过一个特定的案例来"洞察一个事件或重新构建一个概论"，比如通过聚焦于被诊断为 ADHD 的儿童来洞察学校教育与被认定为 ADHD 的儿童之间是如何相互作用的。当工具性案例研究涉及寻找几个案例（几个被诊断为 ADHD 的儿童）时，就变成了一个"多案例研究"，可以对"一个现象、总体或普遍情况"进行调查。

尽管有些人把案例研究视为一个研究战略，但 Stake（2000）认为"案例研究不是一个方法论的选择，而是一个对研究内容的选择"（p.435）。包括定量研究在内的各种方法和方法论都可以用于案例研究。但 Schram

（2006）提醒我们，"不论你认为案例研究是一种概念化人类社会行为的方法，还是仅仅视其为描述人类社会行为的途径，它的战略价值都在于其可以提醒人们注意从单一案例中能够学到什么"（p.107）。你应该聚焦于案例内部的复杂性、案例的独特性以及案例与其作为其中一部分的社会背景的联系。

A.4 现象学研究

不论是被称为现象学、解释现象学，还是诠释（索引）现象学研究，这种研究方法都是一种以 Husserl、Heidegger、Gadamer、Merleau-Ponty 和 Sartre 等的哲学为基础来研究参与者的生活经验的方法论。它聚焦于一个人如何基于认识的本质和对特定现象的经验来理解世界。像大多数传统研究一样，现象学研究有自己的语言，包括很常见的日常用语（如意愿或直觉），但它们却被用来表示特殊的含义。就像其他研究传统一样，你必须广泛阅读才能熟悉相关的概念和程序。下面简要介绍一下这种复杂的调查方法。

一般来说，现象学研究通常是对一个只有少量同质参与者的课题进行深入研究。研究者试图了解每个参与者的经验和看法，查找研究案例之间的相似和不同之处。总体上，这些经历都围绕着一个人生命中的重要转变或重大事件，如有了第一个孩子或被告知得了癌症。研究者试图理解参与者是如何感受这种经历的，并用基于现象学和解释哲学的特殊方法予以解释。

例如，哲学家 Merleau-Ponty 撰写了关于"我们与世界关系的具象体现了本质"和"我们个人所处位置视角的首要性"的内容（Smith, Flowers, & Larkin, 2009, p.18）。由于这种体现，没有两个人的经验现象会是完全相同的。并且无论你多么了解一个人，他的意识也永远不会成为你的意识。Sartre 使现象学聚焦于我们对自我和世界认知的缺失，以及不在场的事物如何与在场的事物一样重要。因此,现象学研究关注的是人对其他人或事物的意识关系的存在与缺失的维度,既包括现存事物或人,也包括记忆或预期中的(Sokolowski,2000)。现象学研究的另一个方面是探究和阐明构成某些经验内容的部分及整体,这些经验是由诠释学所提供的。诠释学理论始于对《圣经》文字的文本诠释,并被扩展到其他种类的文本,最后成为社会现象的哲学理论。Schleiermacher 和 Heidegger 将这一哲学理论引入现象学中。通过一系列这种方法和其他哲学构念,现象学家力图洞察人的经验的本质。

附录 B　田野工作笔记的维护

使用三环笔记本，你可以在其中标记分隔符来组织数据和研究思路。下面是追踪你的研究数据和过程的基本要点。以你觉得有意义的任何方式进行组织都可以，但一定要包括下面列出的所有部分。

1. 目录（明确和详细的）
2. 田野工作计划（所有版本，标记日期，按时间顺序排列）
    a. 实地考察的目的
    b. 概念图
    c. 研究陈述和研究问题
3. 访谈问题（所有版本，标记日期，按时间顺序排列）
4. 参与者的观察笔记
    a. 记录每次的日期、地点、开始和结束的时间。
    b. 尽可能充分地记录所进行的互动。
    c. 在观察的过程中，你可能会在某个过程细节的提示下产生灵感。把它们记下来，但把它们标记为你的意见、判断或问题。
    d. 完成一次观察之后，通读你的笔记。把字迹潦草的笔记清晰再现出来，把省略了的笔记补充完整，并详细地进行描述。趁着你的记忆还深刻，尽可能及时地做笔记。把观察记录输入电脑通常是一个有助于记忆的过程。

5. 访谈日志（索引）

   a. 记录每次的日期、地点以及每一个访谈开始和结束的时间。

   b. 如果没有录音，就要尽可能逐字记录。在完成一个没有录音的访谈之后，尽快把你的笔记通读一遍。让字迹潦草的笔记清晰再现，并添加还记得的细节。你可能想要在笔记中使用不同的颜色，这样你以后就可以很容易地分辨出哪些笔记是现场记录的，哪些是后来添加的。这项工作也可以在电脑上完成。

   c. 如果是录音访谈，也要包括已经记录的所有笔记以及转录。

   d. 访谈之后，你可能会对访谈过程产生一些想法，或者提出一些更好的访谈问题。记下所有这些信息。

6. 自反性日记

（过程中所有的想法和反应都应该被记录下来，而不是在研究的最后才开始动笔。其主要目的是在你做这件事的时候反思你在做什么。要标注所有的日期。）

   a. 当你开始构思研究项目时，就要开始记自反性日记了。思考研究课题的目的和意义。明确你想要得到什么，原因何在。

   b. 随时记录你在田野工作中遇到的所有问题。这个列表可能包括你想问别人的问题——实质性的问题或方法论的问题。

   c. 记录你作为研究者的思考和研究假设，以及与研究参与者的互动和对他们的感受。思考你的田野工作能激发哪些领域的主观性。你认为你会如何影响收集到的数据？哪些事情你可能会做得不一样？

   d. 记录你在田野工作过程中遇到的任何问题。思考这些问题的解决办法。

7. 分析

   a. 组织和扩展由数据收集而引发的想法。这是开始分析的阶段，因为你在反思你所看到的，并对正在发生的事情产生预感。

b. 编码（保留所有版本，标记日期，按时间顺序排列）。

c. 显示编码数据（这项工作可以在分类后完成）。

d. 记录所有版本的潜在主题或模式。

e. 包括工作图、图表、矩阵。

参考文献

Aamodt, A. (1989). Ethnography and epistemology: Generating nursing knowledge. In J. Morse (Ed.), *Qualitative nursing research: A contemporary dialogue* (pp. 29-40). Rockville, MD: Aspen.

Agar, M. (1973). *Ripping and running: A formal ethnography of urban heroin addicts.* New York, NY: Seminar Press.

Agar, M. (1980). *The professional stranger.* New York, NY: Academic Press.

Agar, M. (1995). Literary journalism as ethnography. In J. Van Maanen (Ed.), *Representation in ethnography* (pp. 112-129). Thousand Oaks, CA: Sage.

Ahmed, A., & Shore, C. (1995). Introduction: Is anthropology relevant to the contemporary world? In A. Ahmed & C. Shore (Eds.), *The future of anthropology: Its relevance to the contemporary world* (pp. 12-45). London, UK: Athlone.

Altheide, D., & Schneider, C. J. (2013). *Qualitative media analysis* (2nd ed.). Thousand Oaks, CA: Sage.

American Anthropological Association. (2012). *Statement on ethics: Principles of professional responsibilities.* Arlington, VA: Author. Available at: aaa-net. org/profdev/ethics/upload/Statement-on-Ethics-Principles-of-Professional-Responsibility. pdf.

Anderson, N. (1923). *The hobo: The sociology of the homeless man.* Chicago, IL: University of Chicago Press.

Ashton, P., & Webb, R. (1986). *Making a difference: Teacher's sense of efficacy and student achievement.* New York, NY: Longman.

Association of Internet Researchers. (2012). *Ethical decision-making and Internet research*, version 2. Available at: aoir. org/reports/ethics2. pdf.

Atkinson, R. (2002). The life story interview. In J. F. Gubrium & J. A. Holstein (Eds.), *Handbook of interview research: Context and method* (pp. 121 – 140). Thousand Oaks, CA: Sage.

Ball, S. (1985). Participant observation with pupils. In R. Burgess (Ed.), *Strategies of educational research: Qualitative methods* (pp. 23 – 53). Philadelphia, PA: Palmer Press.

Bandelier, A. F. (1971). *The delight makers: A novel of prehistoric Pueblo Indians.* New York, NY: Harcourt Brace Jovanovich. (Original work published 1890)

Banks, M. (2007). *Using visual data in qualitative research.* Thousand Oaks, CA: Sage.

Barone, T. (1990). Using the narrative text as an occasion for conspiracy. In E. Eisner & A. Peshkin (Eds.), *Qualitative inquiry in education: The continuing debate* (pp. 305 – 326). New York, NY: Teachers College Press.

Barone, T., & Eisner, E. (2012). *Arts based research.* Thousand Oaks, CA: Sage.

Barrios de Chungara, D., & Viezzer, M. (1978). *Let me speak! Testimony of Domitila, a woman of the Bolivian mines* (V. Ortiz, Trans.). New York, NY: Monthly Review Press.

Batalla, G. B. (1996). *Mexico profunda: Reclaiming a civilization.* Austin: University of Texas Press.

Bateson, M. C. (1984). *With a daughter's eye: A memoir of Margaret Mead and Gregory Bateson.* New York, NY: Morrow.

Bateson, M. C. (1990). *Composing a life.* New York, NY: Plume.

Baym, N., & Markham, A. (2009). Introduction. In A. Markham & N. Baym (Eds.), *Internet inquiry: Conversations about method* (pp. vii – xix). Thousand Oaks, CA: Sage.

Bazeley, P. (2013). *Qualitative data analysis: Practical strategies.* Thousand Oaks, CA: Sage.

Behar, R. (1993). *Translated woman: Crossing the border with Esperanza's story.* Boston, MA: Beacon Press.

Behar, R. (1995). Writing in my father's name: A diary of *Translated Woman's* first year. In R. Behar & D. Gordon (Eds.), *Women writing culture* (pp. 65 – 82). Berkeley: University of California Press.

Belenky, M., Bond, L., & Weinstock, J. (1997). *A tradition that has no name: Nurturing the development of people, families, and communities.* New York, NY: Basic Books.

Belmont Report: Ethical principles and guidelines for the protection of human subjects of research. (1979). National Commission for the Protection of Human Subjects of Biomedical and Behavioral Research, Department of Health, Education, and Welfare. Available at: hhs.gov/ohrp/humansubjects/guidance/belmont.html#xrespect.

Benthall, J. (1995). From self-applause through self-criticism to self-confidence. In A. Ahmed & C. Shore (Eds.), *The future of anthropology: Its relevance to the contemporary world* (pp. 1 – 11). London, UK: Athlone.

Berg, B. (1995). *Qualitative research methods for the social sciences* (2nd ed.). Boston, MA: Allyn & Bacon.

Berlinski, M. (2007). *Fieldwork*. New York, NY: Picador.

Bishop, P. (1998). *Portraits of partnership: The relational work of effective middle level partner teachers*. Unpublished doctoral dissertation, University of Vermont, Burlington.

Bishop, R. (2008). Freeing ourselves from neocolonial domination in research. In N. Denzin & Y. Lincoln (Eds.), *The landscape of qualitative research* (3rd ed., pp. 145–183). Thousand Oaks, CA: Sage.

Bloom, L. R. (1998). *Under the sign of hope: Feminist methodology and narrative interpretation*. Albany: State University of New York Press.

Bloom, L. R., & Sawin, P. E. (2009). Ethical responsibility in feminist research: Challenging ourselves to do activist research with women in poverty. *International Journal of Qualitative Studies in Education*, 22(3), 333–351.

Bloor, M., & Wood, F. (2006). *Keywords in qualitative methods*. Thousand Oaks, CA: Sage.

Blumenfeld-Janes, D. (1995). Dance as a mode of research representation. *Qualitative Inquiry*, 1(4), 391–401.

Blumenfeld-Janes, D. (2008). Dance, choreography, and social science research. In J. G. Knowles & A. L. Cole (Eds.), *Handbook of the arts in qualitative research* (pp. 175–184). Thousand Oaks, CA: Sage.

Boal, A. (2006). *Aesthetics of the oppressed* (A. Jackson, Trans.). New York, NY: Routledge.

Bochner, A., & Ellis, C. (1996). Introduction: Talking over ethnography. In C. Ellis & A. Bochner (Eds.), *Composing ethnography: Alternative forms of qualitative writing* (pp. 13–45). Walnut Creek, CA: AltaMira Press.

Bogdan, R. , & Biklen, S. (2007). *Qualitative Research for Education: An Introduction to Theories and Methods* (5th ed.). Boston: Pearson/Allyn and Bacon.

Bottorff, J. (1994). Using videotaped recordings in qualitative research. In J. Morse (Ed.), *Critical issues in qualitative research methods* (pp. 244 - 261). Thousand Oaks, CA: Sage.

Bray, J. N. , Lee, J. , Smith, L. L. , & Yorks, L. (2000). *Collaborative inquiry in practice.* Thousand Oaks, CA: Sage.

Bruner, E. (1984). Introduction: Opening up of anthropology. In E. Bruner (Ed.), *Text, play, and story: The construction and reconstruction of self and society* (pp. 1 - 16). Washington, DC: American Ethnological Society.

Bruner, E. (1986). Experience and its expressions. In V. Turner & E. Bruner (Eds.), *The anthropology of experience* (pp. 3 - 30). Urbana: University of Illinois Press.

Bruner, E. (1993). Introduction: The ethnographic self and the personal self. In P. Benson (Ed.), *Anthropology and literature* (pp. 1 - 26). Urbana: University of Illinois Press.

Bryant, I. (1996). Action research and reflective practice. In D. Scott & R. Usher (Eds.), *Understanding educational research* (pp. 106 - 119). New York, NY: Routledge.

Busier, H. (1997). *Beyond the yellow brick road: Educational portraits of anorexic women.* Unpublished doctoral dissertation, University of Vermont, Burlington.

Busier, H. , Clark, K. , Esch, R. , Glesne, C. , Pigeon, Y. , & Tarule, J. (1997). Intimacy in research. *International Journal of Qualitative Studies in Education*, 10 (2), 165 - 170.

Butler-Kisber, L. (2002). Artful portrayals in qualitative inquiry: The road to found poetry and beyond. *Alberta Journal of Educational Research*, 48(3), 229-239.

Caro, R. (1988). Lyndon Johnson and the roots of power. In W. Zinsser (Ed.), *Extraordinary lives: The art and craft of American biography* (pp. 199-231). Boston, MA: Houghton Mifflin.

Caro, S. (2012). Publishing your dissertation as a monograph. In J. Miller & O. Schmid (Eds.), *How to get published in anthropology* (pp. 49-58). Lanham, MD: AltaMira Press.

Casas, J. (2005). Scenes from 14. In J. Saldaña (Ed.), *Ethnodrama: An anthology of reality theatre* (pp. 45-61). Walnut Creek, CA: AltaMira Press.

Cassell, J. (1987). Cases and comments. In J. Cassell & S. E. Jacobs (Eds.), *Handbook on ethical issues in anthropology* (pp. 37-75). Washington, DC: American Anthropological Association.

Cassell, J., & Jacobs, S. E. (Eds.). (1987). Introduction. In *Handbook on ethical issues in anthropology* (pp. 1-3). Washington, DC: American Anthropological Association.

Chapin, M., & Threlkeld, B. (2001). *Indigenous landscapes: A study in ethnocartography*. Washington, DC: Center for the Support of Native Lands.

Chapman, J., Swedberg, A., & Sykes, H. (2005). Wearing the secret out. In J. Saldaña (Ed.), *Ethnodrama: An anthology of reality theatre* (pp. 103-120). Walnut Creek, CA: AltaMira Press.

Charmaz, K. (2002). Qualitative interviewing and grounded theory analysis. In J. F. Gubrium & J. A. Holstein (Eds.), *Handbook of interview research: Context and method* (pp. 675-694). Thousand Oaks, CA: Sage.

Christians, C. (2000). Ethics and politics in qualitative research. In N. Denzin & Y. Lincoln (Eds.), *Handbook of qualitative research* (2nd ed., pp. 133–155). Thousand Oaks, CA: Sage.

Christians, C. (2011). Ethics and politics in qualitative research. In N. Denzin & Y. Lincoln (Eds.), *The landscape of qualitative research* (4th ed., pp. 61–80). Thousand Oaks, CA: Sage.

Clandinin, D. J. (2013). *Engaging in narrative inquiry*. Walnut Creek, CA: Left Coast Press.

Clark, K. A. (1999). *Moving beyond recognition: Voices of women academics that have experience being first-generation college students*. Unpublished doctoral dissertation, University of Vermont, Burlington.

Clark/Keefe, K. (2002). A fine line: Integrating art and fieldwork in the study of selfconceptualization and educational experiences. *Alberta Journal of Educational Research*, 48(3), CD-ROM supplement.

Clark/Keefe, K. (2014). Becoming artist, becoming educated, becoming undone: Toward a nomadic perspective of college student identity development. *International Journal of Qualitative Studies in Education*, 27(1), 110–134.

Coles, R. (1989). *The call of stories: Teaching and the moral imagination*. Boston, MA: Houghton Mifflin.

Collier, J., Jr., & Collier, M. (1986). *Visual anthropology: Photography as a research method* (Rev. ed.). Albuquerque: University of New Mexico Press.

Cressey, P. G. (2008). *The taxi-dance hall: A sociological study in commercialized recreation and city life*. Chicago, IL: University of Chicago Press. (Original work published 1932)

Creswell, J. (1998). *Qualitative inquiry and research design: Choosing among five traditions.* Thousand Oaks, CA: Sage.

Creswell, J. (2012). *Qualitative inquiry and research design: Choosing among five approaches* (3rd ed.). Thousand Oaks, CA: Sage.

Crisler, L. (1958). *Arctic wild.* New York, NY: Harper & Brothers.

Crotty, M. (1998). *The foundations of social research: Meaning and perspective in the research process.* London, UK: Sage.

Dalton, M. (1959). *Men who manage: Fusions of feeling and theory in administration.* New York, NY: Wiley.

Davies, B., & Gannon, S. (Eds.). (2006). *Doing collective biography: Investigating the production of subjectivity.* New York, NY: Open University Press.

Davies, K. (1996). Capturing women's lives: A discussion of time and methodological issues. *Women's Studies International Forum*, 19 (6), 579–588.

Davis, H. (2001). The management of self: Practical and emotional implications of ethnographic work in a public hospital setting. In K. Gilbert (Ed.), *The emotional nature of qualitative research* (pp. 37–61). New York, NY: CRC Press.

Davis, J. (1988). Teachers, kids, and conflict: Ethnography of a junior high school. In J. Spradley & D. McCurdy (Eds.), *The cultural experience: Ethnography in complex society* (pp. 103–121). Long Grove, IL: Waveland Press. (Original work published 1972)

Delamont, S. (1992). *Fieldwork in educational settings: Methods, pitfalls and perspectives.* Washington, DC: Palmer Press.

Delamont, S. (2002). Whose side are we on? Revisiting Becker's classic ethical questions at the fin de siècle. In T. Wetland & L. Pugsley (Eds.), *Ethical dilemmas in qualitative research* (pp. 149 – 163). Burlington, VT: Ashgate.

Denzin, N. (1989). *The research act* (Rev. ed.). Englewood Cliffs, NJ: Prentice Hall.

Denzin, N. (2008). Interpretive biography. In J. G. Knowles & A. L. Cole (Eds.), *Handbook of the arts in qualitative research* (pp. 117 – 125). Thousand Oaks, CA: Sage.

Denzin, N., & Giardina, M. (Eds.). (2009). *Qualitative inquiry and social justice*. Walnut Creek, CA: Left Coast Press.

Denzin, N., & Lincoln, Y. (Eds.). (2000). *Handbook of qualitative research* (2nd ed.). Thousand Oaks, CA: Sage.

Denzin, N., Lincoln, Y., & Smith, L. T. (Eds.). (2008). *Handbook of critical and indigenous methodologies*. Los Angeles, CA: Sage.

Diaz, J. (2004). *Marginalized narratives in the academy: One Chicano's story of his journey in higher education.* Unpublished doctoral dissertation, University of Vermont, Burlington.

Dicks, B., Mason, B., Coffey, A., & Atkinson, P. (2005). *Qualitative research and hypermedia: Ethnography for the digital age.* Thousand Oaks, CA: Sage.

Didion, J. (1988, January 19). Interview on *Fresh Air* program, National Public Radio.

Diener, E., & Crandall, R. (1978). *Ethics in social and behavioral research.* Chicago, IL: University of Chicago Press.

Dillard, A. (1982). *Living by fiction.* New York, NY: Harper & Row.

Donmoyer, R., & Yennie-Donmoyer, J. (1995). Data as drama: Reflections on the use of readers theater as a mode of qualitative data display. *Qualitative Inquiry*, 1 (4), 402 – 428.

Dunbar, C. (2008). Critical race theory and indigenous methodologies. In N. Denzin, Y. Lincoln, & L. T. Smith (Eds.), *Handbook of critical and indigenous methodologies* (pp. 85 - 100). Los Angeles, CA: Sage.

Dunbar, C., Rodriguez, D., & Parker, L. (2003). Race, subjectivity, and the interview process. In J. A. Holstein & J. F. Gubrium (Eds.), *Inside interviewing: New lenses, new concerns* (pp. 131 - 150). Thousand Oaks, CA: Sage.

Edwards, P. N. (2012). Presenting a paper. In J. Miller & O. Schmid (Eds.), *How to get published in anthropology* (pp. 24 - 37). Lanham, MD: AltaMira Press.

Eisenhart, M. (2006). Representing qualitative data. In J. Green, G. Camilli, & P. Elmore (Eds.), *Handbook of complementary methods in education research* (pp. 567 - 581). Washington, DC: American Educational Research Association.

Eisner, E. (1981). On the differences between scientific and artistic approaches to qualitative research. *Educational Researcher*, 10 (4), 5 - 9.

Eisner, E. (1997). The promise and perils of alternative forms of data representation. *Educational Researcher*, 26 (6), 4 - 10.

Eisner, E. (2008). Art and knowledge. In J. G. Knowles & A. L. Cole (Eds.), *Handbook of the arts in qualitative research* (pp. 3 - 12). Thousand Oaks, CA: Sage.

Ellis, C. (2004). *The ethnographic I: A methodological novel about autoethnography*. Walnut Creek, CA: AltaMira Press.

Ellis, C. (2009). *Revision: Autoethnographic reflections on life and work*. Walnut Creek, CA: Left Coast Press.

Ellis, C., Adams, T. E., & Bochner, A. (2011). Autoethnography:

An overview. *Forum*: *Qualitative Sozialjorschung/Forum*: *Qualitative Social Research*, 12, 1. Retrieved from: qualitative-research. net/index. php/fqs/article/view/1589.

Ellis, C., & Bochner, A. (Eds.). (1996). *Composing ethnography*: *Alternative forms of qualitative writing.* Walnut Creek, CA: AltaMira Press.

Ellis, C., & Bochner, A. (2000). Autoethnography, personal narrative, reflexivity: Research as subject. In N. Denzin & Y. Lincoln (Eds.), *Handbook of qualitative research* (2nd ed., pp. 733 – 768). Thousand Oaks, CA: Sage.

Elm, M. S. (2009). How do various notions of privacy influence decisions in qualitative Internet research? In A. Markham & N. Baym (Eds.), *Internet inquiry*: *Conversations about method* (pp. 69 – 87). Thousand Oaks, CA: Sage.

Emerson, R. M., Fretz, R. I., & Shaw, L. L. (1995). *Writing ethnographic fieldnotes.* Chicago, IL: University of Chicago Press.

Ensler, E. (2001). *The vagina monologues.* New York, NY: Villard.

Erickson, F. (1973). What makes school ethnography "ethnographic"? *Council on Anthropology and Education Newsletter*, 4 (2), 10 – 19.

Erickson, F. (1986). Qualitative methods in research on teaching. In M. C. Wittrock (Ed.), *Handbook of research on teaching* (3rd ed., pp. 119 – 161). New York, NY: Macmillan.

Esch, R. (1996). *Conversation between intimates, an evening of chamber music*: *Girls' friendship, self, and experience during the transition from childhood to adolescence.* Unpublished manuscript, University of Vermont, Burlington.

Esteva, G., & Prakash, M. S. (1998). *Grassroots post-modernism.* New York, NY: Zed Books.

Fariello, A. (Curator), with R. Belt, T. Belt, E. Conley, A. Denson, J. Eastman, H. Francis, C. Glesne, J. Marley, & Y. Wade. (2013 – 2014).

Understanding our past, shaping our future. Touring exhibit. Cherokee, NC: Eastern Band of Cherokee Indians and Institute of Museum and Library Services.

Faulkner, S. (2009). *Poetry as method: Reporting research through verse.* Walnut Creek, CA: Left Coast Press.

Feldman, M. S., Bell, J., & Berger, M. T. (2003). *Gaining access: A practical and theoretical guide for qualitative researchers.* Walnut Creek, CA: AltaMira Press.

Finch, J. (1984). It's great to have someone to talk to: The ethics and politics of interviewing women. In C. Bell & H. Roberts (Eds.), *Social researching: Politics, problems and practice* (pp. 70–88). London, UK: Routledge & Kegan Paul.

Fine, G., & Sandstrom, K. (1988). *Knowing children: Participant observation with minors.* Newbury Park, CA: Sage.

Flax, J. (1990). Postmodemism and gender relations in feminist theory. In L. J. Nicholson (Ed.), *Feminism/postmodernism* (pp. 39–62). New York, NY: Routledge.

Flinders, D. (1992). In search of ethical guidance: Constructing a basis for dialogue. *Qualitative Studies in Education*, 5(2), 101–115.

Foucault, M. (1979). *Discipline and punish: The birth of the prison* (A. Sheridan, Trans.). New York, NY: Vintage Books. (Original work published 1975)

Freilich, M. (1977). *Marginal natives at work: Anthropologists in the field.* New York, NY: Harper & Row.

Freire, P. (2000). *Pedagogy of the oppressed.* New York, NY: Continuum. (Original work published 1970)

Fulwiler, T. (1985). Writing is everybody's business. *National Forum*:

Phi Kappa Phi Journal, 65 (4), 21-24.

Furney, K. (1997). *Caring as the cornerstone of change: A cross-case analysis of three schools' experience in implementing general and special education reform*. Unpublished doctoral dissertation, University of Vermont, Burlington.

Galliher, J. F. (1982). The protection of human subjects: A reexamination of the professional code of ethics. In M. Bulmer (Ed.), *Social research ethics* (pp. 152-165). London, UK: Macmillan.

Gans, H. (1982). The participant-observer as a human being: Observations on the personal aspects of fieldwork. In R. Burgess (Ed.), *Field research: A sourcebook and field manual* (pp. 53-61). London, UK: George Allen & Unwin.

Geertz, C. (1973). *The interpretation of cultures*. New York, NY: Basic Books.

Geertz, C. (1988). *Work and lives: The anthropologist as author*. Stanford, CA: Stanford University Press.

Geertz, C. (1995). *After the fact: Two countries, four decades, one anthropologist*. Cambridge, MA: Harvard University Press.

Geertz, C. (2000). *Local knowledge: Further essays in interpretive anthropology* (3rd ed.). New York, NY: Basic Books. (Original work published 1983)

Gergen, M. M., & Gergen, K. J. (2012). *Playing with purpose: Adventures in performative social science*. Walnut Creek, CA: Left Coast Press.

Gibbs, G. (2007). *Analyzing qualitative data*. Thousand Oaks, CA: Sage.

Giddens, A. (1995). Epilogue: Notes on the future of anthropology. In A. Ahmed & C. Shore (Eds.), *The future of anthropology: Its relevance to the contemporary world* (pp. 272-277). London, UK: Athlone.

Gilligan, C. (1993). *In a different voice: Psychological theory and women's development.* Cambridge, MA: Harvard University Press. (Original work published 1982)

Glaser, B. (1978). *Theoretical sensitivity: Advances in the methodology of grounded theory.* Mill Valley, CA: Sociology Press.

Glaser, B., & Strauss, A. (1967). *The discovery of grounded theory: Strategies for qualitative research.* Chicago, IL: Aldine.

Glazer, M. (1982). The threat of the stranger: Vulnerability, reciprocity, and fieldwork. In J. Sieber (Ed.), *Ethics of social research: Fieldwork, regulation, and publication* (pp. 49–70). New York, NY: Springer Verlag.

Glesne, C. (1985). *Strugglin', but no slavin': Agriculture, education, and rural young Vincentians.* Unpublished doctoral dissertation, University of illinois, Urbana.

Glesne, C. (1997). That rare feeling: Re-presenting research through poetic transcription. *Qualitative Inquiry*, 3 (2), 202–221.

Glesne, C. (2003). The will to do: Youth regenerating community in Oaxaca, Mexico. *Educational Studies*, 34 (2), 198–212.

Glesne, C. (2012). *The campus art museum: A qualitative study.* Report written for the Samuel H. Kress Foundation at: kressfoundation. org/research/Default. aspx? id=35388.

Glesne, C. (2013). *The exemplary museum: Art and academia.* Cambridge, MA: MuseumsEtc.

Glesne, C., & Peshkin, A. (1992). *Becoming qualitative researchers.* New York, NY: Longman.

Goethals, M., & Fabing, S. (2007). *College and University Art Museum Program summary report.* Andrew W. Mellon Foundation. Retrieved from: mac.

mellon. org/CUAM/cuam_ report. pdf.

Gold, R. (1969). Roles in sociological field observations. In G. McCall & J. L. Simmons (Eds.), *Issues in participant observation: A text and reader* (pp. 30 – 39). Menlo Park, CA: AddisonWesley.

Goodall, H. L., Jr. (2008). *Writing qualitative inquiry: Self, stories, and academic life.* Walnut Creek, CA: Left Coast Press.

Grbich, C. (2013). *Qualitative data analysis: An introduction* (2nd ed.). Thousand Oaks, CA: Sage.

Green, J., Camilli, G., & Elmore, P. (Eds.). (2006). Introduction to the handbook: What's complementary about complementary methods? In *Handbook of complementary methods in education research* (pp. xv – xx). Washington, DC: American Educational Research Association.

Guba, E., & Lincoln, Y. (1989). *Fourth generation evaluation.* Thousand Oaks, CA: Sage.

Gubrium, A., & Harper, K. (2013). *Participatory visual and digital methods.* Walnut Creek, CA: Left Coast Press.

Gubrium, J. F., & Holstein, J. A. (2002a). From the individual interview to the interview society. In J. F. Gubrium & J. A. Holstein (Eds.), *Handbook of interview research: Context and method* (pp. 3 – 32). Thousand Oaks, CA: Sage.

Gubrium, J. F., & Holstein, J. A. (Eds.). (2002b). *Handbook of interview research: Context and method.* Thousand Oaks, CA: Sage.

Gubrium, J. F., & Holstein, J. A. (2009). *Analyzing narrative reality.* Thousand Oaks, CA: Sage.

Guest, G., MacQueen, K. M., & Namey, E. E. (2012). *Applied thematic analysis.* Thousand Oaks, CA: Sage.

Hammersley, M., & Atkinson, P. (1983). *Ethnography: Principles in practice*. New York, NY: Tavistock.

Hammersley, M., & Traianou, A. (2012). *Ethics in qualitative research: Controversies and contexts*. Thousand Oaks, CA: Sage.

Hamnett, M., & Porter, D. (1983). Problems and prospects in Western approaches to crossnational social science research. In D. Landis & R. Breslin (Eds.), *Handbook of intercultural training* (pp. 61–81). New York, NY: Pergamon Press.

Hansen, J. P. (1976). The anthropologist in the field: Scientist, friend, voyeur. In M. A. Rynkiewich & J. P. Spradley (Eds.), *Ethics and anthropology: Dilemmas in field work* (pp. 123–134). New York, NY: Wiley.

Harding, S. (1998). *Is science multicultural? Postcolonialisms, feminisms, and epistemologies*. Bloomington: Indiana University Press.

Harker, R. (1993). *Searching for trees in the postmodern forest: Tales of an educational dog*. Paper presented at the NZARE Annual Conference, University of Waikato, New Zealand.

Hatch, J. A. (2002). *Doing qualitative research in education settings*. Albany: State University of New York Press.

Hay, I. (Ed.). (2005). *Qualitative research methods in human geography* (2nd ed.). New York, NY: Oxford University Press.

Henry, J. (1992). The paradox of friendship in the field: Analysis of a long-term Anglo-Japanese relationship. In J. Okely & H. Callaway (Eds.), *Anthropology and autobiography* (pp. 163–174). London, UK: Routledge.

Hersey, J. (1988, July 18). Agee. *New Yorker*, pp. 72–82.

Hesse-Biber, S. N. (Ed.). (2007). *Handbook of feminist research: Theory and praxis*. Thousand Oaks, CA: Sage.

Higgs, C., & McAllister, L. (2001). Being a methodological space cadet. In H. Byrne-Armstrong, J. Higgs, & D. Horsfall (Eds.), *Critical moments in qualitative research* (pp. 30 – 43). Boston, MA: Butterworth-Heinemann.

Higgs, J. (2001). Charting standpoints in qualitative research. In H. Byrne-Armstrong, J. Higgs, & D. Horsfall (Eds.), *Critical moments in qualitative research* (pp. 44 – 67). Boston, MA: Butterworth-Heinemann.

Holliday, A. (2002). *Doing and writing qualitative research*. Thousand Oaks, CA: Sage.

Hallway, W., & Jefferson, T. (2000). *Doing qualitative research differently: Free association, narrative and the interview method*. Thousand Oaks, CA: Sage.

Holstein, J. A., & Gubrium, J. F. (Eds.). (2003). *Inside interviewing: New lenses, newconcerns*. Thousand Oaks, CA: Sage.

Homan, R., & Bulmer, M. (1982). On the merits of covert methods: A dialogue. In M. Bulmer (Ed.), *Social research ethics* (pp. 105 – 124). London, UK: Macmillan.

Horowitz, R. (1986). Remaining an outsider: Membership as a threat to the research report. *Urban Life*, 14, 409 – 430.

Howitt, R., & Stevens, S. (2005). Cross-cultural research: Ethics, methods, and relationships. In I. Hay (Ed.), *Qualitative research methods in human geography* (2nd ed., pp. 30 – 50). New York, NY: Oxford University Press.

Humphreys, L. (1970). *Tearoom trade: Impersonal sex in public places*. Chicago, IL: Aldine.

Hymes, D. H. (1982). What is ethnography? In P. Gilmore &

A. Glatthorn (Eds.), *Children in and out of school* (pp. 21-32). Washington, DC: Center for Applied Linguistics.

Ives, E. D. (1995). *The tape-recorded interview: A manual for field workers in folklore and oral history* (2nd ed.). Knoxville: University of Tennessee Press.

Jacobs, S. E. (1987). Cases and solutions. In J. Cassell & S. E. Jacobs (Eds.), *Handbook on ethical issues in anthropology* (pp. 20-36). Washington, DC: American Anthropological Association.

Jeske, J. (1984). *Demystifying the dissertation.* Los Angeles: University of California (ERIC document Reproduction Service no. ED 268 529; CS 209 648).

Johnson, C. (1982). Risks in the publication of fieldwork. In J. Sieber (Ed.), *Ethics of social research: Fieldwork, regulation, and publication* (pp. 71-92). New York, NY: Springer Verlag.

Kay, P. (1997). *Whose child is this? Reader's theater exploring the sociocultural tensions experienced by a parent and a teacher around a child's emotional and behavioral issues.* Paper presented at the American Educational Research Association meetings, Chicago, IL.

Kemmis, S., & McTaggart, R. (Eds.). (1988). *The action planner* (3rd ed.). Waurn Ponds, Australia: Deakin University Press.

Kinchelow, J., & McLaren, P. (2000). Rethinking critical theory and qualitative research. In N. Denzin & Y. Lincoln (Eds.), *Handbook of qualitative research* (2nd ed., pp. 279-313). Thousand Oaks, CA: Sage.

Kindon, S. (2005). Participatory action research. In I. Hay (Ed.), *Qualitative research methods in human geography* (2nd ed., pp. 207-220). New York, NY: Oxford University Press.

King, S. (2000). *On writing: A memoir of the craft.* New York, NY:

Pocket Books.

Kleinman, S., & Copp, M. (1993). *Emotions and fieldwork.* Newbury Park, CA: Sage.

Knowles, J. G., & Cole, A. L. (Eds.). (2008). *Handbook of the arts in qualitative research.* Thousand Oaks, CA: Sage.

Kong, T. S., Mahoney, D., & Plummer, K. (2003). Queering the interview. In J. A. Holstein & J. F. Gubrium (Eds.), *Inside interviewing: New lenses, new concerns* (pp. 91 - 110). Thousand Oaks, CA: Sage.

Kopytoff, I. (1986). The cultural biography of things: Commoditization as process. In A. Appadurai (Ed.), *The social life of things: Commodities in cultural perspective* (pp. 64 - 94). Cambridge, UK: Cambridge University Press.

Kuhn, T. (1962). *The structure of scientific revolutions.* Chicago, IL: University of Chicago Press.

Kvale, S. (1996). *Interviews: An introduction to qualitative research interviewing.* Thousand Oaks, CA: Sage.

La Farge, O. (1929). *Laughing boy.* New York, NY: Literary Guild of America.

Lamott, A. (1995). *Bird by bird: Some instructions on writing and life.* New York, NY: Anchor Books.

Lather, P. (1996). Troubling clarity: The politics of accessible language. *Harvard Educational Review*, 66 (3), 525 - 545.

Lather, P. (2007). *Getting lost: Feminist efforts toward a double(d) science.* Albany: State University of New York Press.

Lather, P., & Smithies, C. (1997). *Troubling the angels: Women living with HIV/AIDS.* Boulder, CO: Westview Press.

Lawrence-Lightfoot, S. (1997a): Illumination: Framing the terrain. In

S. Lawrence-Lightfoot & J. H. Davis, *The art and science of portraiture* (pp. 41 - 59). San Francisco, CA: Jossey-Bass.

Lawrence-Lightfoot, S. (1997b). Illumination: Navigating intimacy. In S. Lawrence Lightfoot & J. H. Davis, *The art and science of portraiture* (pp. 135 - 159). San Francisco, CA: Jossey-Bass.

Lawrence-Lightfoot, S. (1997c). A view of the whole. In S. Lawrence-Lightfoot & J. H. Davis, *The art and science of portraiture* (pp. 3 - 16). San Francisco, CA: Jossey-Bass.

Lawrence-Lightfoot, S., & Davis, J. H. (1997). *The art and science of portraiture*. San Francisco, CA: Jossey-Bass.

Leavy, P. (2009). *Method meets art: Arts-based research practice*. New York, NY: Guilford Press.

Leggo, C. (2008). Astonishing silence: Knowing in poetry. In J. G. Knowles & A. L. Cole (Eds.), *Handbook of the arts in qualitative research* (pp. 165 - 174). Thousand Oaks, CA: Sage.

Lewis, O. (1963). *The children of Sanchez: Autobiography of a Mexican family.* New York, NY: Vintage Books.

Lichtman, M. (Ed.). (2011). *Understanding and evaluating qualitative educational research*. Thousand Oaks, CA: Sage.

Liebow, E. (1967). *Tally's Corner: A study of Negro streetcorner men*. Boston, MA: Little, Brown.

Lincoln, Y. (1990). Toward a categorical imperative for qualitative research. In E. Eisner & A. Peshkin (Eds.), *Qualitative inquiry in education: The continuing debate* (pp. 277 - 295). New York, NY: Teachers College Press.

Lincoln, Y., & Denzin, N. (2000). The seventh moment: Out of the past. In N. Denzin & Y. Lincoln (Eds.), *Handbook of qualitative research* (2nd ed., pp. 1047 – 1065). Thousand Oaks, CA: Sage.

Lincoln, Y., & Denzin, N. (2008). Epilogue: The eighth and ninth moments—Qualitative research in/and the fractured future. In N. Denzin & Y. Lincoln (Eds.), *The landscape of qualitative research* (3rd ed., pp. 539 – 554). Thousand Oaks, CA: Sage.

Lincoln, Y., & Guba, E. (1985). *Naturalistic inquiry.* Beverly Hills, CA: Sage.

Lincoln, Y., & Guba, E. (2000). Paradigmatic controversies, contradictions, and emerging confluences. In N. Denzin & Y. Lincoln (Eds.), *Handbook of qualitative research* (2nd ed., pp. 163 – 188). Thousand Oaks, CA: Sage.

Linden, R. (1993). *Making stories, making selves: Feminist reflections on the Holocaust.* Columbus: Ohio State University Press.

Lipson, J. (1994). Ethical issues in ethnography. In J. Morse (Ed.), *Critical issues in qualitative research methods* (pp. 333 – 354). Thousand Oaks, CA: Sage.

Lofland, J., & Lofland, L. (1995). *Analyzing social settings: A guide to qualitative observation and analysis* (3rd ed.). Belmont, CA: Wadsworth.

Loving, C. (1997). From the summit of truth to its slippery slopes. *American Education Research Journal*, 34 (3), 421 – 452.

Lyotard, J. G. (1984). *The postmodern condition: A report on knowledge* (G. Bennington & B. Massumi, Trans.). Minneapolis: University of Minnesota Press. (Original work published 1979)

Madison, D. S. (2005). *Critical ethnography: Method, ethics, and performance.* Thousand Oaks, CA: Sage.

Madison, D. S. (2012). *Critical ethnography: Method, ethics, and performance* (2nd ed.). Thousand Oaks, CA: Sage.

Maguire, P. (1996). Considering more feminist participatory research: What's congruency got to do with it? *Qualitative Inquiry*, 2(1), 106–118.

Malinowski, B. (1922). *Argonauts of the western Pacific: An account of native enterprise and adventure in the archipelagoes of Melanesian New Guinea*. New York, NY: Dutton.

Malinowski, B. (1967). *A diary in the strict sense of the term*. New York, NY: Harcourt, Brace & World.

Mann, C., & Stewart, F. (2000). *Internet communication and qualitative research*. Thousand Oaks, CA: Sage.

Marcus, G., & Fischer, M. (1999). *Anthropology as cultural critique: An experimental moment in the human sciences* (2nd ed.). Chicago, IL: University of Chicago Press.

Markham, B. (1983). *West with the night*. San Francisco, CA: North Point Press. (Original work published 1942)

Marshall, C., & Rossman, G. (2011). *Designing qualitative research* (5th ed.). Thousand Oaks, CA: Sage.

Martin, P., & Glesne, C. (2002). From the global village to the pluriverse? "Other" ethics for cross-cultural qualitative research. *Ethics, Place and Environment*, 5(3), 205–221.

Maxwell, J. (2013). *Qualitative research design: An interactive approach* (3rd ed.). Walnut Creek, CA: Sage.

McCall, L. (2005). The complexity of intersectionality. *Signs*, 30(3), 771–880.

McCall, M. (2000). Performance ethnography: A brief history and some advice. In N. Denzin & Y. Lincoln (Eds.), *Handbook of qualitative research* (2nd ed., pp. 421–433). Thousand Oaks, CA: Sage.

McDermott, R. (1987). Achieving school failure: An anthropological approach to illiteracy and social stratification. In G. Spindler (Ed.), *Education and cultural process: Anthropological approaches* (2nd ed., pp. 173 – 209). Prospect Heights, IL: Waveland Press.

Mears, C. L. (2009). *Interviewing for education and social science research: The gateway approach.* New York, NY: Palgrave Macmillan.

Measor, L. (1985). Interviewing: A strategy in qualitative research. In R. Burgess (Ed.), *Strategies of educational research: Qualitative methods* (pp. 55 – 77). Philadelphia, PA: Palmer Press.

Meho, L. (2006). E-mail interviewing in qualitative research: A methodological discussion. *Journal of the American Society for Information Science and Technology*, 57 (10), 1284 – 1295.

Merriam-Webster's Collegiate Dictionary (11th ed.). (2012). Springfield, MA: Merriam-Webster.

Michaels, A. (1996). *Fugitive pieces.* New York, NY: Vintage Books.

Mienczakowski, J. (1995). The theater of ethnography: The reconstruction of ethnography into theater with emancipatory potential. *Qualitative Inquiry*, 1 (3), 360 – 375.

Miles, M., & Huberman, A. M. (1994). *Qualitative data analysis: An expanded sourcebook* (2nd ed.). Thousand Oaks, CA: Sage.

Miller, J. E., & Schmid, O. (Eds.). 2012. *How to get published in anthropology: A guide for students and young professionals.* Lanham, MD: AltaMira Press.

Miller, S. M. (1952). The participant observer and "overrapport". *American Sociological Review*, 17, 97 – 99.

Mills, M., & Bettis, P. (2006). Organizational identity and identification during a departmental reorganization. In J. Vincent Anfara & N. Mertz (Eds.), *Theoretical frameworks in qualitative research* (pp. 73 – 84). Thousand Oaks, CA: Sage.

Mitchell, C. (2011). *Doing visual research.* Thousand Oaks, CA: Sage.

Mitchell, C., & Allnutt, S. (2008). Photographs and/as social documentary. In J. G. Knowles & A. L. Cole (Eds.), *Handbook of the arts in qualitative research* (pp. 251 – 263). Thousand Oaks, CA: Sage.

Moorehead, A. (1959). *No room in the ark.* New York, NY: Harper & Brothers.

Morgan, D. (1997). *Focus groups as qualitative research* (2nd ed.). Newbury Park, CA: Sage.

Morgan, S., Mienczakowski, J., & Smith, L. (2001). Extreme dilemmas in performance ethnography: Unleashed emotionality of performance in critical areas of suicide, abuse, and madness. In K. Gilbert (Ed.), *The emotional nature of qualitative research* (pp. 163 – 178). New York, NY: CRC Press.

Morse, J. (1994). Designing funded qualitative research. In N. Denzin & Y. Lincoln (Eds.), *Handbook of qualitative research* (pp. 220 – 235). Thousand Oaks, CA: Sage.

Munoz, V. (1995). *Where something catches: Work, love, and identity in youth.* Albany: State University of New York Press.

Murray, D. (1986). One writer's secrets. College Composition and Communication, 37, 146 – 153.

Myerhoff, B. (1979). *Number our days: Culture and community among elderly Jews in an American ghetto.* New York, NY: Meridian.

Myrdal, J. (1965). *Report from a Chinese village.* New York, NY: Pantheon Books.

Nagel, P. (1988). The Adams women. In W. Zinsser (Ed.), *Extraordinary lives: The art and craft of American biography* (pp. 91 – 120). Boston, MA: Houghton Mifflin.

Oates, S. B. (2014). *Women in the mirror: Seeing ourselves anew.* Unpublished doctoral dissertation proposal, Appalachian State University, Boone, NC.

Oboler, R. (1986). For better or worse: Anthropologists and husbands in the field. In T. Whitehead & M. Conaway (Eds.), *Self, sex, and gender in cross-cultural fieldwork* (pp. 28 – 51). Chicago: University of Illinois Press.

O'Reilly, K. (2005). *Ethnographic methods.* New York, NY: Routledge.

Ottenberg, S. (1990). Thirty years of fieldnotes: Changing relationships to the text. In R. Sanjek (Ed.), *Fieldnotes: The makings of anthropology* (pp. 139 – 160). Ithaca, NY: Cornell University Press.

Pachter, M. (Ed.). (1981). *Telling lives: The biographer's art.* Philadelphia: University of Pennsylvania Press.

Panikkar, R. (1979). *Myth, faith and hermeneutics: Cross-cultural studies.* New York, NY: Paulist Press.

Panikkar, R. (1995). *Invisible harmony: Essays on contemplation and responsibility.* Minneapolis, MN: Fortress Press.

Patton, M. (2002). *Qualitative research and evaluation methods* (3rd ed.). Thousand Oaks, CA: Sage.

Pelto, P. J. (2013). *Applied ethnography: Guidelines for field research.* Walnut Creek, CA: Left Coast Press.

Pelto, P. J., & Pelto, G. H. (1978). *Anthropological research: The structure of inquiry* (2nd ed.). Cambridge, UK: Cambridge University Press.

Peshkin, A. (1978). *Growing up American: Schooling and the survival of community*. Chicago, IL: University of Chicago Press.

Peshkin, A. (1982a). *The imperfect union: School consolidation and community conflict*. Chicago, IL: University of Chicago Press.

Peshkin, A. (1982b). The researcher and subjectivity: Reflections on ethnography of school and community. In G. Spindler (Ed.), *Doing the ethnography of schooling* (pp. 20 – 47). New York, NY: Holt, Rinehart & Winston.

Peshkin, A. (1985). From title to title: The evolution of perspective in naturalistic inquiry. *Anthropology and Education Quarterly*, 16, 214 – 224.

Peshkin, A. (1986). *God's choice: The total world of a fundamentalist Christian school*. Chicago, IL: University of Chicago Press.

Peshkin, A. (1988a). In search of subjectivity—One's own. *Educational Researcher*, 17 (7), 17 – 22.

Peshkin, A. (1988b). Virtuous subjectivity: In the participant-observer's I's. In D. Berg & K. Smith (Eds.), *The self in social inquiry* (pp. 267 – 282). Newbury Park, CA: Sage.

Peshkin, A. (1991). *The color of strangers, the color of friends: The play of ethnicity in school and community*. Chicago, IL: University of Chicago Press.

Piirto, J. (2002). The question of quality and qualifications: Writing inferior poems as qualitative research. *Qualitative Studies in Education*, 15 (4), 431 – 445.

Pillow, W. (2003). Confession, catharsis, or cure? Rethinking the uses of reflexivity as methodological power in qualitative research. *International Journal of Qualitative Studies in Education*, 16 (2), 175 – 196.

Pink, S. (2007). Visual methods. In C. Seale, G. Gobo, J. Gubrium, & D. Silverman (Eds.), *Qualitative research practice* (pp. 361 – 376). Thousand Oaks, CA: Sage.

Pipher, M. (2007). *Writing to change the world.* New York, NY: Penguin Group.

Plante, D. (1986, November 3). *Profiles: Sir Steven Runciman.* New Yorker, pp. 53–80.

Plath, D. W. (1990). Fieldnotes, filed notes, and the conferring of note. In R. Sanjek (Ed.), *Fieldnotes: The Makings of Anthropology* (pp. 371–384). Ithaca, NY: Cornell University Press.

Plummer, K. (1983). *Documents of life.* Boston, MA: Allen & Unwin.

Potter, W. J. (1996). *An analysis of thinking and research about qualitative methods.* Mahwah, NJ: Lawrence Erlbaum.

Prasad, P. (2005). *Crafting qualitative research: Working in the postpositivist traditions.* Armonk, NY: M. E. Sharpe.

Prosser, J., & Burke, C. (2008). Image-based educational research. In J. G. Knowles & A. L. Cole (Eds.), *Handbook of the arts in qualitative research* (pp. 407–419). Thousand Oaks, CA: Sage.

Pugach, M. (1998). *On the border of opportunity: Education, community and language at the U.S.-Mexico line.* Mahwah, NJ: Lawrence Erlbaum.

Punch, M. (1986). *The politics and ethics of fieldwork.* Beverly Hills, CA: Sage.

Purvis, J. (1985). Reflections upon doing historical documentary research from a feminist perspective. In R. Burgess (Ed.), *Strategies of educational research: Qualitative methods* (pp. 179–205). Philadelphia, PA: Palmer Press.

Rajchman, J. (1988, Spring). *Foucault's art of seeing.* October, 44, 89–117.

Rapley, T. (2007). Interviews. In C. Seale, G. Gobo, J. Gubrium, & D. Silverman (Eds.), *Qualitative research practice* (pp. 15–33). Thousand Oaks, CA: Sage.

Reed-Danahay, D. (Ed.). (1997). *Auto/ethnography: Rewriting the self and the social.* New York, NY: Berg.

Reinharz, S., & Chase, S. E. (2003). Interviewing women. In J. A. Holstein & J. F. Gubrium (Eds.), *Inside interviewing: New lenses, new concerns* (pp. 73 – 90). Thousand Oaks, CA: Sage.

Richardson, L. (1990). *Writing strategies: Reaching diverse audiences.* Newbury Park, CA: Sage.

Richardson, L. (1994a). Nine poems. *Journal of Contemporary Ethnography*, 23 (1), 3 – 13.

Richardson, L. (1994b). Writing: A method of inquiry. In N. Denzin & Y. Lincoln (Eds.), *Handbook of qualitative research* (pp. 516 – 529). Thousand Oaks, CA: Sage.

Richardson, L. (2000). Writing: A method of inquiry. In N. Denzin & Y. Lincoln (Eds.), *Handbook of qualitative research* (2nd ed., pp. 923 – 946). Thousand Oaks, CA: Sage.

Richardson, L. (2002). Poetic representation of interviews. In J. F. Gubrium & J. A. Holstein (Eds.), *Handbook of interview research: Context and method* (pp. 887 – 891). Thousand Oaks, CA: Sage.

Robson, K., & Robson, M. (2002). Your place or mine? Ethics, the researcher and the Internet. In T. Welland & L. Pugsley (Eds.), *Ethical dilemmas in qualitative research* (pp. 94 – 107). Burlington, VT: Ashgate.

Roorbach, B. (1998). *Writing life stories.* Cincinnati, OH: Story Press.

Rosengarten, T. (1985). Stepping over cockleburs: Conversations with Ned Cobb. In M. Pachter (Ed.), *Telling lives: The biographer's art* (pp. 105 – 131). Philadelphia: University of Pennsylvania Press.

Rossman, G., & Rallis, S. (2012). Learning in the field: An introduction to qualitative research (3rd ed.). Thousand Oaks, CA: Sage.

Rubin, H., & Rubin, I. (1995). *Qualitative interviewing: The art of hearing data*. Thousand Oaks, CA: Sage.

Rubin, H., & Rubin, I. (2005). *Qualitative interviewing: The art of hearing data* (2nd ed.). Thousand Oaks, CA: Sage.

Runte, R. (2008). Blogs. In J. G. Knowles & A. L. Cole (Eds.), *Handbook of the arts in qualitative research* (pp. 313-322). Thousand Oaks, CA: Sage.

Ryan, G. W., & Bernard, H. R. (2000). Data management and analysis methods. In N. Denzin & Y. Lincoln (Eds.), *Handbook of qualitative research* (2nd ed., pp. 769-802). Thousand Oaks, CA: Sage.

Ryen, A. (2007). Ethical issues. In C. Seale, G. Gobo, J. Gubrium, & D. Silverman (Eds.), *Qualitative research practice* (pp. 218-235). Thousand Oaks, CA: Sage.

Said, E. (1978). *Orientalism*. New York, NY: Vintage Books.

Saldaña, J. (Ed.). (2005). *Ethnodrama: An anthology of reality theatre*. Walnut Creek, CA: AltaMira Press.

Saldaña, J. (2009). *The coding manual for qualitative researchers*. Thousand Oaks, CA: Sage.

Saldaña, J. (2011). *Ethnotheatre: Research from page to stage*. Walnut Creek, CA: Left Coast Press.

Sanjek, R. (Ed.). (1990). *Fieldnotes: The makings of anthropology*. Ithaca, NY: Cornell University Press.

Savyasaachi. (1998). Unlearning fieldwork: The flight of an arctic tern. In M. Thapar (Ed.), *Anthropological journeys: Reflections on fieldwork* (pp. 83-112). New Delhi, India: Orient Longman.

Schaap, F. (2002). *The words that took us there: Ethnography in a virtual reality.* Amsterdam, The Netherlands: Aksant Academic.

Schaeffer, J. (1975). *The Significance of Marihuana in a Small Agricultural Community in Jamaica.* Berlin: De Gruyter Mouton.

Scheper-Hughes, N. (1992). *Death without weeping: The violence of everyday life in Brazil.* Berkeley: University of California Press.

Scheper-Hughes, N. (2001). *Saints, scholars, and schizophrenics: Mental illness in rural Ireland.* Berkeley: University of California Press.

Schram, T. (2006). *Conceptualizing and proposing qualitative research* (2nd ed.). Upper Saddle River, NJ: Pearson Education.

Schwandt, T. (1997). *Qualitative inquiry: A dictionary of terms.* Thousand Oaks, CA: Sage.

Schwandt, T. (2007). *The SAGE dictionary of qualitative inquiry* (3rd ed.). Thousand Oaks, CA: Sage.

Scott, D. (1996). Methods and data in educational research. In D. Scott & R. Usher (Eds.), *Understanding educational research* (pp. 52 – 73). New York, NY: Routledge.

Seale, C. (2002). Computer-assisted analysis of qualitative interview data. In J. F. Gubrium & J. A. Holstein (Eds.), *Handbook of interview research: Context and method* (pp. 651 – 670). Thousand Oaks, CA: Sage.

Shaffir, W. G., Stebbins, R. A., & Turowetz, A. (1980). *Fieldwork experience.* New York, NY: St. Martin's Press.

Shaw, C. (1966). *The jack roller: A delinquent boy's own story.* Chicago, IL: University of Chicago Press. (Original work published 1930)

Shostak, M. (1981). *Nisa: The life and words of a !Kung woman.* New York, NY: Vintage Books.

Shweder, R. (1986, September 21). Storytelling among the anthropologists. *New York Times Book Review*, pp. 1, 38.

Sindell, P. (1987). Some discontinuities in the enculturation of Mistassini Cree children. In G. Spindler (Ed.), *Educationand cultural process* (2nd ed., pp. 378-386). Prospect Heights, IL: Waveland Press.

Smith, A. D. (1993). *Fires in the mirror: Crown Heights, Brooklyn, and other identities*. Garden City, NY: Anchor.

Smith, L. T. (1999). *Decolonizing methodologies: Research and indigenous peoples*. New York, NY: Zed Books.

Smith, J. A., Flowers, P., & Larkin, M. (2009). *Interpretative phenomenological analysis: Theory, method and research*. Thousand Oaks, CA: Sage.

Smith, M. (1954). *Baba of Karo*. London, UK: Faber.

Smith, P. (1999). Food Truck's party hat. *Qualitative Inquiry*, 5, 244-261.

Smith, P. (2000). "*I know how to do it*": *Stories of choice, control, and power in the lives of people with developmental disabilities*. Unpublished doctoral dissertation, University of Vermont, Burlington.

Sociological Association of Aotearoa (New Zealand). (2012, updated). *Code of ethics*. Retrieved July 24, 2013, from: sites.google.com/site/nzsociology/Resources.

Sokolowski, R. (2000). *Introduction to phenomenology*. New York, NY: Cambridge University Press.

Spradley, J. (1979). *The ethnographic interview*. New York, NY: Holt, Rinehart & Winston.

St. Pierre, E. (2000). Poststructural feminism in education: An overview. *International Journal of Qualitative Studies in Education*, 13 (5), 477-515.

Stake, R. (1995). *The art of case study research.* Thousand Oaks, CA: Sage.

Stake, R. (2000). Case studies. In N. Denzin & Y. Lincoln (Eds.), *Handbook of qualitative research* (2nd ed., pp. 435–454). Thousand Oaks, CA: Sage.

Stewart, J. (1989). *Drinkers, drummers, and decent folk: Ethnographic narratives of village Trinidad.* Albany: State University of New York Press.

Stoller, P. (1989). *The taste of ethnographic things: The senses in anthropology.* Philadelphia: University of Pennsylvania Press.

Strauss, A., & Corbin, J. (1998). *Basics of qualitative research: Techniques and procedures for developing grounded theory* (2nd ed.). Thousand Oaks, CA: Sage.

Strike, K. (2006). The ethics of educational research. In J. Green, G. Camilli, & P. Elmore (Eds.), *Handbook of complementary methods in education research* (pp. 57–73). Washington, DC: American Educational Research Association.

Stringer, E. (2013). *Action research* (4th ed.). Thousand Oaks, CA: Sage.

Strouse, J. (1988). The real reasons. In W. Zinsser (Ed.), *Extraordinary lives: The art and craft of American biography* (pp. 163–195). Boston, MA: Houghton Mifflin.

Strunk, W., & White, E. B. (1979). *The elements of style* (3rd ed.). New York, NY: Macmillan.

Stuhlmiller, C. (2001). Narrative methods in qualitative research: Potential for therapeutic transformation. In K. Gilbert (Ed.), *The emotional nature of qualitative research* (pp. 63–80). New York, NY: CRC Press.

Sullivan, G. (2008). Painting as research: Create and critique. In J. G. Knowles & A. L. Cole (Eds.), *Handbook of the arts in qualitative research* (pp. 239–250). Thousand Oaks, CA: Sage.

Sullivan, M. A., Queen, S. A., & Patrick, R. C. (1958). Participant observation as employed in the study of a military training program. *American Sociological Review*, 23, 610–667.

Sultana, F. (2007). Reflexivity, positionality and participatory ethics: Negotiating fieldwork dilemmas in international research [electronic version]. *ACME: An International E-Journal for Critical Geographies*, 6, 374–385.

Sunstein, B. S., & Chiseri-Strater, E. (2002). *Field working: Reading and writing research* (2nd ed.). New York, NY: Bedford/St. Martin's.

Sze, M., & Wang, K. (1963). *The Tao of painting.* New York, NY: Pantheon Books. (Original work published 1701)

Tafoya, T. (1989, August). Coyote's eyes: Native cognition styles. *Journal of American Indian Studies*, Special Issue.

Tedlock, B. (2000). Ethnography and ethnographic representation. In N. Denzin & Y. Lincoln (Eds.), *Handbook of qualitative research* (2nd ed., pp. 455–486). Thousand Oaks, CA: Sage.

Teran, G. (2002). *Conversations with Mexican nomadic storyteller Gustavo Esteva: Learning from lives on the margins.* Unpublished doctoral dissertation, University of Vermont, Burlington.

Tesch, R. (1990). *Qualitative research: Analysis types and software tools.* New York, NY: Palmer Press.

Thomas, J. (1993). *Doing critical ethnography.* Newbury Park, CA: Sage.

Tierney, W. (2000). Undaunted courage: Life history and the postmodern challenge. In N. Denzin & Y. Lincoln (Eds.), *Handbook of qualitative research*

(2nd ed., pp. 537-553). Thousand Oaks, CA: Sage.

Tillmann-Healy, L. M., & Kiesinger, C. E. (2001). Mirrors: Seeing each other and ourselves through fieldwork. In K. Gilbert (Ed.), *The emotional nature of qualitative research* (pp. 81-108). New York, NY: CRC Press.

Trainor, J. K. (2012). Creating and presenting an academic poster. In J. Miller & O. Schmid (Eds.), *How to get published in anthropology* (pp. 12-23). Lanham, MD: AltaMira Press.

Treat, J. (2012). Mexico: Blood for silver, blood for gold. *Upside down world.* Retrieved October 31, 2013, from: upsidedownworld.org/main/mexico-archives-79 /3545-mexicob lood -for-silver-blood-for-gold.

Treat, J. (2013, March 31). Bullets fired toward protestors on the anniversary of slain activist. *Americas Program.* Retrieved February 22, 2014 from: cipamericas.org/archives/9300.

Truss, L. (2003). *Eats, shoots & leaves.* New York, NY: Gotham Books.

Tsing, A. L. (1993). *In the realm of the Diamond Queen: Marginality in an out-of-way place.* Princeton, NJ: Princeton University Press.

Tsing, A. L. (1997). Transitions as translations. In J. W. Scott, C. Kaplan, & D. Keates (Eds.), *Transitions, environments, translations: Feminisms in international politics* (pp. 253-272). New York, NY: Routledge.

Turner, J. (1985). In defense of positivism. *Sociological Theory*, 3, 24-31.

Usher, R. (1996). A critique of the neglected epistemological assumptions of educational research. In D. Scott & R. Usher (Eds.), *Understanding educational research* (pp. 9-32). New York, NY: Routledge.

Van den Hoonaard, W. C., & Van den Hoonaard, D. K. (2013). *Essentials of thinking ethically in qualitative research.* Walnut Creek, CA: Left Coast

Press.

Van Maanen, J. (1983). The moral fix: On the ethics of fieldwork. In R. Emerson (Ed.), *Contemporary field research* (pp. 269–287). Boston, MA: Little, Brown.

Van Maanen, J. (1988). *Tales of the field: On writing ethnography.* Chicago, IL: University of Chicago Press.

Vashon, R. (1995). Guswenta or the intercultural imperative. *International Journal of Intercultural and Transdisciplinary Research*, 28, 1–73.

Véa, A. (1993). *La Maravilla.* New York, NY: Plume.

Vidich, A., & Bensman, J. (1968). *Small town in mass society* (Rev. ed.). Princeton, NJ: Princeton University Press.

Vidich, A., & Lyman, S. (2000). Qualitative methods: Their history in sociology and anthropology. In N. Denzin & Y. Lincoln (Eds.), *Handbook of qualitative research* (2nd ed., pp. 37–84). Thousand Oaks, CA: Sage.

Waite, D. (2011). A simple card trick: Teaching qualitative data analysis using a deck of playing cards. *Qualitative Inquiry*, 17 (10), 982–985.

Wang, J. (1995). *Comparisons of research methods in China and United States from personal experience.* Unpublished manuscript. University of Vermont, Burlington.

Wax, M. (1982). Research reciprocity rather than informed consent in fieldwork. In J. Sieber (Ed.), *Ethics of social research: Fieldwork, regulation, and publication* (pp. 33–48). New York, NY: Springer Verlag.

Wax, R. (1971). *Doing fieldwork: Warnings and advice.* Chicago, IL: University of Chicago Press.

Weber, S. (2008). Visual images in research. In J. G. Knowles & A. L. Cole (Eds.), *Handbook of the arts in qualitative research* (pp. 41–53). Thousand

Oaks, CA: Sage.

Weis, L., & Fine, M. (2004). *Working method: Research and social justice.* New York, NY: Routledge.

Welch, D. D. (1994). Conflicting agendas: Personal morality in institutional settings. Cleveland, OH: Pilgrim Press.

West, J. (1945). *Plainville, U. S. A.* New York, NY: Columbia University Press.

Wieder, A. (2004). Testimony as oral history: Lessons from South Africa. *Educational Researcher*, 33 (6), 23 – 28.

Wiles, R., Prosser, J., Bagnoli, A., Clark, A., Davies, K., Holland, S., & Renold, E. (2008). *Visual ethics: Ethical issues in visual* research. ESRC National Centre for Research Methods Review Paper. Manchester, England: Economic and Social Research Council, National Centre for Research Methods. Downloaded July 31, 2013, from: eprints. ncrm. ac. uk/421/1/Methods ReviewPaperNCRM%2D011. pdf.

Wilkins, L. T. (1979). Human subjects—Whose subject? In C. B. Klockars & F. W. O'Connor (Eds.), *Deviance and decency* (pp. 99 – 123). Beverly Hills, CA: Sage.

Willis, J. (2007). *Foundations of qualitative research.* Thousand Oaks, CA: Sage.

Willis, P. (1977). *Learning to labor: How working class kids get working class jobs.* New York, NY: Columbia University Press.

Wilson, S. (1989, May). Alaskan journal. *Vermont Quarterly*, pp. 13 – 18.

Winchester, H. (2005). Qualitative research and its place in human geography. In I. Hay (Ed.), *Qualitative research methods in human geography* (2nd ed., pp. 3 – 18). New York, NY: Oxford University Press.

Wincup, E. (2001). Feminist research with women awaiting trial: The effects on participants in the qualitative research process. In K. Gilbert (Ed.), *The emotional nature of qualitative research* (pp. 17 – 35). New York, NY: CRC Press.

Wolcott, H. (1973). *The man in the principal's office: An ethnography.* New York, NY: Holt, Rinehart & Winston.

Wolcott, H. (1981). Confessions of a trained observer. In T. S. Popkewitz & B. R. Tabachnick (Eds.), *The study of schooling* (pp. 247 – 263). New York, NY: Praeger.

Wolcott, H. (1990). *Writing up qualitative research.* Newbury Park, CA: Sage.

Wolcott, H. (1994). *Transforming qualitative data: Description, analysis, and interpretation.* Thousand Oaks, CA: Sage.

Wolcott, H. (1995). *The art of fieldwork.* Walnut Creek, CA: AltaMira Press.

Wolcott, H. (2009). *Writing up qualitative research* (3rd ed.). Thousand Oaks, CA: Sage.

Woods, P. (1985). New songs played skillfully: Creativity and technique in writing up research. In R. Burgess (Ed.), *Issues in educational research* (pp. 86 – 106). Philadelphia, PA: Palmer Press.

Woods, P. (1986). *Inside schools: Ethnographic approaches and methods.* New York, NY: Routledge & Kegan Paul.

Woolfson, P. (1988). Non-verbal interaction of Anglo-Canadian, Jewish-Canadian and French-Canadian physicians with their young, middle-aged, and elderly patients. *Visual Anthropology*, 1, 404 – 414.

Wright, R., & Decker, S. (1997). *Armed robbers in action: Stickups* and *street culture.* Boston, MA: Northeastern University Press.

Yoors, J. (1967). *The Gypsies.* New York, NY: Simon & Schuster.

Zigarmi, D., & Zigarmi, P. (1978). *The psychological stresses of ethnographic research.* Paper presented at the annual meeting of the American Educational Research Association, Toronto, Canada.

Zinsser, W. (Ed.). (1986). *Extraordinary lives: The art and craft of American biography.* Boston, MA: Houghton Mifflin.

Zinsser, W. (1988). *Writing to learn: How to write and think clearly about any subject at all.* New York, NY: Harper & Row.

Zorbaugh, H. W. (1983). *The Gold Coast and the slum: A sociological study of Chicago's Near North Side.* Chicago, IL: University of Chicago Press. (Original work published 1929)